Die Haftung für ärztliche Behandlungsfehler bei Vorsorge, Diagnose oder Therapie in Deutschland, England und Frankreich

Berliner Schriften zum internationalen, ausländischen und deutschen Privatrecht

Herausgegeben von Prof. Dr. Helmut Grothe, Freie Universität Berlin

Band 14

Zur Qualitätssicherung und Peer Review der vorliegenden Publikation

Die Qualität der in dieser Reihe erscheinenden Arbeiten wird vor der Publikation durch den Herausgeber der Reihe geprüft.

Notes on the quality assurance and peer review of this publication

Prior to publication, the quality of the work published in this series is reviewed by the editors of the series.

Karolin Krocker

Die Haftung für ärztliche Behandlungsfehler bei Vorsorge, Diagnose oder Therapie in Deutschland, England und Frankreich

einschließlich Analyse und Ausblick für einheitliche europäische Arzthaftungsmodelle

PETER LANG

Bibliografische Information der Deutschen Nationalbibliothek
Die Deutsche Nationalbibliothek verzeichnet diese Publikation in der Deutschen Nationalbibliografie; detaillierte bibliografische Daten sind im Internet über http://dnb.d-nb.de abrufbar.

Zugl.: Berlin, Freie Univ., Diss., 2019.

Gedruckt auf alterungsbeständigem,
säurefreiem Papier.

D 188
ISSN 2364-4370
ISBN 978-3-631-81424-6 (Print)
ISBN 978-3-631-82369-9 (EBook)
ISBN 978-3-631-82370-5 (EPub)
ISBN 978-3-631-82371-2 (EMobi)
DOI 10.3726/b16886

PL Academic Research ist ein Imprint der Peter Lang GmbH.

Peter Lang – Frankfurt am Main · Bern · Bruxelles · New York ·
Oxford · Warszawa · Wien

Diese Publikation wurde begutachtet.

www.peterlang.com

Widmung:

Für Arthur, Maria und Viktor

Vorwort:

Liebe Leserinnen und Leser,

die Arbeiten an dieser Dissertationsschrift wurden größtenteils im Juni 2015 abgeschlossen. Rechtsprechung und Literatur wurden für die Publikation ganz überwiegend auf den Stand von Dezember 2019 gebracht, jedoch konnten einzelne Werke aus dem englischen und dem französischen Schrifttum sowie die Rechtsprechung dieser Länder nicht mehr vollständig aktualisiert werden.

Berlin, 31. Januar 2020

Danksagung:

Für die Förderung meines Promotionsvorhabens durch das „Elsa-Neumann-Stipendium" des Landes Berlin nach dem Nachwuchsförderungsgesetz (NaFöG) möchte ich mich herzlich bedanken

Inhaltsverzeichnis

Abkürzungsverzeichnis

A.C.	Law Reports, Appeal Cases 1875-
AJDA	Actualité juridique – Droit administratif
All E.R.	All England Law Reports
Bull. Civ.	Bulletin des arrêts des chambres civiles (de la Cour de cassation)
CA	Court of Appeal/Cour d'appel
CAA	Cour administrative d'appel
Cass. civ.	Arrêt des chambres civiles de la Cour de cassation
Cass. req.	Arrêt de la Chambre des requêtes de la Cour de cassation
CC	Code civil
CCI	Commissions de conciliation et d'indemnisation
CLJ	The Cambridge Law Journal
CPC	Code de procedure civile
CPR	Civil Procedure Rules
CRCI	Commission régionale de conciliation et d'indemnisation
CSP	Code de la santé publique
D.	Recueil Dalloz
DCFR	Draft Common Frame of Reference/Gemeinsamer Referenzrahmen
DDS	Droit Déontologie et Soin
D.P.	Recueil périodique et critique mensuel Dalloz (vor 1941)
GAJZ	Les Grands arrêts de la jurisprudence civile (12e ed. en 2 vol., Dalloz)
GAMM	Groupement des Assurances mutuelles médicales
HL	House of Lords
IPP	Incapacité permanente
ITT	Incapacité totale de travail
JCP	La Semaine Juridique – Edition Générale
KB	Law Reports, King's Bench Cases
Lebon	Recueil Lebon/Recueil Conseil d'État
LQR	The Law Quarterly Review
Mod. L. Rev.	The Modern Law Review
Med. L. R.	Medical Law Reports

Med. L. Rev.	Medical Law Review
PC	Privy Council
PELC	European Principles on Contract Law
PEL SC	Principles of European Law on Service Contracts
PETL	Principles of European Tort Law
PICC	UNIDROIT-Principles of International Commercial Contracts
P.I.Q.R.	Personal Injuries and Quantum Reports
RCA	Revue Responsabilité civile et assurances
RDP	Revue du droit public et de la science politique
RDSS	Revue de droit sanitaire et social
Rec.	Recueil des décisions du Conseil d'État
RFDA	Revue française de droit administratif
RGDA	Revue générale du droit des assurances
RGDM	Revue générale de droit médical
RTDC	Revue trimestrielle de droit civil
W.L.R.	Weekly Law Reports 1953-
WL	Westlaw (Official Transcript)

Einleitung

Die medizinische Behandlung als Haftungsfall stellt unabhängig von nationalen Grenzen ein einzigartiges rechtliches Phänomen dar, denn die Reaktionen des menschlichen Körpers auf Krankheitsprozesse basieren nicht auf den Regeln der Logik. Die Medizin zählt anders als die Chemie, Physik und Biologie nicht zu den Naturwissenschaften, diese bilden vielmehr nur ihre exakten Grundlagen. Die klinische Medizin (Heilkunde) ist deshalb unter die humanen Praxiswissenschaften einzuordnen, und lässt sich vor allem auch als Erfahrungswissenschaft beschreiben.[1] Das bedeutet, die Reaktionen auf Krankheitsprozesse und Behandlungsmaßnahmen bestimmen sich überwiegend nach empirisch gewonnenen Erkenntnissen und beanspruchen keine Allgemeingültigkeit. Wesentlich beeinflusst werden die ärztlichen Maßnahmen von den Empfindungen und Wünschen des Patienten sowie den Wahrnehmungen des Arztes. Man könnte fast meinen, bei der medizinischen Behandlung gäbe es kein Richtig oder Falsch, sondern nur ein gemeinsames Streben nach Veränderung. Wenn auf diesem Weg Unfälle und Irrtümer passieren, entziehen sich die Schadensfolgen häufig den juristisch-pragmatischen Anforderungen an die Bestimmung von Verursachung und Wiedergutmachung: „Patients are unique – they are not like broken televisions."[2] Im Verkehrsunfallrecht können Schäden auf das Verschulden des Schädigers, des Geschädigten oder höhere Gewalt zurückgeführt werden. Im Arzthaftungsrecht sind die Zusammenhänge wesentlich komplexer.

Das liegt vor allem daran, dass es sich bei den gesundheitlichen Folgen eines Behandlungsfehlers auch um fortwährende Krankheitssymptome des Patienten handeln kann. Darüber hinaus ist eine Behandlung selten völlig risikofrei. Es kann davon ausgegangen werden, dass der Patient seine Krankheit gegen das Behandlungsrisiko eintauscht, um sein Leben oder seine Gesundheit zu bewahren.[3] Das Behandlungsrisiko entspricht einem erhöhten allgemeinen Lebensrisiko, das auch jeder Teilnehmer im Straßenverkehr in Kauf nimmt. Im Arzthaftungsrecht gelten jedoch zwei Besonderheiten. Zum einen setzt sich der Patient dem erhöhten Lebensrisiko in der Regel nicht in einem „normalen" Gesundheitszustand, sondern in einem behandlungsbedürftigen, kranken Gesundheitszustand aus, welcher zur Schadensentstehung wesentlich beitragen kann. Zum anderen greift

---

1 *Raspe*, GesR 2011, 449 (450); s. a. *Ladeur*, GesR 2011, 455 (457).

2 *Swain*, in: Hondius, The development of medical liability, S. 27 (46).

3 *Pauge*, Rn. 159 ff.; *Geiß/Greiner*, Rn. B 1.

der Arzt – anders als die schädigende Sache oder Person im Straßenverkehr – bestimmungsgemäß in den Körper und die Gesundheit des Patienten ein. Unterläuft ihm dabei kein Fehler, kann dieser Eingriff in die körperliche Integrität, der mit der Zustimmung des Patienten erfolgt ist, kaum einen Schadensersatzanspruch auslösen, schließlich war genau dieser Eingriff bzw. diese „Verletzung" zum Zwecke der Heilung gewünscht, auch wenn Letztere im Ergebnis ausgeblieben ist. Dabei gelten für den Arzt hohe Verhaltensanforderungen, die dem Schutz des Patienten dienen, und denen er gerecht werden muss. Die Satzungsbestimmungen der Ärztekammern sind anspruchsvoll, wie ein Auszug aus der Berufsordnung für die in Deutschland tätigen Ärztinnen und Ärzte zeigt: „Bei meiner Aufnahme in den ärztlichen Berufsstand gelobe ich, mein Leben in den Dienst der Menschlichkeit zu stellen. Ich werde meinen Beruf mit Gewissenhaftigkeit und Würde ausüben. Die Erhaltung und Wiederherstellung der Gesundheit meiner Patientinnen und Patienten soll oberstes Gebot meines Handelns sein."[4] Auch der Weltärztebund bekennt sich in dem sog. Genfer Gelöbnis zu einer modernisierten Fassung des Hippokratischen Eids.[5] Da die Verpflichtung zur Einhaltung berufsethischer Normen bereits existiert, kommt dem Haftungsrecht vor allem die Aufgabe zu, gegenläufige Interessen zu regulieren und entstandene Schäden auszugleichen. Dabei folgt das Haftungsrecht dem Prinzip, dass derjenige, der Schäden verursacht, diese auch – mithilfe seiner Haftpflichtversicherung – auszugleichen hat, und sorgt dadurch für das nötige Vertrauen in die gegenseitige Leistungsfähigkeit und Leistungsbereitschaft der Marktteilnehmer in einer rechtlich verfassten Marktwirtschaft.[6] Im Arzt-Patient-Verhältnis gipfelt dieser Grundsatz in einem rechtsdogmatisch erklärbaren, und dennoch manches Mal bedauerlichen, Verständnis von der ärztlichen Heilbehandlung, denn „[w]as der Arzt als heilbringende Maßnahme ansieht, ist für den Juristen zunächst einmal nichts anderes als eine Körperverletzung."[7]

4 Gelöbnis in der (Muster-)Berufsordnung für die in Deutschland tätigen Ärztinnen und Ärzte, Stand 2011, abrufbar unter: http://www.bundesaerztekammer.de/page.asp?his=1.100.1143 (zuletzt: 5. Juni 2015).

5 Weltärztebund, in: Die Brockhaus Enzyklopädie Online, Brockhaus/wissenmedia in der inmediaONE], 2015, https://preussischer-kulturbesitz.brockhaus-wissensservice.com/sites/brockhaus-wissensservice.com/files/pdfpermlink/weltaerztebund-224dd273.pdf.

6 *Schwintowski*, VuR 2013, 52 (ebd.).

7 *Schreiber/Rodegra*, in: Jung/Schreiber, Arzt und Patient zwischen Therapie und Recht, S. 27 (ebd.).

Die Richter haderten zu Beginn ihrer Auseinandersetzung mit Behandlungsfehlern noch mit ihrer Kompetenz. Das zeigt eine Entscheidung des Berliner Kammergerichts aus dem Jahr 1811. Angeklagt war der Psychiater an der Berliner Charité Dr. Horn, weil eine geisteskranke Patientin unter seiner Obhut zu Tode gekommen war.[8] Er hatte sie – wie er es mit geisteskranken Patienten zu tun pflegte, wenn sie in Raserei verfielen – in einen Sack gesteckt, in dem man sie am Abend tot fand.[9] Die Richter sahen sich trotz der Einholung eines Sachverständigengutachtens nicht in der Lage, ein Urteil über die Schuld des Angeklagten zu fällen. „Unendlich schwankend und unsicher ist die Wissenschaft, unendlich mannigfaltig und verschieden das Maß der Erkenntnis und das praktische Talent unter den Ärzten. Der eine wirft dem anderen als Quelle allen Irrtums vor, worin der andere die Summe aller Wahrheit findet."[10] Auf die Aufforderung des Justizministeriums zogen die Richter des Kammergerichts weitere Sachverständige hinzu und sprachen Dr. Horn schließlich frei, weil der Sack für ausreichend luftdurchlässig befunden wurde.[11]

Die Haftung für ärztliche Dienstleistungen ist wie die Berufshaftung im Allgemeinen eine junge Rechtsmaterie.[12] Die Kodifikationen der kontinentaleuropäischen Rechtsordnungen aus dem 19./20. Jahrhundert haben den Beruf als Anknüpfungspunkt für die Haftung kaum berücksichtigt. Die Haftung aus vertraglichen und gesetzlichen Schuldverhältnissen musste an die besonderen Anforderungen angepasst werden. Der Dienstvertrag als Grundlage für die Haftung wird manchmal als „underdeveloped area of law"[13] und „rather under-researched"[14] betrachtet. Im französischen Recht war der Dienstleistungsvertrag als eigener Vertragstypus bei Schaffung des Code civil (CC) von 1804 noch unbekannt.[15] Im deutschen Recht ist der Dienstvertrag nach der Schuldrechtsreform 2002 weitgehend unverändert geblieben, Leistungsstörungen sind kaum spezialgesetzlich geregelt.[16] Mittlerweile haben jedoch sowohl Frankreich als auch Deutschland Gesetze erlassen, welche die Obliegenheiten und Pflichten

8 Ausführliche Darstellung des Sachverhalts bei *Kalisch*, S. 7–28; ferner *Riegger*, S. 77 f.; *Steffen*, S. 3 f.

9 *Steffen*, S. 3.

10 Zitiert nach: *Steffen*, S. 3.

11 *Kalisch*, S. 18 (28); *Riegger*, S. 78; *Steffen*, S. 3 f.

12 Vgl. *Hirte*, Berufshaftung, in: Basedow/Hopt/Zimmermann, Band I, S. 191 (ebd.).

13 *Loos*, in: Hartkamp u. a., Towards An European Civil Code, S. 757 (ebd.).

14 *Borghetti*, in: Zimmermann, Service Contracts, S. 99 (ebd.).

15 *Ders.*, a. a. O., S. 99 (101).

16 *Unberath*, ZEuP 2008, 745 (755).

von Patienten und Ärzten regeln. Diese Arbeit widmet sich der Entwicklung des Haftungsrechts für die fehlerhafte ärztliche Behandlung in England,[17] Frankreich und Deutschland. Sie hat die Zielsetzung, Gemeinsamkeiten und Unterschiede der Rechtssysteme darzustellen und zu bewerten. Schließlich sollen Wege in eine gemeinsame Zukunft des europäischen Arzthaftungsrechts aufgezeigt werden.

Dabei beschränkt sich die Arbeit auf die Untersuchung der Haftungsmechanismen, die den Behandlungsfehler bei Vorsorgeuntersuchungen, Diagnose und Therapie im Unterschied zum sog. Aufklärungsfehler betreffen. Der Aufklärungsfehler des Arztes, d. h. die fehlende oder falsche Warnung vor den Risiken einer beabsichtigten Behandlung, einschließlich der Unterrichtung über alternative Behandlungsmethoden, wird im deutschen Sprachraum teilweise auch als Behandlungsfehler bezeichnet. Er unterscheidet sich jedoch grundlegend von solchen Behandlungsfehlern, die dem Arzt bei der Untersuchung, Vorsorge, Diagnose, Therapiewahl oder Durchführung der Therapie unterlaufen. Nur diese „technischen" Behandlungsfehler sollen Gegenstand dieser rechtsvergleichenden Arbeit sein, nicht aber Aufklärungsfehler. Im französischen Recht existiert für diese Kategorie der Begriff *faute technique*, im Gegensatz zu der *faute d'humanisme* oder der *faute éthiques.*[18] Die obigen Ausführungen machen deutlich, dass die Risikoaufklärung einen bedeutenden Stellenwert besitzt; sie ist fundamental für die Verlagerung des Behandlungsrisikos auf den Patienten. Werden die Risiken von dem Arzt nicht korrekt dargelegt, erleidet der Patient eventuell einen unvorhergesehenen Schaden, der sich hätte vermeiden lassen, wenn der Patient sich gegen eine Behandlung entschieden hätte. Seltene Behandlungsrisiken werden häufig kein Grund sein, eine dringend notwendige medizinische Behandlung abzusagen. Dennoch muss diese Entscheidung dem Patienten überlassen bleiben. Der Aufklärungsfehler geht deshalb stets mit einer Verletzung des Selbstbestimmungsrechts des Patienten einher und stellt eine spezielle Haftungssituation dar, welche mit der korrekten Ausführung einer medizinischen Behandlungsmaßnahme im technischen Sinne nichts zu tun hat, sondern vielmehr eine Rahmenbedingung für diese Behandlung darstellt. Für Behandlungs- und Aufklärungsfehler existieren deshalb im deutschen Recht verschiedene Haftungsvoraussetzungen, deren Ursprung, Struktur und Folgen

---

17 Aufgrund der überwiegend vorhandenen Rechtsgleichheit in England und Wales beziehen sich die Ausführungen immer auch auf das walisische Recht, auch sofern im Text der Einfachheit halber nur die Bezeichnung „England" oder „englisches Recht" benutzt wird.

18 *Laude/Mathieu/Tabuteau,* Rn. 410 f.; *Harichaux/Monroche,* S. 234; *Nitschmann,* S. 256.

sehr unterschiedlich sind.[19] Die Betrachtung beider Fehlerkategorien sprengt den Rahmen dieser Arbeit, denn die Haftungssituation beim Aufklärungsfehler wirft aufgrund der damit einhergehenden Verletzung des Selbstbestimmungsrechts spezielle kausalitäts- und schadensrechtliche Fragen auf, die von den jeweiligen Rechtsordnungen ganz unterschiedlich beantwortet werden.

Im Verlauf der Forschungsarbeit stellte sich häufig die Frage, welches Rechtssystem das patientenfreundlichste sei. Diese Frage lässt sich nur schwer beantworten. Die Einschätzung kann letztlich nur auf einer Bewertung der gesetzlichen Rahmenbedingungen basieren. Es muss davon ausgegangen werden, dass die Unterschiede der Haftungssysteme jedenfalls nicht so groß sind, dass sie ein *forum shopping* rechtfertigen und die Nachteile der fremden Sprache, der Prozesskultur und der gebührenrechtlichen Unwägbarkeiten aufwiegen könnten.[20] Die Streitigkeit über einen Behandlungsfehler dient häufig dem Ziel des Patienten, die Geschehnisse aufzuarbeiten, was im englischen Recht am deutlichsten zutage tritt, wo die meisten Streitfälle außergerichtlich entschieden werden. Der Teufel steckt dabei jedoch im Detail. Das französische Recht sieht z. B. eine weitreichende Haftung für eine sog. Krankenhausinfektion vor, ohne dass der Patient einen Verstoß gegen Hygienevorschriften nachweisen muss. Die englischen Gerichte nehmen eine Haftung für Krankenhausinfektionen nur an, wenn sich darüber hinaus eine verspätete Diagnose oder falsche Behandlung feststellen lässt.[21] Im deutschen Recht beruht der Erfolg des Prozesses in vielen Fällen auf der Einordung des Behandlungsfehlers als „grob", d. h. besonders fahrlässig, während in Frankreich und England schon eine hohe Wahrscheinlichkeit des Schadens durch einen leichten Behandlungsfehler zum Erfolg führen kann, allerdings unter Umständen nur zum Ersatz eines geringen Teils des entstandenen Schadens führt. Die rechtsvergleichende Abhandlung von *Stauch* bemerkt, dass die englische und die deutsche Rechtsprechung im Bereich der Kausalitätszweifel in Arzthaftungsfällen unterschiedliche Lösungsansätze kennen, wobei das deutsche Recht „a notably more ‚patient-friendly' stance" einnehme.[22] *Großerichter* betont in seiner rechtsvergleichenden Betrachtung des französischrechtlichen Heilungschancenersatzes, dass die Systeme zu sehr unterschiedlichen Ergebnissen kämen, wenn sich ein Fehler als schwerwiegend

19 *Müller* in: Wandt u. a., FS Lorenz, S. 667 (668 f.).

20 Vgl. *Wagner, C.*, S. 95: „Sind innerhalb des europäischen Binnenmarktes auch keine signifikanten ‚Haftungsoasen' auszumachen […]".

21 Kopplung von „breach of statutory duty" und *negligence*-Klage, vgl. *Harpwood*, S. 98; *Ormond-Walshe,* Clinical Risk 2008, 14: 227 (ebd.).

22 *Stauch*, Medical Negligence in England and Germany, S. 77.

(grob) darstellt, aber die Gesundheit des Patienten aller Wahrscheinlichkeit nach sowieso stark gelitten hätte.[23] Während der Patient nach deutschem Recht unter Zuhilfenahme der Beweislastumkehr bei einem groben Behandlungsfehler in der Regel vollen Schadensersatz erlangen wird, müsste der Schadensersatz nach französischem Recht entsprechend der Verursachungswahrscheinlichkeit des Fehlers für den Schaden erheblich reduziert werden. Besteht die Möglichkeit der Wahl zwischen den Rechtsordnungen, müssten also stets die Umstände des Einzelfalls berücksichtigt werden; letztlich jedoch kann ohnehin nicht vorhergesagt werden, wie das medizinische Gutachten ausfällt und die Beweislage durch den Richter bewertet wird.

Der Vergleich der Rechtssysteme erfordert zunächst eine Betrachtung der materiellen und prozessualen Voraussetzungen des Arzthaftungsanspruchs. Neben den rechtlichen Grundlagen sollen auch Funktionsfähigkeit und Reformbestrebungen berücksichtigt werden sowie die außergerichtliche Regulierung von Schadensfällen. Schließlich sind die länderspezifischen Methoden zur Sachverhaltsermittlung und das Beweisrecht von Bedeutung. Im Anschluss an diese Einleitung gliedert sich die Arbeit in drei große Hauptteile: Behandlungsfehler, Schaden und Kausalität. Diese Hauptteile enthalten detaillierte rechtsvergleichende Ausführungen zu den wesentlichen Voraussetzungen der Haftung des Arztes, insbesondere zu der Historie und der Handhabung in den Rechtsordnungen der Länder. Dabei werden vor allem die Besonderheiten des Arzthaftungsrechts gegenüber den allgemeinen Grundsätzen des Schuldrechts und die Veränderungen der Haftungs- und Beweisregelungen zugunsten des Patienten rechtsvergleichend analysiert. Abschließend sollen ausgewählte Harmonisierungsprojekte für ein einheitliches europäisches Zivilrecht vorgestellt und auf innovative Lösungsansätze für gemeinsame arzthaftungsrechtliche Probleme untersucht werden.

---

23 *Großerichter*, S. 249.

Kapitel 1: Rechtliche und politische Rahmenbedingungen der Arzthaftung

Im vorliegenden Kapitel sollen die Rahmenbedingungen für die Haftung bei Behandlungsfehlern in den einzelnen Ländern dargestellt werden. Dazu zählt neben den aktuellen gesetzlichen Vorschriften auch die versicherungsrechtliche Dimension. Gegenwärtig entsteht in der Öffentlichkeit der Eindruck, Arzthaftungsfälle nähmen ständig zu. Deshalb fördern alle drei Rechtsordnungen die außergerichtliche Beilegung von Arzthaftungsstreitigkeiten. Das Vertrauensverhältnis zwischen Arzt und Patient muss bei allen Vorhaben und Entwicklungen an erster Stelle stehen. Patienten und Ärzte sitzen in einem Boot. Für das Haftungsrecht ist entscheidend, dass die Ergebnisse finanzierbar bleiben und die geltenden Regelungen einen unbürokratischen Umgang mit Gesundheitsdienstleistungen erlauben. Bislang liegt die Zahl vermuteter Behandlungsfehler weit über der Zahl der tatsächlichen gerichtlichen Verfahren. Qualitätssicherung und Risikomanagement sind wichtige Themen, die nicht unberücksichtigt bleiben dürfen. Kommt es zu einem Gerichtsverfahren, spielen die länderspezifischen Prozessrechtsbedingungen für den Vergleich eine Rolle. Neben dem Umgang mit Sachverständigengutachten ist insbesondere das Beweisrecht von Bedeutung. Es enthält neben prozessrechtlichen auch materiellrechtliche Elemente.

I. Die Arzthaftung als „moderne" Erscheinung

Das „europäische" Haftungsrecht in den Ländern Deutschland, England und Frankreich ist den besonderen Anforderungen des Behandlungsfehlers bislang noch nicht gewachsen. Das mag nicht zuletzt daran liegen, dass die „Verrechtlichung" der Medizin eine moderne Erscheinung ist. Bis zum Beginn des 18. Jahrhundert übten zumeist Geistliche unbehelligt die medizinische Heilkunde aus.[24] Gott allein war verantwortlich für ihr Versagen.[25] Fehler waren nicht justiziabel.[26] Erst die philosophischen und medizinischen Errungenschaften des Zeitalters der Aufklärung sorgten für einen Anstieg der Arzthaftungsprozesse im 19.

24 *Welsch*, Rn. 2.

25 *Dorsner-Dolivet*, Rn. 2.

26 *Hirsch*, Geleitwort, in: Wenzel, Der Arzthaftungsprozess, S. VI.

und 20. Jahrhundert.[27] Die Verpflichtung zur Sorgfalt war stets eine berufsethische Selbstverpflichtung der Ärzte. Der hippokratische Eid, den die *Faculté de médecine de Paris* ihren Absolventen abnahm, war zu dieser Zeit die „Garantie" für den behandelten Patienten und ebnete gleichzeitig den Weg zu einer haftungsrechtlichen Inanspruchnahme.[28] Den frühesten Schutz vor fehlerbedingten Verletzungen erfuhren die Bürger durch die staatliche Einflussnahme auf die Berufsausübung der Ärzte im Laufe des 19. Jahrhunderts, z. B. durch die Erteilung der Approbation oder die Festlegung ärztlicher Honorare.[29] Sie können als frühe Maßnahmen der Qualitätssicherung in der medizinischen Versorgung betrachtet werden. Heutzutage haben Qualitätssicherung und Qualitätsmanagement einen großen Stellenwert für die Patientensicherheit, sie haben sich zu einer präventiv wirkenden Fehlerverhütung entwickelt,[30] wodurch sie vermutlich ein größeres Potenzial für zufriedene Patienten bergen als ein „patientenfreundliches" Haftungsrecht. Vereinzelt findet man außerdem auf dem Gebiet des Strafrechts frühe Zeugnisse von Rechtsvorschriften oder Verurteilungen von Ärzten, die ihre Kunst nicht fachgerecht ausgeübt haben. Es handelt sich jedoch um Einzelfallentscheidungen, die häufig keinen Fortbestand hatten.[31] Allerdings findet sich in der Constitutio Criminalis Carolina Karls V. von 1532 in Art. 134 eine Sonderbestimmung zur fahrlässigen und vorsätzlichen Tötung durch den Arzt.[32] Sonderregeln für die zivilrechtliche Arzthaftung gab es im 18. und 19. Jahrhundert in deutschen Gebieten nicht, vielmehr dienten unterschiedliche Normen und Rechtsgrundsätze als Entscheidungsgrundlage.[33] Auch in Frankreich waren Arzthaftungsprozesse bis zu Beginn des 20. Jahrhunderts selten.[34]

Es verwundert daher nicht, dass die kontinentaleuropäischen Kodifikationen, der Code civil (1804) und das Bürgerliche Gesetzbuch (1900), bei ihrer Entstehung keine Spezialvorschriften zur Arzthaftung enthielten. Als Folge des Fehlens von speziellen gesetzlichen Arzthaftungsregelungen orientierten sich die Gerichte in Frankreich und Deutschland jahrzehntelang an Präjudizien, welche die allgemeinen schuldrechtlichen Haftungsvorschriften konkretisierten. In

---

27 Vgl. *Riegger*, S. 33–97.

28 *Nitschmann*, S. 237.

29 *Riegger*, S. 61.

30 *Deutsch/Spickhoff*, Rn. 869.

31 *Riegger*, S. 62.

32 *Köbler*, in: Kern u. a. (Hrsg.), FS für Laufs, S. 157 (169); *Katzenmeier*, Arzthaftung, S. 273.

33 *Riegger*, S. 72 f.

34 *Hocquet-Berg/Py*, S. 11, Rn. 6; *Dorsner-Dolivet*, Rn. 3.

Frankreich erkannte die *Cour de cassation* die zivilrechtliche Einstandspflicht eines Arztes erstmals in dem *arrêt Thouret Noroy* vom 18. Juni 1835 an.[35] Der Arzt hatte die Behandlung des Patienten trotz Erforderlichkeit komplett unterlassen, woraufhin der Patient seinen Arm verlor. Er haftete wegen eines schweren Sorgfaltsverstoßes („faute grave“) aus Art. 1240 und 1241 CC auf Schadensersatz. Die Errungenschaft dieser Entscheidung war die Erkenntnis, dass auch ein Arzt für einen Schaden, den er durch seine Fahrlässigkeit (*négligence*) bei der Behandlung verursacht hatte, einstehen musste.[36] Seit 1880 entwickelte die Rechtsprechung in Frankreich unzählige Entscheidungen, welche die Unantastbarkeit der Ärzteschaft schließlich durchbrechen sollten.[37] Dennoch blieb der Begriff der *faute* unklar und es entstand kein handhabbares Konzept der deliktsrechtlichen Arzthaftung auf Grundlage der Art. 1240, 1241 CC.[38] In Deutschland markiert die Entscheidung des III. Strafsenats des Reichsgerichts vom 31. Mai 1894 die „Geburtsstunde des Arztrechts“.[39] In dieser berühmten Entscheidung stärkte das Reichsgericht in erster Linie das Recht des Patienten auf Selbstbestimmung, indem es urteilte, dass jeder ohne Einwilligung erfolgte ärztliche Heileingriff eine rechtswidrige Körperverletzung darstellte. „Daß jemand nach eigener Überzeugung oder nach dem Urteile seiner Berufsgenossen die Fähigkeit besitzt, das wahre Interesse seines Nächsten besser zu verstehen, als dieser selbst, dessen körperliches oder geistiges Wohl durch geschickt und intelligent angewendete Mittel vernünftiger fördern zu können, als dieser es vermag, gewährt jenem entfernt nicht irgend eine rechtliche Befugnis, nunmehr nach eigenem Ermessen, in die Rechtssphäre des anderen einzugreifen, diesem Gewalt anzutun und dessen Körper willkürlich zum Gegenstand gutgemeinter Heilversuche zu benutzen“.[40] Zu einem Schadensersatzanspruch wegen eines „Kunstfehlers“ äußerte sich der III. Zivilsenat des Reichsgerichts am 1. März 1912 ausführlich und betonte bereits zu diesem Zeitpunkt die speziellen Anforderungen an die Beweislastverteilung.[41] Mangels spezialgesetzlicher Regelungen war das Arzthaftungsrecht

---

35 „Cass. req., 18 juin 1835, D. 1835, 1, p. 300, concl. Dupin“ zitiert nach: *Laude/Mathieu/Tabuteau*, Rn. 391, Fn. 1; siehe auch *Hocquet-Berg/Py*, S. 11, Tz. 6; *Welsch*, Rn. 3.

36 *Welsch*, Rn. 3.

37 *Dorsner-Dolivet*, Rn. 3; *Nitschmann*, S. 239; ausführlich zu den arzthaftungsrechtlichen Entscheidungen der französischen Gerichte zwischen 1835 und 1936, *Kornprobst*, S. 57–75.

38 *Nitschmann*, S. 240.

39 *Schlund*, VersR 1994, 657 (ebd.); siehe auch *Riegger*, S. 133.

40 RGSt 25, 375 (378).

41 RGZ 78, 432 (434 ff.).

von Anfang an richterrechtlich geprägt und bestand zunächst aus einer unübersichtlichen Zahl von Einzelfallentscheidungen.[42] Bis zur Schuldrechtsreform 2002 war der Ersatz von Schmerzensgeld wegen § 847 BGB nur auf deliktsrechtlicher Grundlage möglich, weshalb in der Arzthaftung ganz überwiegend § 823 Abs. 1 BGB als Haftungsgrundlage angewendet und entsprechend auf die Arzthaftung zugeschnitten worden ist. Erst die Verlagerung des Schmerzensgeldanspruchs ins allgemeine Schadensrecht in § 253 Abs. 2 BGB rückte die vertragliche Haftung in den Mittelpunkt.[43] Die deutsche Rechtsprechung hat die Möglichkeit der Haftung des Arztes auf Basis des Behandlungsvertrags jedoch stets dem Grunde nach bejaht.[44] Auch die *Cour de cassation* bejahte die vertragliche Grundlage der Beziehung von Arzt und Patient. Eine vertragliche Haftung für Behandlungsfehler bedeutete jedoch zum damaligen Zeitpunkt, dass sich der Arzt nur durch den Nachweis höherer Gewalt von der Haftung hätte befreien können.[45] Erst nachdem *Demogue* die Unterscheidung von *obligation de moyens* und *obligation de résultat* vorgestellt hatte,[46] entschied sich die *Cour de cassation* in dem berühmten *arrêt Mercier* vom 20. Mai 1936 zu der Anerkennung der Haftung aus dem Behandlungsvertrag.[47] Nunmehr haben der französische und der deutsche Gesetzgeber unter der Überschrift „Patientenrechte" zu Beginn des 21. Jahrhunderts mit der Normierung des Arzthaftungsrechts begonnen. Im Jahr 2002 ist in Frankreich ein Reformgesetz für das gesamte Gesundheitsrecht erlassen worden: *loi n° 2002-303 du 4 mars 2002 relative aux droits des malades et à la qualité du système de santé*, (im Folgenden: Gesetz vom 4. März 2002).[48] Es wird nach dem damaligen französischen Gesundheitsminister *Bernard Kouchner* auch als „loi Kouchner" bezeichnet.[49] Das dritte Kapitel dieses Gesetzes enthält spezielle Bestimmungen zur Kompensation von Schäden aufgrund von Behandlungsfehlern und Behandlungsrisiken. Das deutsche Gesetz zur Verbesserung

42 *Katzenmeier*, Arzthaftung, S. 77; siehe auch *Schlund*, VersR 1994, 657 (ebd.); ausführlich zur historischen Entwicklung der Arzthaftung in Deutschland ab 1900, *Riegger*, S. 97 ff.

43 *Deutsch/Spickhoff*, Rn. 303; s. a. *Schulze*, in: HK-BGB, § 253 BGB, Rn. 1.

44 BGH, NJW 1998, 814 (ebd.); BGH, NJW 1991, 1540 (ebd.); BGH, VersR 1986, 1121 (ebd.); BGH, NJW 1969, 553 (554).

45 *Dorsner-Dolivet*, Rn. 3.

46 *Demogue*, Rn. 1237.

47 Cass. Civ., 20 mai 1936, DP 1936, I, S. 88 (ebd.), conclusions *Matter*, rapport *Josserand*, note *E.P.*; vgl. *Dorsner-Dolivet*, Rn. 4.

48 Journal officiel de la Republique française du 5 mars 2002, p. 4118, texte n° 1.

49 Vgl. *Pellet*, in: Pellet, Responsabilité, assurance et expertise médicales, S. 1 (3).

der Rechte von Patientinnen und Patienten vom 20. Februar 2013[50] (im Folgenden: Patientenrechtegesetz) ist am 26. Februar 2013 in Kraft getreten (vgl. Art. 5). Das Gesetz nimmt jedoch kaum Veränderungen an dem durch Richterrecht entwickelten Haftungskonzept vor, vielmehr wird der Wunsch nach Kontinuität und Verlässlichkeit betont.[51] Für den fehlenden Reformwillen wurde das Gesetz von manchen kritisiert.[52]Es wurde die Befürchtung geäußert, der Rechtsprechung werde die notwendige Flexibilität genommen.[53] Die Systematisierung der geltenden Regeln ist jedoch positiv zu bewerten, sie ermöglicht insbesondere eine wissenschaftliche Auseinandersetzung in Gesetzeskommentaren. Es ist allerdings bedauerlich, dass das Gesetz keine eigene Haftungsgrundlage enthält, sondern bloß auf § 280 BGB als allgemeine vertragliche Anspruchsgrundlage zurückgreift.[54] Dadurch erscheint die Neuregelung des Behandlungsverhältnisses rudimentär und für den Laien schwer verständlich. Das Ziel des Gesetzgebers, dass der Patient künftig seine Rechte selbst im Gesetz nachlesen könne,[55] wird deshalb „ein frommer Wunsch bleiben“.[56]

Dass neue rechtliche Regelungen durch Präjudizien entstehen, entspricht im englischen Recht im Gegensatz zu den beiden kontinentaleuropäischen Rechtsordnungen durchaus den Vorstellungen des *law-making*.[57] Dabei sind die Gerichte an eine bestimmte Methode gebunden, die sog. *doctrine of precedent*.[58] Tatsächlich aber ist auch an den englischen Gerichten heute die Ansicht weit verbreitet, dass entscheidende rechtliche Neuerungen durch das Parlament als Gesetzgeber eingeführt werden müssen.[59] Bislang ist die Arzthaftung in England jedoch nicht durch ein Gesetz geregelt, sie richtet sich grundsätzlich nach den allgemeinen Vorschriften des *tort of negligence*. Der Begriff *tort* umschreibt im englischen Recht den Haftungstatbestand für ziviles Unrecht, es handelt sich weder um eine Generalklausel noch um einen allgemeinen Grundtatbestand.

50 BGBl I 2013 S. 277.

51 Gesetzentwurf der Bundesregierung, BT-Drs. 17/10488, S. 9 (rechte Sp., 2. Abs. a. E.), S. 10 (rechte Sp., 5. Abs. a. E.); so auch *Müller*, in: FS Lorenz, S. 668.

52 *Spickhoff*, VersR 2013, 267 (268); *Thurn*, MedR 2013, 153 (153 f.).

53 *Wagner*, VersR 2012, 789 (802): „Aus einer Momentaufnahme des Richterrechts wird ein allein vom Parlament zu modifizierender Gesetzestext.“

54 Gesetzentwurf der Bundesregierung, BT-Drs. 17/10488, S. 27 (rechte Sp., Abs. 3).

55 Gesetzentwurf der Bundesregierung, BT-Drs. 17/10488, S. 9 (rechte Sp., Abs. 1).

56 *Müller*, in: FS Lorenz, S. 667 (669).

57 *Ward/Akhtar*, S. 72.

58 Ausführlich *Ward/Akhtar*, S. 72 ff.; *Cracknell*, S. 95 ff.

59 *Ward/Akhtar*, S. 1.

Vielmehr sind die *torts* eine Vielzahl von besonderen Deliktstatbeständen, deren Struktur deshalb auch als „rich in detail but poor in principle" bezeichnet wird.[60] *Fifoot* berichtet von dem Versuch eines Manns im Jahr 1375, seinen Arzt zu verklagen, weil er ihn bei dem Versuch, seine Hand zu heilen, noch stärker verletzt habe.[61] Eine Kompensationsmöglichkeit für solche Verletzungen existierte bis zur Mitte des 19. Jahrhunderts nur, wenn eine bereits anerkannte *form of action* der *Chancery* vorhanden war.[62] Eine Klage konnte bei den königlichen Gerichten lediglich auf der Grundlage eines *royal writ* eingereicht werden.[63] Die heute als *torts* bekannten Anspruchsgrundlagen waren vor allem *writ of trespass* und *writ of trespass on the case*,[64] wobei sich *trespass* auf Verletzungen bezog, die unmittelbar durch das schädigende Verhalten verursacht worden sind, wie z. B. ein Steinwurf an den Kopf des Klägers.[65] Sie wurden bei den *king's courts* nur zugelassen, wenn sie ein Verhalten *with force and arms*, d. h. einen direkten Angriff auf die Person oder die Sache, anklagten.[66] Als frühes Beispiel einer Entscheidung auf der Grundlage von *negligence* verweist *Fifoot*[67] auf ein Urteil des *Court of King's Bench* aus dem Jahr 1767, in welchem das Gericht dem Geschädigten auch ohne Angriff *vi et armis* einen Schadensersatzanspruch gewährt, weil die Beklagten nachlässig gehandelt hatten: „the Court cannot help saying, that in this particular case they have acted ignorantly and unskilfully, contrary to the known rule and usage of surgeons".[68] Schließlich gelang dem *tort of negligence* der Durchbruch mit der Entscheidung des *House of Lords* in *Donoghue v. Stevenson*.[69] Als Voraussetzungen des Anspruchs aus *negligence* hatten sich neben dem fahrlässigen Verhalten des Schädigers (*negligence* oder *fault*) das Bestehen einer Sorgfaltspflicht (*duty of care*) und das Hervorrufen eines Schadens (*damage*) etabliert.[70] Das Haftungssystem gründet auf der Annahme, dass der Schädiger die

---

60 *Bar*, Deliktsrecht, in: Bundesminister der Justiz, Gutachten und Vorschläge zur Überarbeitung des Schuldrechts, S. 1681 (1729).

61 *The Surgeon's Case* Y.B. 48 Ed. 3, f. 6, pl. 11 zitiert nach: *Fifoot*, S. 82 f. (156).

62 *Winfield & Jolowicz on Tort*, Rn. 2-001.

63 *Winfield & Jolowicz on Tort*, Rn. 2-001.

64 *Winfield & Jolowicz on Tort*, Rn. 2-001

65 *Winfield & Jolowicz on Tort*, Rn. 2-001; *Zweigert/Kötz*, S. 608.

66 *Lunney/Oliphant*, S. 3; siehe auch *Millner*, S. 199.

67 *Fifoot*, S. 157, Fn. 17.

68 *Slater v Baker and Stapleton* 95 E.R. 860 (863).

69 *Donoghue v Stevenson* [1932] A.C. 562 (HL); vgl. *Wurmnest*, S. 112; *Markesinis and Deakin's Tort Law*, S. 86; *Winfield & Jolowicz on Tort*, Rn. 2-003.

70 *Millner*, S. 204.

Verantwortung für sein Handeln übernimmt, was im englischen Deliktsrecht als *assumption of responsibility* beschrieben wird.[71] Wie noch zu sehen sein wird, ist der Tatbestand *negligence* dadurch „von Natur aus" dazu geeignet, die Besonderheiten der ärztlichen Fahrlässigkeit zu berücksichtigen, denn der Arzt haftet aufgrund der Verletzung seiner Sorgfaltspflichten und nicht – wie im deutschen Deliktsrecht – aufgrund der Beeinträchtigung eines Rechtsguts.[72] Deshalb kann das englische Deliktsrecht, anders als das deutsche, vergleichsweise unproblematisch auf die Arzthaftung angewendet werden. Das bedeutet jedoch nicht, dass das Arzthaftungsregime in England nicht Kritik und Reformbestrebungen ausgesetzt wäre. Ganz im Gegenteil, *Lord Woolf* bezeichnete in seinem 1996 veröffentlichten Bericht „Access to Justice" den Arzthaftungsprozess als leuchtendes Beispiel für eine unbefriedigende Rechtslage: „[I]t was in the area of medical negligence that the civil justice system was failing most conspicuously to meet the needs of litigants in a number of respects".[73] Die Kritik des ehemaligen *Lord Chief Justice* richtete sich vor allem gegen die immensen Kosten und die lange Dauer von Arzthaftungsprozessen. Während die hohen Ausgaben nach wie vor ein Problem darstellen,[74] konnten einige Defizite durch die Zivilprozessrechtsreform behoben werden, insbesondere durch sog. *pre-action protocols* und Veränderungen des Sachverständigenbeweisverfahrens.[75]

II. Gegenwärtige Rechtslage

Im Mittelpunkt dieser Arbeit steht die Haftung des Arztes, des Krankenhauses oder einer anderen Gesundheitseinrichtung für einen Behandlungsfehler bei der Vorsorgeuntersuchung oder Diagnose sowie Therapie einer Erkrankung. Die Kompensation solcher Schäden erfolgt in den untersuchten Rechtsordnungen teilweise auf öffentlich-rechtlicher, vertraglicher oder außervertraglicher Grundlage. Innerhalb der deutschen Rechtsordnung hat sich die Haftung für Behandlungsfehler zunächst an § 823 Abs. 1 BGB orientiert und schließlich zu einer Haftung auch aus Behandlungsvertrag entwickelt, der durch das Patientenrechtegesetz vom 20. Februar 2013 nunmehr als eigenständiger Vertragstypus in § 630a BGB geregelt ist. In England ist es aufgrund der strengen Anforderungen an einen Vertragsschluss bei der Behandlung gesetzlich versicherter Patienten

---

71 *Stevens*, S. 346 f.; ausführlich *Winfield & Jolowicz on Tort*, Rn. 5-049 ff.

72 Vgl. *Stevens*, S. 346 f.

73 *Lord Woolf*, Access to Justice – Final Report, Chapter 15, Nr. 2.

74 Vgl. *Goldberg*, Chicago-Kent Law Review 2012, S. 131 (133).

75 Vgl. *Pattinson*, Rn. 3-041-3.044.

stets bei der Haftung aus *tort of negligence* geblieben. Bei privat versicherten Patienten können auch vertragliche Ansprüche bestehen. In Frankreich unterliegen Ärzte und Krankenhäuser seit 2002 einer spezialgesetzlichen Berufshaftung, die ausdrücklich weder vertraglich noch deliktisch eingestuft werden soll.[76]

1. Deutschland

Die Haftung für einen Behandlungsfehler resultiert – neben konkurrierenden deliktischen Ansprüchen – in erster Linie aus dem Behandlungsvertrag. Er ist als Unterkategorie des Dienstvertrags in § 630a BGB geregelt.[77] Das neu eingefügte Behandlungsvertragsrecht in §§ 630a bis 630h BGB enthält im Hinblick auf die für diese Arbeit relevanten Haftungs- und Beweisregelungen keine wesentlichen Änderungen der bisherigen Rechtslage, die auf der Rechtsprechung zu § 611 bzw. § 823 Abs. 1 BGB basiert.[78] Die neuen Regelungen enthalten keine speziellen Haftungsvorschriften, denn es war der Wunsch des Gesetzgebers, dass die vertraglichen Schadensersatzansprüche sich nach § 280 BGB beurteilen.[79] Gleichzeitig erfüllt die vertragliche Pflichtverletzung des Arztes zumeist auch den Tatbestand des § 823 Abs. 1 BGB. Die Rechtsgüter Leben, Körper und Gesundheit sind von der Schlechtleistung regelmäßig betroffen, weil sie gerade Gegenstand des Behandlungsvertrags sind.[80] Außerdem obliegt dem Arzt neben der vertraglichen Pflicht auch die gesetzliche Pflicht, seine Patienten nicht körperlich oder gesundheitlich zu verletzen. Daraus folgt, dass in den meisten Fällen vertragliche mit deliktischen Ansprüchen konkurrieren. Zu diesem Konkurrenzverhältnis trifft die Neuerung keine Regelung, die Gesetzesbegründung spricht lediglich davon, dass die Haftung nach den deliktischen Vorschriften der §§ 823-853 BGB grundsätzlich unberührt bleiben solle.[81] Der Rückgriff auf konkurrierende deliktische Anspruchsgrundlagen ist jedoch kaum noch notwendig. Bei Notfallbehandlungen am bewusstlosen Patienten besteht die

76 Cass. Civ. 1re, 28. Januar 2010, Az. 09-10992, Bull. Civ. 2010, I, Nr. 20; *Le Tourneau*, in: Le Tourneau, Rn. 4200 m. w. N.; *Malaurie/Aynès/Stoffel-Munck*, Rn. 320; *Laude/Mathieu/Tabuteau*, Rn. 392.

77 Gesetzentwurf der Bundesregierung, BT-Drs. 17/10488, S. 17; siehe auch *Schreiber*, in: HK-BGB, § 630a BGB, Rn. 1; *Spickhoff*, in: Spickhoff, Medizinrecht, § 630a BGB, Rn. 5.

78 Gesetzentwurf der Bundesregierung, BT-Drs. 17/10488, S. 27 f., siehe auch *Müller*, in: FS Lorenz, S. 667 (680).

79 Gesetzentwurf der Bundesregierung, BT-Drs. 17/10488, S. 27 (rechte Sp., Abs. 3).

80 *Seifert*, S. 20.

81 Gesetzentwurf der Bundesregierung, BT-Drs. 17/10488, S. 27 (rechte Sp., Abs. 3).

Möglichkeit, nachträglich einen Vertrag mit *ex tunc* Wirkung abzuschließen.[82] Andernfalls kommen die Haftungsbestimmungen der Geschäftsführung ohne Auftrag vorrangig zur Anwendung (§§ 677–687 BGB),[83] auch sie verweisen für einen Schadensersatzanspruch auf das Ausführungsverschulden aus § 280 BGB. Das Haftungsprivileg des § 680 BGB findet keine Anwendung, wenn der Arzt als professioneller Nothelfer auftritt.[84] Deliktische Anspruchsgrundlagen stellen bei reinen Gefälligkeitsleistungen wichtige Auffangtatbestände dar. Außerdem kommen sie zum Zuge, falls mit einem angestellten Krankenhausarzt oder Praxisassistenten tatsächlich kein Vertrag zustande gekommen ist, weil der Patient ausschließlich mit dem Krankenhaus oder Praxisinhaber kontrahiert hat.[85] Der konkurrierenden Haftung kommt daneben bei Ersatzansprüchen Dritter nach §§ 844, 845 BGB Bedeutung zu, denn eine Anwendung dieser Vorschriften auf die Vertragshaftung wird zwar erwogen, von der überwiegenden Ansicht jedoch wegen des engen Wortlauts abgelehnt.[86] Anders als in England gilt der Behandlungsvertrag zwischen Patient und Arzt als zivilrechtlicher Vertrag, und zwar unabhängig davon, ob es sich um einen Privatpatienten oder einen gesetzlich versicherten Patienten handelt. Das bedeutet: Auch der Vertrag zwischen Vertragsarzt und gesetzlich versicherten Patient ist nach deutschem Recht als privatrechtlicher Behandlungsvertrag nach § 630a Abs. 1 BGB und nicht etwa als öffentlich-rechtlicher oder sozialversicherungsrechtlicher Vertrag einzustufen.

2. England

Eine vertragsrechtliche Beurteilung ist nach englischem Recht nur bei Selbstzahlern oder Privatpatienten möglich, denn zwischen allen nicht selbst zahlenden Patienten und der behandelnden Einrichtung, die im Auftrag des *National Health Service*, tätig wird, kommt kein zivilrechtlicher Vertrag zustande.[87] Im Unterschied zum deutschen Recht verhindert die fehlende Vergütung durch den Patienten den Vertragsschluss, weil der Patient keine Gegenleistung (*consideration*)

82 *Kern*, in: Laufs/Kern, HdB ArztR, § 39, Rn. 18.

83 *Kern*, in: Laufs/Kern, HdB ArztR, § 39, Rn. 15–17; ausführlich *Killinger*, Rn. 205 ff.

84 *Kern*, in: Laufs/Kern, HdB ArztR, § 39, Rn. 14 m. w. N.

85 *Spickhoff*, VersR 2007, 267 (281).

86 Vgl. *Spindler*, in: BeckOK BGB, § 844 BGB, Rn. 3.

87 *Pfizer Corp. v Ministry of Health* [1965] A.C. 512, 535 f. (HL); *Reynolds v The Health First Medical Group* [2000] Lloyd's Rep Med 240 (County Court) – Westlaw Summary; *Mulheron*, in: Laing/McHale, Rn. 3.08 m. w. N.; *Herring*, S. 133; *Stauch/Wheat*, S. 45; *Mückl*, S. 35.

erbringt.[88] Dabei spielt es keine Rolle, ob es sich um eine Behandlung im Krankenhaus oder im niedergelassenen Bereich handelt, denn alle Dienstleistungen, einschließlich der Pflege und ärztlichen Assistenz, werden durch den *National Health Service* erbracht. Es handelt sich um ein staatlich finanziertes System der Gesundheitsfürsorge, das derzeit im *National Health Service Act 2006* und im *Health and Social Care Act 2012* geregelt ist.[89] Die Behandlung ist für die Bürger von England kostenfrei.[90] Der Großteil aller Behandlungen in England erfolgt im Rahmen des *National Health Service*, nur ein sehr geringer Teil der Bevölkerung nimmt privatärztliche Leistungen in Anspruch. Klagen werden daher beinahe ausschließlich auf den *tort of negligence* gestützt, „*clinical negligence*" ist die übliche Bezeichnung für die Schadenshaftung bei Behandlungsfehlern innerhalb des *National Health Service*.[91] Die einzige andere anzutreffende Haftungsgrundlage in diesem Zusammenhang ist *battery*. *Actions in battery* sind aber selten, denn der Patient müsste beweisen, dass der Arzt ihn ohne seine Zustimmung (*consent*) behandelt hat.[92] Vertragsrechtliche Grundsätze finden ausschließlich bei selbst zahlenden Privatpatienten Anwendung oder bei einer Behandlung innerhalb des *National Health Service* (NHS), wenn es sich um privatärztliche Leistungen in einer sog. *Private Patient Unit* eines NHS-Krankenhauses handelt.[93] Im Übrigen besitzt die Anspruchsgrundlage jedoch keinen Einfluss auf die Durchsetzbarkeit des Haftungsanspruchs. Die Pflichten aus dem Behandlungsvertrag entsprechen weitestgehend dem deliktischen Pflichtenprogramm. Bei diesem Auslegungsergebnis handelt es sich um eine Ausprägung des allgemeinen Gleichlaufs von vertraglichen und deliktischen Sorgfaltspflichten im englischen Recht.[94] In der Rechtsprechung herrscht die Tendenz, gesetzlich- und privatversicherte Patienten in haftungsrechtlicher Hinsicht gleichzubehandeln.[95] Es wird

---

88 *Stauch*, Medical Negligence in England and Germany, S. 9 f.

89 *Herring*, S. 47-102; *Syrett*, in: Laing/McHale, Rn. 1.02, für eine kritische Analyse des NHS-Systems siehe *Meadowcroft*, Journal of Medicine and Philosophy 2008, S. 427 ff.

90 National Health Service Act 2006, Sec. 1 (3); *Syrett*, in: Laing/McHale, Rn. 1.07: „people of England who are ‚ordinarily resident' in Great Britain, their spouses, and children".

91 *Mulheron*, in: Laing/McHale, Rn. 3.01.

92 *Mulheron*, in: Laing/McHale, Rn. 3.01.

93 *Mückl*, S. 35; *Syrett*, in: Laing/McHale, Rn. 7.16.

94 *Todd*, in: Laing/McHale, Rn. 5.152: „the ambit of an action for negligent breach of contract and an action for negligence normally is co-extensive"; *Mückl*, S. 118 (120 m. w. N.).

95 *Hotson v East Berkshire Health Authority* [1987] 1 AC 750 (HL), 760 per *Sir John Donaldson M.R.*, 768, *per Croom-Johnson L.J.* (HL); *Silverstone v Mortensen* [2012] EWHC 2706 (QB), Rn. 36; *Todd*, in: Laing/McHale, Rn. 5.152; *Mückl*, S. 123.

gemutmaßt, die Richter vermieden eine Anwendung vertraglicher Grundsätze, weil der Arztvertrag kein kommerzieller Vertrag zweier gleichberechtigter Verhandlungspartner sei.[96]

3. Frankreich

Seit dem Gesetz vom 4. März 2002 unterscheidet das französische Recht drei Haftungsbereiche: (a) die Haftung für verschuldete Behandlungsschäden, (b) eine verschuldensunabhängige Haftung für Schäden durch Krankenhauskeime sowie defekte medizinische Gerätschaften und (c) eine Entschädigung für unverschuldete Behandlungsunfälle.

a) Verschuldenshaftung

Bis zum Erlass des Gesetzes vom 4. März 2002 richtete sich die Haftung der niedergelassenen Ärzte und privaten Gesundheitseinrichtungen vor den ordentlichen Gerichten nach dem Code civile und die Haftung von staatlichen Gesundheitseinrichtungen, zu denen die meisten Krankenhäuser zählen, vor den Verwaltungsgerichten nach Amtshaftungsgrundsätzen (*responsabilité administratif*).[97] Diese Unterscheidung beruht nicht auf dem System der gesetzlichen Krankenversicherung, sondern auf den verschiedenen „Trägern" der Gesundheitsversorgung.[98] Die meisten Krankenhäuser sind staatliche Einrichtungen, während niedergelassene Ärzte als private Rechtssubjekte gelten. Alle Bereiche der Gesundheitsversorgung, gleichgültig ob ambulant oder stationär, werden aber von den gesetzlichen Krankenkassen primärfinanziert.[99] Die Möglichkeit zur ausschließlich privaten Gesundheitsbehandlung existiert in Frankreich nicht.[100] Die Haftung für Schäden durch die Heilbehandlung setzt in beiden Systemen grundsätzlich das Fehlverhalten des Arztes (*faute*) voraus,[101] allerdings

---

96 *Jackson*, S. 102 f.

97 *Delebecque/Pansier*, Rn. 24.

98 Am 25. März 1957 entschied der Kompetenzkonfliktsgerichtshof (*le Tribunal des conflits*) über die Zuständigkeit der Verwaltungsgerichte für Klagen gegen Ärzte, die bei öffentlich-rechtlichen Gesundheitseinrichtungen angestellt sind: Tribunal des conflits, 25. März 1957 (Isa. A.d Slimane), Recueil Lebon, S. 816; vgl. *Buffelan-Lanore/Laribau-Terrneyre*, S. 964 („Le point sur… La responsabilité médicale", Rn. 3).

99 *Nitschmann*, S. 51.

100 *Nitschmann*, S. 52.

101 Art. L. 1142-1 Abs. 1 Code de la santé publique (Auszug): „Hors le cas où leur responsabilité est encourue en raison d'un défaut d'un produit de santé, les professionnels de santé mentionnés à la quatrième partie du présent code, ainsi que tout établissement,

wird die *faute* im Privat- und Verwaltungsrecht bis heute unterschiedlich charakterisiert.[102] Die Voraussetzungen der *faute*-Haftung basieren vor den Verwaltungsgerichten auf Grundsätzen, welche durch die Gerichtspraxis geschaffen worden sind,[103] denn bis zum Ende des 19. Jahrhunderts existierten keine verwaltungsrechtlichen Rechtsnormen.[104] Die verwaltungsgerichtliche Rechtsprechung hat sich jedoch an den Grundsätzen der privatrechtlichen *faute*-Haftung orientiert,[105] eine vertragliche Haftung hat sie – anders als die Zivilgerichte – mangels Vertragsschluss jedoch stets ausgeschlossen.[106] Im französischen Staatshaftungsrecht gilt das Verschuldensprinzip eigentlich nicht, dennoch wurde die *faute* zum Anknüpfungspunkt für die Beurteilung der Behandlungsfehlerhaftung durch die Verwaltungsgerichte.[107] Die Rechtsprechung der ordentlichen Gerichte stützte die Haftung zunächst auf die deliktische Generalklausel in Art. 1240, 1241 CC,[108] bis sie in der bereits erwähnten Grundsatzentscheidung im Fall *Mercier* aus dem Jahr 1936 festlegte, dass der Arzt nach den allgemeinen Grundsätzen für eine Vertragsverletzung aus Art. 1217, 1231-1 CC (*inexécution de l'obligation*) einzustehen hatte.[109] Abgesehen von der Bewertung des Arzt-Patient-Verhältnisses als partnerschaftliche Beziehung, zog die *Cour de cassation* das Vertragsrecht dem Deliktsrecht vor, weil die Verjährungsfristen zum damaligen Zeitpunkt im Vertragsrecht noch 30 Jahre (Art. 2262 CC a.F.) und im Deliktsrecht nur zehn Jahre betrugen (Art. 2270-1 CC a.F.).[110] Es hatten sich zuvor Fälle gehäuft, „in denen durch unsachgemäße Radiumbestrahlung Spätfolgen nach Ablauf der

---

service ou organisme dans lesquels sont réalisés des actes individuels de prévention, de diagnostic ou de soins ne sont responsables des conséquences dommageables d'actes de prévention, de diagnostic ou de soins qu'en cas de faute.“

102 *Welsch*, Rn. 72 ff.

103 Vgl. *Maugüé/Thiellay*, S. 28, (63 ff.).

104 *Nitschmann*, S. 252.

105 *Moreau*, Anmerkung zu CÉ, ass., 10 avril 1992, JCP 1992, II-21881, S. 230 (231); *Maugüé/Thiellay*, S. 47.

106 CÉ, Section, 11. Januar 1991, Az. 93348 (Mme Biancale), Recueil Lebon 1991, S. 12; siehe dazu *Maugüé/Thiellay*, S. 47.

107 *Nitschmann*, S. 271.

108 *Schlechtriem*, in: Bundesminister der Justiz, Gutachten und Vorschläge zur Überarbeitung des Schuldrechts, Band II, S. 1591 (1614).

109 Siehe oben Fn. 49.

110 *Nitschmann*, S. 249. Seit der Reform des Verjährungsrechts durch das Gesetz N° 2008-561 vom 17. Juni 2008 existiert eine einheitliche Verjährungsfrist von fünf Jahren (vgl. Art. 2224 Code civil).

kurzen deliktischen Verjährungsfrist eingetreten waren".[111] Außerdem war mit dem *arrêt Jand'heur* im Jahr 1930 die Sachhalterhaftung so weit ausgedehnt worden, dass jeder Arzt als Sachhalter seiner Spritzen, Behandlungsstühle und weiterer Instrumente nach den Vorschriften der Sachwalterhaftung verschuldensunabhängig hätte haften müssen (vgl. Art. 1242 CC).[112] Neben der Vertragshaftung kam die *résponsabilité délictuelle* anders als im deutschen Recht nicht in Betracht, weil das Prinzip des *non-cumul* ein Nebeneinander der Ansprüche stets verhindert hat.[113] Ausnahmsweise kommen deliktsrechtliche Ansprüche nach Art. 1240, 1241 CC in Betracht, wenn z. B. bei Notfallbehandlungen kein Vertrag zustande kommt oder Ansprüche Dritter geltend gemacht werden.[114] Eine wichtige Ausnahme betrifft darüber hinaus das französische Adhäsionsverfahren (*action civile*), in dem über diese Schadensersatzansprüche entschieden werden kann, selbst wenn die Pflichtverletzung aus einem Vertragsverhältnis stammt.[115] Im Übrigen zeigt die Unterscheidung von Vertrag und Delikt jedoch keine haftungsrechtlichen Konsequenzen im Bereich des Behandlungsfehlers. In seiner ausführlichen Studie stellt *Bellissent* fest, dass die „contractualisation" der Arzthaftung „au sein même de la sphère contractuelle les conditions d'un régime typiquement délictuel" etabliert habe.[116] Diese Beobachtung lässt sich dogmatisch nicht nur mit Blick auf die einander entsprechenden Rechtspflichten untermauern, sondern auch damit, dass in beiden Haftungsordnungen grundsätzlich das Verschuldensprinzip gilt sowie die gleichen Kausalitätserwägungen angestellt werden müssen.[117] *Brieskorn* stellt zur französischen Vertragshaftung im Allgemeinen fest: „Obwohl der Gesetzestext im Vertragsrecht den Begriff *responsabilité* nicht verwendet, behandelt die herrschende Meinung den vertraglichen Schadensersatz als ‚vertragliche Haftung', die – wie das außervertragliche Haftungsrecht – *faute, causalité* und *dommage* voraussetzt."[118]

---

111 *Schlechtriem,* in: Bundesminister der Justiz, Gutachten und Vorschläge zur Überarbeitung des Schuldrechts, Band II, S. 1591 (1614).

112 *Schlechtriem,* in: Bundesminister der Justiz, Gutachten und Vorschläge zur Überarbeitung des Schuldrechts, Band II, S. 1591 (1614).

113 *Nitschmann,* S. 248; *Sonnenberger,* in: Sonnenberger/Classen, Abschnitt 98, S. 175.

114 *Nitschmann,* S. 256.

115 *Nitschmann,* S. 248.

116 *Bellissent,* Rn. 821.

117 *Nitschmann,* S. 249; siehe auch *Brieskorn,* S. 6 f. m. z. N. zu dieser „Parallelität der Pflichtengefüge" im französischen Vertragshaftungsrecht im Allgemeinen.

118 *Brieskorn,* S. 6 (Hervorhebungen im Original).

Das Gesetz hat in Art. L. 1142-1 CSP eine einheitliche Haftungsnorm geschaffen und die Unterscheidung zwischen zivil- und verwaltungsrechtlichen Haftungsgrundlagen aufgegeben,[119] insbesondere die Verjährung wird in Art. L. 1142-28 CSP einheitlich auf zehn Jahre festgesetzt.[120] Die Ungerechtigkeit der divergierenden Rechtsprechung, je nachdem ob der Fehler an einer öffentlichen oder privaten Klinik geschehen war, mag einer der Gründe für die Gesetzesinitiative gewesen sein.[121] „Ungerechtigkeit" vor allem deshalb, weil die Verwaltungsgerichte im Gegensatz zu den Zivilgerichten, den Ersatz von Schäden zuließen, welche ausdrücklich als schicksalhafte oder zufällige Folge eines Behandlungsrisikos betrachtet werden konnten (sog. *aléa therapeutique*). Gleichzeitig drohte die Haftung für vermutete Behandlungsfehler vor den Zivilgerichten auszuufern, weshalb *Sargos* in seinem berühmten Aufsatz aus dem Jahr 2000 den Gesetzgeber zum Einschreiten aufforderte, um einen Rückzug der Haftpflichtversicherungen aus der Arzthaftung und „une crise du financement de la réparation des dommages médicaux" zu verhindern.[122] Art. L. 1142-1 Abs. 1 S. 1 CSP enthält nunmehr eine einheitliche Haftungsnorm, die vorsieht: „les professionnels de santé [...] ne sont responsables des conséquences dommageables d'actes de prévention, de diagnostic ou de soins qu'en cas de faute". Die *Cour de cassation* bemüht sich derzeit darum, die Arzthaftung dem vertraglichen Haftungsregime wieder zu entziehen („décontractualiser").[123] In zwei „historischen" Entscheidungen aus dem Jahr 2010 verweist der Kassationshof auf den gesetzlichen Ursprung der Haftung.[124] Davon betrifft jedoch nur die Entscheidung vom 28. Januar 2010 die Pflicht zur sorgfältigen Behandlung im engeren

---

119 *Buffelan-Lanore/Laribau-Terrneyre*, Rn. 2585; *Laude/Mathieu/Tabuteau*, Rn. 405.

120 *Jourdain/Laude/Penneau/Porchy-Simon*, Rn. 116; *Welsch*, Rn. 74. Die Verjährung beginnt gem. Art. L. 1142-28 Code de la santé publique mit der „consolidation du dommage", zum Kriterium der *consolidation* als Beginn der Verjährungsfrist vgl. *Kleinschmidt*, Das neue französische Verjährungsrecht, RIW 2008, 590 (594).

121 *Jourdain/Laude/Penneau/Porchy-Simon*, Rn. 106; *Taylor*, International and Comparative Law Quarterly 2003, S. 737 (741 f.).

122 *Sargos*, JCP 2000, I-202, S. 189 (192 f.).

123 *Jourdain*, in: Groupe de Recherche Européen sur la Responsabilité Civile et l'Assurance, Le droit français de la responsabilité civile confronté aux projets européens d'harmonisation, S. 67 (77); *Stoffel-Munck*, **JCP 2008, I-125**, S. 28 (34), Rn. 15: „la loi Kouchner a pu donner l'impression d'organiser une responsabilité professionnelle autonome"; siehe auch *Moréteau* in: FS Magnus, S. 77 (81).

124 *Sargos*, Anmerkung zu Cass. Civ. 1re, 28. Januar 2010 & 3. Juni 2010, D. 2010., S. 1522 (1524): „intêret ‚historique'"; vgl. *Buffelan-Lanore/Larribau-Terrneyre*, S. 968 („Le Point sur... La responsabilité médicale, Rn. 14).

Sinne (*obligation de soin*), die andere Entscheidung betrifft ausschließlich die Aufklärungspflicht des Arztes (*l'obligation d'information*).[125] Während die Pflicht zur sorgfältigen Behandlung aus Art. L. 1142-1 CSP resultiert,[126] beurteilt sich die Haftung für einen Aufklärungsfehler nunmehr sogar wieder nach außervertraglichen Vorgaben gem. Art. 1240 CC.[127] In der Literatur wird seither die Unterscheidung von Vertrags- und Deliktshaftung im Zusammenhang mit dem Behandlungsverhältnis neu aufgerollt.[128] Gegen die Haftung aus dem Behandlungsvertrag wird unter anderem eingewandt, dass neben den vertraglichen Bestimmungen, die nur vom Willen der Parteien abhängen, ein berufsrechtliches Regelwerk existiert, dessen Bedeutung den Bereich vertraglicher Pflichten sprengt:[129] „Donc si l'on veut absolument continuer à reconnaître l'existence d'un contrat médical, il faut admettre que le cadre contractuel est loin d'épuiser la relation entre le médecin et celui qui n'est pas un simple « client ».“[130] In Übereinstimmung mit der Rechtsprechung der Cour de cassation geht die Mehrheit der Stimmen in der Literatur davon aus, dass die *obligation de soins du médecin* nicht mehr aus dem Behandlungsvertrag, sondern gem. Art. L. 1142-1 CSP aus dem Gesetz bzw. aus der beruflichen Stellung des Arztes resultiert.[131]

b) Verschuldensunabhängige Haftung

Die neue Vorschrift im CSP sieht ausdrücklich zwei Ausnahmen von der Verschuldenshaftung vor, beide Sonderfälle existierten jedoch bereits schon vor der Gesetzesreform.[132] Als Ausnahme regelt Art. L. 1142-1 Abs. 1 CSP ausdrücklich

---

125 *Buffelan-Lanore/Larribau-Terrneyre*, Rn. 2163.

126 Cass. Civ. 1re, 28. Januar 2010, Az. 09-10992, D. 2010, S. 1522, note *Sargos*; Cass. Civ. 1re, 14. Oktober 2010, Az. 09-69.195, D. 2010, S. 2682, note *Sargos*.

127 Cass. Civ. 1re, 3. Juni 2010, Az. 09-13591, D. 2010, S. 1522 f., note *Sargos*; vgl. *Buffelan-Lanore/Larribau-Terrneyre*, S. 968 („Le Point sur… La responsabilité médicale, Rn. 20–23).

128 Einführend *Jourdain*, in: Groupe de Recherche Européen sur la Responsabilité Civile et l'Assurance, Le droit français de la responsabilité civile confronté aux projets européens d'harmonisation, S. 67 (67–70).

129 Vgl. *Jourdain*, in: Groupe de Recherche Européen sur la Responsabilité Civile et l'Assurance, Le droit français de la responsabilité civile confronté aux projets européens d'harmonisation, S. 67 (77).

130 *Dreifuss-Netter*, RCA 2002, chronique 17.

131 *Malaurie/Aynès/Stoffel-Munck*, Rn. 323 m. N. aus Rspr.; *Laude/Mathieu/Tabuteau*, Rn. 392; *Nitschmann*, S. 245; siehe bereits oben Fn. 79.

132 *Buffelan-Lanore/Laribau-Terrneyre*, Rn. 2585.

die Haftung für unverschuldete Behandlungsfolgen, wenn der Schaden auf der Verwendung fehlerhafter Gerätschaften beruht: *„en raison d'un défaut d'un produit de santé"*. *Produit de santé* meint nicht „Medizinprodukt" im Sinne des EU-Rechts[133] oder der darauf basierenden Unterscheidung des deutschen Rechts zwischen Medizinprodukt und Arzneimittel,[134] sondern beschreibt vielmehr alle für therapeutische Zwecke hergestellten Hilfsmittel, d. h. Arzneimittel, Prothesen, Implantate, Impfstoffe, Kosmetika, Blut, Gewebe und Organe.[135] Der Begriff schließt dabei jedoch die Medizinprodukte im Sinne der europäischen Richtlinien, die als *dispositifs médicaux* bezeichnet werden, ein.[136] Eine nicht abschließende Auflistung der *produits de santés* im Sinne von Art. L. 1142-1 Abs. 1 CSP, die als Orientierung dienen kann, findet sich in Art. L. 5311-1 CSP.[137] Die Formulierung in Art. L. 1142-1 Abs. 1 CSP wird als Verweis auf die Voraussetzungen der Produzentenhaftung in Art. 1245 CC verstanden, die dem Patienten als Anspruchsgrundlage dienen soll.[138] Die zweite ausdrückliche Ausnahme betrifft Krankenhausinfektionen gem. Art. L. 1142-1 Abs. 1 S. 2 CSP: „infections nosocomiales". Die Gefährdungshaftung gilt nur für klinische Einrichtungen, gleichgültig ob öffentlich oder privat, die den Patienten aufnehmen, und nicht für freie, niedergelassene Ärzte oder Hebammen (vgl. Art. L. 4111-1ff. CSP).[139] Die Vorschrift spricht in Satz 2 ausdrücklich nur von „[l]es établissements, services et organismes [dans lesquels sont réalisés des actes individuels de prévention, de diagnostic ou de soins]" und schließt damit die in Satz 1 erwähnten „professionnels de santé" von der Haftung aus. „Une infection nosocomiale" bezeichnet eine Infektionskrankheit, die sich der Patient in einer Gesundheitseinrichtung (*établissement de santé*) zugezogen hat.[140] In der deutschen Sprache bezeichnet der Begriff Nosokomialinfektion, oder das Synonym „Krankenhausinfektion", ebenfalls eine „Infektion [...] als Reaktion auf das Vorhandensein von Erregern oder deren Toxine, die in zeitlichem Zusammenhang mit einem Krankenhausaufenthalt oder einer ambulanten medizinischen Maßnahme stehen, soweit die Infektion nicht bereits vorher bestand."[141] Dem Patienten obliegt der Beweis

---

133 Vgl. Richtlinie 93/42/EWG des Europäischen Parlaments und des Rates vom 14. Juni 1993 über Medizinprodukte, ABl. EG Nr. L 169, vom 12.7.1993, S. 1.

134 Vgl. § 2 Abs. 5 Nr. 1 MPG.

135 *Jourdain/Laude/Penneau/Porchy-Simon,* Rn. 112; *Nitschmann,* S. 283 f.

136 *Jourdain/Laude/Penneau/Porchy-Simon,* Rn. 112.

137 Ebd.

138 *Jourdain/Laude/Penneau/Porchy-Simon,* Rn. 112.

139 Vgl. *Nitschmann,* S. 286 f.

140 *Buffelan-Lanore/Laribau-Terrneyre,* Rn. 2586.

141 Nosokomialinfektionen, in: Psychrembel - Klinisches Wörterbuch (2007), S. 1361.

dafür, dass es sich um eine Infektion *nosocomiale* handelt, die nicht bereits vorher bestanden hat.[142] Bei exogenen Nosokomialinfektion, die durch Keime aus der Umgebung, insbesondere den Kontaktpersonen, des Patienten entstehen,[143] ist dieser Beweis leichter zu führen als bei endogenen Nosokomialinfektionen. Die endogene Nosokomialinfektion entsteht durch patienteneigene Mikroorganismen (Hände, Nasenschleimhaut) des Patienten.[144] Nachdem der *Conseil d'État* – anders als die *Cour de cassation* – eine endogene Infektion zunächst nicht genügen lassen wollte, reicht eine solche nunmehr auch vor den Verwaltungsgerichten aus.[145] Nach dem Wortlaut des Gesetzes können sich die Einrichtungen nur durch den Nachweis einer „cause étrangère" entlasten. Diese Regelung folgt in Teilen der vorherigen ständigen Rechtsprechung der Verwaltungs- und Zivilgerichte.

Die *Cour de cassation* wertete die Infektion mit einem Krankenhauskeim als Verstoß gegen eine *obligation de sécurité de résultat*.[146] Die Ansteckung mit einem Krankenhauskeim stellte eine Vertragsverletzung dar, ohne dass es auf ein Verschulden, z. B. einen Verstoß gegen Hygienevorschriften, ankam. Der *Conseil d'État* kam mit einer praktisch unwiderlegbaren Verschuldensvermutung (*présomption de faute*) zu demselben Ergebnis.[147] Allerdings entbrannte ein heftiger Streit, um den Standpunkt der *Cour de cassation*[148] neben den Heilanstalten auch niedergelassene Ärzte nach diesen Grundsätzen haften zu lassen.[149] Diesen Streit hat das Gesetz vom 4. März 2002 zugunsten der Ärzteschaft entschieden, die

142 *Buffelan-Lanore/Laribau-Terrneyre*, Rn. 2586.

143 Vgl. Nosokomialinfektionen, in: Pschyrembel – Klinisches Wörterbuch (2007), S. 1280.

144 Ebd.

145 CÉ, 10. Oktober 2011, Az. 328500, D. 2012, S. 55, observations *Gout*; CÉ, 14. Dezember 2011, Az. 330644; CÉ, 13. Februar 2012, Az. 336293, (Volltext verfügbar in der Entscheidungsdatenbank unter http://legifrance.gouv.fr, zuletzt: 5. Juni 2015); siehe dazu *Bacache*, in: LexisNexis, Droit médical et hospitalier, Abschnitt 19-2, Rn. 6; *Buffelan-Lanore/Larribau-Terneyre*, Rn. 2586.

146 Cass. Civ. 1re, 29. Juni 1999, Az. 97.14254, 97-15818, 97-21903, Bull. Civ. 1999, I, Nr. 220, 222, 223; JCP 1999, II-10138, rapport *Sargos*; siehe auch *Jourdain/Laude/Penneau/Porchy-Simon*, Rn. 113.

147 CÉ, 9. Dezember 1988, Az. 65087, Recueil Lebon, S. 431; CÉ, 1. März 1989, Az. 61406, (Bailly), Recueil Lebon 1989, S. 908; CÉ, 14. Juni 1991, Az. 65459 (Ma. A.lem), Recueil Lebon, S. 1184; siehe auch *Jourdain/Laude/Penneau/Porchy-Simon*, Rn. 113.

148 Cass. Civ. 1re, 29. Juni 1999, Az. 97.14254, 97-15818, 97-21903, Bull. Civ. 1999, I, Nr. 220, 222, 223; JCP 1999, II-10138, rapport *Sargos*.

149 *Nitschmann*, S. 287.

nunmehr aufgrund des gesetzlichen Schweigens in Art. L. 1142-1 Abs. 1 S. 2 CSP auch in diesen Fällen nur für *faute* haften.[150] Mit einem weiteren Gesetz vom 30. Dezember 2002 wurden Krankenhausinfektionen außerdem dem Anwendungsbereich des Härtefallfonds unterworfen, d. h. der Patient besitzt einen Anspruch auf Entschädigung, wenn der durch die Infektion verursachte Gesundheitsschaden den erforderlichen Schweregrad erreicht, vgl. Art. L. 1142-1-1 CSP.[151]

c) Härtefallfonds

Neben der Verschuldens- und Gefährdungshaftung hat das Gesetz vom 4. März 2002 einen Härtefallfonds für Patienten eingerichtet, die im Rahmen einer medizinischen Behandlung einen besonders schweren gesundheitlichen Schaden erlitten haben. Die Entschädigung der Opfer basiert nicht auf der privaten Haftpflichtversicherung, sondern auf der *solidarité nationale*.[152] Dem französischen Gesetzgeber standen bei dem Entwurf des Gesetzes zwei Systeme zur Auswahl. Die erste Variante betraf ein kollektives Haftungssystem mittels Entschädigungsfonds, die zweite eine Patientenversicherung (*assurance-patient*) ähnlich einer Unfallversicherung.[153] Der Gesetzgeber entschied sich für die erste Variante. Das Gesetz folgt dem Vorbild des Entschädigungsfonds für Opfer von Verkehrsunfällen (sog. *loi Badinter*[154]).[155] Für die Verwaltung des Fonds richtet es den *Office nationale d'indemnisation des accidents médicaux* (ONIAM) ein, der durch die Sozialversicherung finanziert wird.[156]

Bevor die Voraussetzungen des Entschädigungsanspruchs näher erläutert werden sollen, sei noch auf ihren Ursprung hingewiesen. Die Fondshaftung basiert auf der verwaltungsgerichtlichen Anerkennung einer verschuldensunabhängigen

---

150 *Nitschmann*, S. 287.

151 „Loi n° 2002-1577 du 30 décembre 2002 relative à la responsabilité civile médicale", Journal officiel de la Republique française du 31 décembre 2002, S. 22100, genannt „loi About" nach dem Präsidenten der *Commission des affaires sociales* des französischen *Sénat: Nicolas About*, vgl. *Pellet*, in: Pellet, Responsabilité, assurance et expertise médicales, S. 1 (3).

152 *Bloch*, in: Le Tourneau, Rn. 8571.

153 *Jourdain/Laude/Penneau/Porchy-Simon*, Rn. 108; ausführlich *Knetsch*, S. 55 ff.

154 „Loi n° 85-677 du 5 juillet 1985 tendant à l'amélioration de la situation des victimes d'accidents de la circulation et à l'accélération des procédures d'indemnisation", Journal officiel de la Republique française du 6 juillet 1985, S. 7584.

155 *Buffelan-Lanore/Larribau-Terrneyre*, Rn. 2581.

156 *Bloch*, in: Le Tourneau, Rn. 8571.

Haftung für einen Behandlungsunfall (*aléa therapeutique*). Den Begriff vom *aléa therapeutique* hat im Jahr 1936 die Entscheidung der *Cour de cassation* im oben genannten Fall *Mercier* geprägt.[157] Dabei handelt es sich um das unbeherrschbare Unfallrisiko einer medizinischen Behandlung, was die *Cour de cassation* so formuliert hat: „la survenance, en dehors de toute faute du praticien, d'un risque accidentel inhérent à l'acte médical et qui ne pouvait être maîtrisé".[158] Im Gegensatz zu der *Cour de cassation* hat der *Conseil d'État* die Verwirklichung eines Behandlungsrisikos für die Haftung des Krankenhausträgers stets ausreichen lassen. Seit Ende der 1960er Jahre hatte er das Haftungsregime beständig fortentwickelt und dessen Voraussetzungen in einer grundlegenden Entscheidung aus dem Jahr 1993 (*arrêt Bianchi*) dargelegt:[159] Ein bekanntes und seltenes Behandlungsrisiko musste Verletzungen verursacht haben, die in keinem Zusammenhang mit der Krankheit standen.[160] Die Voraussetzungen waren nur in wenigen Fällen erfüllt, insbesondere musste ein extrem schwerer körperlicher oder gesundheitlicher Schaden entstanden sein.[161] Einige Zivilgerichte wollten die Konstruktion ebenfalls anerkennen, die *Cour de cassation* lehnte eine Verallgemeinerung der Haftung für *l'aléa therapeutique* jedoch stets ab.[162] Der Anspruch auf Entschädigung findet sich direkt im Anschluss an den Grundsatz der Verschuldenshaftung in Art. L. 1142-1 Abs. 2 CSP. Sie lautet:

> „Lorsque la responsabilité d'un professionnel, d'un établissement, service ou organisme [...] n'est pas engagée, un accident médical, une affection iatrogène ou une infection nosocomiale ouvre droit à la réparation des préjudices du patient, [...] au titre de la solidarité nationale, lorsqu'ils sont directement imputables à des actes de prévention, de diagnostic ou de soins et qu'ils ont eu pour le patient des conséquences anormales au regard de son état de santé comme de l'évolution prévisible de celui-ci et présentent un caractère de gravité [...]".

Die Regelung findet keine Anwendung auf Pflege- und Unterbringungsleistungen eines Krankenhauses, unterscheidet im Übrigen jedoch nicht zwischen medizinischen Leistungen im ambulanten und stationären Bereich.[163] Sie bezieht sogar

157 Siehe oben Fn. 49.

158 Cass. Civ. 1re, 8. November 2000, Az. 99-11735, Bull. Civ. 2000, I, Nr. 287, S. 186; siehe dazu *Le Tourneau*, in: Le Tourneau, Rn. 4199 m. w. N.

159 *Nitschmann*, S. 276.

160 *Taylor*, International and Comparative Law Quarterly 2003, S. 737 (741).

161 *Maugüé/Thiellay*, S. 90.

162 Cass. Civ. 1re, 8. November 2000, Az. 99-11735, Bull. Civ. 2000, I, Nr. 287, S. 186; vgl. *Jourdain/Laude/Penneau/Porchy-Simon*, Rn. 106; *Maugüé/Thiellay*, S. 92.

163 *Jourdain/Laude/Penneau/Porchy-Simon*, Rn. 125.

Produkthaftungsschäden, z. B. durch Arzneimittel, ein.[164] *Un accident médical* wird verstanden als unvorhergesehenes, schicksalhaftes (unverschuldetes) und schädigendes Ereignis, das direkt aus einer Behandlungsmaßnahme folgt.[165] *Une affectione iatrogène* ist eine Krankheit, die durch eine Heilungsmaßnahme verursacht worden ist.[166] Die Bedeutung von *infection nosocomiale* unterscheidet sich nicht von der oben bereits erläuterten Begriffsdefinition. Der Patient erhält die Entschädigung nur für die Folgen eines solchen schicksalhaften Behandlungsunfalls, bei dem eine Haftungsverantwortung des Arztes oder der Einrichtung ausgeschlossen werden kann.[167] Für Krankenhausinfektionen ist dieser Grundsatz durch eine „Reform der Reform" mit dem Gesetz vom 30. Dezember 2002 patientenfreundlicher gestaltet worden.[168] Gemäß Art. L. 1142-1-1 CSP kann sich der Patient, welcher anlässlich einer Behandlungsmaßnahme nach dem 1. Januar 2003 eine Krankenhausinfektion erlitten hat, direkt an den ONIAM wenden.[169] Er kann folglich wählen, ob er die Gesundheitseinrichtung oder den ONIAM, dem nach Art. 1142-17 Abs. 7 CSP ein Regressanspruch gegen die Arzt Einrichtung zusteht, in Anspruch nimmt.[170] Zur Koordination dieser Begehren sind die sog. *commissions de conciliation et d'indemnisation* (CCI) eingerichtet worden (vgl. Art. L. 1142-7 CSP).[171] Die Kommissionen besitzen die Aufgabe eine gütliche Einigung herbeizuführen und zu entscheiden, ob die Voraussetzungen für eine staatliche Entschädigung vorliegen. Werden sie nicht erfüllt, bleibt dem Patienten nur die gerichtliche Durchsetzung seiner Ansprüche.[172]

164 Ebd.

165 *Jourdain/Laude/Penneau/Porchy-Simon,* Rn. 124: „un événement imprévu causant un dommage accidentiel ayant un lien de causalité certain avec un acte médical"; *Buffelan-Lanore/Laribau-Terrneyre,* Rn. 2586.

166 *Jourdain/Laude/Penneau/Porchy-Simon,* Rn. 124: „le dommage subi par un patient lié au traitement délivré"; *Buffelan-Lanore/Laribau-Terrneyre,* Rn. 2586.

167 *Bloch,* in: Le Tourneau, Rn. 8572-1.

168 *Nitschmann,* S. 287.

169 *Bloch,* in: Le Tourneau, Rn. 8572-4.

170 *Nitschmann,* S. 291.

171 *Buffelan-Lanore/Laribau-Terrneyre,* Rn. 2590; *Jourdain/Laude/Penneau/Porchy-Simon,* Rn. 134; vor der Reform des Schlichtungsverfahrens durch le décret n° 2012-298 vom 2. März 2012 hießen diese Stellen commission régionale de conciliation et d'indemnisation (CRCI), vgl. *Gout,* Gazette du Palais vom 15./16. Juni 2013, S. 37 (38); *Bergoignan-Esper,* in: LexisNexis, Droit médical et hospitalier, Abschnitt 18-05, Rn. 9.

172 *Buffelan-Lanore/Laribau-Terrneyre,* Rn. 2596; *Jourdain/Laude/Penneau/Porchy-Simon,* Rn. 158.

Neben der fehlenden Haftungsverantwortung des Arztes als erste Voraussetzung für den Fondsanspruch existieren zwei weitere Anspruchsvoraussetzungen, die den Krankheitsverlauf und den Schweregrad der erlittenen körperlichen und gesundheitlichen Beeinträchtigungen betreffen. Die Verletzung muss zunächst einmal durch eine medizinische Behandlungsmaßnahme verursacht worden sein und außerdem eine unvorhergesehene und außergewöhnliche Verletzungsfolge darstellen, d. h. Krankheitsfolgen und äußerst wahrscheinliche Behandlungsfolgen, gemessen am Gesundheitszustand des Patienten oder der notwendigen Behandlung, werden nicht erfasst.[173] Die Bewertung erfolgt anhand einer Einzelfallbetrachtung.[174] Außergewöhnliche Behandlungsfolgen liegen z. B. nicht vor, wenn die Krankheit den Patienten für die aufgetretenen schweren Schäden außerordentlich anfällig gemacht hat[175] oder das Leben des Patienten nur durch eine besonders gefährliche Behandlung, deren Risiko (Querschnittlähmung) sich verwirklicht hat, gerettet werden konnte.[176] Der Nachweis dieses Kausalitätserfordernisses bereitet naturgemäß Schwierigkeiten.[177] Der Zusammenhang zwischen medizinischem Handeln und eingetretenen Verletzungsfolgen ist mit der Formulierung „lorsqu'ils sont directement imputables" deutlich enger gefasst als bei der Verschuldenshaftung in Absatz 1, wo es heißt: „conséquences dommageables".[178] Der Anwendungsbereich der Haftung der Solidargemeinschaft wird vor allem durch das dritte Haftungskriterium erheblich eingeschränkt. Die Behandlungsschäden müssen einen besonderen Schweregrad erreichen, das Gesetz spricht von „un caractère de gravité". Dieser Wert wird in Prozent der *incapacité permanente* (IPP) angegeben. Er bestimmt sich nach den Vorgaben des französischen Sozialversicherungsrechts und kann mit dem deutschen Grad der Schwerbehinderung verglichen werden.[179]

Der Gesetzgeber hat in Art. L. 1142-1 Abs. 2 CSP festgelegt, dass der noch zu bestimmende Schweregrad einen Wert von 25 % nicht überschreiten darf. Das *décret n° 2003-314* vom 4. April 2003 hat einen Schweregrad von 24 % festgelegt,

---

173 *Bloch*, in: Le Tourneau, Rn. 8572-2.

174 *Jourdain/Laude/Penneau/Porchy-Simon*, Rn. 128; ausführlich mit Rechtsprechungshinweisen *Langrognet*, RFDA 2012, S. 319 ff.

175 *Gallmeister*, Anmerkung zu Cass. Civ. 1re, 31. März 2011, D. 2011, S. 1075 (ebd.).

176 CA. A. Paris, 10. Juni 2010, Az. 09PA04044 (Volltext verfügbar in der Entscheidungsdatenbank unter http://legifrance.gouv.fr, zuletzt: 5. Juni 2015).

177 *Bloch*, in: Le Tourneau, Rn. 8572-2 (Fn. 3).

178 *Nitschmann*, S. 289.

179 Vgl. Art. L. 434-2 Satz 1 Code de la sécurité sociale; *Avram*, Gazette du Palais 2009, 45 (ebd.).

vgl. Art. D. 1142-1 CSP, und darüber hinaus geregelt, dass eine temporäre Berufsunfähigkeit (*incapacité totale de travail*, ITT) von mehr als sechs aufeinanderfolgenden Monaten oder von sechs Monaten innerhalb eines Zeitraumes von zwölf Monaten einer dauerhaften Beeinträchtigung gleichsteht.[180] Für die Entschädigung von Schäden durch Krankenhausinfektionen, die erst durch das Gesetz vom 30. Dezember 2002 in den Katalog des Haftungsfonds aufgenommen worden sind, gilt ein Schwellenprozentsatz von 25 %, vgl. Art. L. 1142-1-1 Nr. 1 CSP. In den seltenen Fällen einer solchen nicht tödlichen, aber folgenschweren Krankenhausinfektion[181] besteht in jedem Fall eine Einstandspflicht des Haftungsfonds, selbst wenn die Infektion auf einem Fehler der Einrichtung basiert.[182] Die Literatur stuft die durch den erforderlichen Schweregrad zu überwindende Hürde für die Patienten im Allgemeinen als sehr hoch ein, viele Opfer seien dadurch von dem Ersatzanspruch ausgeschlossen.[183] Zwar liege der verlangte Schweregrad mit 25 % noch deutlich unter den bisherigen Anforderungen der ständigen Rechtsprechung mit 70 bis 95 %. Blickt man jedoch auf die Statistik der Straßenverkehrsunfälle, so erreichten dort nur 3 % der Opfer die Schwelle von 25 % IPP.[184] Der individuellen Haftungsverantwortung der Ärzte und Krankenhäuser für verschuldete Behandlungsunfälle kommt darum nach wie vor eine sehr große Bedeutung zu. Die von der Rechtsprechung entwickelten Grundsätze zur Verschuldenshaftung wurden durch die Gesetzesreform vom 4. März 2002 bestätigt und durch die ausdrückliche Erwähnung des Worts „*faute*" in Art. L. 1142-1 CSP noch verstärkt. Die Entschädigung und die Verschuldenshaftung können sogar kombiniert werden. Der Patient erhält in diesem Fall einen Teil seines Schadensersatzes auf der Basis der Verschuldenshaftung und den anderen Teil aus dem Härtefallfonds.[185]

Der ONIAM ist heute auch für die Entschädigung von Personen zuständig, die durch die Verabreichung von kontaminierten Blutkonserven an HIV oder Hepatitis C erkrankt sind.[186] Zugunsten des Erkrankten existiert eine widerlegliche Kausalitätsvermutung, nach welcher eine Infektion auf der Gabe eines

---

180 *Bacache*, in: LexisNexis, Droit médical et hospitalier, Abschnitt 18, Rn. 22; *Buffelan-Lanore/Laribau-Terrneyre*, Rn. 2599.

181 *Brun*, in: Mazeaud/Brun/Pierre, Lamy – Droit de la responsabilité, Rn. 410-40, spricht von weniger als 5 % aller Krankenhausinfektionen.

182 *Brun*, in: Mazeaud/Brun/Pierre, Lamy – Droit de la responsabilité, Rn. 410-40.

183 *Bacache*, in: LexisNexis, Droit médical et hospitalier, Abschnitt 18, Rn. 22.

184 *Jourdain/Laude/Penneau/Porchy-Simon*, Rn. 130; siehe auch *Nitschmann*, S. 290.

185 *Jourdain*, RTDC 2011, 538 (550 ff.).

186 Ausführlich *Buffelan-Lanore/Laribau-Terrneyre*, Rn. 2571 ff.

Blutproduktes basiert.[187] Der Hersteller der Blutkonserve oder des Blutprodukts trägt folglich die Beweislast dafür, dass die Infektion *nicht* auf dem Produkt basiert. Das stellt eine Ausnahme zur Produzentenhaftung nach Art. 1245 CC dar, nach deren Grundsätzen der Geschädigte beweisen muss, dass das Produkt den Schaden verursachte.[188]

4. Zusammenfassung

Zusammenfassend lässt sich feststellen, dass in allen drei untersuchten Rechtsordnungen eine Verschuldenshaftung existiert, nach deren Grundsätzen dem Patienten ein Schadensersatzanspruch zusteht. Nach deutschem Recht haftet der Arzt für sein Fehlverhalten nach den Grundsätzen des Behandlungsvertrags gem. § 630a BGB in Verbindung mit den Vorschriften des allgemeinen Schuldrechts nach §§ 280 ff. BGB. Konkurrierende Ansprüche ergeben sich vor allem aus §§ 823 Abs. 1, 831 BGB. In England wird der Schadensersatzanspruch überwiegend auf den fallrechtlichen Deliktstatbestand *negligence* gestützt, weil der Vertragsschluss zwischen Arzt und gesetzlich versichertem Patienten an der *consideration* scheitert. Bei selbstzahlenden Privatpatienten kann sich ein Anspruch auch aus dem Behandlungsvertrag als Dienstvertrag (*service contract*) ergeben. Unterschiede in den Haftungsvoraussetzungen existieren nicht. Der französische Gesetzgeber hat eine spezialgesetzliche Haftungsgrundlage in Art. L. 1142-1 CSP geschaffen, welche die Haftung privater und öffentlicher Gesundheitseinrichtungen vereinheitlicht. Bei der Auslegung der Vorschrift werden die traditionellen Grundsätze der Haftung für *faute* herangezogen. Anders als die anderen beiden Rechtsordnungen kennt das französische Recht neuerdings zwei gesetzlich geregelte, verschuldensunabhängige Haftungsregimes sowie eine Fondshaftung. Der Härtefallfonds setzt jedoch einen besonders schweren Schaden voraus, den nur eine geringe Prozentzahl der Opfer von Behandlungsunfällen aufweisen dürfte.

III. Probleme, insbesondere die Finanzierung der Arzthaftung

Zwischen den Jahren 1980 und 2000 verzeichneten alle drei Rechtsordnungen einen bemerkenswerten Anstieg der Arzthaftungsfälle. In Frankreich geht man davon aus, dass die Urteile in Arzthaftungsprozessen in den Jahren von 1984 bis 1992 um 62,5 % gestiegen sind.[189] Im Vereinigten Königreich hat sich die Zahl

187 Cass. Civ. 1re, 9. Mai 2001, D. 2001, Jurisprudence 2149; *Buffelan-Lanore/Laribau-Terrneyre*, Rn. 2417, 2419.

188 *Buffelan-Lanore/Laribau-Terrneyre*, Rn. 2417.

189 *Dorsner-Dolivet*, Rn. 7.

der Arzthaftpflichtprozesse zwischen 1983 und 1987 verdoppelt und stieg zwischen 1990 und 1998 um 72 %.[190] Den Haftpflichtversicherern in Deutschland wurden Ende der 1970er Jahre etwa 6.000 Arzthaftungsfälle gemeldet. In der nächsten Dekade waren es schon 15.000 und am Ende der 1990er Jahre bereits 20.000 Fälle.[191] Während die Arzthaftungsprozesse vor den Landgerichten in erster Instanz im Jahr 1978 noch auf 300 geschätzt worden sind,[192] ging man im Jahr 2002 von insgesamt 3.000 Arzthaftungsprozessen aus.[193]

Von 2004 bis 2008 sind die Erledigungen in Arzthaftungssachen in Deutschland nur noch von 7.659 auf 9.214 geklettert. Man geht davon aus, dass die Anzahl von Arzthaftungsverfahren auf hohem Niveau stagnieren wird.[194] Auch in den anderen beiden Ländern steigt die Zahl der Arzthaftungsklagen spätestens seit Mitte der 2000er Jahre nicht mehr signifikant an. In Frankreich sind in den Jahren 1999 bis 2009 jährlich zwischen 4361 und 5275 neue Klagen vor den Zivilgerichten eingereicht worden,[195] und zwischen 637 und 693 in den Jahren 2003 bis 2008 vor den Verwaltungsgerichten. In England gab es nach den Zahlen der *NHS Litigation Authority* in den Jahren 2004/2005 noch 5.602 neue Klagen, während in den Jahren 2016/2017 mit 10.686 Anträgen beinahe doppelt so viele neue Klagen eingereicht worden sind.[196]

1. Ursachen für den Anstieg der Zahl von Arzthaftungsprozessen

Für den Aufwärtstrend der Arzthaftungsverfahren am Ausgang des 20. Jahrhunderts kommen mehrere Ursachen in Betracht. *Katzenmeier* hat sie in seiner Habilitationsschrift, die im Jahr 2002 erschienen ist, herausgearbeitet. Seine Schlussfolgerungen dürften auch für die anderen beiden Rechtssysteme gelten. Als einen der Hauptgründe betrachtet *Katzenmeier* den medizinischen Fortschritt. Mit ihm würden nicht nur die Heilungschancen, sondern auch die Behandlungsrisiken zunehmen,[197] gleichzeitig eröffne der Fortschritt völlig neue

---

190 *Jones,* Medical Negligence, Rn. 1-011 f.; *ders.*, in: Dute/Faure/Koziol, Rn. 115.

191 *Katzenmeier*, Arzthaftung, S. 40 f.

192 *Weyers*, in: Ständige Deputation des deutschen Juristentages, Verhandlungen des 52. Deutschen Juristentages, Band I (Gutachten), A 1 (A 39); siehe auch *Sick*, S. 21: „Ende der siebziger Jahre etwa 450 Verfahren jährlich".

193 *Katzenmeier*, Arzthaftung, S. 41.

194 *Simmler*, in: Wenzel, Kap. 1, Rn. 45.

195 *Laude/Pariente/Tabuteau*, S. 51.

196 Vgl. *Jones,* Medical Negligence, Rn. 1-013.

197 *Katzenmeier*, Arzthaftung, S. 12; so auch *Hocquet-Berg/Py*, Rn. 7; *Taylor*, International and Comparative Law Quarterly 2003, 737 (738).

Anwendungsfelder von Haftungsverantwortlichkeit, z. B. in der Pränataldiagnostik.[198] Der medizinische Fortschritt habe unter anderem dazu beigetragen, dass die moderne Medizin den Patienten als soziales Wesen aus dem Blickfeld verloren und die Krankheit als „objektiv feststellbare, mit naturwissenschaftlichen und statistischen Mitteln zu analysierende Funktionsstörungen des Organismus“[199] in den Vordergrund gerückt habe.[200] Dadurch werde dem Patienten die Kompetenz zur Mitwirkung an der Behandlung abgesprochen, weil ihm die notwendige Sachkenntnis fehle.[201] Mit diesen paternalistischen Tendenzen trage die moderne Medizin selbst dazu bei, dass die Bedeutung der Arzthaftung gestiegen sei.[202]

Als weiteren Grund nennt *Katzenmeier* die Eingliederung von Arzt und Patient in ein staatliches Krankenversicherungssystem. Das Einschalten einer dritten Person sorge für größere Anonymität und den Bedeutungsverlust der Partnerschaft zwischen Arzt und Patient.[203] Die Freiberuflichkeit des Arztes werde durch das Gesundheitssystem stark eingeschränkt, sozial- und verwaltungsrechtliche Pflichten des Arztes könnten mit patientenseitigen Interessen kollidieren.[204] Die Ausweitung staatlicher Gesundheitsleistungen generiere einen hohen Versorgungsstandard, welcher schließlich dazu führe, dass der medizinische Gesundheitssektor zunehmend auch die Befriedigung sozialer, anthropologischer und religiöser Bedürfnisse übernehme.[205] Als maßgeblichen Faktor bei der Steigerung der Anspruchsbegehren erachtet *Katzenmeier* aber auch die Emanzipierung der Patientenschaft, die sich in einer zunehmenden Erwartungshaltung und Prozessbereitschaft ausdrücke.[206] Im Laufe des 20. Jahrhunderts werde ein allgemeiner Schwund von absoluten Autoritäten verzeichnet, welcher auch vor der ärztlichen Profession nicht haltgemacht habe.[207] Gleichzeitig stiegen mit dem Fortschritt der Medizin auch die Ansprüche des Patienten, die sich teilweise ins Unerreichbare steigerten, was als „Prinzessin-auf-der-Erbse-Syndrom“ bezeichnet werden

198 *Katzenmeier*, Arzthaftung, S. 12.
199 *Katzenmeier*, Arzthaftung, S. 15.
200 *Brüggemeier*, S. 464.
201 *Katzenmeier*, Arzthaftung, S. 16.
202 *Katzenmeier*, Arzthaftung S. 16 f.
203 *Katzenmeier*, Arzthaftung, S. 18.
204 *Katzenmeier*, Arzthafzung, S. 19 ff.
205 *Katzenmeier*, Arzthaftung, S. 24.
206 *Katzenmeier*, Arzthaftung, S. 25.
207 *Katzenmeier*, Arzthaftung, S. 28, ähnlich *Brüggemeier*, S. 464; *Taylor*, in: Hondius, The development of medical liability, S. 70 (86 f.).

könne.[208] Schließlich würden Schicksal und Leiden in neuerer Zeit nicht mehr so einfach hingenommen,[209] sondern nach „Ersatzpflichten" Ausschau gehalten.[210] Auch in England soll dieses Phänomen der „compensation culture" den Anstieg der Zahl der Haftungsansprüche erklären können.[211] In der französischen Literatur wird darauf hingewiesen, dass die Ausweitung des Versicherungssystems und die Einführung der Kompensation von Personenschäden seit den 1930er Jahren für einen Sinneswandel gesorgt hätten.[212] Außerdem seien die Patientenzahlen schlicht in die Höhe geschnellt, denn in Frankreich habe man in den Jahren 1960 bis 1980 die Krankenhausversorgung immens ausgebaut.[213]

2. Fallzahlen und Kosten

In Deutschland hat im Jahr 2014 eine Studie Schlagzeilen gemacht, die belegen soll: „Behandlungsfehler führen zu mehr Opfern als im Straßenverkehr".[214] Nach den Schätzungen des in Bezug genommenen „Krankenhausreports 2014 des Rheinisch-Westfälischen Instituts für Wirtschaftsforschung" würden pro Jahr rund 19.000 Menschen an Komplikationen und Behandlungsfehlern in Krankenhäusern versterben, von denen die Hälfte vermeidbar sei.[215] Insgesamt soll es jährlich zwischen 360.000 und 720.000 „unerwünschte, vermeidbare Zwischenfälle" an deutschen Kliniken geben, womit von 19 Mio. Krankenhausbehandlungen etwa 5 bis 10 % betroffen seien.[216] Bezieht man sich nur auf die vermeidbaren Todesfälle, käme 1 Todesfall auf 1000 Patienten.[217] Für den Bereich niedergelassener Vertragsärzte mit ca. 540 Mio. Behandlungskontakten jährlich[218] liegen keine vergleichbaren Schätzungen vor.

---

208 *Katzenmeier*, Arzthaftung, S. 27.

209 *Bar*, Deliktsrecht, in: Bundesminister der Justiz, Gutachten und Vorschläge zur Überarbeitung des Schuldrechts, Band II, S. 1690 f.

210 *Katzenmeier*, Arzthaftung, S. 27.

211 *Pattinson*, Rn. 3-061 a. E.

212 *Hocquet-Berg/Py*, Rn. 7.

213 *Taylor*, in: Hondius, The development of medical liability, S. 70 (86).

214 *Kaiser*, 7500 Klinik-Tode jährlich vermeidbar, in: DIE WELT v. 22. Januar 2014, S. 10.

215 Ebd.

216 Ebd.

217 *Szent-Ivanyi, Timot*, Gefährlicher als der Straßenverkehr, in: Berliner Zeitung vom 22. Januar 2014, S. 9.

218 Vgl. die Pressemitteilung der Bundesärztekammer v. 17. Juni 2013, abrufbar unter: http://www.bundesaerztekammer.de/page.asp?his=2.59.5301.11336.11343 (zuletzt: 5. Juni 2015); siehe auch *Hoppe*, MedR 2011, 216 (ebd.): jährlich ca. 450-500 Mio. Arzt-Patient-Begegnungen.

In England werden jährlich etwa 8,5 Mio. Menschen in den Krankenhäusern des National Health Service behandelt, die Zahl der sog. „adverse events“[219] bei Krankenhausbehandlungen wird auf 850.000 geschätzt, etwa die Hälfte dieser Behandlungsunfälle sei vermeidbar.[220] Im Jahr 2016 wurden in England insgesamt 1.879.822 Behandlungsvorfälle (*incidents*) registriert, von denen 73,5 % keinen Schaden, 23,1 % einen geringen Schaden und 2,9 % einen mittelgradigen (*moderate*) Schaden verursacht haben. Weniger als 1 % haben zum Tod oder zu schweren Verletzungen geführt.[221]

Die Schätzungen in Frankreich gehen von einer deutlich geringeren Zahl an Behandlungsunfällen aus. Bei insgesamt etwa 400 Mio. Behandlungseingriffen im Bereich der niedergelassenen Ärzte und Krankenhäuser im Jahr 2000 sollen sich zwischen 10.000 und 20.000 Behandlungsunfälle (*accidents médicaux*) ereignet haben, die meisten davon in den öffentlichen Krankenhäusern. Von diesen Behandlungsunfällen sind allerdings nur etwa 3.000 bei den Verwaltungsgerichten anhängig geworden.[222]

In allen drei Ländern wird offensichtlich nur in einem Bruchteil der Fälle von den Betroffenen eine Schlichtung oder ein Gerichtsverfahren angestrengt. In Deutschland haben die Krankenkassen im Jahr 2014 bundesweit 14.663 Behandlungsfehler registriert.[223] Weitere Fälle landen bei den Schlichtungsstellen der Ärztekammern oder direkt bei den Haftpflichtversicherungen und natürlich vor Gericht. Die Gesamtzahl der gegen Ärzte gerichteten Haftpflichtansprüche kann deshalb nur geschätzt werden, sie soll bei insgesamt etwa 40.000 Fällen pro Jahr liegen.[224] In England hat die *National Health Service Litigation Authority*, die alle Schadensersatzleistungen des NHS verwaltet, in den Jahren 2013/2014 eine Zahl von 11.945 neuen Anträgen jährlich gezählt.[225] In Frankreich kamen auf

---

219 Der Begriff *adverse events* wird definiert als „unintended injuries caused by medical management rather than the disease process“, *Vincent/Neale/Woloshynowych*, Adverse events in British hospitals: preliminary retrospective overview, British Medical Journal 2001, 517 (ebd.).

220 *Vincent/Neale/Woloshynowych*, Adverse events in British hospitals: preliminary retrospective overview, British Medical Journal 2001, 517 (517 f.); *Jones*, Medical Negligence, Rn. 1-008.

221 *Herring*, S. 104.

222 *Maugüé/Thiellay*, S. 15.

223 *Heine*, Wenn der Arzt sein OP-Tuch vergisst, Der Tagesspiegel v. 21.5.2015, S. 4.

224 *Terbille*, in: Terbille/Clausen/Schroeder-Printzen, § 1, Rn. 12.

225 *Mulheron*, in: Laing/McHale, Rn. 3.03; s. a. *Goldberg*, Chicago-Kent Law Review 2012, 131 (135).

eine Million Behandlungskontakte in den Jahren 2000 bis 2006 im Durchschnitt sechs Klageanträge und weniger als zwei Erledigungen.[226] Die Anzahl der eingereichten Ansprüche auf Entschädigung ist beim *Office nationale d'indemnisation des accidents médicaux* in den Jahren 2003 bis 2011 von 1.907 auf 4.279 pro Jahr angestiegen.[227]

In allen drei Ländern stellt die Finanzierung der Entschädigungszahlungen die größte Herausforderung für das bestehende Haftungssystem dar. Bei der Deutschen Ärzteversicherung, die 186.000 Arzthaftpflichtverträge, d. h. etwa drei Fünftel aller Verträge, betreut, sind im Jahr 2009 Schadenaufwendungen in Höhe von 155 Mio. Euro angefallen.[228] Danach kann die jährliche Schadenshöhe für alle Ärzte auf etwa 200 bis 250 Mio. Euro geschätzt werden. Aus versicherungswirtschaftlicher Sicht kommt nicht der Häufigkeit der Schadensfälle, sondern den erzielten Haftungssummen die größte Bedeutung zu.[229] Die sog. Großschäden mit einem Volumen ab 200.000 Euro sollen in den Jahren 2007 bis 2009 dafür gesorgt haben, dass sich die Verluste der Versicherungen in der Sparte Arzthaftpflicht verdoppelt haben.[230] Dabei handelt es sich allerdings um kein neues Phänomen; schon *Weyers* stellte fest, dass die Ansprüche über 50.000 DM, die insgesamt nur 5 % der erfolgreichen Prozesse ausmachten, die Hälfte der insgesamt ausgezahlten Schadenssummen darstellten.[231] Dabei machen nicht das Schmerzensgeld, das in Deutschland inzwischen „Spitzenwerte" von 600.000 Euro erreicht,[232] den größten Anteil aus, sondern die Leistungen für Behandlung und Pflege.[233] Großschäden werden zu allen Fachgebieten gemeldet, allerdings ist die Geburtshilfe mit Millionenschäden besonders belastet; durchschnittlich weisen Geburtsschäden eine Schadenhöhe von 640.000 Euro auf.[234] Der notwendige Tarifbeitrag für niedergelassene Gynäkologen mit Geburtshilfe beträgt bei der Deutschen Ärzteversicherung jährlich etwa 40.000 Euro. Insbesondere die Erhöhung der Versicherungsbeiträge freiberuflich tätiger Hebammen hat vor

226 *Laude/Pariente/Tabuteau,* La judiciarisation de la santé, S. 197.

227 *Gout,* Gazette du Palais, 15./16. Juni 2012, S. 37 (38).

228 *Schlösser,* MedR 2011, 227 (ebd.).

229 *Weidinger,* in: Wenzel, Kap. 2, Rn. 907.

230 *Schlösser,* MedR 2011, 227 (ebd.).

231 *Weyers,* in: Ständige Deputation des deutschen Juristentages, Verhandlungen des 52. Deutschen Juristentages, Band I (Gutachten), A 1 (A 39).

232 *Katzenmeier,* in: Lorenz, Karlsruher Forum 2013, S. 5 (7); siehe auch *Pentz,* MedR 2011, 222 (226).

233 *Schlösser,* MedR 2011, 227 (ebd.); *Katzenmeier,* a. a. O., S. 7 f.

234 Ebd.

Kurzem für Aufsehen gesorgt, weil sie Ausmaße angenommen hat, welche die Ausübung des Berufs verhindern könnten. Zunächst hatten die Sozialversicherungen einen Teil der Kosten übernommen.[235] Dank einer Gesetzesänderung im Jahr 2014 erhalten Hebammen nunmehr nach § 134a Abs. 1b SGB V für Geburten ab dem 1. Juli 2015 einen sog. Sicherstellungszuschlag. Er soll Hebammen, die nur wenige Geburten im Jahr betreuen, gewährleisten, durch die Haftpflicht nicht überbelastet zu werden.[236] Kurze Zeit später ist durch das Gesetz zur Stärkung der Versorgung in der gesetzlichen Krankenversicherung[237] in § 134a SGB V ein neuer Absatz 5 eingefügt worden, wonach ein Ersatzanspruch nach § 116 Abs. 1 SGB X wegen Schäden aufgrund von Behandlungsfehlern in der Geburtshilfe von Kranken- und Pflegekassen gegenüber freiberuflichen Hebammen nur geltend gemacht werden kann, wenn der Schaden vorsätzlich oder grob fahrlässig verursacht wurde.

Die Gynäkologen sind auch in England die am stärksten durch die Höhe der Schadensersatzleistungen belastete Facharztgruppe.[238] Die durchschnittliche Schadenhöhe in den Fällen geburtsbedingter Hirnschäden betrug dort zwischen 1995 und 2007 etwa 670.000 britische Pfund (ca. 900.000 Euro) und die höchste verzeichnete Schadensersatzleistung betrug 5,5 Mio. britische Pfund (ca. 7,5 Mio. Euro).[239] Für die Schadensersatzleistungen kommt der *National Health Service* selbst auf, sie machen etwa 1 % seiner jährlichen Ausgaben aus.[240] Von März 2015 bis März 2016 betrugen die Kosten 1,5 Mrd. britische Pfund.[241] Das ist deshalb problematisch, weil der *National Health Service* ganz überwiegend durch Steuereinnahmen finanziert wird und das Geld in erster Linie der Gesundheitsversorgung zugutekommen soll, z. B. durch Aufstockung des

---

235 *Schmitz-Luhn*, Ärzteblatt (Literatur), *Szent-Ivanyi, Timot*, Hilfe für Hebammen, Berliner Zeitung v. 28./29. Dezember 2013, S. 4; *ders.*, Der Staat muss haften, Berliner Zeitung v. 19. Februar 2014, S. 4.

236 Gesetz zur Weiterentwicklung der Finanzstruktur und der Qualität in der gesetzlichen Krankenversicherung (GKV-Finanzstruktur- und Qualitäts-Weiterentwicklungsgesetz – GKV-FQWG) vom 5. Juni 2014, BGBl. I 2014 S. 1133 (1134).

237 Gesetz zur Stärkung der Versorgung in der gesetzlichen Krankenversicherung (GKV-Versorgungsstärkungsgesetz – GKV-VSG) vom 16. Juli 2015, BGBl. I 2015, S. 1211.

238 NHS Litigation Authority Report and accounts 2012/13, S. 20 f., abrufbar unter: http://www.nhsla.com/pages/publications.aspx?library=aboutus|annualreports (zuletzt: 5. Juni 2015); *Jones*, Medical Negligence, Rn. 1-019.

239 *Jones*, Medical Negligence, Rn. 1-024.

240 *Pattinson*, Rn. 3-046.

241 *Pattinson*, Rn. 3-046.

Personals oder die Einrichtung von Fehlermeldesystemen.[242] Die Kritik in England richtet sich jedoch nicht so sehr gegen die Schadenssummen, die eher als zu niedrig empfunden werden,[243] vielmehr sind in der Vergangenheit die anwaltlichen Erfolgshonorare in die Kritik geraten.[244] Besonders bei geringen Streitwerten seien die Kosten der Rechtsverfolgung oft unverhältnismäßig hoch.[245] In den 5.398 Verfahren, die in den Jahren 2010/2011 abgeschlossen werden konnten, leistete die *National Health Service Legal Authority* Schadensersatz für Rechtsverfolgungskosten in Höhe von 257 Mio. britische Pfund, von denen fast 200 Mio. an Patientenanwälte geflossen sind,[246] deren Erfolgshonorare aufgrund der in Arzthaftungsstreitigkeiten üblichen *Conditional Fee Agreements* außerordentlich hoch sein können.[247] Eine Entlastung ist durch die Umsetzung der *Jackson's reforms* zum 1. April 2013 eingetreten, wonach das Erfolgshonorar nicht mehr von der unterlegenen Partei zu erstatten ist, sondern ausschließlich von dem Mandanten. Es darf im Übrigen nicht mehr als 25 % des zuerkannten Schadensersatzes ausmachen.[248] Ein anderes Maßnahmenpaket zur Verbesserung der Arzthaftungssituation in England, der *NHS Redress Act 2006*, ist nicht umgesetzt worden. Das Gesetzesvorhaben sah Rahmenbedingungen für eine Entschädigung in Höhe von bis zu 20.000 Euro vor, betraf also von vornherein nur die in der Vergangenheit als unverhältnismäßig teuer in Erscheinung getretenen Arzthaftungsprozesse um kleinere Schadenssummen.[249]

In Frankreich lag die durchschnittliche Schadenssumme im Jahr 2002 noch bei 112.300 Euro, im Jahr 2008 hingegen schon bei 178.600 Euro.[250] Vor den

242 *Brazier/Cave*, Rn. 8.20; *Pattinson*, Rn. 3-046, weist darauf hin, dass mit diesem Betrag auch ein weiteres Krankenhaus hätte betrieben werden können.

243 *Brazier/Cave*, Rn. 8.16.

244 *Pattinson*, Rn. 3-037.

245 *Brazier/Cave*, Rn. 8.20; NHSLA Annual Report and Accounts 2010-11, S. 16, abrufbar unter: http://www.nhsla.com/pages/publications.aspx?library=aboutus|annualreports (zuletzt: 5. Juni 2015); siehe auch *Goldberg*, Chicago-Kent Law Review 2012, 131 (132 f.) und bereits *Lord Woolf*, Access to justice – Final Report, Chapter 15, Nr. 3.

246 NHSLA Annual Report and Accounts 2010-11, S. 16, s. o.

247 *Pattinson*, Rn. 3-037.

248 *Pattinson*, Rn. 3-037; *Kay*, Blackstone's Civil Practice 2013, S. xl; *Goldberg*, Chicago-Kent Law Review 2012, 131 (156 ff.); *Taddia*, The Law Society Gazette v. 2.12.2013, S. 14 ff.; siehe auch *Herring*, S. 134 f.; *Jackson*, S. 160; *Rogers*, in: Koch, Arzthaftung in Europa, S. 101 (Rn. 7).

249 Ausführlich *Jackson*, S. 162 ff.; *Jones*, Medical Negligence, Rn. 1-095-1-101.

250 *G'sell-Macrez*, in: Oliphant/Wright, Medical Malpractice, S. 131 (161); s. a. *Maugüé/Thiellay*, S. 41.

Verwaltungsgerichten sind die Schadensersatzbeträge von durchschnittlich 120.000 Euro in 2002 auf 256.000 Euro in 2007 angestiegen.[251] In den Jahren 1999 bis 2009 betrafen 11 % der verwaltungsgerichtlichen Entscheidungen Schadensersatzleistungen von über 100.000 Euro, diese Fälle machten 66 % der gesamten Schadensersatzleistungen aus.[252] Trotz des erklärten Ziels der Gesetze vom 4. März 2002 und vom 30. Dezember 2002[253], die hohen Beiträge zur Berufshaftpflichtversicherung und „amerikanische“ Verhältnisse zu verhindern, seien die Versicherungsprämien in der ärztlichen Berufshaftpflichtversicherung weiter angestiegen und erzeugten Verunsicherung bei den Geburtshelfern, Chirurgen und Anästhesisten.[254] Von den 200.000 Ärzten im öffentlichen und privaten Sektor, seien 10.000 wegen ihrer Spezialisierung von Prämienerhöhungen betroffen.[255] Die Behandlungsfehlervorwürfe seien weiter angestiegen, und es entstehe der Eindruck, dass die verwaltungsrechtlichen Verfahren nicht als Ersatz, sondern als Ergänzung wahrgenommen würden.[256] Diese Situation wird als Krise bezeichnet, die so weit führe, dass junge Absolventen die Geburtshilfe oder Chirurgie meideten. Die älteste Ärzteversicherung wolle bereits bestimmte Berufsgruppen nicht mehr versichern und stufte die Verhältnisse als „*une question de santé publique*“ ein.[257] Auch im Hinblick auf die Kosten des Härtefallfonds verschätzte man sich in Frankreich. Der Gesetzgeber rechnete bei Schaffung des Gesetzes mit 10.000 Verfahren pro Jahr, die Kosten in Höhe von durchschnittlich 305 Euro verursachen sollten, woraufhin das Budget von ONIAM auf 1,5 bis 2,3 Mio. Euro geschätzt wurde.[258] Im Jahr 2010 betrugen die Entschädigungszahlungen schon insgesamt 56,7 Mio. Euro, die durchschnittlichen Kosten eines Falles lagen bei 79.392 Euro.[259] Im Jahr 2012 lagen die Ausgaben des ONIAM bei ca. 130 Mio. Euro, davon wurden 112 Mio. Euro für Entschädigungszahlungen benötigt, der Rest für Gutachten und Anwaltshonorare sowie die Verwaltung.[260]

---

251 *Maugüé/Thiellay*, S. 41.
252 *Laude/Pariente/Tabuteau*, S. 198.
253 Siehe oben Fn. 174.
254 *Pellet*, in: Pellet, Responsabilité, assurance et expertise médicales, S. 1 (ebd.).
255 *Pellet*, in: Pellet, Responsabilité, assurance et expertise médicales, S. 1 (3).
256 *Pellet*, in: Pellet, Responsabilité, assurance et expertise médicales, S. 1 (5).
257 *Pellet*, in: Pellet, Responsabilité, assurance et expertise médicales, S. 1 (ebd.).
258 *Jourdain/Laude/Penneau/Porchy-Simon*, Rn. 150.
259 *Brun*, in: Mazeaud/Brun/Pierre, Lamy – Droit de la responsabilité, Rn. 410-50.
260 *Gout*, Gazette du Palais, 15./16. Juni 2012, S. 37 (37 f.).

3. Reformvorhaben

Die Reformvorhaben in den Ländern sind unterschiedlich weit fortgeschritten. Probleme ergeben sich vor allem aus dem Zusammenwirken staatlich-finanzierter Gesundheitsfürsorge und risikoträchtiger, unternehmerischer ärztlicher Tätigkeit. Ärzte tragen ein sehr hohes Berufsrisiko. Kleine Fehler können schwere Folgen haben. Nach der gesetzlichen Risikoverteilung in den Ländern führt bereits leichte Fahrlässigkeit grundsätzlich zur Haftung. Bedauerlicherweise wird dieser Grundsatz im Arzt-Patient-Verhältnis zu oft als Angriff auf die Reputation des Arztes oder ihn persönlich verstanden.[261] In der Geburtshilfe wähnen sich manche Ärzte nach eigener Aussage regelmäßig „mit einem Bein im Gefängnis“. Und das, obwohl sie eine gesamtgesellschaftliche Aufgabe erfüllen.[262] Andererseits verfolgen Ärzte, Krankenhäuser und Gesundheitseinrichtungen auch handfesten finanziellen Interessen. Derzeit macht in Deutschland jedes zweite Krankenhaus Verluste, jedes vierte ist insolvenzgefährdet.[263] Ärzte befinden sich in einem Zwiespalt zwischen ihren Aufgaben als heilende Helfer, die ausschließlich dem Wohle des Patienten verpflichtet sind, und Gesundheitswächter über die begrenzten Ressourcen des Sozialsystems bzw. Teilnehmern des Gesundheitsmarkts, die betriebswirtschaftlichen Zwängen unterliegen.[264]

Es ist heute schon so, dass die Kosten der Behandlungsfehlerhaftung langfristig von den Kranken- und Sozialversicherungssystemen bzw. dem Staatshaushalt übernommen werden und nicht vom persönlich haftenden Einzelnen. Das liegt einerseits daran, dass Ärzte und Gesundheitseinrichtungen für einen großen Teil vermeidbarer Behandlungsfehler nicht persönlich in Anspruch genommen werden und die Mehrkosten für die „unentdeckten“ Schadensfolgen dem öffentlich finanzierten Gesundheits- und Sozialversicherungssystem zur Last fallen. In England schätzt man, dass die unbemerkten oder wenigstens nicht geltend gemachten, fehlerbedingten Verletzungen jährlich zu 3 Mio. zusätzlichen Krankenhaustagen führen und dafür allein Kosten in Höhe von 1 Mrd. britische Pfund anfallen.[265]

---

261 *Kubella*, S. 136.

262 Vgl. *Szent-Ivanyi*, Hilfe für Hebammen, Berliner Zeitung v. 28./29. Dezember 2013, S. 4.

263 *Szent-Ivanyi*, Auf Effizienz getrimmt – Der wirtschaftliche Druck zur Fusion von Krankenhäusern ist hoch. Jede zweite Klinik macht Verluste, Berliner Zeitung v. 4.2.2014, S. 9.

264 Ähnlich *Katzenmeier*, Verrechtlichung der Medizin, S. 51.

265 *Jones*, Medical Negligence, Rn. 1-008.

Andererseits belastet selbst die (private) Haftung der Gesundheitsträger die Staatskasse bzw. den Steuerzahler. In England kommt das steuerfinanzierte Budget des *National Health Service* für die Schäden auf. In Frankreich belasten die Zahlungen nicht nur den Entschädigungsfonds, der sich aus der gesetzlichen Krankenversicherung speist, sondern verursachen über den Umweg steigender Haftpflichtprämien wie auch in Deutschland mittelbar eine Finanzierungslast für den Staatshaushalt. Die fehlende Bereitschaft und Fähigkeit der Versicherungswirtschaft, die Risiken zu übernehmen, kann dazu führen, dass bestimmte Versorgungsleistungen nicht mehr angeboten werden oder von den Krankenversicherungen bezuschusst werden müssen. Bei den „echten" Haftungsschuldnern kann das Haftungsrecht zwar seine verhaltenssteuernde Wirkung entfalten, weil Fehlervermeidungsstrategien entwickelt werden,[266] „in den Köpfen" der Ärzte vermag das Haftungsrecht jedoch negative Verhaltensanreize zu setzen, die in einer sog. Defensivmedizin und Zunahme der Behandlungsdokumentation resultieren und nicht dafür sorgen, dass fahrlässige Behandlungsfehler zurückgehen.[267]

a) Vermeidung einer Defensivmedizin

Defensive Medizin tut entweder zu wenig, weil sie nichts mehr wagt, oder unternimmt zu viel, etwa an diagnostischen Maßnahmen, um sich für alle Fälle abzusichern.[268] Von der englischen Rechtswissenschaft wird die Defensivmedizin teilweise als Mythos betrachtet, der sich empirisch nicht belegen lässt.[269] Der englische Gesetzgeber hat auf die Gefahr einer *compensation culture* dennoch reagiert und in *Compensation Act 2006, sec. 1* festgelegt:[270] „A court considering a claim in negligence or breach of statutory duty may, [...] have regard to whether a requirement to take those steps might – (a) prevent a desirable activity from being undertaken at all, to a particular extent or in a particular way, or (b) discourage persons from undertaking functions in connection with a desirable activity." Schuldzuweisungen im Behandlungsverhältnis, dessen

266 So zum Beispiel in England, siehe *Jackson*, S. 154; *Jones*, Medical Negligence, Rn. 1-074.

267 *Kubella*, S. 136; Jansen, S. 172; *Pariente*, in: Laude/Pariente/Tabuteau, S. 241 (241 f.).

268 *Katzenmeier*, Verrechtlichung der Medizin, S. 53; *Pattinson*, Rn. 3-046: „when patients are *over or under treated* merely to avoid subsequent litigation" (Hervorhebungen im Original); *Jones*, Medical Negligence, Rn. 1-020; *Brazier/Cave*, Rn. 8.19; ausführlich *Keren-Paz*, Medical Law Review 2010, 363 ff.

269 *Jones*, Medical Negligence, Rn. 1-025; *Jackson*, S. 151 f.; *Pattinson*, Rn. 3-046.

270 *Pattinson*, Rn. 3-046.

wesentlicher Bestandteil das gegenseitige Vertrauen ist, dürften als kontraproduktiv angesehen und von den Ärzten als sehr belastend empfunden werden.[271] Durch die Verschuldenshaftung und Begriffe wie „grober Behandlungsfehler" wird das gegenseitige Misstrauen noch verstärkt.

b) *Haftungsfonds als Lösung?*

Ein Haftungsfonds, wie er in Frankreich existiert, könnte ein Weg sein, um Schuldzuweisungen zu verhindern und die finanzielle Belastung der Versicherungen, insbesondere bei Großschäden, abzufedern. Gegen einen verschuldensunabhängigen Haftungsfonds wird häufig ins Feld geführt, dass die kontrollierende Funktion des Haftungsrechts außer Kraft gesetzt werde und Ärzte eventuell unvorsichtiger handelten.[272] Deshalb hat das französische Recht eine doppelte Lösung gewählt: Verschuldenshaftung neben einem Entschädigungsfonds für besonders schwere Schäden.[273] Das zehnjährige Bestehen hat in Frankreich jedoch nicht dazu geführt, dass die Probleme verschwunden sind.[274] Es wird teilweise heftige Kritik an dem zweispurigen System geäußert, denn es sei nicht Aufgabe der Solidargemeinschaft, die Haftungsverantwortung Einzelner zu übernehmen, selbst wenn sie im öffentlichen Interesse handelten. Schäden müssten von dem Verursacher oder dessen Versicherung getragen werden, weil sonst die „moralische Funktion" des Haftungsrechts verloren ginge.[275]

Der deutsche Gesetzgeber hat alternativen Entschädigungsmodellen zuletzt durch die Verabschiedung des Patientenrechtegesetzes eine deutliche Absage erteilt. Die SPD-Fraktion hatte die Bundesregierung in einem Antrag vom 3. März 2010 dazu aufgefordert, „die Einrichtung alternativer Entschädigungssysteme wie etwa ein Entschädigungsfonds oder eine verschuldensunabhängige Entschädigung" zu prüfen.[276] Der Gesetzesentwurf der Bundesregierung begründet das Fehlen eines Entschädigungsfonds mit „Fragen nach der Finanzierbarkeit"

---

271 *Brazier/Cave*, Rn. 8.21; *Taylor*, International and Comparative Law Quarterly 2003, 737 (738): „the clinical negligence litigation system is criticised for contributing significantly to a ‚culture of blame' which discourages openness and reporting by medical practitioners."

272 *Jones*, Medical Negligence, Rn. 1-074.

273 *Buffelan-Lanore/Laribau-Terrneyre*, Rn. 2603.

274 Ausführlich *Pellet*, in: Pellet, Responsabilité, assurance et expertise médicales, S. 1 (17 ff.).

275 *Hocquet-Berg*, in: Guimezanes, Leçons du droit civil, S. 411 (434).

276 Antrag der Abgeordneten Dr. Marlies Volkmer, Bärbel Bas u. a. „Für ein modernes Patientenrechtegesetz", BT-Drs. 17/907, S. 6, siehe dazu auch *Knetsch*, S. 45.

und dem vorrangigen Streben nach einem ausgewogenen Haftungsrecht, welches eine Defensivmedizin und unnötige Bürokratie vermeiden soll.[277] *Wagner* ergänzt, „dass eine Kollektivierung der Haftung und der damit verbundene Verzicht auf die Aufklärung ärztlichen Fehlverhaltens und die Begründung individueller Verantwortung für Patientenschäden die Anreize zu sorgfaltsgemäßer Information und Behandlung nicht stärken, sondern schwächen würde[n]".[278]

In England ist die Einführung eines Haftungsfonds bislang insbesondere mit dem Hinweis auf die fehlende Finanzierbarkeit abgelehnt worden.[279] Daneben werden aber auch funktionelle Mängel ins Feld geführt.[280] Dazu wird nach Neuseeland geschaut, wo ein *no-fault compensation scheme* für Behandlungsunfälle seit mehr als 20 Jahren existiert.[281] Nach der Einführung gab es allerdings Schwierigkeiten mit der Auslegung des Begriffes *medical accident*, die Entschädigung setzte zunächst einen *medical error* voraus, sodass die Opfer im Ergebnis schließlich doch noch die Fahrlässigkeit des Arztes beweisen mussten.[282] Im Jahr 2005 wurde die Bezeichnung in *treatment injury* umformuliert, wozu nunmehr alle Verletzungen zählen, die unter Würdigung der Umstände des Einzelfalles keinen notwendigen Bestandteil der Behandlung oder eine gewöhnliche Behandlungsfolge darstellen.[283]

Auch diese Begriffsdefinition ist jedoch nicht ohne Tücken. So mag eine Operationsnarbe eine gewöhnliche Behandlungsfolge sein, aber wie ist es mit dem 2-prozentigen Risiko einer Lähmung, die tatsächlich eintritt? Oder wie lässt sich ein „Behandlungsunfall" von den gewöhnlichen Folgen der Krankheit abgrenzen, wenn der Arzt eine Krebstherapie unterlässt? Die Beschreibung des versicherten Risikos erscheint als das größte Problem der Versicherungslösung.[284] Auch die Frage nach dem Verschulden lässt sich dabei nicht komplett ausblenden: „Medical injury frequently lies near the dividing line between accident and illness. For as long as the accident compensation scheme provides cover for

---

277 Gesetzentwurf der Bundesregierung, BT-Drs. 17/10488, S. 9; siehe auch Beschlussempfehlung und Bericht des Ausschusses für Gesundheit, BT-Drs. 17/11710, S. 27.

278 *Wagner*, VersR 2012, 789 (799 f.).

279 *Jackson*, S. 161; ausführlich *Jones*, in: Dute/Faure/Koziol, No-Fault Compensation, Rn. 152 ff.

280 *Herring*, S. 141-144.

281 Ausführlich *Jones*, Medical Negligence, Rn. 1-035-1-041; *Butler*, in: Ahrens u. a., FS Deutsch, S. 69 ff.

282 *Jones*, Medical Negligence, Rn. 1-036.

283 *Jones*, Medical Negligence, Rn. 1-037.

284 *Simmler*, in: Wenzel, Kap. 1, Rn. 113.

accidents but not for illness (save for occupational disease), it will remain necessary to search for an unexpected accident or event which can separate a medical injury from the ordinary progress of an illness or disease. For this reason, questions of negligence are not simply going to disappear.[285] Schwierigkeiten bereitet dem Patienten auch im Falle eines Haftungsfonds naturgemäß der Kausalitätsbeweis dafür, dass der eingetretene Schaden nicht allein auf seiner Ursprungserkrankung beruht.[286]

In England wird deshalb vorgeschlagen, eine sozialrechtliche Lösung für die Unterstützung von krankheits- und behandlungsbedingten Schäden gleichermaßen zu finden, insbesondere in dem Bereich der Geburtsschäden. Unter Fairnessgesichtspunkten sei es eigentlich irrelevant, ob das Schicksal oder ärztliches Fehlverhalten zu schweren Hirnschäden bei einem Neugeborenen geführt haben, zumal am Ende sowieso das Sozialversicherungssystem für die Unterstützung aufkommen muss.[287] „On the whole, those disabled people who can recover tort damages […] are much better provided for financially than those disabled people who must rely on social security benefits alone. Can this be justified in the light of the fact that the tort system and the social security system are, in effect, both financed by the public at large: in the case of the tort system, by insurance premiums paid by all car users and in the case of the social security system, by all those who pay national insurance contributions and taxes?“[288] Dieser Vorschlag erinnert an die in Frankreich gefundene „Lösung“ der Affäre *Perruche*, wo das Gesetz vom 4. März 2002 dafür gesorgt hat, dass zumindest die Unterhaltsansprüche aufgrund genetischer Fehldisposition behindert geborener Kinder von der Allgemeinheit getragen werden, aber auch für weitere Versorgungsansprüche behindert geborener Kinder sozialrechtliche Fürsorgeleistungen festgelegt worden sind.[289] Auch in Deutschland ist für diese Fallgestaltungen eine Fondlösung für die Versorgung der Kinder vorgeschlagen worden („pränataler Hilfsfonds“).[290] Die finanzielle Belastung der Solidargemeinschaft durch

285 *Todd*, P.N. 2005, S. 257 (261).

286 Vgl. *Simmler*, in: Wenzel, Kap. 1, Rn. 108; ausführlich zum französischrechtlichen Kausalitätserfordernis nach Art. L. 1142-1 Abs. 2 Code de la santé publique (Anspruch auf Entschädigung aus dem Härtefallfonds) *Philopoulos*, D. 2007, 1813 ff.

287 *Jones*, Medical Negligence, Rn. 1-031, s. a. *Jackson*, S. 153: „A social security system, or welfare state, which allocates resources according to need might then be fairer than the tort of negligence“.

288 *Cane*, in: Atiyah, Atiyah's Accidents, Compensation and the Law, S. 332.

289 *Katzenmeier*, MedR 2011, 201 (210 f.).

290 *Katzenmeier/Knetsch*, in: FS Deutsch, S. 247 (280 f.); siehe auch *Knetsch*, S. 45 m. w. N.

hohe Schadensersatzleistungen für Fehler könnte durch Haftungshöchstgrenzen verringert werden. Diese sind in Deutschland jedoch bislang mit dem Argument abgelehnt worden, der Berufsträger könne das Risiko versichern.[291] Aber was, wenn das Haftungsrisiko nicht mehr zu zumutbaren Bedingungen versichert werden kann? Diskutiert wird die Deckelung der Schadensersatzleistungen auch in England mit dem Hinweis darauf, dass die Ressourcen im Gesundheitsbereich sowieso regelmäßig rationiert werden müssten und manche Patienten aus Kostengründen eine notwendige Behandlung nicht erhalten könnten. Warum sollte also nicht auch die Kompensation von Medizinschäden rationiert werden?[292]

Darüber hinaus ist in Deutschland in der Vergangenheit als Lösungsansatz vor allem eine Heilbehandlungsrisikoversicherung diskutiert worden.[293] Das ist eine von Patienten zu finanzierende Versicherung, „die sowohl für behandlungsimmanente Risiken als auch für Behandlungsfehler eintreten würde, im letzteren Fall aber bei der von den Ärzten mit ihren Beiträgen finanzierte Haftpflichtversicherung Regress nehmen würde.“[294] Für den Patienten entfiele damit der Streit um die Abgrenzung des Behandlungsrisikos vom Behandlungs*fehler*risiko. Der Druck auf die Haftpflichtversicherungen würde sich wegen der Möglichkeit des Regresses allerdings nicht verbessern. Auch hier mag jedoch Skepsis dahingehend angebracht sein, ob die Abgrenzung zwischen behandlungs- und krankheitsbedingten Verletzungen stets unproblematisch möglich ist und die juristischen Probleme bei der Bestimmung der Kausalität und des Schadens sowie deren Beweis daher bestehen bleiben.[295] Es lässt sich in diesem Bereich aber rechtfertigen, auf eine Wahrscheinlichkeitshaftung abzustellen, d. h. es für den Versicherungsfall ausreichen zu lassen, wenn die Verletzungen mit überwiegender oder hoher Wahrscheinlichkeit die Folgen eines Behandlungsunfalls darstellen.[296]

c) Ein offener Umgang mit Fehlern

Bei all diesen Reformbestrebungen muss man schließlich auch die Frage stellen, womit den individuellen Belangen des Patienten am besten gedient wäre. Die

291 Vgl. *Katzenmeier*, MedR 2011, 201 (210 f.).
292 *Jackson*, S. 148 f.
293 Vgl. *Knetsch*, S. 44 m. z. N..
294 *Dopheide*, VersR 2007, 1050 (1052); ausführlich *Katzenmeier*, VersR 2007, 137 ff.
295 *Bolsinger*, Dogmatik der Arzthaftung, S. 64; s. a. *Laufs/Kern*, in: Laufs/Kern, HdB ArztR, § 93, Rn. 7.
296 *Katzenmeier*, VersR 2007, 138 (140).

nach wie vor steigende Anzahl der Patientenklagen mag einerseits auf überzogenen Erwartungen beruhen und als Problem einer *compensation culture* bezeichnet werden, andererseits kann sie aber noch als sehr zurückhaltend eingestuft werden, wenn man sich die tatsächlichen Zahlen vermeidbarer Fehler anschaut. Man geht sogar davon aus, dass viele Betroffene eine rechtliche Auseinandersetzung scheuen, weil sie eine Konfrontation vermeiden wollen.[297] Häufig wird auch eingewandt, dass die Aufklärung des Geschehens, eine Entschuldigung und die Prävention neben der Schadenskompensation wichtige Motive für die Patienten seien.[298] Allerdings sei nicht zwingend davon auszugehen, dass sich dadurch die Zahl der Klagen senken ließe.[299]

Inzwischen wirken alle Länder auf einen offeneren Umgang mit ärztlichen Fehlern hin. In England war vor allem die „Bristol Affäre" in den 1990er Jahren Anlass für ein Umdenken im Umgang mit ärztlichen Fehlern.[300] In einem öffentlichen Untersuchungsverfahren, der sog. *Bristol Inquiry*[301], hatten sich mehrere Kinderherz- und Gefäßchirurgen eines Krankenhauses in Bristol für ihre äußerst nachlässigen Behandlungsmethoden bei Operationen von Säuglingen und Kindern am offenen Herzen zu verantworten, die bewiesenermaßen zu einer stark erhöhten Sterblichkeitsrate der behandelten Kinder geführt hatten.[302] Das Untersuchungsverfahren offenbarte die kontraproduktiven Verhaltensanreize des bestehenden Haftungssystems: „The system is positively counterproductive, in that it provides a clear incentive not to report, or to cover up, an error or incident. And, once covered up, no one can learn from it and the next patient is exposed to the same or a similar risk".[303] Heute sieht der *Compensation Act 2006* in sec. 2 vor: „An apology, an offer of treatment or other redress, shall not

---

297 *Jackson,* S. 149 f.

298 *Brazier/Cave,* Rn. 9.1: „A survey in 2000 showed that, when patients first pursued medical litigation, over 50 per cent of them primarily sought an admission of fault, action to prevent what happened to them happening to others, and an investigation of their complaint."; siehe auch *Terbille,* in: Terbille/Clausen/Schroeder-Printzen, § 1, Rn. 15 einer US-amerikanischen Studie zufolge seien 81 % der Patienten unzufrieden mit der Informationsvermittlung. Als Resultat des Behandlungsfehlers setze keine vermehrte Aufmerksamkeit sondern Distanzierung ein.

299 *Harpwood,* S. 169; *Jackson,* S. 150 f.

300 *Stauch/Wheat,* S. 49.

301 The Report of the Public Inquiry into Children's Heart Surgery at the Bristol Royal Infirmary 1984–1995: Learning from Bristol, abrufbar unter: Bristol-inquiry.org.uk (zuletzt: 5. Juni 2015).

302 *Stauch/Wheat,* S. 49.

303 Zitiert nach: *Pattinson,* Rn. 3-046.

of itself amount to an admission of negligence or breach of statutory duty". Englische Gerichte haben *obiter dictu* eine Auskunfts- und Erklärungspflicht bezüglich geschehener Behandlungszwischenfälle bereits einige Male beschrieben.[304]

Frankreich und Deutschland sind sogar noch einen Schritt weitergegangen. Sie sehen eine Auskunftspflicht für durch ärztliches Verhalten verursachte gesundheitliche Schäden vor. In Frankreich hat das Gesetz vom 4. März 2002 in dem Abschnitt zur außergerichtlichen Streitschlichtung die Regelung des Art. L. 1142-4 CSP eingeführt. Die Vorschrift verpflichtet die behandelnde Einrichtung, den Patienten auf Nachfrage über die Umstände und Ursachen eines Behandlungsschadens (*un dommage imputable à une activité de prévention, de diagnostic ou de soins*) aufzuklären. Jedoch werden die Sanktionslosigkeit der Vorschrift und die Sorge vor haftungsrechtlichen Konsequenzen dafür verantwortlich gemacht, dass ihr in der Praxis kaum entsprochen wird.[305] In Deutschland sieht § 630c Abs. 2 S. 2 bis 4 BGB eine Informationspflicht „über erkennbare Behandlungsfehler" vor. Es bestehen jedoch Unklarheiten über die Bedeutung der Vorschrift im Rahmen eines Strafverfahrens und das Vorliegen und die Folgen einer Pflichtverletzung.[306] Auch wenn die französische Informationspflicht sich bislang als „zahnloser Tiger" entpuppt hat, wäre zumindest eine ähnlich wertungsneutral formulierte Pflicht zur Aufklärung über einen behandlungsbedingten Zwischenfall auch im deutschen Recht vorteilhaft gewesen.

d) Risikomanagement

Langfristig lassen sich die Zufriedenheit der Patienten, das Vertrauensverhältnis zwischen Arzt und Patienten sowie das Arbeitsklima in medizinischen Einrichtungen sicherlich durch den Ausbau von Risikomanagementsystemen, Fehlervermeidungsstrategien, Fehlermeldesystemen und Maßnahmen zur Qualitätsverbesserung und -sicherung unterstützen.[307] In deutschen Krankenhäusern existieren seit einiger Zeit Fehlermeldesysteme (*Medical Error Reporting System,*

---

304 *Lee v South West Thames Regional Health Authority* [1985] 1 W.L.R. 845, 851 (CA); *Naylor v Preston Area Health Authority* [1987] 1 W.L.R. 958, 967 (CA), dazu *Jones*, Medical Negligence, Rn. 13-064-13-070.

305 *Garay*, RGDM 2009, n° 30, S. 175 (178 f.).

306 *Müller*, in: Wandt u. a., FS Lorenz, S. 667 (677); ausführlich *Spickhoff*, in: Spickhoff, Medizinrecht, § 630c BGB, Rn. 15ff.; *Schelling/Warntjen*, MedR 2012, S. 506 ff.

307 *Rosenthal* kommt auf S. 212 ihrer rechtsvergleichenden Analyse des schwedischen und englischen Arzthaftungsrechts, bereits 1987 zu dem Ergebnis, dass das schwedische Fehlermeldesystem die bedeutendste Verbesserung in Haftungsfragen im Gesundheitswesen sei.

MERS, oder *Critical Incident Reporting Systems*, CIRS), die von dem Aktionsbündnis Patientensicherheit, das im Jahr 2005 gegründet worden ist, beobachtet werden.[308] In England überwacht seit 2001 die *National Patient Safety Agency*[309] die Berichterstattung von Fehlern und Beinahe-Unfällen (*near-misses*) in allen NHS-Einrichtungen. Seit 2004 existiert ein *national reporting and learning system*, das Informationen einzelner, lokaler Risikomanagmentsysteme auswertet sowie allen NHS-Angestellten unter Wahrung ihrer Anonymität ermöglicht, Zwischenfälle online zu registrieren.[310] Die Einrichtung ermöglicht den Patienten auch einen Vergleich, d. h. ein *Ranking*, der Einrichtungen,[311] wie es z. B. in Deutschland bislang kaum existiert,[312] aber eingerichtet werden soll.[313] Aus diesen Berichten können z. B. Maßnahmen resultieren wie unterschiedliche Verpackungen von häufig verwechselten Arzneimitteln.[314] Das Oberlandesgericht Köln entschied einen Fall, in dem eine Operationswunde mit einem Flächendesinfektionsmittel anstelle eines Wunddesinfektionsmittels behandelt wurde, weil die Mittel vom Hersteller in gleichartige Flaschen abgefüllt wurden.[315] Seit dem Patientenrechtegesetz sind Vergütungszuschläge an Krankenhäuser auf der Grundlage der Einhaltung bestimmter Anforderungen an ein einrichtungsübergreifendes Fehlermeldesystem möglich. Außerdem wird seit Erscheinen des sog. „Krankenhaus-Reports 2014" wieder verstärkt über finanzielle Anreize für die

---

308 *Hoppe*, MedR 2011, 216 (221); ausführlich zu Fehlermeldesystemen *Hart*, MedR 2012, 1 ff.; *Pauli*, S. 89 ff.; *Thüß*, S. 3 ff.

309 Die Aufgaben wurden zum 1. Juni 2012 durch den Health and Social Care Act 2012 auf die *NHS Commissioning Board Special Health Authority* übertragen, vgl. *Quick*, Med Law Review 2006, S. 32.

310 *Jackson*, Medical, S. 160.

311 Siehe http://www.england.nhs.uk/ourwork/patientsafety/safety-indicators/ (zuletzt: 5. Juni 2015).

312 Es existieren bereits sog. „Kliniksuchmaschinen", die von Krankenkassen und ihren Verbänden, der Deutschen Krankenhausgesellschaft oder von Patientenorganisationen auf deren Internetseiten zur Verfügung gestellt werden. Sie basieren auf den Qualitätsberichten der Krankenhäuser nach § 137 Abs. 3 S. 1 Nr. 4 SGB V, deren Inhalt und Umfang sich nach den Regelungen des Gemeinsamen Bundesausschusses richtet, auf dessen Internetseiten diese Berichte ebenfalls eingesehen werden können, http://www.g-ba-qualitaetsberichte.de (zuletzt: 5. Juni 2015); siehe auch *Blech*, Wettstreit für den Patienten, in: Der Spiegel 48/2012 vom 26.11.2012, S. 146–157.

313 Nach § 137a Abs. 1 SGB V neu zu gründendes Institut für Qualitätssicherung und Transparenz im Gesundheitswesen.

314 *Jackson*, S. 157.

315 OLG Köln, VersR 2013, 113.

Qualitätsverbesserung in Krankenhäusern durch die Kopplung der Bezahlung an das Behandlungsergebnis nachgedacht.[316]

IV. Schlichtungsverfahren

In Deutschland und Frankreich existieren neben den allgemeinen Streitschlichtungsmechanismen, z. B. durch Mediation,[317] besondere Verfahren zur Streitschlichtung im Bereich des vermuteten Behandlungsfehlers, die der Entrechtlichung des Konfliktes dienen und sozialen Frieden schaffen sollen.[318] In England existiert kein spezielles Schlichtungsverfahren für Arzthaftungsstreitigkeiten,[319] insgesamt werden dort jedoch 99 % der Zivilrechtsstreitigkeiten in der sog. *pre-trial*-Phase des Prozesses durch Einigung beigelegt.[320] In den meisten Schadensfällen aus dem Bereich Personenschaden und Arzthaftungsrecht vergleichen sich die Parteien ohne gerichtliches Verfahren.[321] Außerdem existiert die *NHS complaints procedure*, ein formelles Beschwerdeverfahren, das bis zum parlamentarischen *Health Service Ombudsman* führen kann.[322] Es sieht allerdings keine Schadenskompensation vor und wendet sich nur an Patienten, die zunächst an einer Erklärung und Entschuldigung interessiert sind.[323] Der Ombudsmann kann einen Bericht erstellen, der bei den NHS-Einrichtungen aufgrund der schlechten „Publicity“ gefürchtet ist. Die Ergebnisse des Verfahrens erschöpfen sich für den Patienten in einer vertieften Sachverhaltskenntnis sowie gegebenenfalls einer Entschuldigung der Gesundheitseinrichtung und

316 *Kaiser*, 7500 Klinik-Tode jährlich vermeidbar, in: DIE WELT v. 22. Januar 2014, S. 10.

317 Ausführlich zur Mediation im Arzt-Patient-Verhältnis *Katzenmeier*, NJW 2008, 1116–1120; *Laude*, in: Laude/Mouralis/Pointier, Lamy – Droit de la santé, Rn. 554 ff.; siehe auch das von der Ludwig-Maximilian-Universität München betreute Pilotprojekt „Mediation im Medizinrecht“, http://www.mediation-im-medizinrecht.de/ (zuletzt: 5. Juni 2015).

318 *Nitschmann*, S. 295; *Reboul-Maupin*, in: Laude/Mouralis/Pointier, Lamy – Droit de la santé, Rn. 550-3.

319 Es bestehen jedoch diverse andere Möglichkeiten, *Khan/Robson/Swift*, S. 467 nennen: „mediation“, „determination by an expert“ und „early neutral evaluation by a medical or legal expert“.

320 *Lang*, S. 174; siehe auch *O'Hare/Browne*, Rn. 30-001: „Many actions settle after disclosure has taken place.“

321 *Swain*, in: Hondius, The development of medical liability, S. 27 (34); *Khan/Robson/Swift*, S. 467: „Most disputes are resolved by discussion and negotiation.“

322 *Jackson*, S. 142.

323 *Pattinson*, 3. Aufl. (2011), Rn. 2.3.2.3.

einer Zahlung aus Kulanz für die entstandenen Ausgaben durch den Ombudsmann (*ex gratia payment*).[324]

In Deutschland haben die Schlichtungsverfahren bei den Ärztekammern eine lange Tradition. Sie existieren seit mehr als 30 Jahren.[325] Da sich einige Landesärztekammern zusammengeschlossen haben, existieren insgesamt neun solcher Schlichtungsstellen, die auch Gutachterkommissionen genannt werden. Sie sind ehrenamtlich tätig und ihre Entscheidungsgremien sind mit Ärzten und Juristen besetzt, die es sich zur Aufgabe gemacht haben, Arzthaftungsstreitigkeiten durch objektive Begutachtung außergerichtlich beizulegen.[326] Die zwei wichtigsten Merkmale dieses Schlichtungsverfahrens sind die Kostenfreiheit – die Verfahren werden durch die Ärztekammern finanziert, teilweise sehen die Statuten auch eine Kostenbeteiligung durch den Haftpflichtversicherer vor[327] – sowie die Erlangung mindestens eines medizinischen Sachverständigengutachtens, das den gesamten Behandlungsverlauf im Hinblick auf die Vorwürfe des Patienten untersucht und auf dessen Grundlage durch die Kommission entschieden werden kann, ob berechtigte Schadensersatzansprüche des Patienten bestehen. Die Akzeptanz der schadensersatzbegründenden Entscheidungen durch die Haftpflichtversicherungen ist mit ca. 87 % zwar sehr hoch,[328] es fehlen allerdings Angaben zu der Anzahl der Patienten, die im Anschluss an eine negative Entscheidung der Schlichtungsstelle (ca. 75 % der Verfahren) den Klageweg beschreiten. Es wird angenommen, dass sich die Inanspruchnahme vorprozessualer Schlichtungsverfahren im Zuge der neuen Richtlinie 2013/11/EU des Europäischen Parlaments und Rates vom 21. Mai 2013 über die alternative Beilegung verbraucherrechtlicher Streitigkeiten (ADR-Richtlinie) noch weiter ausbreiten wird.[329]

In Frankreich hat das Gesetz vom 4. März 2002 ein besonderes Verfahren zur außergerichtlichen Streitschlichtung eingeführt, vgl. Art. L. 1142-4 bis L. 1142-24 CSP.[330] Es ist wie das deutsche Schlichtungsverfahren kostenfrei und fakultativ;[331] anders als das deutsche Schlichtungsverfahren hemmt es die Verjährung

---

324 *Pattinson*, 3. Aufl. (2011), Rn. 2.3.2.3 a. E.; siehe auch *Jackson*, S. 142.

325 *Katzenmeier*, NJW 2008, 1116 (1118).

326 Ebd.

327 *Katzenmeier*, NJW 2008, 1116 (1118 f.).

328 *Katzenmeier*, NJW 2008, 1116 (1119): 87 % bei der größten Arzthaftplichtversicherung (DBV-Winterthur).

329 *Müller*, in: Wandt u. a., FS Lorenz, S. 667 (687 m. w. N.).

330 Ausführlich *Bergoignan-Esper*, Abschnitt 18-05, in: LexisNexis, Droit médical et hospitalier, Rn. 1 ff.

331 *Laude/Mathieu/Tabuteau*, Rn. 449; *Bloch*, in: Le Tourneau, Rn. 8579.

der Schadensersatzansprüche, vgl. Art. L. 1142-7 Abs. 4 CSP.[332] Der Patient wendet sich mit einem Formular an die für seine *région* (französische Gebietskörperschaft) zuständige *commission de conciliation et d'indemnisation* (CCI).[333] Die Schlichtungskommission hat 21 Mitglieder, die neben dem Vorsitzenden, bei dem es sich um einen Richter handeln muss, sieben verschiedene Tätigkeitsfelder repräsentieren: Patientenschaft, freie Ärzteschaft, Verantwortliche aus dem öffentlichen und privaten Krankenhaussektor, ONIAM, Versicherungen und anderes Fachpersonal aus dem Gesundheitswesen.[334] Die Schlichtungskommissionen besitzen eine doppelte Funktion. Sie sollen ein *règlement amiable*, d. h. einen Vergleich, herbeiführen oder eine Streitschlichtung (*conciliation*) veranlassen.[335] Der Unterschied beider Verfahren liegt darin, dass ein *règlement amiable* nur verhandelt werden kann, wenn die Verletzungen des Patienten den für die Zuständigkeit der Schlichtungskommission erforderlichen Schweregrad im Sinne von Art. L. 1142-1 i. V. m. D. 1142-1 CSP erreichen (*le critère de gravité*, s.o.).[336] Wird diese Schwelle nicht überschritten, bietet die Kommission dem Patienten an, den Streit anderweitig zu schlichten.[337] Während die erste Form der Schlichtung, d. h. die Förderung eines Vergleichs in den Fällen schwerwiegender Verletzungen unter Zuhilfenahme des Härtefallfonds, erfolgreich praktiziert wird, wird die Funktion der Kommission als „Streitschlichter" als gescheitert betrachtet.[338] Das mag daran liegen, dass die Kommission nur bei Erreichen des gesetzlich festgelegten Schweregrads für den Patienten ein kostenfreies, ausführliches medizinisches Sachverständigengutachten zu den Ursachen und Folgen der Verletzungen (*expertise au fonds*) in Auftrag gibt, welches neben der relativ

332 Vgl. *Bergoignan-Esper*, Abschnitt 18-05, in: LexisNexis, Droit médical et hospitalier, Rn. 24.

333 *Bergoignan-Esper*, Abschnitt 18-05, in: LexisNexis, Droit médical et hospitalier, Rn. 9.

334 Zur Zusammensetzung der CCI siehe Art. L. 1142-6, R. 1142-5 ff. Code de la santé publique sowie *Bergoignan-Esper*, Abschnitt 18-05, in: LexisNexis, Droit médical et hospitalier, Rn. 19; *Bloch*, in: Le Tourneau, Rn. 8577.

335 *Bloch*, in: Le Tourneau, Rn. 8577; *Reboul-Maupin*, in: Laude/Mouralis/Pointier, Lamy – Droit de la santé, Rn. 550-33.

336 *Bergoignan-Esper*, Abschnitt 18-05, in: LexisNexis, Droit médical et hospitalier, Rn. 13.

337 *Laude/Mathieu/Tabuteau*, Rn. 451.

338 *Bloch*, in: Le Tourneau, Rn. 8577; siehe auch *Pierre/Corgas-Bernard*, in: Mazeaud/Brun/Pierre, Lamy – Droit de la responsabilité, Rn. 402-60; *Laude*, in: Laude/Mouralis/Pointier, Lamy – Droit de la santé, Rn. 554-60: Im Jahr 2012 gingen bei den Kommissionen insgesamt 4255 Anträge ein, von denen nur 313 Anträge einer „*conciliation*" galten.

kurzen Verfahrensdauer von einem Jahr[339] den Reiz des Schlichtungsverfahrens ausmacht,[340] vgl. Art. L. 1142-12 CSP. Der Schweregrad der Verletzungen ist das erste „Zuständigkeitskriterium“ für ein *règlement amiable*, welches die Schlichtungskommission in Eigenregie überprüft (vgl. Art. R. 1142-15 CSP).[341] Die Entscheidung ist gerichtlich nicht anfechtbar, dem Patienten bleibt jedoch die Möglichkeit, seinen Schaden gerichtlich geltend zu machen.[342] Liegt der erforderliche Schweregrad vor, ist die Kommission dazu verpflichtet, innerhalb von sechs Monaten ihre Stellungnahme (*avis*) abzugeben, vgl. Art. L. 1142-8 CSP. Innerhalb dieses Zeitraums erfolgt die Erstellung des medizinischen Sachverständigengutachtens, vgl. Art. L. 1142-12 CSP. Die Verfahrensweise unterscheidet sich nicht von der Erstellung eines gerichtlichen Gutachtens.[343] In Abhängigkeit von den Ergebnissen des Gutachtens, gibt es für die Kommission insgesamt drei Möglichkeiten, zu dem Streit Stellung zu nehmen. Stellt das Gutachten einen relevanten Pflichtenverstoß fest, sendet die Kommission ihre Stellungnahme an den Versicherer des Schädigers mit der Aufforderung, innerhalb von vier Monaten ein Vergleichsangebot abzugeben. Kommt das Gutachten zu dem Ergebnis, dass es sich um einen unverschuldeten Unfall gehandelt haben muss, ist der ONIAM aufgefordert innerhalb von vier Monaten ein Angebot abzugeben. Schließlich gibt es noch die Möglichkeit, die Schadensersatzleistungen zwischen Versicherer und ONIAM aufzuteilen, wenn das Gutachten zu dem Ergebnis kommt, dass der Schaden teilweise auf dem Verschulden und teilweise auf schicksalhaften Umständen beruht.[344] Nimmt der Patient das Angebot der Versicherung oder des ONIAM an, wird ein Vergleich im Sinne von Art. 2044 CC geschlossen und die Zahlung muss innerhalb eines Monats erfolgen (Art. L. 1142-14 Abs. 6, 7 CSP). Lehnt der Patient das Angebot ab, muss er seine Ansprüche gerichtlich durchsetzen. Stellt sich im Nachhinein heraus, dass das Angebot der Versicherung viel zu niedrig war, muss sie zusätzlich zu den Schadensersatzleistungen eine Geldbuße in Höhe von bis zu 15 % der Schadensersatzsumme an den ONIAM leisten, Art. 1142-14 Abs. 9 CSP.[345]

339 *Laude/Mathieu/Tabuteau,* Rn. 449.

340 *Pierre/Corgas-Bernard*, in: Mazeaud/Brun/Pierre, Lamy – Droit de la responsabilité, Rn. 402–60.

341 *Bergoignan-Esper*, Abschnitt 18-05, in: LexisNexis, Droit médical et hospitalier, Rn. 23.

342 *Laude/Mathieu/Tabuteau,* Rn. 451.

343 *Grare*, Médecine & Droit 2013, 65 (67).

344 *Laude/Mathieu/Tabuteau,* Rn. 452.

345 *Laude/Mathieu/Tabuteau,* Rn. 452; siehe auch *Pierre/Corgas-Bernard*, in: Mazeaud/Brun/Pierre, Lamy – Droit de la responsabilité, Rn. 402-65.

V. Sachverhaltsermittlung

Arzthaftungsprozesse sind typischerweise davon geprägt, dass der Patient, der die haftungsbegründenden Faktoren darlegen und beweisen muss, kaum nähere Kenntnisse von den Umständen des Falls besitzt. Zunächst einmal muss er überhaupt erfahren oder ahnen, dass ein Fehler passiert sein könnte. Häufig registriert er dazu nur das unerwartete Behandlungsergebnis bzw. die unvorhergesehene Verschlechterung seines Zustands. Der Patient besitzt in vielen Fällen keine Sachkunde und keine Erfahrung im Bereich der medizinischen Behandlung und kann dem Behandlungsprozess aufgrund seines Unwissens sowie seines defizitären, körperlichen Gesundheitszustands, der bis zur Bewusstlosigkeit, z. B. durch eine Vollnarkose, reichen kann, nicht folgen. Zusätzlich befinden sich alle möglichen Beweismittel wie Zeugen, Laborbefunde, Überwachungsgerätedaten und Operationsberichte in der Obhut der gegnerischen Seite. Der Zugang zum Prozessstoff ist für den Patienten also schwierig. Es besteht eine ungleiche Verteilung des Zugangs zwischen den Parteien des Prozesses.[346] Mit anderen Worten: Bei der risikobelasteten Prozesspartei herrscht Informationsnot.[347] Der Patient benötigt in diesem Punkt Unterstützung durch Recht und Richter.

Für die Untersuchung der Arzthaftungsregelungen ist es jedoch wichtig, das Problem der Beweisbeschaffung von dem Problem der Beweislastverteilung bezüglich der Kausalität und der Schadensentstehung zu trennen. Letztere wird nicht nur von Schwierigkeiten bei der Sachverhaltsermittlung, sondern überwiegend von den unerforschten und unberechenbaren Krankheitsprozessen und Reaktionen des menschlichen Körpers auf Umwelteinflüsse, einschließlich der medizinischen Behandlung, beeinflusst. Der Arzt kann solche „inneren Prozesse" allein aufgrund der Durchführung der Behandlungsmaßnahme genauso wenig aufklären wie der Patient, wodurch in dieser Hinsicht eine „zweiseitige" Informationsnot herrscht. Sie kann selbst durch Auskunfts- und Aufklärungspflichten im Zivilprozess nicht vollständig behoben werden. Diese Schwierigkeiten bei der Aufklärung des Ursachenzusammenhangs sind von *Schiemann* treffend mit dem Begriff der *black box* beschrieben worden.[348] Die Sachverhaltsermittlung spielt für das Problem der *black box* in Arzthaftungsfällen eine untergeordnete Rolle, denn die Umstände lassen sich nun mal nicht aufklären. Diese zweiseitige Informationsnot erfordert vielmehr eine wertende Entscheidung,

---

346 Vgl. *Wenzel,* in: Wenzel, Kap. 2, Rn. 3486.

347 *Adloff,* S. 243.

348 *Schiemann*, Kausalitätsprobleme bei der Arzthaftung, in: Heldrich u. a., FS für Claus-Wilhelm Canaris, Band I, 2007, S. 1161 (1162).

bestenfalls durch den Gesetzgeber, zuungunsten welcher Partei das Aufklärungsdefizit sich auswirken soll. Grundsätzlich trägt der Kläger die Beweislast für die Kausalität, Schadensentstehung und den Schadensumfang. Die Frage, welche an dieser Stelle beantwortet werden muss, lautet also: Rechtfertigt der Behandlungsfehler, dessen Vorliegen an diesem Punkt der Fallprüfung regelmäßig feststeht, eine andere Beweisverteilung? Bei der einseitigen Informationsnot bezogen auf das Behandlungsgeschehen liegen die Dinge anders. Je besser der Sachverhalt ausgeleuchtet ist, umso eher kann der Sachverständige die Abläufe beurteilen und eine gerechte oder den Tatsachen entsprechende Entscheidung herbeiführen. Es ist deshalb wichtig, dass der Patient umfassende Informationen zu dem Behandlungsgeschehen erhalten kann.

1. Grundlagen der Sachverhaltsermittlung

In allen drei untersuchten Rechtsordnungen gilt im Zivilprozess[349] die Verhandlungsmaxime (*adversary system*, *procédure accusatoire*) als Ausfluss des Dispositionsgrundsatzes, der seinen Ursprung wiederum in der Privatautonomie findet.[350] Danach obliegt die Ermittlung des für den Zivilprozess relevanten Sachverhalts grundsätzlich den Parteien: Sie besitzen die Herrschaft über den Prozessstoff und sind für dessen Beibringung verantwortlich.[351] Sie prägen durch den Beweisantritt, welcher sich auf den Nachweis bestimmter Tatsachen bezieht, die Beweismittel und den Umfang der Beweisaufnahme.[352] Die Parteiherrschaft wird durch verfahrensleitende Maßnahmen des Richters ergänzt und eingeschränkt.[353] Auf diese Weise erhalten die Parteien rechtliche und gerichtliche Unterstützung bei der Ermittlung des Sachverhalts und der Sicherung von Beweisen. Die Unterstützung dient einerseits der Gleichstellung der Parteien und andererseits der Beschleunigung und Effektivierung des Verfahrens.[354] Im Allgemeinen existiert die Vorstellung, dass der in England als *adversary system*

---

349 Im Verwaltungsprozess in Frankreich, d. h. insbesondere bei Klagen gegen öffentlichrechtliche Krankenhauseinrichtungen, gilt der Untersuchungsgrundsatz, wonach das Gericht den Sachverhalt von Amts wegen zu ermitteln und aufzuklären hat, vgl. von *Egidy*, S. 38.

350 Siehe zum englischen Recht *Bunge*, England und Schottland, S. 109; zum französischen Recht *Sonnenberger/Classen/Ferrand*, Abschnitt 201, S. 468 f.

351 *Rauscher*, in: MünchKomm ZPO, Einleitung, Rn. 306; Musielak/Voit/*Musielak*, Einleitung, Rn. 37.

352 *Rauscher*, in: MünchKomm ZPO, Einleitung, Rn. 317.

353 *Rauscher*, in: MünchKomm ZPO, Einleitung, Rn. 317.

354 Siehe zum englischen Recht *Bunge*, England und Schottland, S. 109.

bezeichnete Verhandlungsgrundsatz dort stärker ausgeprägt sei und weniger Einschränkungen durch richterliche Verhandlungsleitung erfahre. Bei der Sachverhaltsaufklärung komme den Prozessanwälten eine viel größere Bedeutung zu als dem Richter, der insgesamt eher als Beobachter zu betrachten sei. Beispielhaft könne das bei der Zeugenvernehmung beobachtet werden: Im englischen Prozess werde die *examination* und *cross-examination* von den Anwälten geführt, während in den kontinentaleuropäischen Ländern hauptsächlich das Gericht die Zeugenbefragung vornehme.[355]

Tatsächlich haben die Reformen des englischen Zivilprozesses mit der Einführung der *Civil Procedure Rules* (CPR) im Jahr 1999 dazu geführt, dass der Richter in deutlich größerem Umfang mit Maßnahmen zum *case management* betraut ist,[356] sodass die Rolle des englischen Richters sich der des kontinentaleuropäischen Richters angenähert hat.[357] Hauptmotive der Reform waren Kosteneffizienz und Gerechtigkeit im Prozess. Dadurch sei der Richter vom stillen Beobachter zu einem Kooperationspartner im Prozess geworden.[358] Dennoch prägen den englischen Zivilprozess nach wie vor die Verfahrenssteuerung durch die Parteien und eine besondere Streitkultur. Der Richter ist eher dazu da, den Streitstoff zu begrenzen. Im Übrigen stellt sich die Frage, ob die theoretischen Grundlagen zur Stärkung der Rolle des Richters in England in der Praxis auch befolgt und durchgesetzt werden.[359] In der Entscheidung *Ratcliffe v. Plymouth & Torbay Health Authority, Exeter & North Devon Health Authority* geht *Lord Justice Hobhouse* sogar davon aus, dass das *disclosure*-Verfahren der Grund dafür sei, dass man in Arzthaftungsprozessen den Anscheinsbeweis zum Nachweis der Fahrlässigkeit des Schädigers gar nicht verwenden müsse.[360] Die Sachlage sei – anders als in Verkehrsunfällen – aufgrund der erfolgten Sachverhaltsermittlung klar. Ein Mangel an Beweisen liege in dieser Situation nicht vor, weil der beklagte Arzt dem Patienten alle ihm zur Verfügung stehenden Informationen zur Verfügung stellen müsse. Darüber hinaus würden Gutachten über das Geschehen und die Verletzungen im Vorfeld der gerichtlichen

355 *Chase*, in: Chase/Hershkoff, Civil Litigation in Comparative Context, S. 241 (255 f.).
356 *Brinkmann*, S. 13.
357 *Chase*, in: Chase/Hershkoff, Civil Litigation in Comparative Context, S. 241 (256).
358 *Lindemeier*, S. 55.
359 Verneinend *Zuckerman*, in: Gottwald, Litigation in England and Germany, S. 1 (9).
360 *Ratcliffe v Plymouth & Torbay Health Authority, Exeter & North Devon Health Authority* [1998] P.I.Q.R., 170, 187 (CA).

Hauptverhandlung ausgetauscht, weshalb das Verfahren von vornherein nicht in einem Vakuum an Beweisen eröffnet werde.[361]

2. Die prozessuale Aufklärungslast der Parteien in England

Die Lösungsansätze für die Schwierigkeiten bei der Sachverhaltsaufklärung unterscheiden sich in England stark von denen der kontinentaleuropäischen Rechtsordnungen. Während z. B. das deutsche Prozessrecht eher auf die richterlichen Aufklärungs- und Hinweispflichten vertraut, geht man in England davon aus, dass die Wahrheit am besten durch die engagierte Auseinandersetzung der Parteien gefunden wird.[362] An erster Stelle steht in diesem Zusammenhang die besondere Mitwirkungspflicht der Parteien im englischen Zivilprozess, die als *disclosure* bezeichnet wird. Früher war der Begriff *discovery* geläufiger,[363] bei Erlass der *Civil Procedure Rules* im Jahr 1999 wurde er jedoch durch *disclosure* in Part 31 CPR ersetzt.[364] Das *disclosure*-Verfahren weist die Dimension einer prozessualen Aufklärungspflicht auf, weil die Parteien dazu verpflichtet sind, auch solche Beweisobjekte zu benennen und zur Verfügung zu stellen, die den Gegner begünstigen. Im Rahmen der *disclosure* erhält der Anspruchsteller in einem weit größeren Umfang als z. B. nach § 142 ZPO Zugang zu Beweismitteln des Gegners, insbesondere wenn es sich um Dokumente handelt, deren Existenz ohne das Informationsbeschaffungsverfahren der *disclosure* gar nicht bekannt wären.[365] Das Gericht ordnet dazu im Vorverfahren (*pre-trial*) „standard disclosure“ an.[366] Die Voraussetzungen richten sich nach *Rule* 31.1 ff. CPR. Die Vorschriften werden durch die *Practice Directions* 31A und 31B ergänzt. Auf das Verfahren der *disclosure* folgt auf Antrag der gegnerischen Partei die Betrachtung der relevanten Beweisobjekte. Dieses Verfahren firmiert nicht mehr unter dem Begriff *disclosure*, sondern *inspection*, und ist ebenfalls in *Rules* 31.1 ff. CPR geregelt. Listet eine Partei nicht alle Beweisobjekte auf oder verweigert sie die weitergehende Offenlegung oder Einsichtnahme, hat dies in erster Linie die Konsequenz, dass diese Urkunden oder Augenscheinsobjekte als Beweismittel

---

361 *Ratcliffe v Plymouth & Torbay Health Authority, Exeter & North Devon Health Authority* [1998] P.I.Q.R., 170, 187 (CA).

362 *Lindemeier*, S. 58; *Tiwisina*, S. 305.

363 Nach den *Rules of the Supreme Court* (vgl. Order 24); in den Vereinigten Staaten von Amerika überwiegt diese Bezeichnung bis heute.

364 *Dwyer*, S. 283.

365 *Brinkmann*, S. 16.

366 Vgl. § 3.1 ff. in Practice Direction 31A; *O'Hare/Browne*, Rn. 30-003; allgemein *Bunge*, England und Schottland, S. 118 ff.

im Verfahren nur mit der Erlaubnis des Gerichts verwendet werden dürfen.[367] Die Sanktionen können jedoch noch weitaus empfindlicher sein und Geldbußen sowie die Auferlegung der Verfahrenskosten bis hin zur Eliminierung von Parteivortrag (*striking out statements of case*) zur Folge haben.[368] Angeregt durch die Vorschläge des *Woolf Reports* wurden mit der Reform des englischen Zivilprozesses die *pre-action protocols* eingeführt.[369] Das *pre-action protocol for the resolution of clinical disputes* war eines der ersten dieser neu eingeführten Verhaltenskodizes.[370] Die Anweisungen gelten für den Zeitraum vor Einreichung einer Klage und sollen im Allgemeinen dazu führen, dass die Parteien frühzeitig alle vorhandenen Informationen und Beweismittel austauschen, um „mit offenen Karten" über einen außergerichtlichen Vergleich verhandeln zu können.[371] Sollten diese Verhandlungen scheitern, ist durch die frühzeitige und umfängliche Offenlegung wenigstens das Klageverfahren gut vorbereitet.[372] Das Klageverfahren wird jedoch als *last resort* betrachtet, weshalb die Anweisungen des *pre-action protocols* sehr ernst genommen werden müssen und Verstöße gegen das Protokoll in dem späteren Gerichtsverfahren wie Verstöße gegen *disclosure*-Anordnungen des Gerichts geahndet werden können.[373] Befolgt die gegnerische Partei eine in diesem Rahmen erfolgte Aufforderung zur Offenlegung von Dokumenten nicht, kann das Gericht die *pre-action disclosure* anordnen.[374] Das *pre-action protocol* für arzthaftungsrechtliche Streitigkeiten sieht vor, dass der potenzielle Kläger einen *letter before claim* an die gegnerische Partei richtet, der neben einer ausführlichen und chronologischen Darstellung aller Umstände und geltend gemachten Schäden auch ein Vergleichsangebot enthält. Der Gegner soll innerhalb einer Frist von 14 Tagen auf das Schreiben antworten und drei Monate später seine Auffassung ausführlich schriftlich dargelegt haben. Außerdem sollen, wenn möglich, ein Schlichtungsverfahren stattfinden und Absprachen über Sachverständigengutachten erfolgen; eventuell können sich die Parteien auf

---

367 Rule 31.21 CPR, *O'Hare/Browne,* Rn. 30-024.

368 Rule 3.4 CPR, *O'Hare/Browne,* Rn. 33-011.

369 *Pattinson,* Rn. 3-042.

370 *Bunge,* England und Schottland, S. 110.

371 *O'Hare/Browne,* Rn. 6-015; s. a. *Kay,* Blackstone's Civil Practice 2013, Rn. 8.1.

372 *Bunge,* England und Schottland, S. 110.

373 *O'Hare/Browne,* Rn. 6-015.

374 Gemäß R. 31.16 der Civil Procedure Rules i. V. m. S. 33 des Senior Courts Act 1981 oder S. 52 des County Courts Act 1984, vgl. Pre-Action Protocol for the Resolution of Clinical Disputes, Nr. 3.12; s. a. *O'Hare/Browne,* Rn. 30-026.

einen gemeinsamen Gutachter (*joint expert*), wenigstens für die Höhe der Schadenssumme (*quantum*), einigen.[375]

Die Vorschriften der vorprozessualen Protokolle sowie die Möglichkeit der *pre-action disclosure* nach R. 31.16 CPR haben darüber hinaus besondere Bedeutung für die Erlangung der Patientenunterlagen. Vor der Einführung des *Data Protection Act 1998* und den *Civil Procedure Rules* musste der Patient sein Auskunftsverlangen in der Regel begründen, um dem Vorwurf der Ausforschung, die auch als *fishing expedition* bezeichnet wird, zu entgehen.[376] Dadurch sollte sichergestellt werden, dass die *disclosure* nicht missbraucht wird, um einen Schadensfall ins Blaue hinein zu vermuten und die Gegenseite mit Ermittlungsmaßnahmen zu belästigen.[377] Nunmehr ermöglicht der *Data Protection Act 1998* dem Patienten eine von Rechtsstreitigkeiten unabhängige Einsichtnahme in seine Unterlagen,[378] außerdem sorgt das *pre-action protocol* in der Regel für die Kooperation der Parteien.[379]

Die Offenlegung von Beweismaterial im Rahmen der *disclosure* geht über die Herausgabe der Patientenunterlagen hinaus, die in der Regel nur aus den Behandlungsaufzeichnungen, einschließlich Röntgenaufnahmen und Laborbefunden, bestehen.[380] Es können stets auch andere Klinikberichte im Wege der *disclosure* erlangt werden, z. B. krankenhausinterne Fehlermeldeprotokolle oder Beschwerden sowie ggfs. eine Videoaufzeichnung der Operation, oder eine *peer-review*.[381] Die Herausgabe dieser äußerst hilfreichen Informationen kann jedoch wegen eines *legal professional privilege* ausgeschlossen sein, z. B. wenn ein krankenhausinterner Bericht genutzt worden ist, um rechtlichen Rat einzuholen.[382]

Im Hinblick auf den schonenden Umgang mit den Ressourcen der Justiz stellen das *pre-action protocol* und die frühe Beweisermittlung und Offenlegung der prozessrelevanten Unterlagen durch die Parteien einen großen Vorteil dar.[383] Sie

---

375 Pre-action Protocol for the Resolution of Clinical Disputes (Appendix 3 in *Dunn*, S. 178 ff.).

376 *Jones*, Medical Negligence, Rn. 13-053; *Brazier/Cave*, Rn. 8.12.

377 *Lang*, S. 215 f.; *Adloff*, S. 241.

378 *Stauch*, Medical Negligence in England and Germany, S. 68 (Fn. 31); *Brazier/Cave*, Rn. 8.12.

379 *Jones*, Medical Negligence, Rn. 13-053 f.

380 *Wright/Opperman*, The AvMA Medical & Legal Journal 2010, Vol. 16, N° 2, S. 63 (ebd.).

381 Ausführlich *Wright/Opperman*, The AvMA Medical & Legal Journal 2010, Vol. 16, N° 2, S. 63 ff.

382 *Brazier/Cave*, Rn. 8.12.

383 *Tiwisina*, S. 343.

befähigen die Parteien dazu, ihre Prozesschancen noch vor der Hauptverhandlung realistisch einschätzen zu können. Die dadurch möglich gewordenen Vergleichsverhandlungen finden auch nicht im luftleeren Raum, sondern vor dem Hintergrund des geltenden Rechts statt: „[L]awyers bargain ‚in the shadow of the law' ".[384] Dadurch können Kosten gespart und Kompromisse gefunden werden.[385] Die Vergleichsbereitschaft der Parteien wird gesteigert,[386] was sich darin widerspiegelt, dass in der *pre-trial*-Phase des Prozesses 99 % der Streitigkeiten durch Einigung beigelegt werden.[387]

3. Tatrichterliche Sachverhaltsermittlung in Deutschland und Frankreich

Eine vergleichbare prozessuale Aufklärungslast der Parteien existiert weder in Deutschland noch in Frankreich. In Deutschland ist es üblich, dem Patienten mittels Beweiserleichterungen zu helfen, die typischerweise zum Einsatz kommen, wenn eine Partei sich in Beweisnot befindet. Sofern in dieser Arbeit von Beweiserleichterungen gesprochen wird, sind damit alle besonderen Beweisregeln gemeint, die zugunsten des Patienten von den allgemeinen Beweisregeln abweichen.[388] Sie reichen von der Schadensschätzung über andere Formen der Beweismaßreduzierung, den Anscheinsbeweis, gesetzliche Vermutungen bis hin zur Beweislastumkehr.[389] Diese Formen der Unterstützung scheinen auch in Frankreich zu überwiegen, in der Fachliteratur zum Arzthaftungsrecht jedoch fehlen Ausführungen zu besonderen prozessrechtlichen Hilfestellungen. Im Allgemeinen räumt das französische Recht in Art. 10 CC und Art. 11 Code de procédure civile (CPC) den Aufklärungspflichten der Parteien und der Wahrheitsfindung gegenüber dem *Nemo-tenetur*-Grundsatz ausdrücklich Priorität ein;[390] der Unterschied zur (anglo-)amerikanischen Regelung bestünde im Wesentlichen darin, dass notwendiger Sachvortrag und Relevanzprüfung eine

384 *Herring*, S. 134.
385 *O'Hare/Browne*, Rn. 30-001.
386 *Lang*, S. 217.
387 Siehe bereits oben Fn. 328: *Lang*, S. 174; siehe auch *O'Hare/Browne*, Rn. 30-001: „Many actions settle after disclosure has taken place."
388 *Schmidt, A.*, S. 141; siehe auch *Prütting*, in: Baumgärtel/Laumen/Prütting, § 8, Rn. 4.
389 *Prütting*, in: MünchKomm ZPO, § 286 ZPO, Rn. 129; *Baumgärtel*, in: Rechtswissenschaftliche Fakultät der Universität zu Köln, FS der Rechtswissenschaftlichen Fakultät zur 600-Jahr-Feier der Universität zu Köln, S. 165 (175); *Beckhaus*, S. 146 ff.; *Lepa*, NZV 1992, 129 (ebd.); *Schmidt, A.*, S. 141.
390 *Lang*, S. 105.

Ausforschung in größerem Umfang verhindern würden.[391] Außerdem wurde die Rolle des Instruktionsrichters (*juge de la mise en état*) durch Reformen noch gestärkt.[392] Er bereitet die mündliche Verhandlung vor und treibt das Verfahren bis zur Entscheidungsreife voran. Art. 771 Nr. 5 CPC sieht vor, dass er von Amts wegen Beweise erheben kann (Verfahren vor TDI).[393] In Deutschland existieren einige arzthaftungsrechtliche Besonderheiten des Verfahrens als Antwort auf die typischerweise im Arzthaftungsprozess vorliegende Informations- und Beweisnot, die von den Richtern und Parteien zu berücksichtigen sind. Im Zivilprozess werden durch die Klageschrift und den antwortenden Beklagtenschriftsatz die Rahmenbedingungen für das Verfahren festgelegt, anschließend ist es Aufgabe des Richters, das mündliche Verfahren vorzubereiten, § 273 ZPO.[394] Die Sachverhaltsaufklärung ist nicht nur notwendig für die Wahrheitsfindung im Prozess, sie ist auch Voraussetzung für die Beweisaufnahme. Die klagende Partei ist dazu verpflichtet, ihren Klagevortrag substanziiert darzulegen und geeignete Beweismittel in den Prozess einzuführen. Die Behauptungen müssen ausreichend konkret sein, woraus sich aber für den Kläger große Schwierigkeiten ergeben können, da er nicht über das geeignete Wissen zu den Umständen des Geschehenen verfügt.[395] Die Anspruchsdurchsetzung könnte am Unvermögen des Patienten scheitern, die erforderlichen Tatsachen vorzubringen, weil die Rechtsprechung eine Mitwirkungs- oder Aufklärungspflicht der nicht beweisbelasteten Partei grundsätzlich ablehnt und Beweisermittlungs- und Ausforschungsanträge nicht zulässig sind.[396] Es besteht deshalb eine gesteigerte Pflicht des Gerichts zur Sachverhaltsaufklärung,[397] weswegen zum Teil angenommen wird, im Arzthaftungsprozess gelte der Amtsermittlungsgrundsatz,[398] jedenfalls aber keine typenreine Verhandlungsmaxime.[399] Besondere Bedeutung kommt

391 *Osthaus*, S. 117.

392 *Ferrand*, in: Sonnenberger/Classen, Abschnitt 197, S. 437.

393 *Ferrand*, in: Sonnenberger/Classen, Abschnitt 203, S. 475.

394 *Zuckerman*, in: Chase/Hershkoff, Civil Litigation in Comparative Context, S. 164 (195).

395 *Adloff*, S. 242.

396 *Katzenmeier*, NJW 2005, 3391 (3392); *Magnus, D.*, ZZP 120 (2007), 347 (353).

397 *Katzenmeier*, Arzthaftung, S. 383 m. w. N.; *Berg-Winters*, S. 135.

398 OLG Brandenburg, NJW-RR 2001, 1608 (Leitsatz 1); *Katzenmeier*, Arzthaftung, S. 383 m. w. N. aus der Literatur; insbesondere trifft das Gericht die Pflicht, ein Sachverständigengutachten einzuholen oder Widersprüche zwischen Äußerungen mehrerer Sachverständiger von Amts wegen nachzugehen und sich mit ihnen auseinanderzusetzen, vgl. BGH, NJW 2015, 411 (412), Rn. 15; *Lafontaine/Schmidt*, in: jurisPK-BGB, 7. Aufl. 2014, § 630h BGB, Rn. 236 f. m. w. N..

399 BGH, NJW 1978, 1681 (1682); *Franzki/Franzki*, NJW 1975, 2225 (2227).

der richterlichen Frage- und Hinweispflicht gem. § 139 Abs. 2 ZPO zu.[400] Das Gericht ist danach verpflichtet, sich durch Fragen und Hinweise um die Klärung und Vervollständigung des Tatsachenstoffes zu bemühen.[401] Es nimmt mittelbar Einfluss auf die Sachverhaltsaufklärung, indem es auf entscheidungserhebliche Gesichtspunkte hinweist und die risikobelastete Partei daraufhin Beweismittel bezeichnen oder sachdienliche Beweisanträge stellen kann.[402] Im Ergebnis kann und soll eine großzügige Handhabung dieser Pflichten dazu führen, dass Vortragslücken, die auf den laienhaften Zugang des Patienten zum Prozessstoff zurückzuführen sind, geschlossen werden, selbst wenn der Patient anwaltlich vertreten ist.[403] Darüber hinaus kann das Gericht ein versäumtes Beweisangebot kompensieren, indem die Vorlage der ärztlichen Dokumentation gem. § 142 Abs. 1 und 2 ZPO sowie das persönliche Erscheinen der Parteien nach § 141 Abs. 1 ZPO angeordnet werden.[404] Außerdem kann das Gericht eine Beweiserhebung von Amts wegen durch die Begutachtung durch einen Sachverständigen nach § 144 ZPO anordnen.

Im französischen Zivilprozess gilt grundsätzlich ein strenges Antragserfordernis als Korrektiv für die schwächere Bindung des Gerichts an den Parteivortrag. Allerdings steht es dem Gericht frei, die Partei auf die Möglichkeit des Beweisantritts hinzuweisen.[405] Die Gerichte haben jedoch indirekten Zugriff auf Beweismittel. Bei Anordnung einer sachverständigen Begutachtung, kann das Gericht den Sachverständigen ermächtigen, sich von den Parteien Unterlagen aushändigen zu lassen, Art 232, 243 CPC.[406] Außerdem besteht im Regelfall ein Ermessen des Gerichtes, das sich bei schlüssigem Vortrag und Fehlen alternativer Beweisführungsmöglichkeiten zu einer Anordnungspflicht verdichten kann.[407]

In Deutschland wird das Recht des Patienten auf Einsichtnahme in die Patientenakte bzw. die Herausgabe dieser Unterlagen ausdrücklich in § 630g BGB geregelt. Bislang bezog sich das Einsichtsrecht, nur auf die Unterlagen zur Behandlungsdokumentation, nicht auf interne Stellungnahmen und

---

400 *Berg-Winters*, S. 136; *Wenzel*, in: Wenzel, Kap. 2, Rn. 3487 ff.
401 *Beckhaus*, S. 88 m. w. N.
402 *Beckhaus*, S. 88 f.
403 *Wenzel*, in: Wenzel, Kap. 2, Rn. 3488.
404 *Wenzel*, in: Wenzel, Kap. 2 Rn. 3497; *Leipold*, in: Schilken u. a., FS für Gerhardt, 2004, S. 570 f.; siehe auch *Adloff*, S. 204 f., 213; *Beckhaus*, S. 114 f.
405 *Adloff*, S. 221.
406 *Adloff*, S. 221.
407 *Adloff*, S. 240.

Unfallberichte,[408] einschließlich Daten aus dem krankenhausinternen Fehlermeldesystem.[409] Vor Inkrafttreten des Patientenrechtegesetzes war der Ursprung des Herausgabeanspruchs unklar.[410] Das Einsichtsrecht resultierte aus dem „Recht auf Selbstbestimmung und personale Würde", welches aus dem allgemeinen Persönlichkeitsrecht gem. Art. 1 Abs. 1 i. V. m. Art. 2 Abs. 1 GG abgeleitet wird,[411] es war außerdem ein Nebenrecht aus dem Behandlungsvertrag.[412] Die vertragliche Nebenpflicht begründete in der Vergangenheit entweder ein Auskunfts- und Einsichtsrecht nach § 242 BGB[413] oder einen materiellrechtlichen Herausgabeanspruch aus § 810 BGB, der sich mittels §§ 421, 422 ZPO durchsetzen ließ. Streng genommen handelte es sich bislang nicht um einen vollumfänglichen Herausgabeanspruch auf Erhalt der Patientenunterlagen oder um ein Informationsrecht, vielmehr konnte das Einsichtsrecht stark eingegrenzt werden.[414] Keineswegs von vornherein war die Patientenakte als Beweismittel im Prozess anerkannt, sondern galt zunächst als (private) Gedächtnisstütze des Arztes.[415] Nur mühsam etablierte sich die Auffassung, dass die Behandlungsdokumentation auch dazu dient, Rechenschaft abzulegen und dem Patienten Auskunft zu erteilen,[416] weshalb der Herausgabeanspruch im Allgemeinen unter § 810 BGB fiel.[417]

In Frankreich garantierte erstmals das Gesetz n° 91-748 vom 31. Juli 1991 ein Einsichtsrecht des Patienten in sein *dossier médical* (vgl. Art. L. 1112-1 CSP a. F.).[418] Seit dem Gesetz vom 4. März 2002 existiert ein umfassender Anspruch auf Einsicht in alle behandlungsrelevanten Unterlagen gem. Art. L. 1111-7

---

408 LG Bonn, VersR 2010, 358 (359); *Terbille*, in: Terbille/Clausen/Schroeder-Printzen, § 1, Rn. 22; *Pauli*, S. 276.

409 *Pauli*, S. 279 ff.

410 Siehe BGHZ 72, 132 (137-141) zur prozessualen Vorlage von Krankenpapieren ohne abschließende Erörterung materiellrechtlicher Vorlageansprüche; dazu *Stürner*, ZZP 104 (1991), S. 208 (214).

411 BVerfG, 1. Kammer des Ersten Senats, NJW 1999, 1777 (ebd.); *Terbille*, in: Terbille/Clausen/Schroeder-Printzen, § 1, Rn. 21.

412 *Kubella*, S. 166 m. z. N.; *Terbille*, in: Terbille/Clausen/Schroeder-Printzen, 2. Aufl. 2013, § 1, Rn. 21.

413 *Beckhaus*, S. 61.

414 *Hinne*, NJW 2005, 2270 (2271).

415 *Lang*, S. 54.

416 *Katzenmeier*, in: Laufs/Katzenmeier/Lipp, Kap. 9, Rn. 48; *Kubella*, S. 166; siehe auch Gesetzentwurf der Bundesregierung, BT-Drs. 17/10488, S. 29 (rechte Sp.).

417 *Osthaus*, S. 154.

418 *Laude/Mathieu/Tabuteau*, Rn. 342.

CSP.[419] Die Vorschrift sieht keine spezielle Sanktion für die Verletzung der Pflicht zur Herausgabe der Behandlungsdokumentation vor, sie stellt lediglich *faute* dar. Der Patient kann Schadensersatz in Form des *préjudice morale* verlangen.[420] In beiden Rechtsordnungen ist ungeklärt, welchen Nutzen die Auskunftspflicht des Arztes in Bezug auf das Vorliegen eines Behandlungsfehlers haben kann. Im deutschen Zivilprozess ist es anerkannt, dass eine Partei zwar nicht dazu verpflichtet ist, dem Gegner durch Aufklärung zum Prozesserfolg zu verhelfen. Jedoch können sich aus § 242 BGB Darlegungs- und Beweislasten für eine an sich nicht darlegungs- und beweisbelastete Partei ergeben, wenn die aufklärungsbedürftigen Tatsachen in ihrer Sphäre liegen.[421] Solche Verpflichtungen zur Auskunft und Information können sich allerdings aus einer materiell-rechtlichen Sonderverbindung ergeben.[422] § 630c Abs. 2 S. 2 BGB regelt ausdrücklich die ärztliche Pflicht, den Patienten über einen Behandlungsfehler auf dessen Nachfrage hin oder zur Abwendung gesundheitlicher Gefahren zu unterrichten. Diese Pflicht könnte demzufolge auch als materiell-rechtlicher Auskunftsanspruch im Prozess relevant werden.

Ein weiteres, wichtiges Instrument zur Unterstützung des Patienten ist das Rechtsinstitut der sekundären Behauptungslast.[423] Durch diesen Sonderfall der Substanziierungslast werden Informationsgefälle zwischen den Prozessparteien ausgeglichen.[424] Dazu hat die Rechtsprechung einige Kriterien entwickelt, die erfüllt sein müssen, damit die ursprünglich nicht behauptungsbelastete (aber gut informierte) Partei zu substanziierten Behauptungen gezwungen wird, obwohl die eigentlich behauptungsbelastete (schlecht informierte) Partei nicht substanziiert vorgetragen hat.[425] Nach ständiger Rechtsprechung obliegt der informierten Gegenseite eine gesteigerte Substanziierungslast, wenn die an sich behauptungsbelastete Partei außerhalb des für ihren Anspruch erheblichen Geschehensablaufs steht und deshalb die maßgebenden Tatsachen im Einzelnen nicht kennt, während diese der Gegenseite bekannt sind. Die Substanziierung muss der Gegenpartei jedoch zumutbar sein. Erfüllt der Anspruchsgegner die Anforderungen an die sekundäre Behauptungslast durch Substanziierung nicht und begnügt sie sich mit einfachem Bestreiten der pauschalen Behauptungen

419 Ebd.
420 *Laude/Mathieu/Tabuteau*, Rn. 342.
421 *Schubert*, in: MünchKomm BGB, § 242 BGB, Rn. 107.
422 *Prütting*, in: MünchKomm ZPO, § 286 ZPO, Rn. 130.
423 *Peres*, S. 92.
424 *Osterloh-Konrad*, S. 60 f.
425 *Peres*, S. 92.

des Anspruchstellers, so greift die Geständnisfiktion des § 138 Abs. 3 ZPO ein.[426] Im Arzthaftungsrecht gehen die gesteigerten Anforderungen an den Vortrag des Beklagten mit vergleichsweise geringen Anforderungen an die Substanziierung des Klagevortrages einher.[427] So reicht es aus, wenn das Behandlungsgeschehen in groben Zügen dargestellt wird, ein misslungenes Ergebnis auf einen Behandlungsfehler hindeutet und konkrete Verdachtsgründe vorliegen, die eine vorwerfbare Fehlbehandlung plausibel erscheinen lassen.[428] Wird eine dergestalt vorgetragene Klagebegründung als unsubstanziiert abgewiesen, ohne eine Beweiserhebung zu erwägen, liegt ein Verfahrensfehler im Sinne von § 539 ZPO vor.[429] Trifft den Arzt die sekundäre Darlegungslast, weil er wesentliche Tatsachen kennt oder kennen muss und es ihm zumutbar ist, nähere Angaben zu machen,[430] muss er nach § 138 Abs. 2, 3 ZPO die Behauptungen des Patienten substantiiert bestreiten.[431] Erfüllt er diese Anforderungen nicht, gilt die Tatsache als unstreitig, und der Patient muss keinen Beweisantritt durchführen.[432] Von einer allgemeinen Auskunftspflicht ist es deshalb nur ein kleiner Schritt zur Bejahung einer sekundären Darlegungslast der nicht beweisbelasteten Partei.[433]

Von dem *disclosure*-Verfahren und der (vor-)prozessualen Aufklärungspflicht unterscheidet sich die sekundäre Behauptungslast dadurch, dass sie bei Nichtaufklärbarkeit des Sachverhalts für einen Prozessgewinn des Anspruchsstellers, hier des Patienten, sorgen kann. Wenn die Behandlungsseite ihrer sekundären Behauptungslast nicht nachkommt, gilt der sonst als nicht hinreichend substanziiert anzusehende Vortrag des Patienten, als zugestanden.[434] Im deutschen Arzthaftungsrecht hat die Rechtsprechung die Rechtsfigur jedoch bislang überwiegend nur bei Aufklärungsfehlern und im Fall der Verabreichung eines

---

426 *Prütting,* in: MünchKomm ZPO, § 286 ZPO, Rn. 103.

427 *Katzenmeier*, Arzthaftung, S. 392 m. w. N.; *Prütting,* in: MünchKomm ZPO, § 286 ZPO, Rn. 103.

428 BGHZ 159, 245 (253 f.); OLG Düsseldorf v. 3.12.2009 – I-8 U 183/08, Rn. 22 (juris); OLG Brandenburg v. 11.07.2001 – 1 U 4/01, NJW-RR 2001, 1608 (ebd.); *Wenzel,* in: Wenzel, Kap. 2, Rn. 3501.

429 OLG Brandenburg, NJW-RR 2001, 1608 (ebd.).

430 *Laufs/Kern,* in: Laufs/Kern, HdB ArztR, § 107, Rn. 28.

431 *Wenzel,* in: Wenzel, Kap. 2, Rn. 3503.

432 *Laufs/Kern,* in: Laufs/Kern, HdB ArztR, § 107, Rn. 28.

433 *Von Selle,* in: BeckOK ZPO, § 138 ZPO, Rn. 19; siehe auch *Stürner,* ZZP 104 (1991), S. 208 (ebd.).

434 BGHZ 163, 209 (214); BGH, NJW-RR 2006, 552 (553) Rn. 11 m. w. N., siehe auch *von Selle,* in: BeckOK ZPO, § 138, ZPO Rn. 20.

kontaminierten Blutprodukts eingesetzt.[435] In der zweiten Konstellation entwickelte der Bundesgerichtshof eine Kombination von Anscheinsbeweis und sekundärer Behauptungslast.[436] Der Beweis des ersten Anscheins spricht dafür, dass die Infektion durch ein kontaminiertes Blutprodukt hervorgerufen worden ist, wenn der Infizierte (oder der vom Infizierten weiter angesteckte Ehepartner) weder zu den HIV-gefährdeten Risikogruppen zählt, noch nach der Art seiner Lebensführung einer gesteigerten Infektionsgefahr ausgesetzt ist.[437] Dem Krankenhausträger obliegt eine sekundäre Behauptungslast hinsichtlich der Chargennummer des Blutproduktes, damit die Klägerseite anhand des Herstellungsdatums und der Art der Virusinaktivierung Indizien für die Verunreinigung vortragen kann. Kann die Chargennummer nicht angegeben werden, weil sie pflichtwidrig nicht dokumentiert worden ist, gelten die Darlegungen der geschädigten Partei als zugestanden im Sinne des § 138 Abs. 3 ZPO.[438]

Auch in Frankreich darf die Beweisaufnahme unter Umständen nicht abgelehnt werden und ist die Substanziierungslast zu ermäßigen, wenn sich die risikobelastete Partei in echter Beweisnot befindet,[439] allerdings sind aus dem Bereich des Arzthaftungsrechts dazu keine Fälle bekannt. Die schwierige Beweissituation in den Fällen einer HIV-Ansteckung löst das französische Recht seit dem Gesetz vom 4. März 2002 auf materiell-rechtlicher Ebene mit einer Kausalitätsvermutung, wonach der Anspruchsgegner die Beweislast dafür trägt, dass die Infektion nicht auf einem fehlerhaften Blutprodukt basiert.[440] Dazu kann er sich auch auf tatsächliche Vermutungen nach Art. 1382 CC, die sog. „présomptions graves, précises et concordants" stützen.[441] Bereits zuvor hatte die Cour de cassation in einem Fall der Ansteckung mit Hepatitis C eine Beweislastumkehr vorgenommen:

„Attendu que lorsqu'une personne démontre, d'une part, que la contamination virale dont elle est atteinte est survenue à la suite de transfusions sanguines,

---

435 Anm. v. Spickhoff, LMK 2005, 159544 zu BGH NJW 2005, 2614; siehe auch *Laufs/Kern*, in: Laufs/Kern, HdB ArztR, § 107, Rn. 28; *Magnus, D.*, ZZP 120 (2007), 347 (353).

436 *Katzenmeier*, NJW 2005, 3391 (3392).

437 BGHZ 163, 209 (213); siehe dazu *Katzenmeier*, NJW 2005, 3391 (3392); *Magnus, D.*, ZZP 120 (2007), 347 (350).

438 BGHZ 163, 209 (214); *Katzenmeier*, NJW 2005, 3391 (3392).

439 *Adloff*, S. 259 ff.

440 Art. L. 3122-1 Code de la santé publique, *Bloch*, in: Le Tourneau, Rn. 8545 f.; *Buffelan-Lanore/Larribau-Terneyre*, Rn. 2419.

441 *Bloch*, in: Le Tourneau, Rn. 8545 f.; *Buffelan-Lanore/Larribau-Terneyre*, Rn. 2425 f.; siehe dazu näher unter Abschnitt VII 2.

d'autre part, qu'elle ne présente aucun mode de contamination qui lui soit propre, il appartient au centre de transfusion sanguine, dont la responsabilité est recherchée, de prouver que les produits sanguins qu'il a fournis étaient exempts de tout vice".[442]

4. Der Umweg über die Dokumentationspflicht

Die fehlende Möglichkeit zur Sachverhaltsaufklärung wird durch eine besondere Beweiserleichterung im deutschen Recht ausgeglichen.[443] Gemäß § 630h Abs. 3 BGB wird vermutet, dass ein erforderlicher Behandlungsschritt, der nicht aufgezeichnet worden ist, nicht stattgefunden hat. Aufzeichnungspflichtig sind die aus medizinischer Sicht für die ärztliche Diagnose und Therapie wesentlichen medizinischen Tatsachen in einer für Fachleute hinreichend klaren Form, vgl. § 630f Abs. 2 BGB.[444] Das Nichtdokumentieren einer ärztlich gebotenen Maßnahme führt zu der Vermutung nach § 630h Abs. 3 BGB, dass die Maßnahme unterblieben ist, ist aber keine eigenständige Anspruchsgrundlage und führt auch nicht zu einer Beweislastumkehr hinsichtlich des Ursachenzusammenhangs.[445]

Das Gesetz macht die ständige Rechtsprechung zu Beweiserleichterungen bei Dokumentationsfehlern und der Verletzung der Befundsicherungspflicht zum Inhalt der Regelung.[446] Die Verletzung der ärztlichen Dokumentationspflicht steht am Anfang der berühmten Kasuistik des Bundesgerichtshofes zu den „Beweiserleichterungen bis hin zur Beweislastumkehr" im Arzthaftungsrecht.[447] Der Dokumentationsfehler ist eine ärztliche Pflichtverletzung. Er führt in der Regel jedoch nicht zu einem (gesundheitlichen) Schaden und bleibt deshalb zumeist sanktionslos. Es kann zwar nicht ausgeschlossen werden, dass die unterbliebene oder fehlerhafte Erfassung von Behandlungsmaßnahmen im Rahmen der Weiterbehandlung des Patienten zu einer Verletzung führt, im Arzthaftungsprozess ist der Dokumentationsfehler jedoch insbesondere für die Beweissituation von Bedeutung. Der Dokumentationsfehler während der Behandlung vereitelt die Möglichkeit des Patienten, einen eventuell stattgefundenen (diagnostischen

---

442 Cass. Civ. 1re, 9. Mai 2001, Az. 99-18161, 99-18.514, Bull. Civ. 2001, I, Nr. 130, S. 85, siehe dazu *Buffelan-Lanore/Larribau-Terneyre*, Rn. 2417.

443 Vgl. *Osthaus*, S. 161.

444 Siehe auch *Geiß/Greiner*, Rn. B-203 m. w. N.

445 *Geiß/Greiner*, Rn. B-206 m. w. N.

446 Siehe BGH, NJW 1999, 3408 (3410); vgl. *Geiß/Greiner*, S. 152 f., Rn. 212.

447 Wortgruppe („Beweiserleichterung" im Singular) erstmals verwandt in BGH, NJW 1972, 1520 (ebd.), vgl. *Laumen*, NJW 2002, 3739 (ebd.); BGHZ 72, 132 (139) – Blinddarmurteil.

oder therapeutischen) Behandlungsfehler für den eingetretenen Schaden nachzuweisen. Sofern die Umstände den Schluss auf einen groben Behandlungsfehler zulassen, kann zugunsten des Patienten, wenn die Vermutung des groben Behandlungsfehlers nicht widerlegt werden kann, eine Beweislastumkehr für den Kausalitätsbeweis erfolgen.[448]

VI. Sachverständigengutachten

Medizinische Sachverständige spielen im Arzthaftungsrecht eine herausragende Rolle. Die sachverständige Beurteilung der Tatsachen ermöglicht den Parteien eine Einschätzung der rechtlichen Möglichkeiten, Behandlungssituation und Gesundheitszustand des Patienten bedürfen sachverständiger Beurteilung, um überhaupt die für einen Anspruch notwendigen Tatsachen erkennen zu können, darüber hinaus ist die sachverständige Einschätzung der Tatsachen für die richterliche Bewertung des Sachverhalts von großer Bedeutung. Mangels eigener Sachkenntnis sind die Parteien und der Richter in gewisser Weise „abhängig“ von den tatsächlichen Feststellungen des Gutachters,[449] was den Richter jedoch formal nicht davon abhalten darf, eigene Feststellungen zu treffen, oder gar bedeutet, dass das Gericht an die Schlussfolgerungen des Sachverständigen gebunden ist.[450] Ob und inwieweit dem Richter bei der rechtlichen Bewertung des ärztlichen Verhaltens als Behandlungsfehler faktisch überhaupt der notwendige Spielraum verbleibt, wird insbesondere in Deutschland und Frankreich heftig diskutiert.[451]

Medizinische Sachverständige besitzen aber nicht nur eine große Bedeutung als förmliches Beweismittel, sie spielen auch in allen drei Ländern eine wichtige Rolle im Vorfeld einer gerichtlichen Auseinandersetzung.[452] In Deutschland

---

448 *Geiß/Greiner*, Rn. B-206; *Müller*, in: Wandt u. a., FS Lorenz, S. 667 (684).

449 *Seifert*, S. 98: „Aufgrund des Kompetenzgefälles zwischen Sachverständigem und Richter kommt zumeist nur eine ‚Übernahme‘ des vom Sachverständigen ermittelten Ergebnisses in Betracht.“

450 Siehe zum deutschen Recht BGH, VersR 1979, 939 (ebd.); *Stegers*, in: Stegers/Hansis/Alberts/Scheuch, Rn. 872; zum englischen Recht *Huntley v Simmons* [2010] EWCA Civ 54 (eigene Recherche); zum französischen Recht Art. 246 CPC; Cass. Civ. 2e, 14. Dezember 1983, Az. 82-15887, Bull. Civ. 1983, II, Nr. 202; *Mouralis*, in: Leca, L'expertise médicale, S. 9 (15) m. w. N.; *Pierre*, in: Mazeaud/Brun/Pierre, Lamy – Droit de la responsabilité, Rn. 404-23.

451 Ausführlich *Pierre*, in: Mazeaud/Brun/Pierre, Lamy – Droit de la responsabilité, Rn. 404-23; siehe auch unten S. $1 $3

452 In Deutschland und Frankreich insbesondere das selbständige Beweisverfahren, vgl. *Adloff*, S. 371; *Lang*, S. 42 (117 und 144).

findet in Arzthaftungssachen zur Sachverhaltsaufklärung und vorprozessualen Beweissicherung das selbständige Beweisverfahren gem. §§ 485 ff. ZPO statt.[453] Wesentlich schneller als eine Klage führt es zum Erlass einer Beweisanordnung[454] und damit im Ergebnis zu einem medizinischen Sachverständigengutachten, das Auskunft über die Gründe des „anormalen" Gesundheitszustandes nach der Behandlung geben kann, indem der Zustand des Patienten, die hierfür maßgeblichen Gründe und die Wege der Beseitigung des Schadens festgestellt werden.[455] Auch in Frankreich soll das selbständige Beweisverfahren die Parteien dazu befähigen, eine Prozessstrategie zu entwickeln und zu entscheiden, ob Vergleichsverhandlungen oder ein Klageverfahren angezeigt sind.[456] Die Gutachtenerstellung im englischen Vorverfahren dient ebenfalls dazu, den Parteien in einem frühen Verfahrensstadium Gelegenheit zu geben, den Sachverhalt weitestgehend aufzuklären.[457] Ein wesentlicher Unterschied an der Herangehensweise an die sachverständige Bewertung liegt in der Bestellung der Gutachten; während in Frankreich und Deutschland zumeist das Gericht ein Gutachten für beide Seiten in Auftrag gibt, überwiegt in England die Gutachtenerstellung im Auftrag der Parteien. Letzteres hat in der Vergangenheit dazu geführt, dass die Prozesspartei erfolgreicher war, die sich eine größere Anzahl von Sachverständigengutachten finanziell leisten konnte.[458]

1. Voraussetzungen für die Gutachtertätigkeit

Medizinische Gutachter sind in den Ländern überwiegend praktizierende Ärzte und Mediziner, die eine Nebentätigkeit als gerichtliche oder außergerichtliche Sachverständige ausüben. In den meisten Fällen sind sie Kraft ihrer praktischen Ausbildung als Sachverständige geeignet. In Deutschland bedarf es keiner besonderen Zulassung, jeder approbierte Arzt kann als medizinischer

---

453 *Lang*, S. 42; ausführlich *Wenzel*, in: Wenzel, Kap. 2, Rn. 3522 ff.

454 *Quarch*, in: Balke/Reisert/Quarch, § 8, Nr. 93: „Im Ergebnis bedeutet dies den Erlass einer Beweisanordnung innerhalb eines Monats nach Antragstellung; eine Frist, die bei einer Klageerhebung weder rechtlich noch faktisch auch nur annähernd eingehalten werden kann".

455 *Wenzel*, in: Wenzel, Kap. 2, Rn. 3528.

456 *Lang*, S. 117.

457 *Tiwisina*, S. 322.

458 *Dumoulin*, S. 117: Bei dem Sachverständigenbeweis im Verkehrsunfallrecht spiele nicht nur das Sammeln und Präsentieren von Fakten eine Rolle, es gehe auch um das Kräfteverhältnis der Parteien. Die Partei mit den meisten Experten verschaffe sich größere Sicherheit und Kontrolle.

Sachverständiger tätig werden.[459] In England wird die Akkreditierung von *medical expert witnesses* heftig diskutiert, bislang obliegt die Beurteilung der Kompetenz des Sachverständigen jedoch ebenfalls ausschließlich dem Gericht.[460] Inzwischen enthalten die berufsrechtlichen Regelungen „*Good Medical Practice*" des *General Medical Counsel*, mit denen sich jeder im Vereinigten Königreich praktizierende Arzt einverstanden erklärt, Anweisungen zum Auftreten als gerichtlicher Sachverständiger.[461] Ein Verstoß kann mit dem Entzug der Registrierung (ähnlich der Approbation) geahndet werden.[462] Darüber hinaus existiert ein Markt an Fortbildungs- und Schulungsveranstaltungen für das richtige Auftreten als *expert witness* sowie private, durch Mitgliedsbeiträge und Sponsoring finanzierte, „Expertenorganisationen" (z. B. *Expert Witness Institute*), welche die Gutachter bei Vorliegen der von ihnen vorausgesetzten Qualifikationen in ihre Sachverständigenlisten aufnehmen, die von Anwälten und Agenturen zur Auswahl eines Experten konsultiert werden.[463] Allein Frankreich sieht ein Registrierungsverfahren für Sachverständige vor, und zwar sowohl für das gerichtliche Verfahren als auch für das Verfahren vor den Schlichtungskommissionen (CCI). Gerichtliche Sachverständige müssen die Aufnahme in eine „Expertenliste" bei dem örtlich zuständigen *Tribunal de Grande Instance* ihrer Niederlassung oder ihres Wohnsitzes beantragen.[464] Sie gilt zunächst für drei Jahre und kann fortlaufend für jeweils fünf Jahre verlängert werden.[465] Die Sachverständigen für das regionale Schlichtungsverfahren sind bei den Berufungsgerichten (*les Cours d'Appel*) registriert (vgl. Art. 1142-11 CSP). Die *Commission nationale des accidents médicaux* führt diese „nationale Liste der Sachverständigen für

459 *Hansis*, in: Stegers/Hansis/Alberts/Scheuch, Rn. 48 ff.

460 *Brazier/Cave*, Rn. 8.14 a. E.: „the need for better training and accreditation of experts is widely agreed on"; *Tiwisina*, S. 192; ausführlich *Cranfield*, Medico-Legal Journal 2009, S. 133 (134), einschließlich Vorschlägen zum Verfahren und zu den Voraussetzungen der Akkreditierung.

461 *Good Medical Practice* Nr. 11, 12, 14, 72–74, General Medical Counsel, 2013, mit Erläuterungen in der Broschüre „*Acting as a witness in legal proceedings*" v. 25. März 2013, abrufbar unter: http://www.gmc-uk.org/guidance/ethical_guidance/21188.asp (zuletzt: 5. Juni 2015).

462 *Cranfield*, Medico-Legal Journal 2009, 133 (137).

463 *Tiwisina*, S. 193 (304).

464 Siehe Art. 3 des „Loi n° 71-498 du 29 juin 1971 relative aux experts judiciaires", Journal officiel de la Republique française du 30 juin 1971, S. 6300; vgl. *Manaouil*, Médecine & Droit 2013, 74 (75).

465 *Manaouil*, Médecine & Droit 2013, 74 (75).

Behandlungsunfälle".[466] Die Voraussetzungen für die Einschreibung sind höher als für gerichtliche Sachverständige, vgl. Art. R. 1142-30-1 CSP, z. B. müssen in den letzten fünf Jahren vor Antragstellung bereits achtzig Gutachten erstellt worden sein. Im Zuge der Verlängerung der Registrierung nach fünf Jahren sollen die Fähigkeiten und Kenntnisse des Sachverständigen überprüft werden. Dazu werden jedoch keine Prüfungen oder Nachweise verlangt, vielmehr orientieren sich die Schlichtungskommissionen an der Qualität der Gutachten.[467]

2. Gerichtsgutachten in Frankreich und Deutschland

In den französischen Arzthaftungsprozessen werden Sachverständigengutachten (*expertises*) überwiegend im Rahmen eines selbständigen Beweisverfahrens (*en référé*) erstellt, das sich im Zivilprozess nach Art. 145 CPC und im Verwaltungsprozess nach R. 532-1 *Code de justice administrative* richtet.[468] Das Gutachten bindet den Richter nicht (vgl. Art. 246 CPC), wird jedoch regelmäßig einen großen Einfluss haben, da der Richter mangels Sachverstand kaum eine abweichende Beurteilung vornehmen kann.[469] Die Hinzuziehung eines Sachverständigen kann auch im Zivilprozess von Amts wegen erfolgen (vgl. Art. 144 CPC); der Richter ist jedoch nicht verpflichtet, einen Sachverständigen einzusetzen und kann einen entsprechenden Antrag der Parteien auch ablehnen.[470] Ein Gutachten, das im Rahmen eines regionalen Schlichtungsverfahrens erstellt worden ist, kann auch im gerichtlichen Verfahren verwendet werden.[471] Im Übrigen darf der Richter einen Sachverständigen frei wählen, auch wenn er nicht auf einer „Expertenliste" steht. Darüber hinaus ist es möglich, ein privates Parteigutachten als Beweismittel unter der Voraussetzung zu verwenden, dass ein *débat contradictoire* stattgefunden hat.[472] Die passende deutsche Übersetzung für dieses Prinzip dürfte „Grundsatz streitiger Verhandlung" lauten[473] und wird in

---

466 *Manaouil*, Médecine & Droit 2013, 74 (76): „liste nationale des experts en accidents médicaux"; *Bergoignan-Esper/Sargos*, S. 516 f.

467 *Manaouil*, Médecine & Droit 2013, 74 (76).

468 *Grare*, Médecine & Droit 2013, 65 (68): „près de sept expertises sur dix sont ordonnées en référé".

469 *Ferrand*, in: Sonnenberger/Classen, Abschnitt 200, S. 464; *Welsch*, Rn. 249; siehe auch *Mouralis*, in: Leca, L'expertise médicale, S. 9 (16).

470 *Grare*, Médecine & Droit 2013, 65 (69).

471 CÉ, 4. Oktober 2010, Az. 332836 (Volltext verfügbar in der Entscheidungsdatenbank unter http://legifrance.gouv.fr, zuletzt: 5. Juni 2015); *Bergoignan-Esper*, Abschnitt 18-05, in: LexisNexis, Droit médical et hospitalier, Rn. 28.

472 *Ferrand*, in: Sonnenberger/Classen, Abschnitt 200, S. 465.

473 *Adloff*, S. 47.

Deutschland vor allem durch die Prinzipien vom Grundsatz rechtlichen Gehörs und der Parteiöffentlichkeit repräsentiert, die dafür sorgen, dass die Parteien an allen Verfahrensschritten beteiligt und von den Handlungen des Gegners und des Gerichts unterrichtet werden müssen.[474]

In Deutschland erscheinen die Einschränkungen der richterlichen Souveränität weiterreichend. „Im Arzthaftungsprozess hat das Gericht zur Aufklärung des medizinischen Sachverhalts in der Regel einen Sachverständigen einzuschalten."[475] Selbstverständlich bleibt jedoch das Gericht Herr des Verfahrens, der Sachverständige ist als Gehilfe des Gerichts von diesem weisungsabhängig, § 404a ZPO.[476] Es ist für das Gericht beinahe ausgeschlossen, die Beantwortung medizinischer Fragen auf eigene Sachkunde zu stützen, zumindest müsste im Urteil überprüfbar dargelegt werden, worauf diese Sachkunde beruht.[477] Andererseits ist das Gericht auch dazu verpflichtet, den gutachterlichen Feststellungen nicht „blind" zu folgen, sondern sich mit der vorgelegten Fachliteratur zu befassen,[478] und insbesondere Widersprüche und Lücken des Gutachtens mittels ergänzender Sachverständigenanhörung oder eines neuen Gutachtens aufzuklären.[479] Einem Antrag der Partei auf Ladung des Sachverständigen im Anschluss an die Erstattung eines schriftlichen Gutachtens ist stets stattzugeben, auch wenn der Richter die schriftliche Begutachtung für ausreichend hält.[480] Üblicherweise beantragt eine Partei die Einholung eines Sachverständigengutachtens zu konkreten Beweisfragen, bei Fehlen eines solchen Antrags kann das Gericht ihn jedoch dazu anregen (§ 139 ZPO) oder ein Gutachten von Amts wegen gem. § 144 ZPO einholen.[481] Auch die Anhörung des Sachverständigen gemäß § 411 Abs. 3 bzw. §§ 398, 402 ZPO bildet mittlerweile den Regelfall, um Widersprüche und Lücken zu schließen.[482] Bereits vorliegende Gutachten können aus prozessökonomischen Gründen die Einholung eines weiteren Gutachtens ersetzen, die Voraussetzungen für eine Anerkennung werden jedoch nur selten erreicht.[483]

---

474 *Tiwisina*, S. 49.

475 BGH, VersR 2008, 1216 (1217).

476 *Frahm,* in: Wenzel, Kap. 2, Rn. 3762.

477 *Ders.,* Rn. 3763.

478 *Ders.,* Rn. 3763.

479 *Ders.,* Rn. 3851.

480 *Stegers,* in: Stegers/Hansis/Alberts/Scheuch, Rn. 896; siehe auch Rn. 868 ff. mit zahlreichen weiteren Beispielen zu den Rechten und Pflichten des Tatgerichts.

481 *Seifert,* S. 94; *Frahm,* in: Wenzel, Kap. 2, Rn. 3764.

482 *Gaidzik*, in: Arbeitsgemeinschaft der Rechtsanwälte im Medizinrecht, Qualitätsmängel im Arzthaftungsprozess, S. 33 (ebd.).

483 Ausführlich *Frahm,* in: Wenzel, Kap. 2, Rn. 3765 ff.

3. Parteigutachten in England

Während also in Deutschland[484] und Frankreich der Richter den Sachverständigen auswählt, wählen in England die Parteien „ihren“ Sachverständigen aus. Das liegt vor allem in der Zweiteilung des englischen Zivilprozesses in Vorverfahren (*pre-trial*) und Hauptverhandlung (*trial*) begründet. Das Vorverfahren sorgt sogar dafür, dass die Beilegung des Rechtsstreits ohne Hauptverhandlung im englischen Zivilverfahren der Regelfall ist.[485] Die notwendigen Ermittlungsmaßnahmen machen es erforderlich, dass die Parteien schon frühzeitig Sachverständige hinzuziehen.[486] In Part 35 der *Civil Procedure Rules 1998* ist der Sachverständigenbeweis grundlegend reformiert worden, insbesondere legt Rule 35.3 fest, dass Sachverständige dem Gericht (und nicht den Parteien) zu dienen haben.[487] Außerdem kann der Sachverständigenbeweis, der früher nur als besondere Form des Zeugenbeweises existierte,[488] nunmehr als verselbständigtes Beweismittel angesehen werden.[489] In seiner Analyse des Zivilprozessrechts im Vorfeld der Reform hatte *Lord Woolf* die Praxis der Beweisführung mit Sachverständigen als kostenintensiv und zeitraubend kritisiert.[490] Für finanzkräftige Parteien war es möglich, von mehreren Sachverständigen, z. B. auch zu unerheblichen Nebenpunkten Gebrauch zu machen und so die andere Partei einzuschüchtern.[491] Als Beispiel für den ausufernden Einsatz von Sachverständigen mit fatalen Folgen für die Kosten und die Verfahrensdauer dient der Geburtsschadensfall *Whitehouse v. Jordan*, bei dem das geschädigte Kind elf Jahre alt wurde, bevor eine endgültige Gerichtsentscheidung fiel.[492] Heute dürfen Sachverständige nicht mehr ohne die Erlaubnis des Gerichts als Beweismittel verwendet werden, was praktisch dazu geführt hat, dass die Gerichte jeder Prozesspartei in der Regel nur noch einen Sachverständigen pro Fachrichtung genehmigen.[493] Um dem Problem des *Expert Shopping* zu begegnen, muss der Name des gewählten Sachverständigen

---

484 Es sei denn, die Parteien sind sich über die Person des Sachverständigen einig, § 404 Abs. 4 ZPO.

485 *Tiwisina*, S. 322.

486 *Tiwisina*, S. 322.

487 *Jones*, Medical Negligence, Rn. 13-101.

488 *Trilsch*, S. 82.

489 *Tiwisina*, S. 181.

490 Siehe *Malterer*, S. 61, der sich in seiner Dissertation unter dem Titel „*Lord Woolf's Access to Justice*“ eingehend mit dessen Reformvorschlag auseinandersetzt.

491 *Tiwisina*, S. 333.

492 *Brazier/Cave*, Rn. 8.14.

493 *Jones*, Medical Negligence, Rn. 13-101.

bekannt gegeben werden (Rule 35.4 (a) CPR), ein Auswechseln bleibt jedoch unter der Bedingung möglich, dass das erste Sachverständigengutachten offen gelegt wird.[494] Überhaupt spielt die Offenlegung der Kommunikation zwischen dem Anwalt und dem Sachverständigen seit der Reform des Zivilprozesses eine wichtige Rolle: Jede Partei ist verpflichtet, die schriftlichen und mündlichen Anweisungen an „ihren" Sachverständigen aufzudecken. Dazu muss der schriftliche Bericht des Sachverständigen neben dem Gutachten diese *instructions* auflisten, Rule 35.10 (3) CPR. Das Gericht wird die Partei jedoch nur unter der Bedingung dazu verpflichten, den Schriftverkehr mit dem Sachverständigen tatsächlich offenzulegen, wenn es davon ausgehen muss, dass die Ausführungen der Partei unvollständig oder falsch sind, Rule 35.10 (4) CPR.[495] Häufig wenden sich die Parteien zunächst an einen „beratenden Experten", den sie im Prozess nur möglicherweise als gerichtlichen Sachverständigen verwenden wollen. Diesem Berater müssen Unterlagen und Zeugenaussagen zur Verfügung gestellt werden, welche die Partei eventuell im Vorverfahren nicht offenlegen möchte. Soll das Gutachten des beratenden Sachverständigen später als Beweis dienen, müssen diese Instruktionen und Unterlagen jedoch gezeigt werden. Deshalb wird den Anwälten empfohlen, einen *shadow expert* hinzuzuziehen und eine strenge Trennung zwischen dem Sachverständigen als Berater und als Beweismittel im Prozess vorzunehmen.[496] Eine neue Instruktion kann die Trennung aufrechterhalten, falls der ehemalige Berater zum Beweismittel umfunktioniert werden soll.[497]

Für das Gericht besteht die Möglichkeit, einen einzigen, gemeinsamen Sachverständigen (*single joint expert*) zu bestimmen, Rule 35.7 CPR. Dazu kann es einen Sachverständigen aus einer von den Parteien gefertigten Liste auswählen oder selbst bestimmen.[498] Ist eine Partei mit dessen Ausführungen unzufrieden, kann sie in der Regel einen weiteren Sachverständigen beauftragen. Weist der Prozess jedoch nur einen geringen Streitwert auf, muss sich die Partei eventuell mit Fragen an den *single joint expert* begnügen.[499] Praktisch hat sich der gemeinsame Sachverständige bis heute nur für die Frage der Schadensersatzhöhe durchsetzen können, jedoch nicht für die Feststellungen zum Vorliegen eines

494 *Dunn,* Rn. 11.3.14 m. z. N.
495 *Dunn,* Rn. 11.4.3 m. w. N.; *Jones,* Medical Negligence, Rn. 13-082.
496 *Dunn,* Rn. 11.4.5.
497 *Tiwisina,* S. 264.
498 *Jones,* Medical Negligence, Rn. 13-104.
499 *Jones,* Medical Negligence, Rn. 13-104 f.

Behandlungsfehlers und der Kausalität.[500] Dafür findet heute in Arzthaftungsprozessen jedoch stets eine *discussion between experts* statt, die in Rule 35.12 CPR geregelt ist.[501] Die Sachverständigen sollen gemeinsame Standpunkte formulieren und unterschiedliche Ansichten erörtern und zusammenfassen.[502] Verkompliziert wird die Hinzuziehung eines einzigen Sachverständigen vor allem durch die materiell-rechtlichen Anforderungen an die Fahrlässigkeit des Arztes. Nach dem sog. *Bolam-Test* kann es genügen, dass ein anderer Arzt bezeugt, er hätte den Patienten auf die gleiche Weise behandelt wie der Beklagte. Es wird also befürchtet, dass sich der Richter durch die Auswahl des Sachverständigen (ungewollt) für eine „Lehrmeinung“ entscheidet.[503]

In England werden von dem gerichtlichen Sachverständigen in der Regel wie in den anderen beiden Ländern schriftliche Berichte verfasst, die auch medizinische Literatur miteinbeziehen sollen.[504] Im Unterschied zum deutschen und französischen Recht kann der Sachverständige ins Kreuzverhör genommen werden. Der Grund liegt in dem bis zur Mitte des 20. Jahrhunderts in England überwiegend praktizierten *jury*-Verfahren, bei dem juristische Laien die Würdigung der Tatfrage übernahmen. Die Beweise mussten diesen Laien präsentiert werden. Sie sollten Gelegenheit bekommen, die Glaubwürdigkeit von Personen und die Glaubhaftigkeit ihrer Aussagen einschätzen zu können.[505] Diese Aufgabe übernahm die Partei, in deren „Lager“ der Sachverständige stand, die Gegenseite sollte dann durch geschickte Befragung die Schwächen der Fallpräsentation aufzeigen.[506] Der Richter konnte diese Aufgabe schon deshalb nicht übernehmen, weil er vor der Hauptverhandlung selbst keine detaillierten Kenntnisse des Streitstoffes besaß.[507] Da heute fast keine Zivilprozesse mehr mit einer *jury* durchgeführt werden, sind die Hauptgründe für das Kreuzverhör entfallen. Es wurde jedoch als geeignetes Mittel zur Einschätzung der Qualität und Glaubwürdigkeit eines Beweismittels beibehalten.[508] Die Strapazen für den *expert witness* und deren Auswirkungen auf seine Aussage sind dabei nicht zu

500 *Jones,* Medical Negligence, Rn. 13-108; *Dunn,* Rn. 11.3.4.
501 *Jones,* Medical Negligence, Rn. 13-110: „standard practice in medical negligence cases“.
502 *Jones,* Medical Negligence, Rn. 13-110.
503 *Jones,* Medical Negligence, Rn. 13-108.
504 *Jones,* Medical Negligence, Rn. 13-102.
505 *Tiwisina,* S. 348 f.
506 *Tiwisina,* S. 349.
507 *Tiwisina,* S. 348 f.
508 *Tiwisina,* S. 349.

unterschätzen. In dem Vorwort seines Ratgebers für gerichtliche Sachverständige mit dem bezeichnenden Untertitel „Surviving in the Courtroom" findet *Kenneth S. Cohen*, der nach eigener Aussage den US-amerikanischen Zivilgerichten in zahlreichen Asbestschadensfällen als Sachverständiger diente, deutliche Worte für das Kreuzverhör: „you can expect to have your life history opened up like a road map, with all the detours and potholes pointed out vividly to the jury [...] A physician I know who was tangentially involved in a medical-malpractice case referres to his experience as ‚having an enema tube inserted in one ear and my brains washed out of the other'."[509]

Insgesamt kann das englischrechtliche System der Parteisachverständigen im Arzthaftungsprozess jedoch durchaus als vorteilhaft betrachtet werden. Der Richter erhält automatisch zwei oder mehr Gutachten. Er muss sich nicht darauf festlegen, die logische Schlüssigkeit eines Gutachtens zu überprüfen, sondern kann aufgrund der durch die Parteigutachten eventuell widersprüchlich dargelegten Tatsachenlage eine kritische Beweiswürdigung vornehmen.[510] Dabei kommt ihm auch das Beweismaß der überwiegenden Wahrscheinlichkeit zugute, das keine Anforderungen stellt, die für eine fachfremde Person unerfüllbar sind.[511] Das System besitzt jedoch den Nachteil, dass es, trotz der theoretisch bestehenden Verpflichtung zur Unparteilichkeit,[512] nicht verhindern kann, dass die Sachverständigen parteiisch handeln, weil sie „ihrer" Prozesspartei näher stehen.[513] Noch heute geht man davon aus, dass der Sachverständige trotz seiner vorrangigen Verpflichtung gegenüber dem Gericht im Lager der Partei steht.[514] Allerdings verhindern die Civil Procedure Rules mittlerweile zumindest eine auf den finanziellen Ressourcen einer Prozesspartei beruhende ungleiche Anzahl von Sachverständigengutachten.[515]

VII. Allgemeines zu den Beweiserleichterungen

Für den Beweis der Anspruchsvoraussetzungen liegt der Fokus im deutschen Arzthaftungsrecht sehr stark auf der Verteilung der Beweislast. Es entsteht der Eindruck, dass sich mithilfe des Beweisrechts eine interessengerechte

509 *Cohen*, S. ix-x.
510 *Tiwisina*, S. 352.
511 *Tiwisina*, S. 352.
512 *Jones*, Medical Negligence, Rn. 13-100.
513 *Tiwisina*, S. 359 f.
514 *Tiwisina*, S. 349,
515 *Jones*, Medical Negligence, Rn. 13-101.

Haftungsverteilung erreichen lasse. Aus der Rechtsprechung zum Arzthaftungsrecht ist insbesondere eine Formulierung der Rechtsprechung bekannt geworden, welche es ermöglicht, aus Billigkeitsgründen „Beweiserleichterungen bis hin zur Umkehr der Beweislast" zu gewähren.[516] Die Formulierung hat der Bundesgerichtshof mittlerweile im Interesse der Klarheit und Rechtssicherheit aufgegeben.[517] Die Rechtsprechung greift zwar in Fällen von Beweisvereitelung noch darauf zurück,[518] im Arzthaftungsrecht kann sie jedoch als überholt angesehen werden. In den seltensten Fällen geht es dort um eine Beweisvereitelung.[519] Darunter wird ein vorsätzliches oder fahrlässiges Verhalten der nicht beweisbelasteten Partei verstanden, das dazu führen kann, einen an sich möglichen Beweis zu verhindern oder zu erschweren und dadurch die Beweisführung des Gegners scheitern zu lassen.[520]

Die Rechtsprechung hatte die Formulierung „Beweiserleichterungen bis hin zur Umkehr der Beweislast" ursprünglich dazu verwandt, den naturgemäß schweren Beweis des Ursachenzusammenhangs zwischen einem Behandlungsfehler und einer Körper- oder Gesundheitsverletzung zu erleichtern. So führte der Bundesgerichtshof im Jahr 2004 aus, dass ein grober Behandlungsfehler, der geeignet ist, einen Schaden der tatsächlich eingetretenen Art herbeizuführen, grundsätzlich zu einer Umkehr der objektiven Beweislast für den ursächlichen Zusammenhang zwischen dem Behandlungsfehler und dem Gesundheitsschaden führen kann und ergänzte: „Liegen die [...] Voraussetzungen für eine Beweislastumkehr vor, so darf sich der Tatrichter nicht darauf beschränken, dem Patienten statt der vollen Beweislastumkehr lediglich abgestufte

516 BGH, NJW 1972, 1520 (ebd.), BGHZ 72, 132 (139) – Blinddarmurteil; ausführlich zu dieser „Formulierung" des BGH *Laumen*, NJW 2002, 3739 ff.; *ders.*, in: Baumgärtel/Laumen/Prütting, § 4, Rn. 39 ff.; siehe zur „Waffengleichheit" im Arzthaftungsprozess auch BVerfGE 52, 131 (146); BGH, NJW 1978, 1681 (1682) – Dammschnitturteil.

517 *Müller*, FS Lorenz, S. 667 (685).

518 BGH, NJW 2011, 778, Rn. 31; siehe dazu auch *Schneider, A.*, in: Hauer u. a., Jahrbuch Junger Zivilrechtswissenschaftler, S. 91 (106).

519 Obwohl in einer der grundlegenden BGH-Entscheidungen zur Beweislastumkehr, dem Blinddarmurteil, die ärztliche Pflichtverletzung in den Worten des BGH an „Unredlichkeit" heranreichte, denn die „Fieberkurve mit etwaigen Angaben über Befunde, Medikationen usw. ist unter Vernichtung der Originalaufzeichnungen auf Veranlassung der Ärztin nachträglich ‚ins Reine geschrieben worden'", BGHZ 132 (139).

520 *Prütting*, in: MünchKomm ZPO, § 286 ZPO, Rn. 80; *Bechteler*, in: BeckOK ZPO, § 446 ZPO, Rn. 3.

Beweiserleichterungen zu gewähren, die im übrigen [...] der durch den Behandlungsfehler geschaffenen Beweisnot nicht abhelfen könnten."[521]

Zunächst einmal soll hier der Begriff der Beweiserleichterungen näher erläutert werden. Auch wenn diese Arbeit die Bezeichnung weit versteht und die Beweislastumkehr zu den Beweiserleichterungen zählt,[522] werden zu den Beweiserleichterungen im engeren Sinne nur solche Maßnahmen gerechnet, welche das Beweismaß verringern, die Beweisführung erleichtern oder anderweitig zugunsten einer Partei die Beweiswürdigung beeinflussen. Die beweisrechtlichen Institute erlauben es dem Gericht, die Haftungssituation anzupassen und die Schaffung oder Erhöhung eines Risikos, einer Gefahr, eines Wissensvorsprungs oder einer Beweisvereitelung zu berücksichtigen, vermeintlich ohne Abkehr von materiell-rechtlichen Haftungsgrundsätzen. Die Verteilung der Beweislast hingegen ist nicht nur verfahrensrechtlich von Bedeutung, sondern hat tatsächlich Auswirkungen auf den materiell-rechtlichen Haftungsstandard.[523] „Die Beweislastverteilung hat mittelbar auch materiell-rechtliche Bedeutung. [...] Das Beweisrisiko muss also im Einklang mit der materiell-rechtlichen Haftungsordnung stehen."[524] Während die im Arzthaftungsrecht speziell verwendeten Beweiserleichterungen untrennbar mit den Anspruchsvoraussetzungen verbunden und im Zusammenhang mit diesen dargestellt werden sollen, werden im Folgenden dennoch kurz die beweisrechtlichen Grundlagen erläutert, insbesondere das Verhältnis von Beweismaß und Beweislast sowie die Anforderungen an das Beweismaß.

1. Beweislastumkehr

Es gilt die Grundregel „im *common law* wie im *civil law*, dass jede Partei die Beweislast für die Tatbestandsmerkmale trägt, die wesentlich für ihren Angriff oder ihre Verteidigung sind".[525] Im deutschen Recht kann die Beweislast durch gesetzliche Vorschriften oder vertragliche Vereinbarungen ausdrücklich einer

---

521 BGHZ 159, 48 (55); siehe dazu auch *Schneider, A.*, in: Hauer u. a., Jahrbuch Junger Zivilrechtswissenschaftler, S. 91 (106).

522 Siehe bereits oben (Fn. 397): *Prütting*, in: MünchKomm ZPO, § 287 ZPO, Rn. 129; *Baumgärtel*, in: Rechtswissenschaftliche Fakultät der Universität zu Köln, FS der Rechtswissenschaftlichen Fakultät zur 600-Jahr-Feier der Universität zu Köln, S. 165 (175); *Beckhaus*, S. 146 ff.; *Lepa*, NZV 1992, 129 (ebd.); *Schmidt, A.*, S. 141.

523 *Mäsch*, S. 126.

524 *Stürner*, NJW 1979, 1225 (1226); siehe auch *Gottwald*, Jura 1980, 225 (229); *Möllers*, S. 118.

525 *Brinkmann*, S. 19.

Partei zugeordnet werden.[526] In Abwesenheit einer ausdrücklichen Vereinbarung bestimmt sich die Beweislastverteilung nach dem „Günstigkeitsprinzip", wonach jede Partei die Beweislast für das Vorhandensein aller Voraussetzungen der ihr günstigen Normen trägt.[527] Das ungeschriebene Prinzip basiert auf der *Rosenberg'schen* Formel[528] und bedeutet, dass der Anspruchsteller die Beweislast für die rechtsbegründenden Tatbestandsmerkmale und der Anspruchsgegner die Beweislast für die rechtshindernden, -vernichtenden oder -hemmenden Tatbestandsmerkmale trägt.[529] Die Qualität eines Anspruchsmerkmals als Grund- oder Gegennorm ergibt sich durch Auslegung und orientiert sich zumeist an der sprachlichen Fassung der Norm, so kann z. B. eine positive Formulierung als anspruchsbegründende und eine negative („es sei denn…") als anspruchsvernichtende Norm interpretiert werden.[530]

Das französische Recht unterscheidet innerhalb des Beweisrechts zwischen dem formellen Beweisrecht, das die Voraussetzungen und die Durchsetzung der Beweisführung im Zivilprozess regelt, und dem materiellen Beweisrecht zur Zulässigkeit und Beweiskraft, welches im *Code Civil* geregelt ist.[531] Der Zweiteilung kommt der Verdienst zu, schon früh erkannt zu haben, dass die Beweislastverteilung wie die Tatbestandsvoraussetzungen dem materiellen Recht angehört.[532] Die Verteilung der Beweislast regelt Art. 1353 CC. Die Vorschrift verleiht dem Prinzip *actori incumbit probatio* Ausdruck,[533] und entspricht damit dem Günstigkeitsprinzip.[534] Das Beweisrisiko soll nach der allgemeinen Regel bei der Partei liegen, die versucht, ein Bild der Tatsachen, das als normal erscheint, zu zerstören. Aussagen zur Beweislast (*charge de la preuve*) lassen sich jedoch nur im Zusammenhang mit den Tatbestandsvoraussetzungen treffen.[535]

Im englischen Recht gilt in Abwesenheit einer ausdrücklichen Beweislastregelung die Grundregel, dass jede Partei die ihr günstigen Tatsachen zu

---

526 Siehe *Prütting*, in: MünchKomm ZPO, § 286 ZPO, Rn. 109 mit Beispielen.
527 *Schmidt, A.*, S. 55; *Laumen*, NJW 2002, 3739 (3741).
528 Grundlegend *Rosenberg*, S. 98 ff.
529 BGHZ 3, 343 (345 f.); 113, 222 (224 f.); BGH, NJW-RR 2014, 1172 (1173), Rn. 19; siehe auch *Prütting*, in: Baumgärtel/Laumen/Prütting, § 5, Rn. 20.
530 *Schmidt, A.*, S. 7 f.
531 *Adloff*, S. 128.
532 *Adloff*, S. 129.
533 *Moréteau*, in: Gilead/Green/Koch, Proportional Liability, S. 141 (141 f.), Rn. 3.
534 *Adloff* spricht von einer Übereinstimmung mit der Grundregel der Beweislastverteilung im deutschen Recht, S. 122.
535 *Flour/Aubert/Savaux*, 3. Le rapport d'obligation, Rn. 13.

beweisen hat, wonach der Anspruchssteller die tatsächlichen Voraussetzungen der Anspruchsgrundlage darzulegen und der Anspruchsgegner die Einreden (*affirmative defense*) zu beweisen hat.[536] Bei der Ermittlung der Qualität einer Norm als anspruchsbegründend oder anspruchsvernichtend orientiert man sich weniger am Wortlaut als vielmehr am sachlichen Gehalt eines Tatbestandsmerkmals, denn das englische Fallrecht lässt eine eindeutige Wortfassung der Anspruchsnormen häufig vermissen.[537] Daneben wird die Beweislastverteilung teilweise unmittelbar nach Billigkeits- und Zumutbarkeitserwägungen zugewiesen. Außerdem kann ausschlaggebend sein, welche Partei den besseren Zugang zu Beweismitteln hat oder wie hoch der Richter die Wahrscheinlichkeit einer Behauptung einschätzt.[538]

Auch im deutschen Recht beeinflussen Sachgründe die Auslegung einer Norm im Hinblick auf die Beweislastverteilung. Zwar sind die Gerichte nicht berechtigt, auf den Einzelfall bezogen zu einer angemessen erscheinenden Beweislastverteilung zu kommen, weil diese Entscheidung dem Gesetzgeber bzw. den Vertragsparteien vorbehalten ist. Solche Erwägungen können die Gerichte jedoch bei der Auslegung des Gesetzes oder des Parteiwillens berücksichtigen.[539] Als Sachgründe für die Beweislastverteilung werden angeführt: der Rechtsfrieden in Bezug auf die Verteilung des Besitzstandes, das Wahrscheinlichkeitsprinzip,[540] die Beweis- oder Sachnähe,[541] die Waffengleichheit, der Verkehrsschutz sowie Billigkeitserwägungen und die Sanktionierung bestimmter Verhaltensweisen, insbesondere der Beweisvereitelung.[542]

---

536 *Schmidt, A.*, S. 17 m. w. N.

537 *Schmidt, A.*, S. 17; *Bunge*, England und Schottland, S. 145.

538 *Schmidt, A.*, S. 18.

539 *Schmidt, A.*, S. 9.

540 *Stürner*, Aufklärungspflicht, S. 5: „Aus dem Vorliegen bestimmter Tatsachen ergibt sich mit hoher Wahrscheinlichkeit eine Rechtsfolge, die nur statistisch selten von ihr entgegenstehenden Tatsachen ausgeschlossen wird."

541 Siehe dazu *Stürner*, Aufklärungspflicht, S. 5: „Die Risikoverteilung nach ‚Sachnähe' oder ‚Gefahrenbereich' führt allerdings zu der Gefahr, daß in der Risikoverteilung die Sanktion für eine nicht wahrgenommene Aufklärungsmöglichkeit gesehen wird: der Unternehmer haftet z. B. bei nicht beweisbarer Schuldlosigkeit, weil er die in seinem Raum liegenden Aufklärungsmöglichkeiten nicht ausschöpft. Dieser Gedankengang kann die Risikoverteilung aber bestenfalls abstützen, jedoch nicht endgültig rechtfertigen. Die Risikoverteilung muß sich vielmehr gerade dann bewähren, wenn trotz aller denkbaren Anstrengungen niemand aufklären kann."

542 *Schmidt, A.*, S. 8.

Im Arzthaftungsprozess hat nach dem Prinzip der Beweislastverteilung in allen Ländern der Patient die anspruchsbegründenden Tatsachen darzulegen und Behauptungen aufzustellen, die er abhängig von den Ausführungen der Behandlungsseite zu beweisen hat. Um dem Patienten aus der Beweisnot zu helfen, wird vor allem im deutschen Recht die Beweislastumkehr verwendet. Im Falle der Beweislastumkehr trägt ausnahmsweise der Beklagte das Risiko des Prozessverlusts, wenn das Nichtvorliegen einer anspruchsbegründenden Tatsache nicht bewiesen werden kann.[543] Um den Einsatz der Rechtsfigur der Beweislastumkehr im Arzthaftungsrecht mit den anderen beiden Rechtsordnungen vergleichen zu können, ist es wichtig, zwei Bedeutungsebenen der Beweislast zu unterscheiden.

Man unterscheidet im deutschen Recht objektive und subjektive Beweislast. Die objektive Beweislast weist einer Partei das Beweisrisiko zu, also das Risiko der Unaufklärbarkeit des Sachverhalts.[544] Diese Ausprägung der Beweislast, die auch als Feststellungslast bezeichnet wird, entscheidet das *non-liquet*.[545] Wenn im deutschen Arzthaftungsrecht von einer Beweislastumkehr gesprochen wird, ist damit die Umkehr der objektiven Beweislast gemeint.[546] Sie ist seit Inkrafttreten des Patientenrechtegesetzes in § 630h Abs. 1 BGB gesetzlich vorgeschrieben.

Praktisch folgt aus der objektiven Beweislast die subjektive Beweislast, d. h. die Obliegenheit der Partei, für die von ihr vorgebrachten streitigen Tatsachen Beweis zu führen, um das Unterliegen im Prozess zu verhindern.[547] Objektive und subjektive Beweislast sind damit zwei Seiten derselben Medaille,[548] die subjektive Beweislast wird auch als abstrakte Beweisführungslast bezeichnet. Davon zu unterscheiden ist die konkrete Beweisführungslast, welche im Prozess zwischen den Parteien hin- und herwechseln kann, während die abstrakte Beweisführungslast wie die Feststellungslast durch das materiell-rechtliche Haftungsrecht, d. h. die Anspruchsvoraussetzungen, festgelegt wird und unbeweglich ist.[549] Die konkrete Beweisführungslast bezieht sich auf ein Stadium der

543 *Brinkmann,* S. 51; ausführlich zur Beweislastumkehr im deutschen Recht im Allgemeinen siehe *Prütting*, in: Baumgärtel/Laumen/Prütting, § 19, Rn. 1 ff.

544 *Stürner,* Aufklärungspflicht, S. 4.

545 *Laumen*, in: Baumgärtel/Laumen/Prütting, § 3, Rn. 13.

546 *Laumen*, NJW 2002, 3739 (3744).

547 *Schmidt, A.*, S. 5.

548 *Schmidt, A.*, S. 5.

549 Ausführlich zum Verhältnis von Beweislastumkehr und Umkehr der konkreten Beweisführungslast im deutschen Zivilprozess, *Baumgärtel*, in: FS Nakamura, S. 41–50.

gerichtlichen Beweiswürdigung: Wenn eine Partei durch die bisherige Beweisführung den Nachweis für eine Tatsache erbracht hat (z. B. mittels einer tatsächlichen Vermutung), so liegt es am Gegner, den Gegenbeweis anzutreten und die Überzeugung des Gerichtes zu erschüttern.[550]

Auch das englische Recht kennt eine bewegliche Form der Beweisführungslast. Die *evidential burden of proof* (*burden of producing evidence*) beschreibt die Last einer Partei, das Unterliegen in einem bestimmten Punkt je nach dem Stand der Beweisaufnahme und der darauf beruhenden vorläufigen Überzeugung des Richters durch Führen von (Gegen-)Beweisen abzuwenden.[551] Danach muss die Partei die für den Prozess erheblichen Behauptungen wenigstens soweit beweisen, dass die Entscheidung zu ihren Gunsten nicht ausgeschlossen ist.[552] Die *evidential burden* unterscheidet sich dadurch von der *legal burden of proof* (teilweise auch *persuasive burden* oder *probative burden*).[553] Die *legal burden of proof* entspricht der objektiven Beweislast, indem sie einer Partei das Risiko der Nichterweislichkeit einer bestimmten Tatsache zuweist (*risk of nonpersuasion*).[554] Die *evidential burden* liegt zu Beginn dort, wo auch die *legal burden* liegt, und kann im Laufe des Prozesses zwischen den Parteien hin- und herwechseln.[555] Die objektive Beweislast oder Feststellungslast wechselt während des Prozesses nie.[556] Die *evidental burden* entspricht aber nicht einwandfrei der konkreten Beweisführungslast. Sie bedeutete ursprünglich, dass die Partei Beweismittel von einer gewissen Mindeststärke vorzulegen hat, die der Richter für tauglich erachtete, um sie der Jury zur Bewertung vorzulegen.[557]

Der Begriff *burden of proof* wird in der englischen Rechtssprache sowohl für die Feststellungs- als auch für die konkrete Beweisführungslast verwendet.[558] Deshalb fällt eine Aussage über die Auswirkungen eines *shifting of the burden of proof*, also einer „Beweislastumkehr", auf die bewegliche Beweisführungslast oder das Beweisrisiko zumeist schwer.[559] Die Beweislastumkehr ist bei englischen Richtern als Beweiserleichterung „unpopulär".[560] Während im deutschen

550 *Schmidt, A.*, S. 5.
551 *Schmidt, A.*, S. 16, s. a. *Bunge*, England und Schottland, S. 143.
552 *Bunge*, England und Schottland, S. 143.
553 *Brinkmann*, S. 19; *Schmidt, A.*, S. 14; *Bunge*, England und Schottland, S. 143 f.
554 *Brinkmann*, S. 19.
555 *Bunge*, England und Schottland, S. 143.
556 *Bunge*, England und Schottland, S. 143.
557 *Brinkmann*, S. 21; *Bunge*, England und Schottland, S. 143 f.
558 *Brinkmann*, S. 18 ff.
559 *Bunge*, England und Schottland, S. 143.
560 *Khoury*, S. 77 m. w. N.

Recht die Umkehr der Beweislast bewusst bei unklaren Kausalverläufen eingesetzt wird,[561] gilt im englischen Recht der Grundsatz, dass die Beweislast auch in diesen Fällen beim Kläger verbleiben soll. Beweislastentscheidung werden in England abgelehnt und nur als notwendiges Übel hingenommen.[562] Im *common law* wird eine umfangreiche Aufklärung der Geschehnisse bevorzugt,[563] denn die Beweislastentscheidung hat keinen Eigenwert, sondern ist nur eine Risikozuweisung.[564] „What if a claimant is put at a substantial disadvantage in advancing his claim by the manner in which the defendant has behaved? For example, if the defendant failed to preserve relevant evidence or carry out a duty such as to measure relevant noise levels in the work place? In these circumstances the trial judge should look at the claimant's evidence benevolently and the defendant's evidence critically. But this does not reverse the burden of proof or relieve the claimant of the need to prove the claim on the balance of probabilities".[565] Eine Entscheidung auf Basis der Beweislast darf erst gefällt werden, wenn alle Möglichkeiten zur Aufklärung ausgeschöpft sind, sie muss von anderen, insbesondere den Parteien und der Berufungsinstanz nachvollzogen werden können und bedarf einer aufwendigen Begründung.[566]

2. Vermutungen

Als besondere Form von Beweislastnormen treten im deutschen Recht die widerleglichen Rechts- und Tatsachenvermutungen auf. Sie bewirken eine Verteilung der Beweislast.[567] Je nachdem, ob das auf der Tatsachenbasis vermutete Merkmal eine Tatsache oder eine Rechtsposition betrifft, werden sie als gesetzliche Tatsachen- oder Rechtsvermutungen eingestuft.[568] Das Gesetz schreibt in § 292 S. 1 ZPO vor, dass gesetzliche Vermutungen grundsätzlich durch den Beweis des Gegenteils widerlegt werden können. Die gesetzlichen Vermutungen sind von den tatsächlichen Vermutungen zu unterscheiden, welche nicht im Gesetz verankert sind. Sie bewegen sich zwischen der durch den Richter im

561 *Prütting*, in: Baumgärtel/Laumen/Prütting, § 19, Rn. 27.
562 *Brinkmann*, S. 72 m. w. N.
563 Ausführlich *O'Hare/Browne*, Rn. 31-004 m. w. N.
564 Vgl. *Beckhaus*, S. 298.
565 *O'Hare/Browne*, Rn. 31-004.
566 *O'Hare/Browne*, Rn. 31-004.
567 *Prütting*, in: MünchKomm ZPO, § 286 ZPO, Rn. 132.
568 *Peres*, S. 80.

Rahmen von § 286 ZPO berücksichtigungsfähigen Lebenserfahrung und dem Anscheinsbeweis.[569]

Im englischen Recht haben Vermutungen für Beweislastfragen eine erhebliche Bedeutung.[570] Eine *presumption* kann eine rechtlich gebotene Annahme sein oder der mehr oder weniger zwingende Hinweis einer Tatsache (*basic fact*) auf eine andere (*presumed fact*). Es gibt keine feststehende einheitliche Systematik und Terminologie der *presumptions*.[571] Nach der traditionellen Klassifizierung werden *presumptions of fact* und *presumptions of law* unterschieden. Erstere folgen Denkgesetzen und Erfahrungsgrundsätzen und müssen nicht gezogen werden, Letztere sind rechtliche gebotene Folgerungen, die widerlegbar (*rebuttable*) oder unwiderlegbar (*irrebuttable*) sein können. Die *presumptions of fact* führen zu einem Wechsel der Beweisführungslast (*evidential burden of proof*),[572] z. B. der *prima facie*-Beweis.[573] Sie sind eigentlich Phänomene der Beweiswürdigung, die objektive Beweislast bleibt unberührt und die Vermutungen sind mit einem einfachen Gegenbeweis zu entkräften.[574] Eine Verschiebung der objektiven Beweislast kann durch widerlegliche Vermutungen, die sog. *rebuttable presumption*, erfolgen.[575] Sie werden auch als *legal presumption* oder *mandatory presumption* bezeichnet.[576] Sie sind mit gesetzlichen Vermutungen im Sinne von § 292 ZPO vergleichbar.[577] Sie sind im deutschen Recht als ausdrückliche Beweislastnormen anerkannt. Tatsächliche Vermutungen können die objektive Beweislast hingegen nicht verändern, sondern betreffen nur die Beweiswürdigung. Bei ihnen wird aus einer bekannten oder bewiesenen Tatsache auf eine andere geschlossen, aus der sich dann die fraglichen Rechtsfolgen ergeben, bei gesetzlichen Vermutungen wird direkt eine Rechtslage vermutet.[578]

Gesetzliche Vermutungen werden im französischen Recht als Beweismittel betrachtet, wobei jedoch nur die widerlegbaren Vermutungen das Beweisrecht betreffen. Die unwiderleglichen gesetzlichen Vermutungen werden – wie im

---

569 *Peres*, S. 81.

570 *Bunge*, England und Schottland, S. 145; *Schmidt, A.*, S. 161.

571 *Bunge*, England und Schottland, S. 145.

572 *Bunge*, England und Schottland, S. 145.

573 *Schmidt, A.*, S. 161; siehe auch sogleich auf S. $1 $3

574 *Schmidt, A.*, S. 161; *Bunge*, England und Schottland, S. 145.

575 *Brinkmann*, S. 51, vgl. auch Fn. 221.

576 *Brinkmann*, S. 51, vgl. auch Fn. 221.

577 *Schmidt, A.*, S. 161.

578 *Spellenberg*, in: MünchKomm BGB, Art. 18 Rom-I-VO, Rn. 24; *Huber*, in: Musielak ZPO, § 292 ZPO, Rn. 2 f.; *Saenger*, in: Saenger ZPO, § 292 ZPO, Rn. 2 f.

deutschen Recht[579] – als tatbestandsändernde Rechtssätze betrachtet, die mit dem Beweisrecht nichts zu tun haben.[580] Die widerlegbaren gesetzlichen Vermutungen heißen *présomptions simples* und können durch den Gegenbeweis entkräftet werden.[581] Die *présomption legale* ermöglicht es der beweisbelasteten Partei, eine unbekannte Tatsache durch eine bekannte zu ersetzen, von der auf die unbekannte Tatsache geschlossen werden darf.[582] Alle gesetzlichen Vermutungen sind widerlegliche Vermutungen, es sei denn das Gesetz bestimmt ausdrücklich etwas anderes.[583] Sie verändern nicht die objektive Beweislast (*charge de la preuve*), weil sie nicht festlegen, welche Partei unterliegt, wenn der Richter von den behaupteten Tatsachen nicht überzeugt ist. Sie führen lediglich zu einem Wechsel der Beweisführungslast: „*déplacer l'objet de la preuve et [...] faciliter ainsi son administration par le plaideur à qui elle vient en aide*".[584] Die objektive Beweislast wird durch die Vermutung nicht berührt. Die Partei erhält lediglich Unterstützung dabei, den Richter vom Vorliegen der Tatsachen im Rahmen der Beweiswürdigung zu überzeugen, der Beweis sei leichter zu führen und das Beweisrisiko werde abgesenkt.[585] Der Begriff *présomption* wird als irreführend kritisiert, denn das Gesetz benutzt das Wort *presumer* auch, um die objektive Beweislast zu regeln, z. B. in Art. 1137 und Art. 2274 CC.[586] Das Beweisrisiko wird also dadurch reduziert, dass die beweisführende Partei einen Nachweis erbringen kann, von dem auf das Vorliegen der zu beweisenden Tatsache geschlossen wird.[587] Für das Haftungsrecht sind insbesondere die sog. *présomption mixte* von Bedeutung, welche sich nicht durch einen einfachen Gegenbeweis, sondern nur durch bestimmte Behauptungen widerlegen

---

579 *Prütting*, in: MünchKomm ZPO, § 292 ZPO, Rn. 4; *Adloff*, S. 123 m. w. N.

580 *Flour/Aubert/Savaux*, 3. Le rapport d'obligation, Rn. 20; *Papadelli*, S. 211; s. a. *Mouralis*, in: Tabuteau, Preuve, 1° modes de preuve, Rn. 665.

581 *Doucet/Fleck*, Wörterbuch Französisch-Deutsch, S. 615.

582 *Harichaux/Monroche*, S. 240.

583 *Ferrand*, in: Guinchard (Schriftf.), Répertoire de procédure civile, Preuve, S. 153, Rn. 636.

584 *Mouralis*, in: Tabuteau, Preuve, 2° règles de preuve, Rn. 69; s. a. *Ferrand*, in: Guinchard, Répertoire de procédure civile, Preuve, S. 153, Rn. 633; *Flour/Aubert/Savaux*, 3. Le rapport d' obligation, Rn. 20.

585 *Flour/Aubert/Savaux*, 3. Le rapport d'obligation, Rn. 20; s. a. *Ferrand*, in: Guinchard, Répertoire de procédure civile; *Preuve*, S. 153, Rn. 633; *Mouralis*, in: Tabuteau, Preuve, 2° règles de preuve, Rn. 69 f.

586 *Mouralis*, in: Tabuteau, Preuve, 2° règles de preuve, Rn. 69 f.

587 *Ferrand*, in: Guinchard (Schriftf.), Répertoire de procédure civile; *Preuve*, S. 153, Rn. 638.

lassen.[588] So handelt es sich beispielsweise bei der Einstufung einer vertraglichen Verpflichtung *als obligation de résultat* um eine *présomption mixte,* mit dem Ergebnis, dass das Verschulden bei Nichterfüllung vermutet und nur durch den Nachweis *höherer* Gewalt (force majeure) widerlegt werden kann.[589] Neben den gesetzlichen Vermutungen existieren gemäß Art. 1354, 1382 CC tatsächliche Vermutungen *(présomptions du fait de l'homme).*[590]

3. Anscheinsbeweis

Im deutschen sowie im englischen Recht existiert ein ähnlicher Streit um die Qualifikation des Anscheinsbeweises als Beweislastregelung. Im deutschen Recht geht man überwiegend davon aus, dass der Anscheinsbeweis jedenfalls nicht die Feststellungslast verändert,[591] sondern allenfalls die konkrete Beweisführungslast umkehrt.[592] Der Anscheinsbeweis ermögliche dem Richter die Berücksichtigung der allgemeinen Lebenserfahrung bei der Beweiswürdigung und verhindere dadurch gerade ein *non-liquet.*[593] Voraussetzung für die Anwendung der Grundsätze über den Anscheinsbeweis ist ein Erfahrungssatz, der zur Begründung der vollen richterlichen Überzeugung im Sinne von § 286 Abs. 1 ZPO ausreicht.[594] Das unterscheidet den Anscheinsbeweis nach *Laumen* von anderen tatsächlichen Vermutungen, die auf weniger starken Erfahrungssätzen basieren.[595] Beim Anscheinsbeweis genügt der Gegenbeweis im Unterschied zum Beweis des Gegenteils, den § 292 S. 1 ZPO fordert.[596] In der Praxis mag das vielfach ohne Auswirkungen bleiben, weil der Gegenbeweis nicht selten genauso schwer zu führen sein wird wie der Hauptbeweis, dennoch besitzt die Unterscheidung methodische Relevanz, weil es sich bei der Verteilung der Feststellungslast um eine Rechtsfrage handelt, während die konkrete Beweisführungslast von der Beweiswürdigung des Gerichts abhängt.[597]

---

588 *Flour/Aubert/Savaux,* 3. Le rapport d'obligation, Rn. 20.
589 Ebd.
590 *Mouralis,* in: Savaux, Répertoire de droit civil, Preuve, 1° modes de preuve, Rn. 665.
591 Str., siehe *Peres,* S. 86 m. w. N.
592 *Prütting,* Gegenwartsprobleme, S. 98; *Laumen,* in: Baumgärtel/Laumen/Prütting, § 14, Rn. 13.
593 *Peres,* S. 85 f.; s. a. *Spellenberg,* in: MünchKomm BGB, Art. 18 Rom I-VO, Rn. 25.
594 *Laumen,* in: Baumgärtel/Laumen/Prütting, § 12, Rn. 20.
595 *Laumen,* in: Baumgärtel/Laumen/Prütting, § 14, Rn. 13.
596 *Peres,* S. 86.
597 *Laumen,* NJW 2002, 3739 (3742).

Im englischen Recht existiert eine ganz ähnliche Auseinandersetzung zu der Maxime *res ipsa loquitur*, welche durch die Entscheidung *Scott v. The London and St Katherine Docks Company* vom 7. Februar 1865 begründet wurde.[598] *Res ipsa loquitur* ist ein Unterfall des Anscheinsbeweises, der allein dem Indizienbeweis der Fahrlässigkeit des Gegners dient.[599] Wie beim deutschrechtlichen Anscheinsbeweis wird darüber gestritten, ob es sich um eine Umkehr der Beweislast oder eine tatsächliche Vermutung, die erschüttert werden kann, handelt.[600] Die erste Meinung erachtet die Beweisfigur als „legal rule", welche die Beweislast umkehrt und nur den Beweis des Gegenteils zulässt. Danach muss der Beklagte den genauen Tathergang aufzeigen oder darlegen, dass er alle Sicherheitsvorkehrungen getroffen hat.[601] Ob mit der Beweislastumkehr die objektive Beweislast (*legal burden of proof*) gemeint ist[602] oder die Beweisführungslast (*evidential burden of proof*)[603] ist umstritten.

Die zweite Ansicht geht davon aus, dass es sich um eine Vermutung auf Basis der allgemeinen Lebenserfahrung handelt, welche nur die Beweiswürdigung betrifft.[604] Nach überwiegender Ansicht bleiben der Richter bzw. die Jury in der Beweiswürdigung frei, d. h. sie können, müssen aber nicht, auf die Haupttatsache schließen.[605] Im Ergebnis wird jedoch auch im englischen Recht bemerkt, dass die Unterscheidung zwischen Rechtsregel und Tatfrage in der Praxis ohne Auswirkungen bleibt.[606]

Im französischen Recht existiert keine vergleichbare Auseinandersetzung um das Wesen des Anscheinsbeweises, der im französischen Recht durch die *preuve par présomption simple* repräsentiert wird.[607] Bei den *présomptions simple*s gem. Art. 1382 CC handelt es sich um tatsächliche Vermutungen, die grundsätzlich eine besondere Stütze in der allgemeinen Lebenserfahrung besitzen müssen, wie

598 *Scott v The London and St Katherine Docks Company* 159 E.R. 665.

599 *Schmidt, A.*, S. 180; *Brinkmann*, S. 55.

600 Grundlegend *Atiyah*, MLR 1972, 337 ff.; vgl. *Lunney/Oliphant*, S. 203.

601 *Henderson v Henry E. Jenkins & Sons* [1970] A.C. 282, 301 (HL) per *Lord Pearson*; *Jackson*, S. 128; vgl. *Mullis/Oliphant*, Rn. 8.5.

602 *Atiyah*, MLR 1972, 337 (344); vgl. *Mullis/Oliphant*, Rn. 8.5; *Lunney/Oliphant*, S. 204 f.

603 *Henderson v Henry E. Jenkins & Sons* [1970] A.C. 282, 301 (HL) per *Lord Pearson*.

604 *Lloyde v West Midlands Gas Board* [1971] 1 W.L.R. 749, 755 (CA) per *Megaw L.J.*; *Steele*, S. 140; *Ng Chun Pui v Lee Chuen Tat* [1988] R.T.R. 298, 301 (Privy Council) per *Lord Griffiths*; *Winfield & Jolowicz on Tort*, Rn. 6-037; *Williams*, LQR 2009, 567 (569).

605 *Schmidt, A.*, S. 180 m. w. N.

606 *Lunney/Oliphant*, S. 208; *Williams*, LQR 2009, 567 (569).

607 *Bunge*, Wörterbuch der Zivilprozessvergleichung, Nr. 34.

sie das deutsche Recht beim Anscheinsbeweis annimmt. Sie sind deshalb nicht mit den schwächeren Tatsachenvermutungen des deutschen Rechts zu verwechseln. Die Anscheinsvermutung kann durch den Gegenbeweis (*preuve contraire*) widerlegt werden.

4. Beweismaß und Beweiswürdigung

Es wird davon ausgegangen, dass die im vorherigen Abschnitt beschrieben Beweislast und das Beweismaß in einem „wechselbezüglichen Verhältnis" stehen.[608] Konkret soll das bedeuten: Je geringer die Anforderungen an das Beweismaß sind, umso kleiner ist die Zahl richterlicher Entscheidungen nach Beweislastgrundsätzen oder umgekehrt.[609] Oder: je niedriger das Beweismaß, umso unwahrscheinlicher die Situation eines non liquet. Die Reduzierung des Beweismaßes soll also zu einer geringeren Quote von Beweislastentscheidungen führen.[610] *Laumen* spricht davon, dass bei einer extensiven Handhabung von Beweiserleichterungen, die nach seinem Verständnis im Gegensatz zur Beweislastumkehr nur das Beweismaß und die Beweiswürdigung betreffen, gerichtliche Entscheidungen häufiger auf einem festgestellten, d. h. als bewiesen erachteten Sachverhalt beruhten, während die Zahl der *non-liquet*-Entscheidungen entsprechend abnähme.

Das Beweismaß bestimmt, wovon der Richter im Wege der freien Beweiswürdigung überzeugt werden soll und wann eine solche Überzeugung vorliegt.[611] Es bestimmt, wann eine Tatsache vom Richter als bewiesen angesehen werden kann und wann ein Gegenbeweis angetreten werden muss.[612] Die Beweiswürdigung ist der Versuch zu einer richterlichen Überzeugung zu gelangen,[613] während das Beweismaß den Maßstab für diese richterliche Überzeugung aufstellt.[614] Die sprachliche Fassung des Beweismaßes im englischen Fallrecht als *preponderance of the evidence* oder *balance of probabilities*, wonach die zu beweisenden Tatsachen überwiegend wahrscheinlich sein müssen (*more probable than not)*, lässt den Eindruck entstehen, dass die Anforderungen an das Beweismaß im

608 *Laumen,* in: Baumgärtel/Laumen/Prütting, § 4, Rn. 35.

609 *Prütting,* Gegenwartsprobleme, S. 66; *Laumen,* in: Baumgärtel/Laumen/Prütting, § 4, Rn. 35.

610 *Brinkmann,* S. 46.

611 *Prütting,* in: MünchKomm ZPO, § 286 ZPO, Rn. 28.

612 Vgl. *Brinkmann*, S. 3, das Beweismaß sei insofern mitentscheidend für die Verteilung des Prozessrisikos.

613 *Prütting,* Gegenwartsprobleme, S. 86.

614 *Brinkmann,* S. 3.

englischen Recht geringer sind als im deutschen oder französischen. Brinkmann ist diesem Phänomen in seiner Habilitationsschrift auf den Grund gegangen.

Im deutschen Recht muss der Richter gemäß § 286 Abs. 1 S. 1 ZPO nach freier Überzeugung entscheiden, ob eine tatsächliche Behauptung für wahr oder für nicht wahr zu erachten ist. Das Regelbeweismaß verlangt einen für das praktische Leben brauchbaren Grad an Gewissheit, der den Zweifeln Schweigen gebietet, ohne sie völlig auszuschließen.[615] Dazu genügt nicht schon ein „Für-wahrscheinlich-Halten" oder eine überwiegende Wahrscheinlichkeit, sondern es ist die volle Überzeugung des Richters erforderlich.[616] Im französischen Recht gelten ähnlich hohe Anforderungen. Anders als im deutschen existiert im französischen Zivilrecht keine gesetzliche Beschreibung des Beweismaßes. In der Literatur wird es mit der Formulierung „quand la réalité d'un fait est devenue certaine, on dit que sa preuve est faite" beschrieben.[617] Man geht davon aus, dass die Rechtsprechung in Frankreich in vergleichbarerer Weise wie die deutsche, einen Wahrscheinlichkeitsmaßstab anlegt, der an Sicherheit grenzt.[618]

Will man das Beweismaß der Länder vergleichen, muss man zunächst zwei Elemente unterscheiden. Das Prozessrecht stellt einerseits bestimmte Anforderungen an den Grad der richterlichen Überzeugung von der Wahrheit, d. h. der Richter darf sich nicht nur „ein bisschen" sicher sein. Andererseits macht das Beweismaß Vorgaben dazu, mit welcher Wahrscheinlichkeit eine Haftungsvoraussetzung vorliegen soll, damit sie als wahr betrachtet werden kann.[619] Im ersten Punkt sind sich die drei Rechtsordnungen einig. Die Überzeugung des Richters muss vollständig (d. h. 100 %ig) vorliegen, sie ließe sich auch gar nicht aufteilen, in dieser Kategorie existiert nur ein „ja" oder „nein".[620] Man spricht von der subjektiven Wahrscheinlichkeit.

Auch in dem zweiten Punkt ähneln sich die Rechtsordnungen. Für ein Mindestmaß an Objektivität der gewonnenen Überzeugung sorgt im deutschen Recht die Begründungspflicht, vgl. § 286 Abs. 1 S. 2 ZPO.[621] Dem Begründungszwang entspricht im englischen Recht die Aussage, die Überzeugung des Richters müsse auf der *preponderance of the evidence* oder *balance of probabilities* basieren. Dieses *Maß* dient als objektive Rechtfertigung für die intuitiv gefundene

615 BGHZ 53, 245 (256) – Anastasia.
616 *Foerste*, in: Musielak ZPO, § 286 ZPO, Rn. 18; *Bacher*, in: BeckOK ZPO, § 286, Rn. 2.
617 Siehe *Brinkmann*, S. 58.
618 *Kasche*, S. 56.
619 *Magnus*, in: Gilead/Green/Koch, Proportional Liability, S. 153 (159), Rn. 22 ff.
620 *Brinkmann*, S. 63.
621 *Brinkmann*, S. 22.

Überzeugung.[622] Die „kennzeichnungskräftigen Definitionen" des englischen Beweismaßes sind das Ergebnis der Bestrebungen, den juristischen Laien in der *jury* das erforderliche Beweismaß zu erläutern.[623] Eine solche Verbalisierung des Beweismaßes schuldet der deutsche oder französische Berufsrichter nicht, er interpretiert die gesetzlichen Vorgaben eher im Stillen.[624]

Damit nun also der Richter seine Überzeugung rechtfertigen kann, muss eine gewisse Wahrscheinlichkeit für das Vorliegen der Tatsachen sprechen. Obwohl das englische Beweismaß den Eindruck erweckt, es handele sich um eine messbare objektive Wahrscheinlichkeit, gehen alle drei Länder zunächst davon aus, dass die Überzeugung des Richters nur auf einer induktiven Wahrscheinlichkeit basieren kann.[625] Im Unterschied zur objektiven bzw. statistischen Wahrscheinlichkeit, die eine Aussage darüber trifft, mit welcher Häufigkeit ein bestimmtes Ereignis auftritt, drückt die induktive Wahrscheinlichkeit aus, „wie stark eine bestimmte Annahme eines Einzelereignisses durch verfügbares Wissen gestützt wird".[626] Bestimmt der Richter die Wahrscheinlichkeit des Einzelfalls, kann es sich stets nur um die induktive Wahrscheinlichkeit handeln, weil sich die Häufigkeit des Einzelfalls *an sich* nicht bestimmen lässt. Die statistische Wahrscheinlichkeit (Häufigkeitsverteilung) lässt sich für den Einzelfall nur soweit bestimmen, dass dieser einem bestimmten Kollektiv angehört, welches wiederum mit einer bestimmten Häufigkeit auftritt.[627] Die Anwendung der Häufigkeitsverteilung auf den Einzelfall ist nur im Rahmen einer subjektivistischen Interpretation möglich.[628] Die Rechtsordnungen kombinieren also den subjektiven Wahrscheinlichkeitsbegriff mit dem induktiven Wahrscheinlichkeitsbegriff, dem es nicht um die Stärke der Überzeugung selbst geht, sondern um das „Gewicht der Rechtfertigungsgründe für die (induktiv gewonnene) Überzeugung".[629]

Als möglicher Unterschied zwischen *common law* und *civil law* verbleibt also dieses „Gewicht der Rechtfertigungsgründe". Die herrschende Lehre im deutschen Recht geht davon aus, dass die vom Bundesgerichtshof geprägte Formel zum Regelbeweismaß des § 286 Abs. 1 ZPO eine überwiegende

---

622 *Brinkmann*, S. 90.
623 *Brinkmann*, S. 15.
624 *Brinkmann*, S. 85.
625 *Brinkmann*, S. 83.
626 *Seifert*, S. 60.
627 *Seifert*, S. 57.
628 *Ders.*, S. 58.
629 *Brinkmann*, S. 24.

Wahrscheinlichkeit nicht genügen lasse,[630] sondern dass die Beweismittel eine hohe Wahrscheinlichkeit für das Vorliegen der Tatsachen ergeben müssten.[631] Hinter der „richterlichen Überzeugung von der Wahrheit" vermuten einige Autoren jedoch ein Lippenbekenntnis, tatsächlich sei der verwendete Standard niedriger als die Beweismaßformel glauben machen möchte.[632] Möglicherweise ist der für die richterliche Überzeugung erforderliche Gesamtbeweiswert von Fall zu Fall verschieden. Ob die präsentierten Beweise im Einzelfall genügen, hängt neben anderen Faktoren z. B. davon ab, welche Qualität von Beweisen man in einem solchen Fall erwarten darf.[633]

Im Ergebnis herrscht in der gerichtlichen Praxis die Theorie vom flexiblen Mindestgesamtbeweiswert vor, die anerkennt, dass die Mindeststärke der Beweise von zahlreichen Umständen des Einzelfalls abhängt, die in Regelbeispielen Ausdruck finden, in denen generell ein niedrigeres Beweismaß verlangt wird. Dogmatisch sei die Bestimmung des Mindestgesamtbeweiswerts im Einzelfall mit einem weiten Verständnis von der Beweiswürdigung zu rechtfertigen.[634] Schließlich wird in allen drei Rechtsordnungen vor allem die induktiv gewonnene, subjektive Überzeugung des Richters von der Richtigkeit der festgestellten Tatsachen verlangt.[635] Die französischen Autoren akzeptieren von vornherein, dass diese Überzeugung nur das Ergebnis der juristischen Tatsachenwürdigung sein kann, die keinesfalls zwingend mit der objektiven Wahrheit übereinstimmen und deshalb auch nicht zweifelsfrei feststehen muss.[636]

Brinkmann sieht die These von einem niedrigeren Beweismaß im *common law* dadurch erschüttert, dass auch dort die Patienten in Arzthaftungsprozessen regelmäßig in Beweisnot geraten und das Rechtssystem dazu bereit und gewappnet ist, ihnen unter die Arme zu greifen.[637] Im englischen Recht genügt jedoch ausdrücklich eine überwiegende Wahrscheinlichkeit, um die richterliche Überzeugung zu rechtfertigen: „That degree is well settled. It must carry a reasonable degree of probability, but not so high as is required in a criminal case. If the evidence is such that the tribunal can say: ‚we think it more probable than not'

630 *Brinkmann,* S. 47.
631 *Brinkmann,* S. 57.
632 *Brinkmann,* S. 49 mit Nennungen.
633 *Brinkmann,* S. 50.
634 *Brinkmann,* S. 57.
635 *Brinkmann,* S. 62.
636 *Brinkmann,* S. 59.
637 *Brinkmann,* S. 91 und weiter vorn.

the burden is discharged, but if the probabilities are equal it is not."[638] Insgesamt ist der englische Richter dadurch flexibler bei der Überzeugungsbildung, er ist jedoch trotzdem angehalten die Tatsachen stets mit der größten Sorgfalt festzustellen.[639] Im kontinentaleuropäischen Recht werden die Richter hingegen häufiger einer genauen Tatsachenfeststellung enthoben, insbesondere durch die Existenz zahlreicher Vermutungen.[640] Die Darstellung der richterrechtlich entwickelten Haftungsvoraussetzungen und Beweiserleichterungen im Arzthaftungsrecht in allen drei Rechtssystemen wird zeigen, dass die Unterschiede beim Beweismaß als Grad der richterlichen Überzeugung eher semantischer Natur sind und es letztlich darauf ankommt, mit welcher Wahrscheinlichkeit eine Tatbestandsvoraussetzung vorliegen muss. *Magnus* unterscheidet dazu das Beweismaß als Maß der richterlichen Überzeugung, die vollständig vorliegen muss, und den Grad der Wahrscheinlichkeit, der notwendig ist, um die Haftung zu begründen. Dieser Wahrscheinlichkeitsgrad liegt in den kontinentaleuropäischen Rechtsordnungen bislang noch nicht bei 51 %, könnte aber zukünftig dort landen.[641] *Seifert* geht davon aus, dass die von dem Regelbeweismaß verlangte sehr hohe Wahrscheinlichkeit als Minimum eine überwiegende statistische Wahrscheinlichkeit voraussetze.[642]

In Arzthaftungsfällen, in denen andere Ursachen für eine gesundheitliche Schädigung regelmäßig nicht mit Sicherheit ausgeschlossen werden können, wäre es wichtig, diesen Ansatz ernst zu nehmen und zwischen der vollen Überzeugung des Richters von dem Ursachenzusammenhang zwischen Fehler und Schaden, und einem naturwissenschaftlichen Nachweis dieses Zusammenhangs mit 100- oder 99-prozentiger Sicherheit zu unterscheiden. Als Beispiel können die knappen Vorschriften der *Principles of Transnational Civil Procedure* zu Beweislast, Beweismaß und den Folgen der Beweisvereitelung angesehen werden, die *Gottwald* gut gelungen erscheinen. Der Richter solle nach seiner Überzeugung und nicht nach Wahrscheinlichkeitsüberlegungen entscheiden. Das Fehlen irreführender Festlegungen des Beweismaßes nach einem graduellen, scheinbar objektiven Wahrscheinlichkeitsmaßstab sei vorteilhaft und zu

638 *Miller v Minister of Pensions* [1947] 2 All E.R. 372 (KB) at 374 per *Lord Denning* zitiert nach: *Brinkmann*, S. 31.

639 *Brinkmann*, S. 35.

640 *Brinkmann*, S. 58.

641 *Magnus*, in: Gilead/Green/Koch, Proportional Liability, S. 153 (159), Rn. 22 ff.; s. a. *Brinkmann*, S. 3, das Beweismaß sei insofern mitentscheidend für die Verteilung des Prozessrisikos.

642 *Seifert*, S. 82.

begrüßen.[643] Alle drei Rechtsordnungen werden – Grundsätze des Beweisrechts hin oder her – im Bereich der Arzthaftung mit der Beweisnot des Patienten konfrontiert,[644] weil sie in diesen Fallkonstellationen „systemimmanent“ ist. Seine Beweisposition wird als unbefriedigend wahrgenommen[645] und er erhält Unterstützung durch „Ausnahmen“ von den Haftungs- und Beweisregeln, womit seinen Ansprüchen in berechtigten Fällen zur Durchsetzung verholfen wird.

643 *Gottwald*, Die Principles of Transnational Civil Procedure und das deutsche Zivilprozessrecht, in: Stürner u. a., FS Leipold, S. 33 (43).

644 *Brinkmann*, S. 74.

645 *Brinkmann*, S. 78.

Kapitel 2: Haftung für Behandlungsfehler

Die Haftung für Behandlungsfehler wird in den Ländern unterschiedlich als vertragliches, deliktisches oder öffentlich-rechtliches Schuldverhältnis eingeordnet. Dennoch existiert ein weitgehend identischer Anspruchsaufbau. Er kennt drei Haftungsvoraussetzungen, die als Pflichtverletzung, Kausalität und Schaden bezeichnet werden sollen. Den Voraussetzungen entsprechen im englischen Recht die Merkmale *breach of duty*, *causation* und *damage*[646] sowie in der französischen Vertrags- und Deliktshaftung die Begriffe *faute*, *causalité* und *dommage*.[647] Mit einer Generalklausel *à la francaise* können die Anspruchsvoraussetzungen also durchaus aus rechtsvergleichender Sicht adäquat wiedergegeben werden.[648]

Die Identität des Anspruchsaufbaus in den Ländern ermöglicht es, die rechtsvergleichenden Betrachtungen trotz der Unterschiedlichkeit der Anspruchsgrundlagen nach diesen Haftungskriterien zu gliedern. Im Bereich der Behandlungsfehlerhaftung haben die untersuchten Rechtsordnungen die vertraglichen und außervertraglichen Haftungsvoraussetzungen weitgehend angeglichen. Mittlerweile existiert in Frankreich eine ärztliche „Berufshaftung" im privatrechtlichen und öffentlich-rechtlichen Bereich, die ausdrücklich ohne Einordnung in das vertragliche oder deliktische Haftungsregime auskommen will und als *responsabilité médicale* bezeichnet wird. Darüber hinaus beurteilt das französische Recht die Haftungskriterien aus der Perspektive eines einheitlichen Haftungsregimes für vertragliche und außervertragliche Schuldverhältnisse, das als *responsabilité civile* bezeichnet wird.[649]

Auch in England wird das einschlägige Fallrecht, gleichgültig ob vertraglicher oder deliktischer Natur, in die Kategorie *professional negligence* eingeordnet.[650] Das deutsche Recht bekennt sich in den §§ 630a–630h BGB ausdrücklich zu den vertraglichen Haftungsgrundsätzen der Arzt-Patient-Beziehung, die mit der Haftung aus Delikt konkurrieren, welche nicht speziell auf diese Beziehung

646 Vgl. *Mulheron,* in: Laing/McHale, Rn. 3.30.

647 Vgl. *Brieskorn*, S. 6.

648 Vgl. Art. 1382, 1383 Code civil; *Mahé*, in: Milo/Lokin/Smits, S. 211: „the tortfeaser must have made a *faute*, the victim must have suffered damage, and there must be a causal link between the fault and damage." (Hervorhebungen im Original).

649 *Großerichter*, S. 74; *Brieskorn*, S. 6 f. m. z. N.

650 *Mückl*, S. 118.

zugeschnitten sind. Das deutsche Arzthaftungsrecht hatte zuvor durch die Rechtsprechung eine starke deliktsrechtliche Prägung erfahren. *Von Bar* bemerkt, die Haftung für fehlerhafte Dienstleistungen liefere „gewaltige Anschauungsfelder für europäische Klassifikationsunterschiede zwischen Vertrag und Delikt".[651] Diese Beobachtung soll dem hier gewählten Gang der Darstellung zum Vorteil gereichen, denn durch die konkrete Ausformung der Arzthaftungsregelungen werden die Unterschiede von Vertrags- und Deliktsrecht nivelliert.

I. Die Pflichtverletzung

Der Behandlungsfehler stellt im Vertrags- wie im Deliktsrecht einen haftungsbegründenden Verstoß gegen das Pflichtenprogramm des Arztes dar. Es handelt sich mit anderen Worten um eine Pflichtverletzung. Im deutschen Vertragsrecht bezeichnet der Begriff Pflichtverletzung zumeist nur die „objektive Pflichtverletzung" in Abgrenzung zum Vertretenmüssen nach § 280 Abs. 1 S. 2 BGB. In den ausländischen Rechtsordnungen existieren im Bereich der Fahrlässigkeitshaftung des Arztes keine eigenen Haftungskriterien für den objektiven Pflichtenverstoß und die Sorgfaltswidrigkeit (in objektiver und subjektiver Hinsicht). Der französischrechtliche Begriff *faute* bezeichnet insgesamt den Verstoß gegen Sorgfaltsplichten.[652] Im deutschen Deliktsrecht werden – anders als in den ausländischen Rechtsordnungen – Rechtswidrigkeit und Verschulden ausdrücklich unterschieden.[653] Der Rechtswidrigkeit entspricht im Vertragsrecht die objektive Pflichtwidrigkeit.[654] Im Bereich der Arzthaftung wird die Trennung von Widerrechtlichkeit und Verschulden jedoch in allen drei Rechtsordnungen vernachlässigt. Diese Entwicklung hat sich im deutschen Arzthaftungsrecht eher „heimlich" vollzogen, wird aber durch den Begriff des Behandlungsfehlers verdeutlicht, der sich als Umschreibung der fahrlässigen Pflichtverletzung des Arztes insgesamt etabliert hat. Dennoch kann die mangelnde Differenzierung verwirrend sein: „Durch den Begriff des ‚Fehlers', den die Rechtsprechung aus ausländischen Rechtsordnungen und rechtsvergleichender Literatur […] zur Arzthaftung übernommen hat […] wird jedoch verdeckt, ob die fehlerhafte Handlung nach

---

651 *Bar*, in: Schulze, Compensation of Private Losses, S. 212.

652 *Brieskorn*, S. 142.

653 Vgl. *Wagner*, in: MünchKomm BGB, § 823 BGB, Rn. 47; *Spindler*, in: Bamberger/Roth, § 823 BGB, Rn. 9; für eine Unterscheidung im französischen Recht auch *Bloch*, Définition de la faute, S. 101 ff.

654 *Huber*, in: Forsthoff/Weber/Wieacker, FS für Huber, S. 253 (263); *Lorenz*, in: BeckOK BGB, § 276 BGB, Rn. 8; *Schneider*, S. 146 m. w. N.; *Deutsch/Spickhoff*, Rn. 309.

der überkommenen Dogmatik die Rechtswidrigkeit und/oder das Verschulden des Täters begründet."[655] Im Folgenden sollen die Eigenschaften des Behandlungsfehlers auf dieser Grundlage rechtsvergleichend dargestellt werden. Dabei spielt nur die fahrlässige Begehung eine Rolle, die vorsätzliche Tat kann aus der Betrachtung ausgeklammert werden.[656] Das Vorsatzdelikt erfordert ein Maß an Gleichgültigkeit gegenüber dem Schicksal des Patienten, das bei Ärzten - wohl beruf(ung)sbedingt - nur in sehr seltenen Fällen anzutreffen ist, bedingter Vorsatz könnte in Fällen von unnötigen ärztlichen Maßnahmen, kostspieligen Privat- oder Schönheitsbehandlungen oder der Verschreibung eines Suchtmittels an einen Süchtigen ohne wichtigen Grund vorliegen.[657] Die vorsätzliche Tat wird jedoch zumeist nur schwer nachzuweisen sein, weil der Arzt darlegen könnte, zum Wohle des Patienten gehandelt zu haben, was jedoch nicht bedeutet, dass er bei dieser Einschätzung nicht *fahrlässig falsch* gehandelt haben kann.[658]

1. Unerlaubte Handlung

In England überwiegt aufgrund des fehlenden Vertragsschlusses mit dem gesetzlich versicherten Patient seit jeher die Haftung aus dem Fahrlässigkeitsdelikt *negligence*. Bei Privatpatienten konkurriert der Tatbestand mit der Haftung aus Behandlungsvertrag.[659] Die Möglichkeit zur konkurrierenden Haftung besteht in Frankreich aufgrund des Prinzips des *non cumul* nicht. Die *Cour de cassation* musste sich für die eine oder andere Haftungsordnung entscheiden. Die Entscheidung fiel im Jahr 1936 in dem *arrêt Mercier* zugunsten der vertraglichen Haftung aus.[660] Daneben kamen die Art. 1240, 1241 CC nur zur Anwendung, wenn aufgrund einer Notfallsituation kein Vertrag zwischen Arzt und Patient zustande gekommen war oder Dritte Schäden erleiden mussten. Im Übrigen konnte der Strafrichter im Rahmen des „Adhäsionsverfahrens" (*action civile*) über die Schadensersatzansprüche des Patienten gemäß Art. 1382 ff. CC entscheiden,[661] und zwar ausnahmsweise auch dann, wenn eine vertragliche Pflicht

655 *Ehmann*, S. 89 f.

656 *Deutsch/Spickhoff*, Rn. 323.

657 Siehe die Beispiele bei *Deutsch/Spickhoff*, Rn. 323.

658 Zur Vorsatzstrafbarkeit eines Schönheitschirurgen und der Abgrenzung von bewusster Fahrlässigkeit und bedingtem Vorsatz siehe *Sternberg-Lieben/Reichmann*, MedR 2012, 97 (99 f.).

659 Siehe dazu bereits oben S. $1 $3

660 Cass. Civ. 1re, 20. Mai 1936, DP, 1936, I, 88, concl. Matter, rapp. L. Josserand, note E.P.; RTDC, 1936, 691 observations *Demogue*.

661 *Nitschmann*, S. 256.

verletzt worden war.[662] Seit dem Gesetz vom 4. März 2002 resultiert die ärztliche Verschuldenshaftung in Frankreich aus der gesetzlichen Vorschrift des Art. L. 1142-1 CSP,[663] die ausdrücklich weder als vertragliche noch deliktische Haftung eingestuft werden will.[664]

Der französische Gesetzgeber hat darauf verzichtet, Einzelheiten der Haftung zu regeln und beschränkt sich in der Vorschrift auf die Feststellung, dass Ärzte und Einrichtungen für Schäden nur verantwortlich sind, wenn eine *faute* vorliegt. Das Gesetz regelt keine weiteren Einzelheiten der Verschuldenshaftung, weshalb bei der Auslegung auf die althergebrachten Grundsätze zur vertraglichen Arzthaftung zurückgegriffen werden kann. Sowohl für den deliktischen als auch für den vertraglichen Haftungstatbestand spielt die *faute* eine wesentliche Rolle. Während sie von der deliktischen Generalklausel nach Art. 1240, 1241 CC ausdrücklich vorausgesetzt wird, hat sie sich im Vertragsrecht als ungeschriebenes Tatbestandsmerkmal durchgesetzt.[665]

Die Unterscheidung von vertraglicher und deliktischer *faute* ist in Frankreich umstritten. Einige französische Autoren fordern inhaltlich und begrifflich dieselben Voraussetzungen für die vertragliche und außervertragliche Haftung ein,[666] während andere unterschiedliche Elemente beschreiben, z. B. dass die *faute* als Verletzung spezieller Vertragspflichten angesehen werde im Gegensatz zu der Verletzung „einer jeglichen Pflicht“ im außervertraglichen Bereich oder dass der Schadensumfang nicht nur an objektiven Kriterien auszurichten sei, sondern auch an der Parteivereinbarung.[667] Auf die zivilrechtliche Behandlungsfehlerhaftung finde zwar die Vertragshaftung nach Art. 1217, 1231-1 CC Anwendung, davon abgesehen bestünden jedoch keine Unterschiede zur Haftung nach Art. 1240 CC.[668] Bei Bedarf könne sich die Auswahl der Anspruchsgrundlage

662 *Nitschmann*, S. 248.

663 *Nitschmann*, S. 279.

664 *Malaurie/Aynès*, Rn. 323 m. N. aus Rspr.; *Buffelan-Lanore/Laribau-Terrneyre*, S. 963 (Le point sur… La responsabilité médicale, Rn. 2): „un régime de responsabilité autonome et spécifique“; *Le Tourneau*, in: Le Tourneau, Rn. 4190: „Dans ce domaine, la défaillance contractuelle et la responsabilité délictuelle tendent à devenir des aspects d'un Droit plus vaste, *le Droit médical*, branche du *Droit de la santé*.“ (Hervorhebungen im Original).

665 *Schneider*, S. 35; *Le Tourneau*, Responsabilité professionnelle, Rn. 1.7.

666 *Brieskorn*, S. 6 m. w. N.

667 *Brieskorn*, S. 6 f.; zur Notwendigkeit einer Differenzierung anschaulich *Jourdain*, S. 31 ff.

668 *Moreau*, Anmerkung zu CÉ, ass., 10 avril 1992, JCP 1992, II-21881, S. 230 (231): „c'est bien l'article 1147 du Code civil qui s'applique, et non l'article 1382; mais, une fois cette

sogar nach anderen Kriterien richten, wie der Verjährungsfrist oder dem Kollisionsrecht.[669] Schließlich orientierten sich auch die Grundsätze der verwaltungsrechtlichen Haftung an dem Haftungsmerkmal der zivilrechtlichen *faute*.[670]

a) Rechtswidrige Rechtsgutsverletzung im deutschen Recht

Auf den ersten Blick scheint die Arzthaftung ein typischer Anwendungsfall der Deliktshaftung nach § 823 Abs. 1 BGB zu sein. Das fehlerhafte Verhalten des Arztes verletzt den Körper oder die Gesundheit des Patienten. Erst bei näherem Hinsehen lässt sich feststellen, dass das ärztliche Versagen nicht in das Leitbild der Deliktshaftung von der aktiven unmittelbaren Verletzung, dem „Unfallparadigma", passt.[671] Als haftungsbegründende Pflichtverletzung kommt im deutschen Recht die schuldhafte und rechtswidrige Verletzung eines Rechtsguts in Betracht. Das Merkmal der Rechtswidrigkeit existiert in dieser Form in den ausländischen Rechtsordnungen nicht. Grundsätzlich ist jeder Eingriff in eines der in § 823 Abs. 1 BGB genannten Rechtsgüter rechtswidrig, sofern kein Rechtfertigungsgrund eingreift.[672] Nach der Lehre vom Erfolgsunrecht indiziert die Rechtsgutsverletzung die Rechtswidrigkeit, d. h. ein Schlag auf die Nase ist rechtswidrig.[673] Dieser Ansatz ist jedoch nur für unmittelbare Rechtsgutsverletzungen geeignet. Wird der Verletzungserfolg durch Unterlassen oder nur mittelbar, z. B. durch Verstoß gegen eine Verkehrssicherungspflicht, hervorgerufen, erfordert die Rechtswidrigkeit der Handlung einen Verstoß gegen eine Sorgfaltspflicht.[674] Die Rechtswidrigkeit bezieht sich auf das Verhalten des Schädigers, nicht auf den Schutzbereich des § 823 Abs. 1 BGB. Rechtswidrig ist ein Verhalten, wenn es im Widerspruch zur Rechtsordnung steht.[675]

Mittelbare und unmittelbare Rechtsgutsverletzungen lassen sich nur schwer abgrenzen. Der klassische Fall einer mittelbaren Verletzung ist die Körperverletzung im Straßenverkehr, weil das Fehlverhalten des Schädigers andere

---

différence notée, le contenu de l'obligation ou, si l'on préfère l'étendue des droits de l'usager ou du client sont analogues"; s. a. *Nitschmann*, S. 256.

669 *Fabre-Magnan*, S. 501.

670 *Moreau*, Anmerkung zu CÉ, ass., 10 avril 1992, JCP 1992, II-21881, S. 230 (231); *Maugüé/Thiellay*, S. 47.

671 *Brüggemeier*, S. 521.

672 *Zweigert/Kötz*, S. 600.

673 Vgl. *Teichmann*, in: Jauernig BGB, § 823 BGB, Rn. 48; *Spindler*, in: BeckOK BGB, § 823 BGB, Rn. 9.

674 *Wagner*, in: MünchKomm BGB, § 823 BGB, Rn. 7.

675 *Deutsch*, Allgemeines Haftungsrecht, Rn. 226 m. w. N.; *Walter*, S. 11.

Rechtsgüter zunächst einmal nur gefährdet und in der Folge mittelbar verletzt.[676] Die Abgrenzung von mittelbaren und unmittelbaren Verletzungen spielt in der Arzthaftung jedoch ohnehin keine Rolle, weil von der Rechtsgutsverletzung von vornherein nicht auf die Rechtswidrigkeit des ärztlichen Handelns geschlossen werden kann.[677] Die Lehre vom Erfolgsunrecht ist nicht anwendbar, da die Arzthaftung nicht dem deliktischen „Normalfall" eines vor dem Eingriff unbeschadeten und danach verletzten menschlichen Körpers entspricht.[678] Der Schluss, dass der Schuldner haftet, weil der Gläubiger durch seine Hand verletzt wurde, passt nicht, der Verletzungserfolg muss genauer bestimmt werden. Der Patient befindet sich dauerhaft in einem „angeschlagenen" Zustand, durch den er mehr oder weniger stark in seiner Gesundheit beeinträchtigt wird. Diese körperlichen und gesundheitlichen Beeinträchtigungen lassen sich kaum in solche Verletzungen unterteilen, die aus der Krankheit, der medizinischen Behandlung oder einem ärztlichen Fehler resultieren. In jeder Phase einer Heilbehandlung[679] erfüllt der Gesundheitszustand des Patienten die Definition einer Körper- oder Gesundheitsverletzung: Der Patient ist äußerlich in seiner körperlichen Integrität beeinträchtigt, oder es liegt eine behandlungsbedürftige Störung der körperlichen, geistigen oder seelischen Funktionen vor.[680] Nimmt man es ganz genau, muss man vier Kategorien von Körperverletzungen unterscheiden, die im Verlauf der Behandlung auftreten können. Es handelt sich jeweils um Beeinträchtigungen durch (1.) die Krankheit, (2.) die Verwirklichung eines Behandlungsrisikos, (3.) die medizinischen Behandlung und (4.) einen Behandlungsfehler.

Die Krankheitsfolgen (Kategorie 1) können sich unabhängig von dem richtigen oder falschen Handeln des Arztes verwirklichen. Dazu zählen z. B. das fortschreitende Wachstum eines Krebstumors, die Entzündung einer Wunde oder Herzrhythmusstörungen aufgrund eines Herzfehlers. Krankheitsfolgen sind schicksalhaft und unberechenbar. Die Verletzungen der Kategorie 2 finden sich selbst dort, wo der Patient kein Krankheitsrisiko „mitbringt", z. B. bei Schönheitsoperationen oder Vorsorgeuntersuchungen, denn eine medizinische Behandlung birgt stets Gefahren für die Gesundheit des Patienten. Sie werden Behandlungsrisiken genannt. Über Behandlungsrisiken ist der Patient aufzuklären. Sie treten je nach Art mehr oder weniger zahlreich auf und verwirklichen sich zufällig,

676 *Hager*, S. 133 (135).

677 So schon *Bodenburg*, S. 103 f.

678 *Seifert*, S. 20 f.

679 D. h. nicht bei Schönheitsoperationen oder Vorsorgeuntersuchungen.

680 Statt aller zur Definition von Körper- und Gesundheitsverletzung *Katzenmeier*, in: Dauner-Lieb/Heidel/Ring, § 823 BGB, Rn. 12.

d. h. völlig unabhängig von der Sorgfalt des Arztes. Gegen die Behandlungsrisiken tauscht der Patient die Risiken der Krankheit ein, d. h. das Behandlungsrisiko ist nach korrekter Aufklärung dem Risiko- und Verantwortungsbereich des Patienten zuzurechnen.[681] Der Bundesgerichtshof spricht davon, dass „das krankheitsbedingte Eingriffsrisiko mit seinen dem lebenden Organismus eigenen Unberechenbarkeiten zunächst aus seiner Sphäre kommt".[682] Einen weiteren sicheren Verletzungserfolg erzeugt beinahe jede medizinische Behandlung (Kategorie 3). Sobald der Arzt in die körperliche Integrität des Patienten eingreift, um das gewünschte Behandlungsergebnis erzielen zu können, erfüllt er den Tatbestand einer Körperverletzung.[683] Der ärztliche Heileingriff als Körperverletzung ist fester,[684] wenn auch kritisierter Bestandteil[685] der deutschen Rechtsdogmatik. Erst die Einwilligung des Patienten in die *lege artis* durchgeführte ärztliche Behandlung schließt danach eine rechtswidrige Tat aus. Von den rechtmäßigen körperlichen und gesundheitlichen Beeinträchtigungen durch die medizinische Behandlung oder die Verwirklichung eines Behandlungsrisikos lassen sich die rechtswidrigen Folgen eines Behandlungsfehlers kaum trennen (Kategorie 4). Nur deshalb kann von einem Gesundheitszustand, der nachteilig von dem vorgestellten Behandlungsergebnis abweicht, nicht auf die Rechtswidrigkeit des ärztlichen Handelns geschlossen werden. Dem Grunde nach stellen körperliche oder gesundheitliche Beeinträchtigungen, die aus einem Behandlungsfehler resultieren, eine rechtswidrige Körperverletzung dar, denn die rechtfertigende Einwilligung bezieht sich nur auf den *lege artis* durchgeführten Eingriff. Diese rechtmäßige Körperverletzung lässt sich aber nur ausnahmsweise eindeutig von dem ungerechtfertigten Eingriff in das körperliche Wohlbefinden des Patienten durch einen Behandlungsfehler trennen, und zwar dann, wenn die Verletzung in einem Bereich des Körpers oder der Gesundheit des Patienten auftritt, der durch die Krankheit oder die Risiken der Behandlung nicht betroffen ist, z. B. eine Prellung als Folge eines unfallträchtigen Transports über

---

681 *Pauge*, Rn. 159; siehe auch *Seifert*, S. 90.

682 BGH, NJW 1980, 1333 (ebd.).

683 Siehe bereits *Bodenburg*, S. 101: „In einem ganz anderen Licht muß jedoch die ärztliche Tätigkeit gesehen werden. Ihre Ausübung ist ohne körperliche Beeinträchtigung gar nicht denkbar. Bei ihr ist der Eintritt der ‚Rechtsgutsverletzung' nicht notwendige Folge eines regel*widrigen* Verhaltens, sondern auch des regel*gerechten*. Die Rechtsgutsverletzung erscheint somit als notwendiger Bestandteil jeder ärztlichen Handlung [...]." (Hervorhebungen im Original); so auch *Schramm*, S. 80.

684 St. Rspr. seit RGSt 25, 375; siehe nur BGH, NJW 2011, 1088, Rn. 9.

685 Ausführlich *Knauer/Brose* in: Spickhoff, Medizinrecht, § 223 StGB, Rn. 15 ff.

Krankenhausflure. In allen übrigen Fällen wird sich der Patient in bestimmten Bereichen des Körpers sowieso in einem „beschädigten“ Zustand befinden. Die notwendigen Verletzungen zum Zwecke der Heilung sowie deren unvorhersehbare Folgen für den einzelnen Patienten lassen sich nicht von der Verletzung durch den Behandlungsfehler trennen. Häufig überschneiden sich die Symptome der Körper- oder Gesundheitsverletzung infolge eines Behandlungsfehlers mit den Folgen der Behandlung, die üblicherweise als Behandlungskomplikationen auftreten, z. B. eine Wundinfektion oder eine Nervläsion. Notwendig wäre deshalb eine saubere Abgrenzung zwischen dem „Sowieso-Schaden“ infolge der Krankheit (Kategorie 1) oder des Behandlungsrisikos (Kategorie 2) sowie der Behandlung (Körperverletzung durch Heileingriff, Kategorie 3) und dem eigentlichen „Behandlungsfehlerschaden“ (Kategorie 4). Praktisch lassen sich diese Verletzungen in der Mehrzahl der Behandlungsfälle jedoch nicht unterscheiden. Sie gehen in einem gesundheitlichen Gesamtzustand oder „Gesundheitsschaden“ auf.[686] Die Rechtswidrigkeit der ärztlichen Handlung wird deshalb nicht durch eine Körperverletzung indiziert, obwohl das ärztliche Fehlverhalten den Körper oder die Gesundheit des Patienten eventuell unmittelbar geschädigt hat, z. B. wenn während einer Operation ein Nerv durchtrennt wurde.

In Rechtsprechung und Literatur werden diese vier Verletzungskategorien nicht unterschieden.[687] Im Allgemeinen wird davon ausgegangen, dass der medizinische Heileingriff eine unmittelbare Körperverletzung darstellt, welche die Rechtswidrigkeit indiziert.[688] Das kann aber eigentlich nur auf den Teil der Behandlung zutreffen, der fehlerhaft und deshalb nicht von der Einwilligung des Patienten umfasst ist. Schon *Bodenburg* stellte fest, dass der entscheidende Anknüpfungspunkt zur Bestimmung einer „Rechtsgutsverletzung aus ärztlicher Tätigkeit“ im entsprechenden Fehlverhalten des Arztes gesehen werde.[689] In der Praxis ist die Bewertung der ärztlichen Maßnahme als rechtswidrige Verletzungshandlung, wie bei den mittelbaren Verletzungen, von dem Verstoß gegen Sorgfaltspflichten abhängig.[690] Deshalb erübrigt sich auch eine Unterscheidung

686 Ausführlich *Heidelk*, S. 62 ff.

687 Siehe auch *Heidelk*, S. 85 ff.

688 *Deutsch/Spickhoff*, Rn. 318.

689 *Bodenburg*, S. 22 f. (123); aus neuerer Zeit *Heidelk*, S. 93.

690 *Wagner*, in: MünchKomm BGB, § 823 BGB, Rn. 21 f. plädiert dafür, die unmittelbaren Eingriffe in die allgemeine Konzeption des Handlungsunrechts einzugliedern. Bei eigenhändigen Rechtsgutsverletzungen werde der notwendige Sorgfaltspflichtenverstoß nur deshalb kaum erwähnt, weil er regelmäßig unproblematisch vorläge; siehe auch *ders.*, § 823 BGB, Rn. 27: „In europäischer Perspektive hätte die Anerkennung eines einheitlich strukturierten Fahrlässigkeitsdelikts die angenehme Folge, dass sie

von Tun und Unterlassen, denn der Arzt hat sein Verhalten gegenüber seinem Patienten in zumutbarer Weise so zu gestalten, dass es nicht zu vermeidbaren Verletzungen von Rechtsgütern kommt.[691]

Dieses Phänomen der Arzthaftung, wonach das Fehlverhalten erst die Rechtswidrigkeit begründet, bereitet im Deliktsrecht keine Probleme, weil das Verschulden wie die Rechtswidrigkeit vom Anspruchsteller zu beweisen ist. Im Vertragsrecht wirft die Verschuldensvermutung nach § 280 Abs. 1 S. 1 BGB jedoch die „überaus heikle Frage" nach der Abgrenzung von Pflichtwidrigkeit und Verschulden auf.[692] Mit diesem Problem haben die ausländischen Deliktshaftungsregimes nicht zu kämpfen, sie lassen von vornherein eine schuldhafte Handlung genügen. Neben Deutschland kennt kaum ein anderes Land die Rechtswidrigkeit im Fahrlässigkeitstatbestand als selbständige Voraussetzung.[693] „Während die Rechtsprechung in Deutschland den Verletzungserfolg zur Begründung der Haftung heranzieht, stellen die Gerichte in Frankreich und auch in England auf die Handlung ab."[694] Es existiert jedoch auch die Auffassung, dass Vorsatz und Fahrlässigkeit keine Schuldformen seien, sondern das Handlungsunrecht begründen würden und § 823 BGB deshalb treffender als „Haftung für Pflichtwidrigkeit" statt als Verschuldenshaftung zu kennzeichnen sei.[695]

b) *Pflichtwidrigkeit in England und Frankreich*

In England setzt die Ersatzpflicht aus *tort* prinzipiell keine Rechtswidrigkeit voraus. Eine Haftungsausweitung verhindern bereits die sehr eng gefassten Tatbestände.[696] Im Bereich der *negligence*-Haftung kann man Parallelen zum Tatbestandsmerkmal der Rechtswidrigkeit in der Voraussetzung der *duty of care* entdecken.[697] Sie vereint Probleme der Rechtswidrigkeit sowie der äußeren Seite

die deutsche Dogmatik auf gleiche Augenhöhe etwa mit dem englischen Recht bringen würde, das diesen Schritt schon längst vollzogen hat."

691 BGH, NJW 1989, 767 (768); ausführlich zur Irrelevanz der Abgrenzung zwischen Tun und Unterlassen im Bereich der Verkehrspflichten *Förster*, in: BeckOK BGB, § 823 BGB, Rn. 24.

692 *Deutsch/Spickhoff*, Rn. 311; *Huber*, in: Forsthoff/Weber/Wieacker, FS für Huber, S. 253 (263).

693 *Brüggemeier*, S. 43.

694 *Wurmnest*, S. 124.

695 *Wagner*, in: MünchKomm BGB, § 823 BGB, Rn. 58; *ders.*, in: Zimmermann, Grundstrukturen des Europäischen Deliktsrechts, S. 189 (250).

696 *Wurmnest*, S. 117.

697 *Markesinis and Deakin's Tort Law*, S. 87: „Since the modern expansion of negligence began, the very generality of the notion of liability for fault has made it necessary for

der Fahrlässigkeit und des Schutzbereichs der Norm.[698] Das Tatbestandsmerkmal muss im Einzelfall durch den Richter konkretisiert werden und umschreibt eine vorhandene Nähe zwischen den Parteien, aufgrund derer der Schädiger mit dem Eintritt eines ersatzpflichtigen Schadens bei dem anderen Teil und einem „Einstehenmüssen" für diesen Schaden rechnen kann.[699] In dieser Form kann die *duty of care* zur Bestimmung und Eingrenzung geschützter Interessen dienen.[700] Der Haftungsgrund ist jedoch nicht die Interessenverletzung, sondern das sorgfaltswidrige Verhalten. Das Vorliegen der Sorgfaltspflichtverletzung (*breach of duty*) beurteilt sich nicht nach dem Eintreten eines Verletzungserfolgs, vielmehr ist ausschließlich das Verhalten des Schädigers maßgeblich.[701]

Das unterscheidet sich grundlegend vom Deliktsleitbild des BGB, der aktiven unmittelbaren Verletzung.[702] Der Tatbestand *negligence* verbindet die Ersatzpflicht mit der Verletzung einer objektivrechtlichen Pflicht, „die der Richter unter Bezugnahme der Präjudizien oder *ad hoc* aufstellt".[703] Die Voraussetzung *breach of duty of care* beantwortet insgesamt die Frage, ob der Schädiger sich „etwas hat zu Schulden kommen lassen".[704] Grundlage für die Entstehung einer Sorgfaltspflicht gegenüber dem Patienten ist das Behandlungsvorhaben: „The basis for this duty is an ‚undertaking' of care of the person as a patient."[705] Das *undertaking* kann sich aus den Umständen ergeben oder ausdrücklich erklärt werden und bedeutet die Übernahme der Haftungsverantwortung. Es rechtfertigt die Anwendung der *negligence*-Haftung, welche auf dieser *assumption of responsibility* basiert.[706] Auch für einen Krankenhausträger sowie das

---

the courts to have resort to ‚control devices' whose purpose is to confine what would otherwise be an over-extensive legal liability."

698 *Bar*, Deliktsrecht, Band I, Rn. 279; *Brüggemeier*, S. 76.

699 *Wurmnest*, S. 117 f.

700 *Wurmnest*, S. 118; *Wagner*, in: Zimmermann, Grundstrukturen des Europäischen Deliktsrechts, S. 189 (220).

701 *Jones*, Torts, S. 32: „Negligence is not tied to the protection of any particular interest. It is not so much an act as a way of acting, and so cuts across other classifications."; *Wagner*, in: Zimmermann, Grundstrukturen des Europäischen Deliktsrechts, S. 189 (220); einige Autoren beschreiben dennoch eine sog. „right-based theory of tort law", siehe *McBride*, in: Nolan/Robertson, Rights and Private Law, S. 331 ff.; *Stevens*, S. 2 ff.

702 *Brüggemeier*, S. 521.

703 *Bar*, Deliktsrecht, in: Bundesminister der Justiz, Gutachten und Vorschläge zur Überarbeitung des Schuldrechts, Band II, S. 1731.

704 *Mullis/Oliphant*, Rn. 8.1; es bleibt die schwierige Frage, wie *duty* und *breach* sich eigentlich voneinander abgrenzen lassen, dazu *Mückl*, S. 121 ff.

705 *Mulheron*, in: Laing/McHale, Rn. 3.32 m. w. N.

706 *Mulheron*, in: Laing/McHale, Rn. 3.33.

Krankenhauspersonal gilt dieser allgemeine Test des *undertaking of care for the patient* zur Begründung einer Rechtsbeziehung.[707]

Schon vor der Entstehung der *negligence*-Haftung lag es in der Natur der Sache bzw. in der Natur des Arztberufs, dass der Arzt stets zur Sorgfalt verpflichtet ist.[708] Pflichtwidriges Handeln erfüllt im englischrechtlichen *negligence*-Tatbestand die Voraussetzung *breach of duty of care*. Im englischen Vertragsrecht ist die Frage des Vertretenmüssens bereits in die vertraglich vereinbarte Pflicht integriert und stellt keine neben dem Vertragsbruch stehende dogmatische Kategorie dar.[709] Die geschuldete Sorgfalt wird darüber hinaus nur wenig von subjektiven Elementen geprägt.[710] Es handelt sich um einen objektiven Maßstab, der im Einzelfall Abweichungen zugunsten subjektiver Kriterien in Bezug auf die Minderjährigkeit oder geistige und körperliche Behinderung zulässt,[711] welche für die Arzthaftung jedoch weitgehend irrelevant sind.[712]

Im französischen Recht umschreibt die Tatbestandsvoraussetzung *faute* die pflichtwidrige Verletzungshandlung und beinhaltet dabei die Elemente Rechtswidrigkeit (*illicéité*) und Verschulden (*imputabilité*).[713] Für die *faute*-Haftung nach Art. 1240, 1241 CC kommt es entscheidend auf den Verstoß gegen eine Verhaltenspflicht und nicht auf die Verletzung bestimmter Rechtsgüter an.[714] Vorsätzliche Handlungen sind zurechenbar, sofern sich der Wille des Schädigers auf sein schädigendes Verhalten und den Erfolg richtet (*délits*), bei fahrlässigen Taten muss sich der Wille nur auf das Verhalten und nicht auf den konkreten Erfolg beziehen (*quasi-délits*). Der Erfolg muss jedoch vorhersehbar und vermeidbar

707 *Mulheron,* in: Laing/McHale, Rn. 3.34 (Krankenhauspersonal); *Syrett,* in: Laing/McHale, Rn. 7.05 (Krankenhausträger).

708 *Jones*, Medical Negligence, Rn. 2-036: „‚common calling‘ which gave rise to a duty to exercise proper care and skill“.

709 *Mückl*, S. 68 f.; *Schmidt-Kessel*, S. 211 f.

710 *Whitehouse v Jordan* [1981] 1 WLR 246, 247 (HL); *Maynard v West Midlands Regional Health Authority* [1984] 1 WLR 634, 638 (HL) per *Lord Scarman*; *Dunn*, 2.4.3 m. w. N.; *Havers/Elliott,* in: Laing/McHale, Rn. 4.02 „This is an objective standard which does not take account of subjective attribute of the particular defendant.“

711 *Mullis/Oliphant,* Rn. 8.2; *Wurmnest,* S. 148; *Hedley,* Rn. 3.9.

712 Zu den Ausnahmen siehe *Jackson,* S. 124–128; s. a. *Hedley,* Rn. 3.9.

713 *Nitschmann*, S. 241; *Wagner*, in: Zimmermann, Grundstrukturen des Europäischen Deliktsrechts, S. 189 (224); *Winiger*, in: Groupe de Recherche Européen sur la Responsabilité Civile et l’Assurance, S. 135 (ebd.); *Wurmnest*, S. 149.

714 *Sonnenberger,* in: Sonnenberger/Classen, Abschnitt 105, S. 206; *Maulaurie/Aynès/Stoffel-Munck,* Rn. 52.

gewesen sein.[715] Bei vorsätzlicher Schädigung liegt die *faute* grundsätzlich vor.[716] Fahrlässigkeit wird im Französischen mit den Begriffen *négligence* oder *responsabilité pour faute non-intentionelle* umschrieben.[717] Die verbreitete Übersetzung des Begriffs *faute* mit „Verschulden“ ist mit Vorsicht zu genießen, denn es geht bei der *faute* nicht um subjektive Vorwerfbarkeit; jeder objektive Pflichtverstoß begründet die *faute*, ohne dass die Einsichtsfähigkeit der schädigenden Person (z. B. bei Minderjährigen) eine Rolle spielt.[718] Das geht auf die Rechtsprechung der *Cour de cassation* zur Schadenshaftung von zurechnungsunfähigen Personen zurück.[719] In neuerer Zeit geht ein großer Teil der Literatur davon aus, dass der *faute* deshalb kein Element der Vorwerfbarkeit (*l'imputabilité*) mehr innewohnt.[720] Der Meinungsstreit bleibt jedoch für die hier betrachteten Arzthaftungsfälle ohne Auswirkungen. *Imputabilité* setzt in erster Linie das bewusste, freiwillige Handeln des Schädigers voraus, sodass zurechnungsunfähige Personen als Haftungssubjekte ausscheiden oder höhere Gewalt als Entschuldigungsgrund in Betracht kommt.[721] Die zahlreichen Umschreibungen der *faute* reichen von der ursprünglichen Definition *Planiols* als „la violation d'une obligation préexistante“[722] über „la méconnaissance d'un devoir ou d'une obligation imposée par l'ordre juridique“[723] sowie „une erreur ou une défaillance de conduite“[724] bis hin zu „la faute est un comportement illicite“[725]. Dem so umschriebenen Verhaltenspflichtverstoß dient als Maßstab – ähnlich dem deutschrechtlichen Fahrlässigkeitsbegriff[726] – das Verhalten eines durchschnittlich sorgfältig umsichtigen Dritten in der Position des Schädigers.[727] Die Verknüpfung von Rechtswidrigkeit

715 *Wurmnest,* S. 149.

716 *Sonnenberger,* in: Sonnenberger/Classen, Abschnitt 105, S. 206.

717 *Doucet/Fleck,* Wörterbuch Deutsch-Französisch, S. 306.

718 Vgl. *Sonnenberger,* in: Sonnenberger/Classen, Abschnitt 105, S. 206.

719 Ausführlich *Schneider,* S. 133 f.; *Flour/Aubert/Savaux,* 2. Le fait juridique, Rn. 100 f.

720 *Bénabent*, Obligations, Rn. 542, 545: „notion purement objective“; *Flour/Aubert/Savaux*, 2. Le fait juridique, Rn. 101; krit. *Malaurie/Aynès/Stoffel-Munck*, Rn. 54; ausführlich zum Streitstand *Viney/Jourdain*, Rn. 444 m. z. N.; *Julien,* in: Le Tourneau, Rn. 6706; in deutscher Sprache *Schneider*, S. 134; *Nitschmann*, S. 241.

721 *Buffelan-Lanore/Larribau-Terneyre,* Rn. 1862 f.

722 *Planiol*, Étude sur la responsabilité civile, Rev. crit. 1905, S. 283 zitiert nach: *Flour/Aubert/Savaux*, 2. Le fait juridique, Rn. 98.

723 *Viney/Jourdain,* Rn. 445.

724 *Flour/Aubert/Savaux*, 2. Le fait juridique, Rn. 98-1.

725 Vgl. *Brüggemeier*, S. 51.

726 Dazu weiter unten.

727 Vgl. *Flour/Aubert/Savaux*, 2. Le fait juridique, Rn. 101 a. E.: „la comparaison de la conduite de l'auteur du dommage avec celle qu'aurait adoptée une personne normalement

(*illicéité*) und Vorwerfbarkeit (*imputabilité*) liegt im Rahmen der Fahrlässigkeitstat auf der Hand, denn in der Regel impliziert die Missachtung der verkehrsüblichen Sorgfalt die Vorhersehbarkeit des Erfolgseintritts.[728] Wie im englischen Recht, entfällt auch im Rahmen der französischrechtlichen *faute*-Haftung die Unterscheidung von objektiver Pflichtverletzung und Vertretenmüssen, die im deutschen Arzthaftungsrecht einige Abgrenzungsschwierigkeiten bereitet.

2. Vertragsverletzung

Für alle drei untersuchten Rechtsordnungen steht fest, dass eine vertragliche Einstandspflicht für den Behandlungserfolg grundsätzlich ausscheiden muss, was jedoch im Vertragsrecht aller drei Rechtssysteme einigen Begründungsaufwand erfordert. Die Vertragsverletzung bestimmt sich nach dem vertraglichen Pflichtenprogramm, welches der Parteivereinbarung zu entnehmen ist. In dem überwiegend mündlich geschlossenen Behandlungsvertrag werden Arzt und Patient die konkrete Beschaffenheit der medizinischen Behandlung regelmäßig nicht ausdrücklich vereinbart haben. Dazu fehlt dem Patienten schon das notwendige Fachwissen. Aufgrund der Vielzahl konkreter ärztlicher Handlungspflichten, die sich aus einer Vielzahl von Behandlungssituationen ergeben, orientiert sich der Pflichtenkatalog an den Erwartungen der Parteien an die Berufsausübung des Arztes. Sofern nicht ausdrücklich etwas anderes vereinbart ist, wird der Patient die Einhaltung beruflicher Standards erwarten dürfen und der Arzt (nur) diese versprechen wollen.

Bevor im weiteren Verlauf näher auf die Auslegung der vertraglichen Leistungspflicht des Arztes eingegangen werden soll, muss Folgendes zum besseren Verständnis vorweggenommen werden: Dem Willen des Patienten dürfte es durchaus entsprechen, dass der Arzt die Verbesserung seines Gesundheitszustands bis hin zur Heilung verspricht. Das Erfolgsversprechen ist der effektivste Mechanismus, um den Gläubiger vor den spezifischen Gefahren des Dienstleistungsversprechens zu schützen.[729] Ein solches Versprechen wird der Arzt jedoch nicht – oder nur höchst ausnahmsweise und ausdrücklich – abgeben wollen, da Krankheit und Behandlung des Patienten mit eigenen Risiken verbunden sind,

prudente et diligente placée dans les mêmes conditions"; *Malaurie/Aynès/Stoffel-Munck*, Rn. 53: „par comparaison au comportement qu'aurait adopté un être abstrait, un homme raisonnable (*the reasonable man*, disent les Angalis) [...] du même type sociologique" (Hervorhebungen im Original).

728 *Wurmnest*, S. 149.

729 *Unberath*, ZEuP 2008, 745 (749 f.).

auf welche der Arzt nur begrenzt Einfluss nehmen kann. Deshalb findet man in der deutschen Rechtswissenschaft häufig die Formulierung, der Arzt schulde das fachgerechte Bemühen um die Genesung des Patienten[730] oder den Heilungsversuch, um die Leistung des Arztes vom Heilungserfolg abzugrenzen.

Diese Beschreibungen greifen jedoch zu kurz, denn die Behandlung verfolgt nicht stets das Ziel, den Patienten zu heilen oder den Gesundheitszustand zu verbessern, sondern häufig nur, *ihn zu beeinflussen*.[731] Die medizinische Behandlung umfasst auch Tätigkeiten, welche die Gesundheit des unbeschadeten Körpers fördern oder erhalten (z. B. Impfungen, Routineuntersuchungen, Geburtshilfe) sowie schlicht beeinflussen (z. B. Fortpflanzungsverhütung), manchmal geht es in der Medizin sogar „nur" um die Veränderung des körperlichen Erscheinungsbildes (z. B. bei Schönheitsoperationen). „Immer geht es um die möglichst unschädliche positive Beeinflussung des *status praesens* und des sog. natürlichen Verlaufs – im Hinblick auf bestimmte legitime Ziele."[732] Die Aufgabe des Arztes ist demnach nicht in allen Fällen die Verbesserung des Gesundheitszustands und nicht einmal die Erhaltung des Gesundheitszustands, sondern allenfalls die *Sorge* um körperliche und geistige Gesundheit. Eine allgemeingültige Definition der ärztlichen Behandlungspflicht muss sich deshalb darauf beschränken, die medizinische Behandlung als eine an dem Patientenwohl orientierte Beeinflussung des körperlichen oder geistigen Zustands zu verstehen. Es ist aus diesem Grund auch besser, von Behandlungserfolg und nicht von Heilungserfolg zu sprechen, denn die geglückte Verhütung mit der Antibabypille oder eine erfolgreiche Impfung sind zwar kein Heilungserfolg, dafür aber der gewünschte Behandlungserfolg.

Die Beeinflussung des Gesundheitszustands kann selbstverständlich auch in der Entscheidung liegen, Behandlungsmaßnahmen zu unterlassen, sie ist nicht auf aktives Tun beschränkt. Man spricht in diesem Fall von „abwartendem Offenlassen" oder „being masterly inactive".[733] Der spätere Vorwurf eines Behandlungsfehlers kann sich auch auf ein „Unterlassen im Tun" beziehen, das bedeutet, obwohl medizinische Maßnahmen ergriffen worden sind, ist ein bestimmtes Handlungsgebot außer Acht gelassen worden.[734] Die Unterscheidung von Tun

---

730 *Katzenmeier*, NJW 2013, 817 (818).

731 Für ein weites Verständnis von dem Begriff „Heilung", *Deutsch/Spickhoff*, Rn. 15 m. w. N.: „Ebenso sind die Vorsorge zur Erhaltung der Gesundheit, die Linderung von Beschwerden und das psychische Wohlbefinden des Patienten, auch durch kosmetische Verbesserungen, dem Heilauftrag an die Seite zu stellen.".

732 *Raspe*, GesR 2011, 449 (ebd.).

733 *Raspe*, GesR 2011, 449 (ebd.).

734 *Großerichter*, S. 80.

und Unterlassen ist oft schwierig, ist doch das Tun des Falschen häufig auch das Unterlassen des Richtigen. Sie kann hier jedoch dahinstehen, weil erstens die Garantenstellung bei Dienstleisterhaftungsfällen nicht begründet werden muss, denn sie ergibt sich bereits aus der vertraglichen Bemühenspflicht.[735] Zweitens berücksichtigen Fehlbehandlung und Nichtbehandlung gleichermaßen das Zurückbleiben hinter professionellen Standards, sodass der Unterscheidung keine substanzielle Bedeutung zukommt.[736]

a) *Universal warranty of reasonable care and skill in England*

Im englischen Vertragsrecht gilt das Prinzip der *strict liability*, d. h. der Schuldner haftet grundsätzlich für den Eintritt des vertraglich geschuldeten Erfolgs, ohne dass es auf ein Verschulden ankommt.[737] Der Grundsatz entspringt der Auffassung, dass die Parteien das Risiko der Nichterfüllung in der vertraglichen Vereinbarung bereits entsprechend den jeweiligen Leistungsversprechen (*promise/agreement*) verteilt haben.[738] Mit anderen Worten, der Vertragsschuldner verspricht keine Leistung, für die er nicht bereit ist, das Risiko der Nichterfüllung (*non-performance*) zu übernehmen. So verstanden, liefert die Maxime bereits die Erklärung dafür, dass der Arzt im Ergebnis nicht für den Behandlungserfolg einzustehen hat. Für den Inhalt des Vertrags sind nach dem englischen Recht neben den ausdrücklichen Bestimmungen (*express terms*) vor allem die ergänzenden Bestimmungen (*implied terms*) maßgeblich. Diese richten sich insbesondere nach dem Willen der Parteien (*terms implied in fact*) und den gesetzlichen (bzw. präjudiziellen) Vorgaben (*terms implied by law*).[739] Danach kann der Erklärung des Arztes nicht das Versprechen bzw. die Garantie entnommen werden, den Patienten erfolgreich zu behandeln.[740] Das *common law* betrachtet es als „unfair to make doctors or lawyers responsible for results that they cannot control".[741] Als gutes Beispiel dient der Fall einer Klage wegen fehlgegangener Sterilisation. Während die Kläger davon ausgingen, eine fehlgegangene Sterilisation stelle,

---

735 BGH, NJW 1989, 767 (768); *Soffner*, S. 94.

736 *Schramm*, S. 100.

737 *Atiyah/Smith*, Atiyah's Introduction to the Law of Contract, S. 167.

738 *Atiyah/Smith*, Atiyah's Introduction to the Law of Contract, S. 168.

739 *Atiyah/Smith*, Atiyah's Introduction to the Law of Contract, S. 156 f.; *Mückl*, S. 64; *Peel*, Treitel on Contract, Rn. 6-032: „terms implied in fact, that is, terms which were not expressly set out in the contract, but which it is found that the parties must have intended to include".

740 *Smith*, in: Atiyah, Atiyah's Introduction to the Law of Contract, S. 170.

741 *Smith*, in: Atiyah, Atiyah's Introduction to the Law of Contract, S. 170.

unabhängig von dem Verschulden des Arztes, einen Vertragsbruch dar, formulierte das Gericht folgendes Auslegungsergebnis: „The reasonable man would have expected the defendant to exercise all the proper skill and care of a surgeon in that speciality; he would not in my view have expected the defendant to give a guarantee of 100 per cent success."[742] Mit anderen Worten, in Anbetracht der Grenzen der medizinischen Wissenschaft kann der Erfolg einer Sterilisation nicht versprochen werden.[743] Die Gerichte begründeten dieses Ergebnis auch mit einer Vorgabe des Gesetzgebers (*term implied by statute*). Sie ergibt sich aus dem *Supply of Goods and Services Act 1982*. Dieses Gesetz ist das bedeutendste Auslegungsinstrument in den Fällen der Haftung aus dem Behandlungsvertrag.[744] Es verpflichtet Schuldner von dienstvertraglichen Pflichten in Section 13 „to carry out the service with reasonable care and skill". Die Bestimmung wird so verstanden, dass für Dienstverträge eine Verschuldenshaftung („based on fault") gilt.[745] Für Schäden hat der Dienstleister danach nur einzustehen, wenn er gegen die vertragliche Leistungspflicht der *duty to take reasonable skill and care* verstoßen hat. Der Erfolg seiner vertraglichen Leistung bemisst sich nach der Sorgfalt, mit welcher er die Tätigkeit ausführt, nicht nach dem erzielten Ergebnis. Die zum Schadensersatz verpflichtende *non-performance* liegt nicht schon dann vor, wenn ein angestrebtes Ergebnis ausbleibt. Es kann nur die sorgfältige Leistung als vertragsgemäße Leistung betrachtet werden. Die vertragliche Sorgfaltspflicht unterscheidet sich nicht von der *duty to exercise reasonable care and skill* des deliktischen Tatbestands *negligence*.[746] Der Behandlungsvertrag enthält keine weitergehende Garantie als die „universale" Verpflichtung zur sorgfältigen Ausführung der beruflichen Tätigkeit im Rechtsverkehr.[747] Damit käme einem Vertragsschluss nur in solchen Fällen Bedeutung zu, in denen der Arzt dem Patienten keine außervertragliche *duty of care* schuldet. Jeder Kontakt zwischen Arzt und Patient, der einen Vertragsschluss begründet, würde jedoch bei Weitem ausreichen, um eine deliktische Sorgfaltspflicht auszulösen. Deshalb kommt der vertraglichen Haftung des Arztes, die sowieso nur bei Privatpatienten möglich ist, im Ergebnis keine besondere Bedeutung zu. Dabei ist das englische

742 *Thake and Another v Maurice* [1986] Q.B. 644, 684 (CA); dazu *Mückl*, S. 626.

743 *Eyre v Measday* [1986] 1 All ER 488, 496 (CA); dazu *Mückl*, S. 624.

744 *Dunn*, Rn. 2.2.1.

745 *Peel*, Treitel on Contract, Rn. 17-067, 17-069.

746 *Mulheron*, in: Laing/McHale, Rn. 3.27; *Dunn*, Rn. 2.2.2 f.; *Brazier/Cave*, Rn. 7.21: „indistinguishable"; *Stauch*, Medical Negligence in England and Germany, S. 10.

747 *Thake and Another v Maurice* [1986] Q.B. 644, 688 (CA) per *Nourse L.J.* „universal warranty of reasonable care and skill"; dazu auch *Mückl*, S. 627.

Recht durchaus offen für ein Garantieversprechen des Arztes, das über die übliche Zusage einer sorgfältigen Behandlung hinausgeht. Die Zusicherung eines bestimmten Behandlungserfolgs muss jedoch ausdrücklich und unzweideutig erfolgen.[748] In einem Fall hatte ein Orthopäde seiner Patientin erklärt, er werde den Einsatz einer Hüftgelenkprothese gut ausführen, die genauen Worte lauteten „*well done*".[749] Tatsächlich platzierte er während der Operation die Hüftpfanne in einer Position, die später von einem Sachverständigen als suboptimale Neigung bezeichnet worden ist.[750] Die Patientin erlitt nach der Operation schmerzhafte Funktionsbeeinträchtigungen des Gelenks und den Verlust der Prothese. Das Gericht verneinte die Haftung aus der vertraglichen Vereinbarung, weil die suboptimale Platzierung dem medizinischen Standard eines erfahrenen Chirurgen und Experten für Hüftgelenksprothesen noch entsprochen habe und die Formulierung „*well done*" keinen höheren Standard oder gar einen Behandlungserfolg implizierte.[751] In einem anderen Verfahren behauptete die Klägerin, der private Behandlungsvertrag umfasse zahlreiche Einzelheiten der Behandlung, welche der Arzt in einem Telefongespräch im Vorfeld der Behandlung zugesichert habe. Dabei handelte es sich unter anderem um eine optimale Versorgung durch erfahrenes Personal, postoperative Überwachung und unverzügliches Handeln bei einer akuten Verschlechterung des Gesundheitszustandes.[752] Der Ehemann der Klägerin verstarb aufgrund eines akuten Herzversagens als Folge einer schweren, postoperativen Blutung. Die Richterin entschied, dass die Vereinbarungen nicht über den außervertraglich geschuldeten Sorgfaltsstandard eines Arztes hinausgingen: „Although this was a private contract the standard of care expected of Professor Mortensen would be the same as that required in his NHS [National Health Service] practice."[753] Vertragliche Vereinbarungen entfalten auch weiterhin neben deliktischen Verletzungshandlungen keine besondere Bedeutung in Arzthaftungsprozessen.[754]

---

748 *Dunn*, Rn. 2.2.1 m. w. N.; *Brazier/Cave*, Rn. 7.21.

749 *Dove v Jarvis* [2013] Med. L.R. 284 (QB), Rn. 11.

750 *Dove v Jarvis* (a. a. O.), Rn. 32.

751 *Dove v Jarvis* (a. a. O.), Rn. 2: „an enhanced duty of care did not amount to a warranty of perfection".

752 *Silverstone v Mortensen* [2012] EWHC 2706 (QB), Rn. 28 und 32.

753 *Silverstone v Mortensen* (a. a. O.), Rn. 36.

754 *Mulheron*, in: Laing/McHale, Rn. 3.27; *Berry*, Medical Law Review 2013, 319 (320).

b) Ergebnis- und Bemühenspflichten in Frankreich

In Frankreich resultiert die Haftung nach neuerer Rechtslage nicht mehr aus dem Behandlungsvertrag (*contrat de soins*), sondern gem. Art. L. 1142-1 CSP aus der beruflichen Stellung des Arztes.[755] Auf die Grundsätze der Haftung aus Behandlungsvertrag, wie sie jahrzehntelang durch die Rechtsprechung zu Art. 1147 Abs. 1 S. 1 CC a. F. entwickelt worden sind, kann jedoch bei der Auslegung der neuen Regelungen zurückgegriffen werden. Die Vorschrift übernimmt diese weitestgehend und unterteilt die Verantwortlichkeit des Arztes in eine verschuldensunabhängige Gefährdungshaftung und eine Verschuldenshaftung. Die gesetzliche Gefährdungshaftung wird auf solche Behandlungspflichten beschränkt, die schon vor der Gesetzesreform als *obligations de résultat* eingestuft worden sind: technisch-apparative Behandlungsmaßnahmen und Krankenhausinfektionen. Für alle übrigen Medizinunfälle können Ärzte nur verantwortlich gemacht werden, wenn *faute* vorliegt. Bevor auf die Einordnung der ärztlichen Pflichten näher eingegangen werden soll, muss das Element der *faute* und die Unterscheidung in *obligation de résultat* und *obligation de moyens* näher betrachtet werden.

(1) Entstehung und Inhalt der obligation de moyens

Die Vorschrift in Art. L. 1142-1 CSP enthält keine präziseren Anforderungen an die Verschuldenshaftung als jene, die bereits durch die ständige Rechtsprechung zur vertraglichen Haftung entwickelt worden sind. In den Vorschriften über die vertragliche Haftung nach Art. 1217-1231-7 CC findet die Voraussetzung der *faute* jedoch ausdrücklich keine Erwähnung.[756] Im Vertragsrecht ist sie als Haftungskriterium das Ergebnis einer langwierigen und schwierigen Entwicklung.[757] Grundlage des vertraglichen Schadensersatzanspruches ist gem. Art. 1147 CC allein die Nichterfüllung einer Vertragspflicht (*inexécution de l'obligation*).[758] Sie betrifft jegliche Pflichten, d. h. Haupt- und Nebenpflichten und kann deshalb ganz allgemein als Vertragsverletzung verstanden werden. Bei ihr wird

755 Cass. Civ. 1re, 28. Januar 2010, Az. 09-10992, Bull. Civ. 2010, I, n° 20; *Le Tourneau*, in: Le Tourneau, Rn. 4200 m. w. N.; *Malaurie/Aynès/Stoffel-Munck*, Rn. 321 m. N. aus der Rspr.; *Nitschmann*, S. 245.

756 Siehe zur „Entdeckung des Verschuldens in der Vertragshaftung des Code civil" *Schneider*, S. 35 ff.; siehe aber Art. 1231-3 CC, der für den Ersatz des entstandenen Schadens eine „faute lourde ou dolosive" berücksichtigt.

757 *Schneider*, S. 35.

758 *Schneider*, S. 34.

anders als im deutschen Recht nicht zwischen Äquivalenz- und Integritätsinteresse unterschieden. Über den Umweg des Art. 1197 CC, der den Verhaltensstandard des „guten Familienvaters" (*bon père de famille*) für die Verwahrung fremder Sachen aufstellt, hat das Verschuldensprinzip dennoch Eingang in die Haftung für Nichterfüllung gefunden.[759] Aber erst die von *Demogue*[760] im Jahr 1925 entwickelte Unterscheidung von *obligations de résultat* und *obligations de moyens* vermochte die *faute* als Haftungsvoraussetzung vollends zu etablieren.[761] Die Unterscheidung von Ergebnis- und Bemühenspflichten (häufig auch Erfolgs- und Tätigkeitspflichten)[762] ist für den Behandlungsvertrag von großer Bedeutung. Es verwundert nicht, dass der Ansatz von *Demogue* seinen endgültigen Durchbruch einer Entscheidung der *Cour de cassation* zur Abwendung der Erfolgshaftung des Arztes im Jahr 1936, dem berühmten *arrêt Mercier*,[763] zu verdanken hat.[764] *Demogue* ordnete die Vertragspflichten in zwei Kategorien ein: Eine *obligation de résultat* bezeichnet die Pflicht des Schuldners, einen bestimmten Erfolg herbeizuführen, wozu zum Beispiel die Pflicht zur Leistung einer Kaufsache zählt. Bleibt dieser Erfolg aus, liegt eine Nichterfüllung vor, die den Schuldner zum Schadensersatz verpflichtet. Der Schuldner kann sich nicht durch den Nachweis entlasten, dass er alle Sorgfaltsanforderungen eingehalten und den Misserfolg deshalb nicht zu vertreten habe. Er kann sich nur entlasten, wenn eine sog. *cause étrangère* vorliegt, die nach Art. 1218 CC insbesondere höhere Gewalt umfasst.[765] Es ist deshalb umstritten, ob die Verletzung einer *obligation de résultat* noch eine Verschuldenshaftung (*responsabilité pour faute*) oder schon eine objektive Erfolgshaftung (*responsabilité sans faute*) begründet.[766] Im Fall einer *obligation de moyens* liegt eine Pflichtverletzung nur dann vor, wenn der Schuldner gegen vertragliche Verhaltenspflichten verstößt. Die vertragliche Verhaltenspflicht muss durch Auslegung des Vertrags ermittelt werden.[767] Der

---

759 *Schneider*, S. 36.

760 *Demogue*, Rn. 1237.

761 *Terré/Simler/Lequette*, Rn. 577.

762 Oder „Ergebnis- und *Sorgfalts*pflichten" (Hervorhebungen der Verfasserin), vgl. *Unberath*, ZEuP 2008, 745 (768).

763 Siehe oben Fn. 49.

764 Vgl. *Schneider*, S. 41.

765 *Sonnenberger*, in: Sonnenberger/Classen, Abschnitt 101, S. 195; *Deletre*, in: Laude/Pariente/Tabuteau, S. 203 (219): „état antérieur, force majeure, fait d'un tiers, faute de la victime".

766 *Schneider*, S. 114; zum Streitstand ausführlich *Viney/Jourdain*, Rn. 527-2 m. w. N.

767 *Larroumet*, Rn. 617.

Verstoß gegen die Verhaltenspflicht begründet die *faute*, die somit rein objektiv verstanden wird und richtig wohl als Pflichtwidrigkeit, nicht als Verschulden, zu übersetzen ist.[768] Die Errungenschaft dieser Unterscheidung von Erfolgs- und Tätigkeitspflichten liegt nicht nur darin, dass bei den Tätigkeitspflichten kein Erfolg geschuldet ist und deshalb neben den enttäuschten Erwartungen des Gläubigers ein Fehlverhalten des Schuldners vorliegen muss. Die tätigkeitsbezogenen Vertragspflichten sind gleichzeitig als „Bemühenspflicht“ konzipiert. Das bedeutet, der Schuldner erfüllt seine Pflicht nicht durch jegliches Tätigwerden, er ist jedoch nur zur Aufbringung aller ihm zur Verfügung stehenden Mittel – und nicht mehr – verpflichtet: „Ceci démontre bien la nature de cette obligation de moyens, rien que les moyens mais tous les moyens.“[769] Sofern davon gesprochen wird, dass die *obligation de moyens* den Schuldner zu seinen „bestmöglichen“ Anstrengungen im Rahmen der vereinbarten Tätigkeit verpflichtet, die den Gläubiger unter Umständen dazu in die Lage versetzen, den mit dem Vertrag bezweckten Erfolg zu erreichen,[770] ist Vorsicht geboten. Die *obligation de moyens* darf nicht als *obligation de faire tous les efforts* betrachtet werden, wenn mit einer Ansicht in der Literatur davon auszugehen ist, dass Letztere mehr als die bloße *obligation de moyens* verlangt.[771]

(2) Pflicht zur sorgfältigen medizinischen Behandlung als obligation de moyens

Die französische Rechtsprechung ist in der Vergangenheit zu dem Ergebnis gelangt, dass die ärztliche Plicht zur sorgfältigen medizinischen Behandlung grundsätzlich als *obligation de moyens* zu qualifizieren sei.[772] Die Abgrenzung von Ergebnis- und Bemühenspflichten erfolgt im französischen Vertragsrecht anhand der vereinbarten Risikoverteilung. Verschaffungspflichten (*obligations de donner et de ne pas faire*) sind immer Erfolgspflichten. Verhaltenspflichten (*obligations de faire*) können als reine Bemühens- oder Ergebnispflichten eingestuft werden, das richtet sich nach dem Parteiwillen und den Kriterien eines interessengerechten Risikoausgleichs.[773] Wird der Eintritt des Erfolgs von einem

---

768 *Sonnenberger*, in: Sonnenberger/Classen, Abschnitt 101, S. 195.

769 *Mor/Heurton*, S. 113, Rn. 53.11; s. a. *Brieskorn*, S. 145 f.; *Le Tourneau*, in: Le Tourneau, Rn. 3257.

770 *Schneider*, S. 40.

771 *Larroumet*, Rn. 617.

772 Cass. Civ., 20. Mai 1936, *Mercier*, D.P. 1936, I-88, conclusion *Matter*, rapport *Josserand*; Cass. Civ. 1re, 28. Juni 1989, Bull. Civ. 1989, I, Nr. 266, D. 1990, jur., 413, note *Dagorne-Labbe*; Cass. Civ. 1re, 4. Januar 2005, JCP 2005, II-10061, note *Mistretta*.

773 *Porchy-Simon*, Les obligations, Rn. 466 f.

Risiko beeinflusst, welches der Schuldner nicht beherrschen kann (*aléa*), so hat er im Rahmen einer *obligation de moyens* nur alle seine Möglichkeiten einzusetzen.[774] Der Begriff *aléa* beschreibt ein zufälliges Schadensereignis im Zusammenhang mit der Leistungshandlung, das außerhalb des Einflussbereichs des Schuldners liegt. Im Bereich der Arzthaftung hat die Entscheidung *Mercier* den Begriff vom *aléa therapeutique* geprägt.[775] Dabei handelt es sich um das unbeherrschbare Unfallrisiko einer medizinischen Behandlung: „L'aléa thérapeutique se définit comme étant la réalisation, en dehors de toute faute du praticien, d'un risque accidentel inhérent à l'acte médical et qui ne pouvait être maîtrisé."[776] Dieses Unfallrisiko, welches der medizinischen Behandlung innewohnt, kann der Arzt nicht beherrschen. Eine einwandfrei ausgeführte medizinische Behandlung kann weder den Behandlungserfolg garantieren noch einen komplikationsfreien Verlauf, weil der Behandlungsprozess von unberechenbaren Faktoren beeinflusst wird. Die Parteien gehen deshalb grundsätzlich nicht davon aus, dass gesundheitliche Schäden im Rahmen der Behandlung aus dem Verhalten des Arztes resultieren: *„la disproportion considérable entre le but recherché et le résultat obtenu ne suffit pas à charactériser la preuve d'un manquement du [médecin] à ses obligations contractuelles."*[777] Es besteht selbstverständlich auch nach französischem Recht die Möglichkeit, dass die Parteien ausdrücklich ein bestimmtes Behandlungsergebnis vereinbaren, für welches der Arzt dann verschuldensunabhängig einzustehen hat.[778] Außerdem kann der Arzt ausnahmsweise zur Herstellung eines versprochenen Ergebnisses verpflichtet sein, insbesondere im Rahmen von Schönheitsoperationen, wenn er dem Patienten eine Skizze des Behandlungsergebnisses vorlegt.[779] Schönheitsoperationen können deshalb heute – entgegen der früheren Praxis französischer Gerichte[780] – nicht mehr generell als *obligations de résultat* eingestuft werden,[781] vielmehr bleibt es bei der

---

774 *Brieskorn,* S. 145 f.; *Le Tourneau,* in: Le Tourneau, Rn. 3257.

775 Cass. Civ. 1re, 20. Mai 1936, Mercier, D.P. 1936, I-88, conclusion *Matter*, rapport *Josserand.*

776 Cass. Civ. 1re, 8. November 2000, Bulletin 2000 I N° 287 p. 186; dazu *Le Tourneau,* in: Le Tourneau, Rn. 4208.

777 *Le Tourneau, in:* Le Tourneau, Rn. 4208.

778 *Penneau,* Anm. zu CA Paris, 21. November 1986, D. 1987, sommaires commentés, S. 421 (ebd.).

779 *Mouralis,* in: Laude/Mouralis/Pointier, Lamy – Droit de la santé, Rn. 305-51 b); *Harichaux/Monroche,* S. 237.

780 CA Paris, 1re Ch., 13 janvier 1959, JCP 1959, II-11142, observations *Savatier; Dorsner-Dolivet,* Rn. 120 m. w. N.

781 So aber *Magnus/Micklitz,* S. 233; *Nitschmann,* S. 245.

Einordnung der Behandlungspflichten als *obligations de moyens*.[782] Allerdings darf das Pflichtenpaket etwas enger geschnürt werden, denn Ziel der Behandlung sei es nicht nur, die Gesundheit wiederzuerlangen oder zu erhalten, sondern vielmehr eine ästhetische Verbesserung des *status quo* herzustellen.[783] Unter Umständen kann deshalb schon dann ein Behandlungsfehler vorliegen, wenn sich das äußere Erscheinungsbild nicht wie gewünscht verändert hat.[784] Als einzige Ausnahme vom Grundsatz der Behandlungspflicht als *obligation de moyens* werden traditionell zahntechnische und zahnprothetische Leistungen als *obligations de résultat* eingestuft, d. h. das Einsetzen eines defekten zahntechnischen Produkts verpflichtet zum Schadensersatz, ohne dass der Patient einen Verhaltensverstoß nachweisen muss.[785] Das ähnelt der deutschen Sichtweise auf zahntechnische Leistungen. Dort wird angenommen, dass ein Werkvertrag vorliegt, weshalb die Mangelhaftigkeit des Produkts die objektive Pflichtverletzung begründet. In Frankreich hat die Abgrenzung zwischen zahntechnischen und zahnmedizinischen Leistungen in der Vergangenheit einige Schwierigkeiten bereitet. Teilweise ist die Anpassung einer Prothese (*conception de la prothèse*) als *obligation de résultat* eingestuft worden.[786] Mittlerweile hat die *Cour de cassation* jedoch festgestellt, dass die Herstellung der Zahnprothesen zu unterscheiden ist von der Entwicklung und dem Anpassen der Prothese als originär zahnmedizinischen Aufgaben, d. h. bloßen Tätigkeitspflichten.[787]

(3) Gegenüberstellung von erfolgs- und tätigkeitbezogenen Pflichten und dienst- und werkvertraglichen Pflichten

Die Unterscheidung in *obligations de moyens* und *obligations de résultat* lässt sich nicht mit der Unterscheidung von dienst- und werkvertraglichen Pflichten gleichsetzen.[788] Werkvertragliche Pflichten und *obligations de résultat* sind

782 *Dorsner-Dolivet,* Rn. 120 m. w. N.; *Buffelan-Lanore/Laribau-Terrneyre,* S. 979 (Le point sur... La responsabilité médicale, Rn. 36).

783 *Dorsner-Dolivet,* Rn. 120 m. w. N.; *Harichaux/Monroche,* S. 237.

784 *Dorsner-Dolivet,* Rn. 120.

785 *Le Tourneau,* in: Le Tourneau, Rn. 4246.

786 Cass. Civ. 1re, 23. November 2004, Az. 03-12146, Bull. Civ. 2004, I, Nr. 286, S. 240; RDSS 2005, S. 151 (152), note *Pitcho*; Cass. Civ. 1re, 9. Dezember 2010, Az. 09-70407, RCA 2011, commentaires 111.

787 Cass. Civ. 1re, 31. Oktober 2012, Az. 11-21633 (Volltext verfügbar in der Entscheidungsdatenbank unter http://legifrance.gouv.fr, zuletzt: 5. Juni 2015).

788 *Lobinger,* S. 205; ausführlich *Schneider,* S. 65 ff.; a. A. *Wagner,* VersR 2012, 789 (791) Fn. 17, der jedoch ebenfalls schlussfolgert, dass Bemühenspflichten nicht „bruchlos" in das zweistufige Konzept des § 280 Abs. 1 BGB integriert werden können.

sich zwar insoweit ähnlich, als dass sich die Pflicht nicht nach der Gattung der Tätigkeit beurteilt, sondern danach, ob der Eintritt eines bestimmten Ereignisses überhaupt der Kontrolle des Schuldners unterliegt.[789] Die Kategorie der Erfolgspflichten geht aber über den Anwendungsbereich des Werkvertrages hinaus, so sind z. B. auch die Hauptpflichten aus einem Kaufvertrag regelmäßig Erfolgsverbindlichkeiten.[790] Ein weiterer Unterschied betrifft den Umgang mit dem Verschuldensnachweis. Das Vertretenmüssen bestimmt sich im deutschen Recht für Handlungs- und Erfolgspflichten einheitlich nach § 280 Abs. 1 S. 2 BGB, während das französische Recht für Erfolgspflichten eine Verschuldensvermutung mit Entlastungsmöglichkeit bei *force majeure* vorsieht und bei Bemühenspflichten ein Fehlverhalten des Schuldners voraussetzt, welches allein vom Gläubiger zu beweisen ist.[791] Als Beispiel kann die Einordnung zahntechnischer Leistungen dienen. Dem deutschen Zahntechniker steht der Nachweis des Nichtverschuldens gem. § 280 Abs. 1 S. 2 BGB offen, während sich der französische Vertragspartner nur durch den Nachweis höherer Gewalt entlasten kann. Man könnte auch davon sprechen, dass das französische Recht Verträge unterscheidet, die reine Sorgfaltspflichten stipulieren und Verträge, die den Schuldner zu einem Ergebnis verpflichten.[792] Die Verantwortlichkeit wird in diesem Modell der Vertragshaftung am Inhalt der Obligation festgemacht.[793] Nicht der Vertragstyp, sondern die einzelne Pflicht ist daraufhin zu befragen, ob der Schuldner insoweit einen Erfolg oder ein Verhalten schuldet.[794] *Ranieri* betont, dass selbst das englische Recht, das im Regelfall von einer strikten Erfolgshaftung ausgehe, gerade bei Dienstleistungsverträgen Sorgfalts- und Verhaltenspflichten kenne, deren Einhaltung für die Haftung entscheidend seien.[795] In seiner rechtsvergleichenden Untersuchung kommt *Schneider* zu dem Ergebnis, dass es sich „für das Vertragsrecht um eine der hergebrachten Verschuldenshaftung weitaus überlegenere Konstruktion" handelt.[796] Die Unterscheidung in objektive Pflichtverletzung und Vertretenmüssen, wie § 280 Abs. 1 BGB sie vornimmt, fällt bei der

789 *Unberath*, ZEuP 2008, 745 (752).
790 *Ranieri*, in: Zimmermann, Service Contracts, S. 1 (31).
791 *Brieskorn*, S. 142 f.
792 Vgl. *Unberath*, ZEuP 2008, 745 (768): Ergebnis- und Sorgfaltspflichten.
793 *Schneider*, S. 151.
794 *Hirte*, S. 357 ff.; *Sutschet*, S. 296.
795 *Ranieri*, in: Zimmermann, Service Contracts, S. 1 (31).
796 *Schneider*, S. 151; für sachlich geboten hält die Unterscheidung in *obligations de moyens* und *obligations de résultat* auch *Sutschet*, S. 296; ähnlich auch *Lobinger*, S. 205; *Ranieri*, in: Zimmermann, Service Contracts, S. 1 (31).

Vereinbarung einer *obligation de moyens* weg. Vertragliche Nicht- bzw. Schlechterfüllung (*inexécution*) und *faute* unterscheiden sich nicht.[797] Der Vorteil der französischen Betrachtungsweise zeigt sich gerade im Umgang mit § 280 Abs. 1 BGB. Das zweistufige Konzept des § 280 BGB lässt sich nicht „bruchlos“ auf tätigkeitsbezogene Leistungspflichten anwenden. Die Vorschrift eignet sich am besten für erfolgsbezogene Pflichten, d. h. Schuldverträge, die einen von der Leistungshandlung abgrenzbaren Leistungserfolg vorsehen.[798] *Lobinger* bezeichnet die Sichtweise des Gesetzgebers in diesem Zusammenhang als „verfehlte Vorstellung einer strikten Erfolgsbezogenheit rechtsgeschäftlicher Leistungspflichten“.[799] Ausdruck dieser „Kaufrechts-Fixierung des gesamten Schuldrechts“ sei „die frappierende Unterregulierung bei besonders kaufrechtsfernen Dienstleistungen, wie sie etwa typischerweise von den Angehörigen freier Berufe erbracht werden.“[800] Das liegt nicht zuletzt an dem Vorbild der Vorschrift: die Nichterfüllung im UN-Kaufrecht. Bleibt der Erfolg aus, z. B. die Verschaffung des Kaufgegenstands, ist der Vertrag nicht erfüllt. Bei tätigkeitsbezogenen Pflichten ist die Abweichung vom geschuldeten Pflichtenprogramm nicht so leicht festzustellen.[801] Der Gläubiger muss darstellen, zu welchem Verhalten der Schuldner sich aufgrund des Schuldverhältnisses verpflichtet hat und wodurch konkret sein tatsächliches Verhalten von dieser Verpflichtung abweicht.[802] Diese Form des Nachweises einer Vertragsverletzung ist typisch für das Dienstvertragsrecht. Im Kauf-, Werk- oder Mietvertragsrecht muss der Gläubiger lediglich das Ausbleiben des vertraglich geschuldeten Leistungserfolgs nachweisen. Dabei ist prinzipiell umstritten, ob die Erfüllung erst mit dem Leistungserfolg oder bereits mit der Leistungshandlung eintritt.[803] Der Streit ist aber nur relevant, wenn Erfolg und Handlung auseinanderfallen. Beim Dienstvertrag ist der vertraglich geschuldete Leistungserfolg das Tätigwerden des Schuldners. Leistungserfolg und Leistungshandlung fallen zusammen,[804] was bedeutet, dass der Vertrag mit der Ausführung der Leistungshandlung erfüllt ist. Der Arzt muss also einen vertraglichen

797 *Schneider*, S. 141, siehe auch *Flour/Aubert/Savaux*, 3. Le rapport d'obligation, Rn. 191; *Schneider*, S. 140; *Viney/Jourdain*, Rn. 445.

798 Vgl. *Ernst*, in: MünchKomm BGB, § 280 BGB, Rn. 14 f.; speziell zum Behandlungsvertrag *Spickhoff*, NJW 2002, 2530 ff.; *Heidelk*, S. 105 ff.

799 *Lobinger*, S. 194 ff.

800 *Wendehorst*, AcP 206 (2006), 205 (279).

801 *Soffner*, S. 89; *Walter*, S. 108.

802 *Peres*, S. 34.

803 *Brieskorn*, S. 142.

804 *Mansel*, in: Jauernig BGB, § 241 BGB, Rn. 7.

Leistungserfolg erbringen, auch wenn es sich dabei nicht um einen Erfolg im Sinne einer werkvertraglichen Herstellung handelt. Dieser Leistungserfolg liegt bei Dienstverträgen üblicherweise in einem pflichtgemäßen, d. h. sorgfältigen, Tätigwerden.[805] Das wirft jedoch die schwierige Frage nach der Unterscheidung von Pflichtverletzung und Vertretenmüssen auf. Die Trennung wird durch den Verweis auf § 280 Abs. 1 BGB zunächst formal aufrechterhalten.

c) Schutzpflichtverletzung in Deutschland

Bevor auf die Lösungsansätze zur Abgrenzung von Pflichtverletzung und Vertretenmüssen nach § 280 Abs. 1 BGB näher eingegangen werden soll,[806] muss zunächst noch dargestellt werden, ob und wie die herrschende Meinung die Schlechtleistung des Arztes als Pflichtverletzung qualifiziert. Die Bewertung des Behandlungsfehlers als Vertragsverletzung erfolgt im deutschen Arzthaftungsrecht überwiegend anhand der Einordnung des Behandlungsvertrags als Dienst- und nicht als Werkvertrag.[807] Die Regelung in § 630a Abs. 1 BGB legt ausdrücklich fest, dass sämtliche Verträge über die medizinische Behandlung von Patienten gegen Entgelt als Dienstverträge gelten.[808] „Der auf eine zahnprothetische Behandlung gerichtete Vertrag ist grundsätzlich Dienstvertrag […] Das Gewährleistungsrecht des Werkvertrages gilt aber bei derartigen Verträgen insoweit, als eine spezifisch zahnärztliche Heilbehandlung nicht vorliegt, sondern es sich nur um die technische Anfertigung der Prothese handelt."[809] Diese Regelung soll fortgelten, auch wenn das Gesetz sie nicht erwähnt. In der Gesetzesbegründung heißt es dazu: „Soweit die Parteien allerdings im Einzelfall vereinbaren, dass ein Behandlungs- oder sonstiger medizinischer Erfolg geschuldet ist, ist der Anwendungsbereich der § 630a ff. nicht eröffnet und die Rechte und Pflichten der Vertragsparteien folgen aus den Vorschriften über den Werkvertrag gemäß § 631 ff. BGB."[810] Die Haftungsfolgen richten sich nach §§ 280, 281 BGB.[811] Auf eine spezialgesetzliche Regelung der Haftung für Behandlungsfehler hat der Gesetzgeber ausdrücklich verzichtet, obwohl bereits im Zuge der

805 Vgl. *Mückl*, S. 126.
806 Siehe unten S. 138 ff.
807 *Wagner*, VersR 2012, 789 (790).
808 *Wagner*, VersR 2012, 789 (790).
809 BGHZ 63, 306 (309); zur Trennung von zahnprothetischen und ärztlichen Leistungen vgl. LG Berlin, MedR 2015, 139 (140).
810 Gesetzentwurf der Bundesregierung, BT-Drs. 17/10488, S. 17 (rechte Sp.).
811 *Wagner*, VersR 2012, 789 (790).

Schuldrechtsreform ein eigener Vorschlag für die Kodifikation des Behandlungsvertrags existierte.[812] Der Vorschlag nähert sich dem französischen Recht an, denn die dortige Haftungsvorschrift unterscheidet nicht zwischen Haupt- und Nebenpflichten und erkennt den Behandlungsfehler als Nichterfüllung an.[813]

Tatsächlich ist die Anwendung des § 280 BGB auf den Behandlungsvertrag (sowie Dienstverträge im Allgemeinen)[814] nicht einfach zu bewältigen. Die Unterteilung in Schadensersatz statt der Leistung und neben der Leistung verlangt die Beantwortung der schwierigen Frage, ob eine fehlerhafte Leistung des Arztes durch Nacherfüllung ersetzt werden kann. Im Ergebnis wird man die vom Arzt geschuldeten Pflichten zur sorgfältigen Anamnese, Befunderhebung, Diagnose und Therapie in der überwiegenden Zahl der Fälle als nicht nachholbar ansehen müssen,[815] sodass die Schadensersatzansprüche nach §§ 280 Abs. 1 und 3, 283 BGB beurteilt werden können und insbesondere keine Fristsetzung erfordern. Interessant ist auch die Frage nach einer Möglichkeit zur Minderung bei Schlechtleistung. Nach herrschender Ansicht bleibt der Patient zur vollen Gegenleistung verpflichtet, selbst wenn der Arzt eine Leistung erbringt, die nicht der vertraglich vereinbarten Güte entspricht.[816] Eine Herabsetzung der Vergütung ist erst nach fristloser Kündigung möglich, an deren Gültigkeit jedoch sehr hohe Anforderungen gestellt werden.[817] Wann liegt also eine Nicht- oder Schlechtleistung des Arztes vor? Nach der Rechtsprechung des Bundesgerichtshofs kommt es nicht auf die Qualität der Dienste an, „jede Form des Tätigwerdens, die zumindest im Ansatz brauchbar ist", stellt eine Erfüllung im Sinne von § 362 Abs. 1 BGB dar.[818] Anders als im französischen Recht ist die Verantwortlichkeit nicht Inhalt der Leistungspflicht, weshalb die „schlechte Leistung" des Arztes nicht als Nicht- oder Schlechterfüllung im Sinne von § 280 Abs. 1 S. 1 BGB betrachtet werden kann. Nur soweit nach dem Vertrag ein bestimmter Behandlungserfolg geschuldet ist, stellt die Nichterfüllung bereits als solche eine objektive Pflichtverletzung dar, üblicherweise schuldet der Arzt jedoch keinen Erfolg und die „Schlechtleistung" stellt keine Verletzung von Hauptleistungspflichten

---

812 *Deutsch/Geiger*, Medizinischer Behandlungsvertrag, in: Bundesminister der Justiz, Gutachten und Vorschläge zur Überarbeitung des Schuldrechts, 1981, Bd. 2, S. 1049 ff.

813 Vgl. *Deutsch/Geiger*, a. a. O., S. 1085; siehe auch *Sutschet*, S. 296.

814 *Wendehorst*, AcP 206 (2006), 205 (279).

815 Vgl. *Schwab*, JuS 2013, 256 (258); siehe auch LG Berlin, MedR 2015, 139 (140); a. A. OLG Jena, NJW 2012, 2357.

816 *Kadner Graziano*, in: Zimmermann, Service Contracts, S. 59 (62) m. w. N.

817 *Kadner Graziano*, a. a. O., S. 62.

818 Vgl. *Mückl*, S. 148.

dar, sondern wird nur als nicht synallagmatische Interessenwahrungspflicht nach § 241 Abs. 1 BGB geahndet.[819] Als Verletzung der vertraglichen Hauptleistungspflicht kann deshalb nach der herrschenden Meinung nur das komplette Ausbleiben der Leistungshandlung betrachtet werden.[820] Darüber hinaus können völlig unbrauchbare Leistungen zur Rückforderung von Vergütungsansprüchen führen.[821] Dazu muss jedoch die schwierige Einschätzung erfolgen, ob die Behandlungsmaßnahme so schlecht ausgeführt wurde, dass sie nicht erfolgversprechend war.[822]

Insgesamt kann die Auffassung der herrschenden Meinung, dass nur eine nichtvorhandene oder völlig unbrauchbare Leistung eine Leistungspflichtverletzung darstellt, angesichts der Regelung in § 362 BGB, wonach der Schuldner die Beweislast für das Bewirken der Leistung trägt, eigentlich nicht richtig sein.[823] Die Herangehensweise ist zu Recht als inkonsequent beschrieben worden,[824] denn die Pflicht des Schuldners zur sorgfältigen Leistung wird beim Dienstvertrag zwar einerseits anerkannt, andererseits sogleich wieder verneint, weil sie als reine Schutzpflichtverletzung betrachtet wird. Die Tätigkeitsschuld des Arztes betrifft in erster Linie das Äquivalenzinteresse des Patienten, allenfalls gleichzeitig sind auch seine Integritätsinteressen betroffen.[825] Die Wahrung der körperlichen Integrität ist Hauptpflicht des Behandlungsvertrags in der Form, dass der sorgfältige Versuch unternommen werden muss, die Krankheit zu lindern oder zu heilen.[826] Als vertragliche Nebenpflichten können die allgemeine Fürsorge und der Schutz vor weiteren Verletzungen angesehen werden. Bei der Arzthaftung ist der Haftungsgrund nicht die körperliche Beeinträchtigung durch die Behandlung, sondern das Fehlverhalten des Arztes während der Behandlung.[827] Die Abweichung des Ist-Zustandes vom Soll-Zustand liegt nicht in einer Rechtsgutsverletzung, sondern in der minderwertigen Qualität des ärztlichen Eingriffs.[828] Die Frage der Kausalität dieser „Minderqualität" für den Schaden des

---

819 *Schulze*, in: HK-BGB, § 280 BGB, Rn. 15; *Mückl*, S. 148.

820 *Laufs/Kern*, in: Laufs/Kern, HdB ArztR, § 107, Rn. 26.

821 KG, MedR 2011, 45 (Ls.); LG Berlin, MedR 2015, 139 (140).

822 *Thurn*, MedR 2013, 153 (154).

823 *Laufs/Kern*, in: Laufs/Kern, HdB ArztR, § 107, Rn. 26.

824 *Lieb*, in: Bundesminister der Justiz, Gutachten und Vorschläge zur Überarbeitung des Schuldrechts, Band III, S. 183 (208).

825 *Peres*, S. 25; s. a. *Deutsch/Geiger*, in: Bundesminister der Justiz, Gutachten und Vorschläge zur Überarbeitung des Schuldrechts, Band 2, S. 1049 (1085); *Seifert*, S. 23.

826 *Schreiber*, in: HK-BGB, § 630a BGB, Rn. 7.

827 *Bodenburg*, S. 104; *Schramm*, S. 82.

828 Vgl. *Mückl*, S. 158 f.

Patienten ist dann eine Frage der haftungsausfüllenden Kausalität. Die schlechte Behandlungsqualität wird sich zumeist auch in einer Verletzung des Patienten niederschlagen, weshalb der Unterscheidung zunächst keine große Bedeutung zuzukommen scheint.[829] Für die Beweisführung ist es allerdings entscheidend, ob die Verletzung dem Haftungsgrund (§ 286 ZPO) oder dem haftungsausfüllenden Schaden (§ 287 ZPO) zuzurechnen ist.

Die herrschende Meinung erachtet die Rechtsgutsverletzung im Bereich der vertraglichen Arzthaftung als notwendig, um den Arzt nicht für den ausgebliebenen Heilungserfolg bzw. einen folgenlos gebliebenen Behandlungsfehler haften zu lassen. Der Arzt schuldet außer der sorgfältigen Behandlung, welche die Gesundheit des Patient aufrechterhalten oder beeinflussen soll, keinen abgrenzbaren Leistungserfolg, weshalb die Ordnungsmäßigkeit der Leistungshandlung zugleich darüber entscheidet, ob eine Vertragsverletzung vorliegt.[830] Eine Vertragsverletzung liegt vor, wenn der Arzt sich nicht so verhalten hat, wie er sich hätte verhalten müssen.[831] Die allergrößte Schwierigkeit im Arzthaftungsrecht besteht darin, die Abweichung des Ist-Zustandes vom Soll-Zustand nachzuweisen. Der Schadensersatzanspruch aus § 280 Abs. 1 BGB setzt keine Rechtsgutsverletzung, sondern lediglich ein Zurückbleiben hinter dem vertraglichen Pflichtenprogramm voraus. Insoweit müsste dem Patienten ein Anspruch auf Ersatz der Einbußen durch die „mindere" Qualität der fehlerhaften Behandlung und deren Folgen gewährt werden.

(1) Rechtsgutsverletzung

Die Einordnung der Pflicht zur sorgfältigen Behandlung als Schutzpflicht hat für den Patienten einen entscheidenden Nachteil: Er muss neben der Pflicht- auch eine Rechtsgutsverletzung als notwendige Haftungsbedingung nachweisen. Die in § 823 Abs. 1 BGB vorausgesetzte Rechtsgutsverletzung wurde in die vertragliche Haftung „hineingetragen". Die Rechtsprechung vertritt die Auffassung, eine vertragliche Haftung für Behandlungsfehler knüpfe – „strukturgleich" zum Deliktsrecht – an die Verletzung eines Rechtsguts an.[832] Dieser Gleichlauf von vertraglichem und deliktischem Pflichtenprogramm in der Arzthaftung wird

829 Siehe auch *Mückl*, S. 159: „Verpflichtung zum Erreichen eines angemessenen Qualitätsstandards".

830 *Unberath*, Vertragsverletzung, S. 333; s. a. *Deutsch/Geiger*, Medizinischer Behandlungsvertrag, in: Bundesminister der Justiz, Gutachten und Vorschläge zur Überarbeitung des Schuldrechts, 1981, Bd. 2, S. 1085.

831 Vgl. *Peres*, S. 34; *Sutschet*, S. 303.

832 BGH, NJW 1987, 705 (706); *Laufs/Kern*, in: Laufs/Kern, HdB ArztR, § 93, Rn. 19.

als „Kongruenz des Pflichtengefüges“[833] oder „Parallelität der Pflichtengefüge“[834] bezeichnet. In der Begründung[835] zum Patientenrechtegesetz heißt es: „Die Regelung [§ 630h Abs. 5 S. 1 BGB] geht zunächst von dem allgemeinen Grundsatz aus, dass dem Patienten nach den allgemeinen Regeln sowohl der Beweis einer fehlerhaften Behandlung als auch der Beweis der Ursächlichkeit der fehlerhaften Behandlung für die eingetretene Verletzung obliegt. Eine die Haftung begründende Kausalität zwischen einem Behandlungsfehler und einer Rechtsgutsverletzung ist dann gegeben, wenn die Rechtsgutsverletzung auf die festgestellte Fehlbehandlung zurückzuführen ist und wenn eine ordnungsgemäße, das heißt eine dem medizinischen Sollstandard entsprechende Behandlung die Verletzung verhindert hätte.“ Die Begriffe Rechtsgutsverletzung und Gesundheitsschaden werden in der Gesetzesbegründung zu § 630h Abs. 5 BGB mehrfach erwähnt und nicht deutlich unterschieden. Es ist davon auszugehen, dass der Gesetzgeber an den Voraussetzungen eines nach § 286 ZPO zu beweisenden Gesundheitsschadens als Rechtsgutsverletzung festhalten wollte.[836] Zumindest außerhalb des § 253 Abs. 2 BGB käme es auf eine Rechtsgutsverletzung jedoch nicht an.[837] Dennoch konnte man sich eine Haftung des Arztes ohne haftungsbegründende Rechtsgutsverletzung – vermutlich aus Sorge vor einer vertraglichen Haftung für den Behandlungs*erfolg* – nicht vorstellen. Im Unterschied zur Anwaltshaftung setzt der Schadensersatzanspruch des Patienten deshalb eine Rechtsgutsverletzung voraus, obwohl der Behandlungsfehler (wie der anwaltliche Beratungsfehler) als Haftungsgrund genügt hätte. Während also bei der Anwaltshaftung der Ursachenzusammenhang zwischen Pflichtverletzung und Schaden als haftungsausfüllendes Tatbestandsmerkmal zu qualifizieren ist, mit der Folge, dass der Ursachenzusammenhang zwischen Beratungsfehler und eingetretenem Schaden nach § 287 ZPO bewertet werden kann,[838] muss der Patient in der Arzthaftung den haftungsbegründenden Kausalzusammenhang zwischen Behandlungsfehler und Rechtsgutsverletzung zur Überzeugung des Gerichts nach § 286 ZPO beweisen.[839]

833 *Seifert*, S. 22, dort in Fn. 50.
834 *Ehlgen*, S. 154; *Nitschmann*, S. 249.
835 Gesetzentwurf der Bundesregierung, BT-Drs. 17/10488 S. 30 (rechte Sp.).
836 *Müller*, in: Wandt, FS Lorenz, S. 667 (670).
837 *Seifert*, S. 22.
838 OLG Koblenz, NJOZ 2007, 1943 (1947).
839 Siehe dazu näher bei „Schaden“; S. 193–197.

(2) Verschulden

Die ausländischen Rechtsordnungen zeichnen sich dadurch aus, dass die Sorgfalt als vertragliche Pflicht und als Schuldmerkmal im Rahmen der ärztlichen Fahrlässigkeit in der Regel in einem Haftungskriterium zusammengefasst werden, das als *clinical negligence* oder *faute medicale* bezeichnet wird. Der subjektiven Vorwerfbarkeit des Handelns kommt daneben nur eine geringe Bedeutung zu. Die Unterscheidung von Pflichtwidrigkeit und Verschulden ist im Beweisrecht nur im deutschen Vertragsrecht von Bedeutung, weil § 280 Abs. 1 S. 2 BGB dem Schuldner die Beweislast dafür auferlegt, dass er „die Pflichtverletzung nicht zu vertreten hat". Es handelt sich um eine gesetzliche Verschuldensvermutung, die häufig als Beweislastumkehr bezeichnet wird.[840] In der Rechtsprechungspraxis spielt das Verschulden nur eine verschwindend geringe Rolle, weil das haftungsbegründende Fehlverhalten im Rahmen der Pflichtverletzung thematisiert wird. Verschiedene Autoren verweisen dazu auf die Analyse von *Stolz*,[841] die ergeben hat, dass „in weniger als einem Prozent der geltend gemachten Arzthaftpflichtansprüche streitig war, ob ein Behandlungsfehler des Arztes von diesem auch zu vertreten sei".[842]

Im Deliktsrecht findet zwar eine Unterscheidung von Rechtswidrigkeit und Verschulden statt, beides ist jedoch grundsätzlich vom Gläubiger zu beweisen. In der Praxis wird die Unterscheidung deshalb selten sichtbar. Der Behandlungsfehler begründet sowohl die Rechtswidrigkeit als auch das Verschulden der ärztlichen Verletzungshandlung nach § 823 Abs. 1 BGB,[843] wobei das Verschulden die „Pflichtverletzung" umfasst, welche regelmäßig vom Patienten zu beweisen ist.[844] Ausnahmsweise kommt im Deliktsrecht sogar „der Rechtsgedanke des § 282 BGB a. F. (nunmehr § 280 Abs. 1 Satz 2 BGB) zum Tragen, wonach die Darlegungs- und Beweislast für Verschuldensfreiheit bei der Behandlungsseite liegt".[845] Diese Anwendung der Verschuldensvermutung basiert auf § 282 BGB a.F., wonach die Pflichtverletzung außerhalb des Kernbereichs ärztlicher Tätigkeit im Bereich der sog. voll beherrschbaren Risiken vermutet werden darf.[846]

840 Siehe nur *Peres*, S. 82 f., der ausführt, dass der Begriff Beweislastumkehr nur verwendet werden sollte, wenn ein Gericht von normativen Vorgaben abweicht.

841 *Stolz*, VersR 1978, 797 (798): „Die Fälle, in denen nur strittig ist, ob ein objektiver Fehler vom Arzt auch subjektiv zu vertreten ist (Verschulden), liegen unter 1 %."

842 *Katzenmeier*, Arzthaftung, S. 494; siehe auch *Berg-Winters*, S. 131.

843 Vgl. *Wagner*, in: MünchKomm BGB, § 823 BGB, Rn. 26, 29, 394-396 zur Identität von rechtswidriger Verkehrspflichtverletzung und Fahrlässigkeit nach § 276 Abs. 2 BGB.

844 *Walter*, S. 111; *Deutsch/Spickhoff*, Rn. 318.

845 BGHZ 171, 358 (361).

846 Näher siehe unten S. 154 ff.

Die Anwendung dieses Rechtsgedankens im Deliktsrecht ist eine Ausprägung der oben beschriebenen „Parallelität der Pflichtengefüge" im Arzthaftungsrecht.

Sogar im Bereich der Exkulpationsmöglichkeit nach § 831 Abs. 1 BGB ist es der Rechtsprechung gelungen, die Anforderungen an den Entlastungsbeweis so hoch zu schrauben, dass sich der Unterschied zwischen der Haftung für einen Erfüllungsgehilfen (§ 278 BGB) und einen Verrichtungsgehilfen (§ 831 BGB) praktisch nicht mehr auswirkt.[847] Die fehlende Möglichkeit zur Überwachung eines Chefarztes mit Spezialkenntnissen, die ihn als Experte in seinem Fachgebiet ausweisen, führt nicht zu einer Entlastung des Krankenhausträgers, sondern sorgt gerade im Gegenteil dafür, dass der Krankenhausträger den Entlastungsbeweis nach § 831 Abs. 1 S. 2 BGB nicht führen kann: „Ansonsten würde bei völlig weisungsfreier Tätigkeit eines hochspezialisierten Arztes, der aber nicht Organ des Krankenhausträgers ist, für letzteren ein von Anfang an haftungsfreier Raum entstehen. Das entspricht nicht der Systematik der gesetzlichen Vorschriften über die unerlaubte Handlung."[848]

Im Vertragsrecht gilt, dass „der Gegenstand des Verschuldens nach § 280 Abs. 1 S. 2 BGB im Sinne eines verhaltensbezogenen Rechtswidrigkeitsbegriffs zu bestimmen" ist, was wiederum die Frage nach der Abgrenzung von Pflichtverletzung und Vertretenmüssen aufwirft.[849] Der Begriff „Vertretenmüssen" nach § 280 Abs. 1 S. 1 BGB bedeutet, dass der Schuldner den „programmwidrigen" Zustand, d. h. die objektive Pflichtverletzung, willentlich herbeigeführt oder durch Außerachtlassen der erforderlichen Sorgfalt hervorgerufen hat.[850] Die Sorgfalt bemisst sich nach § 276 Abs. 2 BGB. Das Verschuldenselement ist Ausdruck einer subjektiven Vorwerfbarkeit, die allerdings nach der herrschenden Meinung für die Fahrlässigkeit typisiert und insofern objektiviert wird. Danach setzt Fahrlässigkeit im Sinne von § 276 Abs. 2 BGB stets ein objektiv rechts- oder pflichtwidriges Verhalten des Schuldners und dessen Zurechnungsfähigkeit voraus.[851] Wodurch unterscheidet sich die Fahrlässigkeit nach § 276 Abs. 2 BGB dann noch von der objektiven Pflichtverletzung nach § 280 Abs. 1 S. 1 BGB?

Ist der Arzt überhaupt nicht tätig geworden, liegt eine Nichterfüllung vor, die sich noch unproblematisch von dem Vertretenmüssen trennen lässt, z. B. wenn

---

847 Vgl. BGHZ 77, 75 (79); *Seifert*, S. 18.

848 OLG Bamberg, VersR 1994, 813 (815); zur Haftung des Krankenhauses für *eigenes* Organisations- oder Personalverschulden s. BGH, NJW 1982, 699.

849 *Deutsch/Spickhoff*, Rn. 311.

850 *Ernst*, in: MünchKomm BGB, § 280 BGB, Rn. 29.

851 *Schulze*, in: HK-BGB, § 276 BGB, Rn. 3; ausführlich zum objektiv-typisierten Fahrlässigkeitsmaßstab *Walter*, S. 34 ff.

ein Patient im Wartesaal vergessen wird. Die Pflichtverletzung ist in dem vorläufigen Unterlassen der sorgfältigen Behandlung zu sehen, das Verschulden hingegen in dem Verhalten, welches zum Ausbleiben der Leistung geführt hat.[852] Liegt jedoch eine Schlechterfüllung vor, dann verschwimmen die Grenzen von Pflichtverletzung und Vertretenmüssen. Die von *Esser* entwickelte Doppelfunktion der „im Verkehr erforderlichen Sorgfalt" als Grundlage des in der Sorgfaltspflichtverletzung liegenden Unrechtsvorwurfs und des in der Fahrlässigkeit liegenden Schuldvorwurfs, kann insoweit auf den Begriff des „ärztlichen Behandlungsfehlers" übertragen werden.[853] Problematisch ist dabei die Verwendung des Begriffes Sorgfalt sowohl auf der Ebene der Pflichtverletzung als auch beim Verschulden.[854] Sofern beim Behandlungsvertrag für die Pflichtverletzung auf „medizinische Verhaltensstandards" und „Sorgfaltsgebote" Bezug genommen werden muss, sind Begrifflichkeiten „verbraucht", die auch auf der Ebene des Verschuldens relevant werden.[855] Dieses Problem tritt gerade bei verhaltensbezogenen Vertragspflichten auf, denn in diesem Bereich nicht erfolgsbezogener Leistungspflichten (§ 241 Abs. 1 BGB) und Schutzpflichten (§ 241 Abs. 2 BGB) fallen Pflichtverletzung und objektive Fahrlässigkeit häufig zusammen.[856]

Die Trennung von Pflichtverletzung und Verschulden in § 280 Abs. 1 BGB ist besser geeignet für erfolgsbezogene Leistungspflichten. Dort lässt sich das Vertretenmüssen unabhängig von dem vertraglich geschuldeten Leistungserfolg beurteilen, denn das Ausbleiben des Erfolgs, z. B. die Verschaffung der Kaufsache, stellt bereits den programmwidrigen Zustand dar. Auf verhaltensbezogene Pflichten lässt sich § 280 Abs. 1 BGB ungleich schwerer anwenden.[857] Der programmwidrige Zustand ist darin zu sehen, dass der Schuldner sich nicht so verhalten hat, wie er sich hätte verhalten müssen.[858] Der Beweis der Verletzung von Tätigkeitspflichten zur Begründung einer Haftung wegen Pflichtverletzung ist

852 *Kubella*, S. 126.

853 *Schur*, S. 115.

854 *Walter*, S. 101.

855 *Kubella*, S. 127; siehe auch *Lieb*, in: Bundesminister der Justiz, Gutachten und Vorschläge zur Überarbeitung des Schuldrechts, Band III, S. 183 (213): „weil die herrschende Definition der Fahrlässigkeit als Verschuldensmaßstab ausschließlich auf diejenigen Umstände und Kriterien abstellt, die bereits für die Feststellung des objektiven Tatbestandes der Pflichtverletzung gebraucht wurden und daher schon ‚verbraucht' sind."

856 *Lorenz*, in: BeckOK BGB, § 280 BGB, Rn. 81; *Kubella*, S. 128.

857 Ausführlich *Walter*, S. 108 ff.

858 Siehe oben Fn. 845.

komplexer als bei erfolgsbezogenen Pflichten, weil das Beweisthema einen Teil des Verschuldens – die objektive Sorgfaltswidrigkeit des Schuldnerverhaltens – notwendigerweise bereits beinhaltet, weshalb der Pflichteninhalt Auswirkungen auf den Umfang des jeweiligen Beweisthemas hat.[859] Wird eine Verhaltensanforderung als Pflicht gesehen, muss der Gläubiger sie beweisen; wird sie hingegen als Sorgfaltsanforderung im Rahmen von § 280 Abs. 1 S. 2 BGB betrachtet, muss der Schuldner sich entlasten. Die weitgehende Austauschbarkeit der Qualifikation gewährt dem Richter „große Spielräume" im Sinne einer weitgehenden Steuerungsmöglichkeit der Darlegungs- und Beweislast.[860]

Das zeigt sich auch an der arzthaftungsrechtlichen Rechtsprechung zu den sog. voll beherrschbaren Risiken. Auf der Grundlage von § 282 BGB a.F., dem Vorläufer des § 280 Abs. 1 S. 2 BGB, etablierte die Rechtsprechung eine Beweiserleichterung zugunsten des Patienten, indem sie die Pflicht zur sorgfältigen Behandlung in einigen wenigen Bereichen (z. B. Transport und Lagerung) als erfolgsbezogene Vertragspflicht einstufte. Ereignete sich bei der Vertragsdurchführung ein Schaden, wurde die Pflichtverletzung nach § 282 BGB a. F. vermutet. Heute wird § 280 Abs. 1 S. 2 BGB dafür nicht mehr benötigt, weil die Beweiserleichterung als Spezialregelung in § 630h Abs. 1 BGB Eingang gefunden hat.

Damit der Verschuldensvermutung trotz der großen Ähnlichkeit der Anspruchsvoraussetzungen ein Anwendungsbereich verbleibt, wird häufig erwogen, dass sie sich auf die „innere Sorgfalt" des Schädigers beziehen soll.[861] Diesen Weg geht vor allem die Rechtsprechung. Sie behilft sich jedoch gleichzeitig generell damit, dass sie von der Verletzung der äußeren Sorgfalt auf die Verletzung der inneren Sorgfalt schließt.[862] Das wird vor allem dahingehend verstanden, dass Schuldausschließungsgründe vom Arzt zu beweisen sind.[863] In der Literatur[864] ist umstritten, was unter „innerer Sorgfalt" genau zu verstehen ist, die Begriffsinhalte reichen von Tatbestands- und Rechtsirrtümern über die (partielle) Subjektivierung der Fahrlässigkeit bis hin zur Unzumutbarkeit

859 *Peres*, S. 34.

860 *Schlechtriem/Schmidt-Kessel*, Rn. 566; *Mückl*, S. 196.

861 *Spickhoff* in: Spickhoff, Medizinrecht, § 280 BGB, Rn. 9; *Katzenmeier*, Arzthaftung, S. 188 f.; *ders.*, in: Laufs, S. 415–417: Unterscheidung von Behandlungsfehler als objektive Pflichtverletzung und Verschulden als „innere Sorgfalt; vgl. *Sutschet*, S. 305 m. w. N.

862 BGH, NJW 1986, 2757 (2758); BGH, NJW-RR 1988, 471 (ebd.); BGH, NJW 1994, 2232 (2233).

863 *Geiß/Greiner*, Rn. B 214.

864 *Wagner*, in: MünchKomm BGB, § 823 BGB, Rn. 30; *Walter*, S. 99

normgemäßen Verhaltens.[865] Im Ergebnis sorgt die Unterscheidung von äußerer und innerer Sorgfalt im Bereich des Behandlungsfehlers nur für weitere Verwirrung. So ist z. B. für den Diagnosefehler angenommen worden, dass die Aufgliederung in äußere und innere Sorgfalt nicht sachgerecht sei. Die äußere Verhaltensanforderung ergebe sich erst aus der Erkennbarkeit der Krankheitsumstände. Das Nicht-Erkennen einer Krankheit und die darauf gerichtete Sorgfalt müssten beide Gegenstand der inneren Sorgfalt sein, deren Verletzung nicht über § 280 Abs. 1 S. 2 BGB vermutet werden könne.[866] Das „Nichterkennen" der Krankheit dort, wo ein sorgfältig handelnder Dritter sie erkannt hätte, müsste als „äußerlich" sorgfaltswidriges Verhalten gelten. Die innere Sorgfalt des Arztes bezieht sich darauf zu erfassen, dass er die Krankheit hätte erkennen müssen. Diese Konstruktion ist nicht nur umständlich, die Verletzung der inneren Sorgfalt läge auch stets vor, wenn ein zur Diagnosestellung grundsätzlich befähigter Arzt die „äußerliche" Verhaltensanforderung verletzt.

Etwas von dem Vertretenmüssen Verschiedenes würde die Pflichtverletzung auch dann darstellen, wenn ein Verhalten als Pflichtverletzung angesehen werden könnte, das der im Verkehr erforderlichen Sorgfalt genügt.[867] Das wäre denkbar, wenn als Pflichtverletzung der Verstoß gegen das Höchstmaß der objektiv erforderlichen Sorgfalt angesehen werden könnte, während Fahrlässigkeit nur bei schuldhaftem Verhalten nach den persönlichen und individuellen Verhältnissen des Schuldners vorläge.[868] Dagegen spricht jedoch, dass die Parteien vertraglich nicht ein Höchstmaß an Sorgfalt vereinbaren wollen.[869]

Es ist dennoch möglich, Pflichtverletzung und Fahrlässigkeit voneinander zu trennen, wenn man sich bewusst macht, dass nicht jeder Verhaltensverstoß, welcher eine Sorgfaltspflicht verletzt, z. B. im Straßenverkehr zu bremsen, auch fahrlässig sein muss.[870] Geboten ist in erster Linie ein gefahrabwendendes, sachdienliches Verhalten; erst in zweiter Linie ist zu fragen, ob das Fehlverhalten, wenn denn ein solches festgestellt ist, auf einem Mangel an Sorgfalt beruht und daher nicht nur rechtswidrig, sondern auch fahrlässig ist.[871] Diese Trennung wird im Arzthaftungsrecht eventuell auch durchgehalten, die Trennlinie ist jedoch nicht sichtbar, weil Pflichtverletzung und Fahrlässigkeit einheitlichen

865 *Wagner*, in: MünchKomm BGB, § 823 BGB, Rn. 34.
866 *Spickhoff* in: Spickhoff, Medizinrecht, § 280 BGB, Rn. 9.
867 *Sutschet*, S. 303.
868 Vgl. *Schramm*, S. 83; *Sutschet*, S. 303 f.
869 *Sutschet*, S. 304.
870 *Larenz*, V § 20 (S. 291).
871 *Larenz*, V § 20 (S. 291).

Bewertungsmaßstäben unterworfen werden. Seit Inkrafttreten des Patientenrechtegesetzes findet sich in § 630a Abs. 2 BGB eine Regelung, die lautet: „Die Behandlung hat nach den zum Zeitpunkt der Behandlung bestehenden, allgemein anerkannten fachlichen Standards zu erfolgen, soweit nicht etwas anderes vereinbart ist". Die Vorschrift soll die allgemeine Regelung des § 276 Abs. 2 BGB ergänzen.[872] Die Rechtsprechung orientierte sich bezüglich der inhaltlichen Anforderungen an die Beschaffenheit der ärztlichen Leistung bereits zuvor an dem Maßstab des § 276 Abs. 2 BGB.[873]Der Gesetzgeber folgt nunmehr ausdrücklich diesem Ansatz, indem er ausführt, dass ein Verstoß gegen den in § 630a Abs. 2 BGB festgelegten medizinischen Standard eine Pflichtverletzung nach § 280 Abs. 1 BGB darstellt.[874] Wenn bei der Beurteilung eines Verstoßes gegen ärztliche Sorgfaltspflichten der Maßstab des § 276 Abs. 1 BGB angewendet wird, ist stets auch das Kriterium der vorwerfbaren Fahrlässigkeit erfüllt.[875]

Hirte stellt fest, dass die Gerichte bei der Anwendung von § 276 BGB relativ einheitlich von einem berufsbezogenen Sorgfaltsmaßstab ausgingen: „Auf der Grundlage des vorhandenen Fallmaterials erscheint daher der Befund nicht erstaunlich, dass das ‚Verschulden' die ihm (vielleicht) vom historischen BGB zugedachte Rolle eines subjektiven Haftungskorrektivs in der Rechtsprechung nicht mehr spielt."[876] In der Literatur geht man heute davon aus, dass beide Tatbestandsvoraussetzungen zumindest eine große Ähnlichkeit aufweisen, weshalb es im Arzthaftungsrecht „praktisch keinen schuldlos begangenen Behandlungsfehler" gebe.[877] Häufig wird zwischen der Pflichtverletzung und dem Fahrlässigkeitsvorwurf nicht klar differenziert oder sogar von Deckungsgleichheit ausgegangen.[878] Einige Autoren meinen, dass Pflichtverletzung und

872 Gesetzentwurf der Bundesregierung, BT-Drs. 17/10488, S. 19.

873 BGH, NJW 1995, 776 (777): „Nach § 276 BGB schuldet der Arzt dem Patienten vertraglich wie deliktisch die im Verkehr erforderliche Sorgfalt. Diese bestimmt sich weitgehend nach dem medizinischen Standard des jeweiligen Fachgebietes [...]. Der Arzt muß diejenigen Maßnahmen ergreifen, die von einem gewissenhaften und aufmerksamen Arzt aus berufsfachlicher Sicht seines Fachbereichs vorausgesetzt und erwartet werden [...]."

874 Gesetzentwurf der Bundesregierung, BT-Drs. 17/10488, S. 20.

875 *Spickhoff*, in: Spickhoff, Medizinrecht, § 280 BGB, Rn. 4.

876 *Hirte*, Berufshaftung, in: Basedow/Hopt/Zimmermann, Handwörterbuch, Band I, S. 194.

877 *Taupitz*, AcP 211 (2011), 352 (354).

878 *Walter*, S. 109; *Spickhoff*, NJW 2002, 2530 (2531); *vgl. Kubella*, S. 125 m. w. N.

Fahrlässigkeit nicht mehr zu unterscheiden seien.[879] *Wagner* stellt fest, dass „eine Entlastung des Arztes mit Rücksicht auf § 280 Abs. 1 S. 2 BGB nicht in Betracht kommt".[880] Andere meinen, dass das Verschulden neben dem irrelevantem Rechtsirrtum nur noch die Verschuldensfähigkeit und das Nichteingreifen von Entschuldigungsgründen betreffe.[881]

Für die Haftung ist im Vertrags- wie im Deliktsrecht neben einem kausalen Schaden dennoch allein die objektive Sorgfalt des Arztes maßgeblich.[882] Es handelt sich nicht um eine „verschuldensunabhängige" Haftung, da der Patient stets ein Fehlverhalten, die (objektive) Fahrlässigkeit, zu beweisen hat. Das steht auf den ersten Blick im Widerspruch zu der *Verschuldens*vermutung in § 280 Abs. 1 S. 2 BGB, hängt aber damit zusammen, dass die Anforderungen an die Pflichtverletzung und Fahrlässigkeit identisch sind. Ärzte sind auch nur Menschen, die manchmal Fehler machen. Aus haftungsrechtlicher Sicht haben sie diese zu ersetzen. Mit dem Arzthonorar wird auch „das Risiko des Arztes entgolten, aus Kunstfehlern ersatzpflichtig zu werden".[883] Im Gesundheitssektor sind die Leistungserbringer jedoch häufig nicht frei in der Preisgestaltung, sondern an gesetzliche Vergütungstatbestände gebunden, weshalb höhere Haftpflichtprämien eher zu Gewinneinbußen oder sogar dazu führen können, dass eine bestimmte medizinische Leistung (z. B. Geburtshilfe) nicht mehr angeboten wird.[884] Eine Korrektur der Haftungspflicht des Arztes für menschliches Versagen lässt sich – sofern gewünscht – durch die Anforderungen an den beruflichen Standard bewerkstelligen.[885] Standards sind ähnlich wie juristische Normen abstrahierend, pauschalierend und typisierend, „allein dadurch hat jeder Standard ‚Spiel'."[886]

---

879 *Hart*, MedR 2003, 603 (608); *Arnade*, S. 169; *Berg-Winters*, S. 131; siehe auch *Walter*, S. 101.

880 *Wagner*, VersR 2012, 789 (791).

881 *Mückl*, S. 181; *Deutsch/Spickhoff*, Rn. 313.

882 *Laufs/Kern*, in: Laufs/Kern, HdB ArztR, § 93, Rn. 23; *Seifert*, S. 22.

883 *Medicus*, in: Jayme u. a., FS Niederländer, S. 329 (338).

884 Vgl. *Jones*, in: Dute/Faure/Koziol, No-Fault Compensation, Rn. 91.

885 Ähnlich auch *Walter*, MedR 2013, 294 (297), der für die Fallgruppe der Infektionen bei Hygienemängel eine Anpassung der hygienischen Standards anstelle der Ausweitung von Beweiserleichterungen vorschlägt.

886 *Raspe*, GesR 2011, 449 (454).

3. Pflicht zur Einhaltung des medizinischen Standards

Dieser Abschnitt widmet sich den Anforderungen an die ärztliche Sorgfalt als vertragliche oder außervertragliche Pflicht. Ihre Verletzung stellt den Behandlungsfehler (*clinical negligence* bzw. *faute medicale*) dar, welcher als Haftungsvoraussetzung grundsätzlich vom Patienten zu beweisen ist. Im deutschen Recht entscheidet die Einhaltung der allgemein anerkannten fachlichen Standards gem. § 630a Abs. 2 BGB über den Behandlungsfehler als Verstoß gegen die „im Verkehr erforderliche Sorgfalt" im Sinne von § 276 Abs. 2 BGB. Letztere ist sowohl für die Pflichtverletzung als auch für das Verschulden im Vertrags- und Deliktsrecht maßgeblich. Dieses Regelwerk fachlicher Standards wird auch als „medizinischer Standard" bezeichnet.[887] Bei der Bezugnahme auf den Standard handelt es sich um eine Vermittlungsbemühung zwischen abstrakter Norm und konkretem Geschehen.[888]

a) Facharztstandard

Die Bestimmung des medizinischen Standards unterscheidet sich in den untersuchten Ländern kaum. Schon der allgemeine zivilrechtliche Fahrlässigkeitsmaßstab stimmt in den Ländern weitgehend überein. Das mag damit zusammenhängen, dass der Maßstab in allen drei Ländern auf die römischrechtliche Figur *diligens pater familias* zurückgeht, d. h. die Sorgfalt des ordentlichen Hausvaters, die in das deutsche BGB als „im Verkehr erforderliche Sorgfalt" Eingang gefunden hat.[889] In Frankreich hat sich aus der Figur des *bon père de la famille* die Bezugsgröße des *bon professionnel* herausgebildet.[890] Das Fehlverhalten bemisst sich anhand des Verhaltens eines durchschnittlich sorgfältig handelnden, umsichtigen Dritten in der Position des Schädigers.[891] Im englischen

887 *Kahlert*, in: Bergmann/Pauge/Steinmeyer, § 276 BGB, Rn. 22; *Laufs*, in: Laufs/Kern, HdB des ArztR, § 3, Rn. 17; ausführlich zum Begriff „Standard" *Walter*, S. 7 ff.; zum medizinischen Standard *Hart*, MedR 1998, 8 ff.

888 *Katzenmeier*, Arzthaftung, S. 278; *Mückl*, S. 229.

889 *Walter*, S. 15.

890 *Nitschmann*, S. 256, *Welsch*, Rn. 167; *Le Tourneau,* in: Le Tourneau, Rn. 3790.

891 *Dorsner-Dolivet*, Rn. 120 m. w. N.; *Flour/Aubert/Savaux*, 2. Le fait juridique, Rn. 101 a. E.: „la comparaison de la conduite de l'auteur du dommage avec celle qu'aurait adoptée une personne normalement prudente et diligente placée dans les mêmes conditions"; *Malaurie/Aynès/Stoffel-Munck*, Rn. 53: „par comparaison au comportement qu'aurait adopté un être abstrait, un homme raisonnable (*the reasonable man*, disent les Angalis) [...] du même type sociologique" (Hervorhebungen im Original).

Recht ist der *reasonable professional* maßgeblich.[892] Eine Pflichtverletzung (*breach of duty*) liegt vor, wenn das Verhalten des Schuldners die Anforderungen an die erforderliche Sorgfalt nicht erfüllt (*sub-standard conduct = fault*).[893] Der Arzt ist verpflichtet „to excercise reasonable care and skill in diagnosis, advice and treatment".[894] Im deutschen Recht bestimmt sich die Vergleichsperson als durchschnittlich besonnener und gewissenhafter Angehöriger des jeweiligen Berufskreises.[895]

Im Einzelnen bedeutet der objektiv-typisierende Sorgfaltsmaßstab, der sich am durchschnittlichen Können eines Facharztes orientiert, dass individuelle Schwächen oder die Unkenntnis des Arztes die ärztliche Fahrlässigkeit nicht ausschließen, es werden insbesondere keine Ausnahmen für Unerfahrenheit und Anfängerfehler gemacht.[896] Gleichzeitig darf der Arzt nicht hinter individuell vorhandenen Spezialkenntnissen oder besonderen Fähigkeiten zurückbleiben.[897] Von dem Einzelnen darf nicht mehr verlangt werden als von einem Kollegen in der gleichen Lage, d. h. der Arzt handelt nicht fahrlässig, wenn die defizitäre Behandlungsmaßnahme auf den der Knappheit der Ressourcen des Gesundheitssystems basiert oder unter besonders schwierigen Umständen erfolgt.[898] Der Maßstab ist situationsabhängig:[899] Im französischen Recht werden beispielsweise besonders hohe Anforderungen an die Sorgfalt des Schönheitschirurgen gestellt.[900] Im englischen Recht gilt ein erhöhter Sorgfaltsmaßstab bei der Anwendung alternativer Medizin,[901] im deutschen Recht erhöht sich der Facharztstandard bei sog. Außenseiter-Methoden oder der Wahl einer neuen

892 *Havers/Elliott,* in: Laing/McHale, Rn. 4.03; *Jackson*, S. 114.

893 *Hedley*, Rn. 1.36.

894 *Jackson*, S. 104.

895 *Walter*, S. 40 m. z. N.

896 Siehe zum deutschen Recht *Deutsch/Spickhoff*, Rn. 328; zum englischen Recht *Tettenborn,* in: Clerk & Lindsell on Torts, Rn. 10-63 f.; *Lunney/Oliphant,* S. 189.

897 *Mullis/Oliphant,* Rn. 8.2 a. E.; *Le Tourneau,* in: Le Tourneau, Rn. 3792; *Dorsner-Dolivet,* Rn. 114 a. E.

898 Siehe zum französischen Recht *Mouralis,* in: Laude/Mouralis/Pontier, Rn. 307-9 (Stand 2002): „intervention urgente en un lieu où ne se trouvent pas réunies les conditions d'hygiène et d'asepsie normalement nécessaires, en l'absence du matériel moderne généralement utilisé"; zum englischen Recht *Herring*, S. 75 f.; zum deutschen Recht *Walter*, S. 32, Fn. 186.

899 *Jackson*, S. 114.

900 Siehe oben S. 128 ff.

901 *Shakoor v Situ* [2001] 1 WLR 410, 417 (QB); *Dunn*, Rn. 2.4.5.

Behandlungsform auf den Standard eines „vorsichtigen Arztes".[902] Alle drei Länder verzeichnen die Tendenz, überzogene Verhaltensanforderungen an den Arzt zu stellen:[903] „There is a tendency to confuse the reasonable person with the error-free person."[904] Grundsätzlich wird aber betont, dass ein „Ausrutscher", der einem umsichtig handelnden Arzt genauso hätte passieren können, keine Fahrlässigkeit darstellt.[905] Insbesondere im Fall des Diagnosefehlers werden hohe Anforderungen an die Fahrlässigkeit gestellt, denn eine falsche Deutung von Befunden bedeutet nicht, dass der Arzt gegen Sorgfaltspflichten verstoßen hat.[906] In Frankreich hat man die Figur des *faute lourde* als Haftungsvoraussetzung weitgehend abgeschafft, nur im Bereich des Diagnosefehlers ist sie noch vorhanden.[907] In diesen Fällen weichen die Gerichte auf verspätetes Handeln oder Befunderhebungsfehler, z. B. mangels Konsiliargutachten,[908] aus.[909] Ein Diagnosefehler gilt im englischen Recht als *negligent*, wenn kein kompetenter Arzt eine solche Diagnose gestellt hätte oder wenn der Arzt notwendige Befunde (Röntgenaufnahmen, Laboruntersuchungen) nicht erhoben hat.[910]

Als einziges Haftungsregime kannte das französische Recht vorübergehend eine Haftungsprivilegierung für die Einrichtungen. Zunächst nahmen die Zivilgerichte eine Korrektur der Haftung nach Art. 1382, 1383 CC vor, indem sie

902 *Greiner*, in: Spickhoff, Medizinrecht, § 839, Rn. 8.

903 *Brüggemeier*, S. 62; *Mullis/Oliphant*, Rn. 8.3; *Nitschmann*, S. 281.

904 *Merry/McCall Smith*, S. 244; vgl. *Swain*, in: Hondius, The development of medical liability, S. 27 (47).

905 *Whitehouse v Jordan* [1981] 1 WLR 246, 263 (HL) per *Lord Fraser of Tullybelton*; *Dunn*, Rn. 2.5.6; *Havers/Elliott*, in: Laing/McHale, Rn. 4.09; *Jones*, Medical Negligence, Rn. 3-012; *Mückl*, S. 160; *Laude/Mathieu/Tabuteau*, Rn. 407 m. w. N.: „Toutefois, une simple erreur ne saurait suffire à engager la responsabilité d'un professionnel de santé. [...] Mais, dès l'instant où le comportement du professionel de santé diffère de celui qu'aurait eu un médecin normalement diligent, sa responsabilité peut être engagée, même si sa faute est légère."

906 *Lambert-Faivre/Porchy-Simon*, Rn. 582: „L'erreur de diagnostic ne constitue pas en elle-même une faute susceptible"; *Mouralis/Pointier*, in: Laude/Mouralis/Pointier, Lamy – Droit de la santé, Rn. 520-57: „Un diagnostic erroné n'est pas en lui-même une faute professionelle susceptible d'engager la responsabilité du médecin"; *Bacache*, in: LexisNexis, Droit médical et hospitalier, Abschnitt 18-2, Rn. 29, 18-2.

907 *Moreau*, Anm. zu CÉ v. 10 avril 1992, JCP 1992, II-21881, S. 230 (231).

908 *Bacache*, in: LexisNexis, Droit médical et hospitalier, Abschnitt 18-2, Rn. 29, 18-2.

909 *Mémeteau*, Rn. 617: „des négligences retards [...], examens hâtifs ou insuffisants par les moyens employés [...], absence de vérification des donnés [...], absence de prise en considération des doléances du patient".

910 *Brazier/Cave*, Rn. 7.11; *Tettenborn*, in: Clerk & Lindsell on Torts, Rn. 10-69.

bei medizinischen Maßnahmen im technischen Sinne (*faute médicale technique*) eine besondere Schwere des Sorgfaltsverstoßes (*faute lourde*) voraussetzten.[911] Diese Privilegierung galt jedoch nicht für das ärztliche Versagen im Bereich der allgemein versorgenden Leistungen (*faute médicale de droit commun*), wo ein *faute simple* für die Haftung genügte.[912] Diese Unterscheidung wurde jedoch fallen gelassen. Allein die französischen Verwaltungsgerichte betrachteten bis zu einer Entscheidung der *Assemblé du Conseil d'État* aus dem Jahr 1992 weiterhin nur solche Behandlungsfehler als haftungsbegründend, die einen groben Verstoß (*faute lourde*) darstellten.[913] Das galt allerdings schon damals nur für den Kernbereich ärztlicher Tätigkeit (*acte médical*), während im Bereich der *actes de soins* ein einfacher Behandlungsfehler genügte.[914]

b) Die Bestimmung des medizinischen Standards

Der Richter kennt zwar den rechtlichen Standard; die Frage nach dem medizinischen Standard kann er als medizinischer Laie, der er jedenfalls in der Regel ist, jedoch nicht allein beantworten. Die Beziehung zwischen rechtlichen Vorgaben und medizinischem Standard ist in allen drei Rechtsordnungen problematisch, denn der Rechtsprechung fehlt die Kompetenz zur Konkretisierung dieses Standards, anders als z. B. in Fragen der Anwaltshaftung.[915] Die rechtlichen Maßstäbe müssen sich an dem medizinischen Standard orientieren.[916] Diese Aussage enthält § 630a Abs. 2 BGB, wenn er auf die „zum Zeitpunkt der Behandlung bestehenden, allgemein anerkannten fachlichen Standards“ verweist. Das ist unter dem Aspekt problematisch, dass die Berufsgruppe gewissermaßen selbst über ihren Pflichtenkatalog entscheiden kann. *Thurn* bemerkt deshalb zu Recht: „§ 630a Abs. 2 BGB regelt Banales, nämlich dass eine Behandlung nach allgemein anerkanntem fachlichem Standard zu erfolgen hat, also nach Facharztstandard wie seit jeher. Der Standard wird indes nicht definiert, seine gerichtliche Feststellung nicht näher festgelegt. Gerade die Ermittlung dieses Standards aber ist eines der besonders heiklen Probleme des Arzthaftungsprozesses. Hier sind Parteien

---

911 *Nitschmann*, S. 242.

912 Ebd.

913 CÉ, ass., 10 avril 1992, JCP 1992, II-21881, note *Moreau*; *Moquet-Anger*, S. 474, siehe auch *Mäsch*, S. 126, Fn. 495.

914 *Moquet-Anger*, Rn. 474.

915 *Walter*, S. 246; *Mémetau*, Rn. 623: „Le juge […] est intellectuellement incompétent pour argumenter à partir d'ouvrages médicaux“.

916 *Katzenmeier*, in: Laufs/Katzenmeier/Lipp, Kap. 10, Rn. 13 m. w. N.; *Hart*, MedR 2003, 603; *Mückl*, S. 230; *Pauge*, Rn. 164; ausführlich *Walter*, S. 154 ff.

und Richter in höchstmöglicher Weise abhängig von einem medizinischen Sachverständigen, dem das Gericht seinerseits wenig bis nichts Konkretes vorgeben kann. [...] Hier hat der Richter, wenn er auf dieser Basis entscheiden muss, nicht selten ein sehr ungutes Gefühl."[917] Das Gericht kann letztlich bloß überprüfen, ob der jeweilige Sachverständige den medizinischen Standard richtig ermittelt hat.[918] Eigene inhaltliche Anforderungen kann die Rechtsprechung an solche Maßnahmen stellen, die außerhalb des Kernbereichs ärztlicher Tätigkeit liegen, z. B. Sauberkeit und Krankentransport.[919] Darüber hinaus entspricht es den allgemeinen Anforderungen an die Fahrlässigkeit, dass der allgemeine „Schlendrian" den objektiven Sorgfaltsanforderungen nicht mehr entspricht.[920] Über die geltenden Fachstandards entscheidet nicht die empirisch messbare Verbreitung eines Handelns.[921]

Der Richter benötigt also stets die Hilfe eines Sachverständigen. Der Richter im deutschen Zivilprozess soll den Sachverständigenbeweis ohne Antrag der Partei von Amts wegen erheben,[922] denn der medizinische Standard lässt sich in der Regel nicht ohne fachkundige Aufbereitung des Stoffes entscheiden.[923] „Ob ein Arzt seine berufsspezifische Sorgfaltspflicht verletzt hat, ist [...] in erster Linie eine Frage, die sich nach medizinischen Maßstäben richtet [...]. Demgemäß muß der Richter den berufsfachlichen Sorgfaltsmaßstab mit Hilfe eines medizinischen Sachverständigen ermitteln. Freilich hat er dessen Beurteilung eigenverantwortlich darauf zu prüfen, ob sie dem medizinischen Standard entspricht. Zweifeln in dieser Hinsicht muß er durch Fragen an den Sachverständigen nachgehen. Jedenfalls darf er den medizinischen Standard nicht ohne Sachverständigengrundlage allein aus eigener rechtlicher Beurteilung heraus festlegen."[924]

Ähnlich dem § 630a Abs. 2 BGB enthält der CSP eine gesetzliche Konkretisierung der Anforderungen an die berufliche Sorgfalt des Arztes. In Art. R. 4127-32 CSP heißt es: „Le medecin s'engage à assurer personellement au patient des soins consciencieux, dévoués et fondés sur les données acquises". Die Formulierung

---

917 *Thurn*, MedR 2013, 153 (154).

918 *Mückl*, S. 231.

919 *Walter*, S. 156; *Hart*, MedR 2003, 608.

920 *Deutsch/Spickhoff*, Rn. 328; Walter, S. 58.

921 *Raspe*, GesR 2011, 449 (454).

922 *Stegers*, in: Stegers/Hansis/Alberts/Scheuch, Rn. 56 m. z. N.

923 BGH, MedR 2009, 342 (Leitsatz 2); ausführlich *Spickhoff*, in: Spickhoff, Medizinrecht, Nr. 80 Zivilprozessrecht, Systematische Darstellung, Rn. 17 ff.

924 BGH, NJW 1995, 776 (777).

„données acquises de la science" dient seit dem *arrêt Mercier* (1936)[925] als Maßstab für die ärztliche Sorgfalt[926] und bedeutet nichts anders als „Stand der Wissenschaft".[927] Die Formulierung findet sich auch in der Berufsordnung der Ärzte, auf die entsprechende Vorschrift in Art. R. 4127-32 CSP nehmen die Gerichte häufig Bezug.[928] Dieser Ausdruck dient auch dem deutschen Recht seit jeher als rechtlicher Maßstab für die Sorgfalt des Arztes, genauer sind die „anerkannten und angewandten beruflichen Regeln nach dem aktuellen Stand der Wissenschaft" maßgeblich.[929] Diese Regeln sind weder in Deutschland[930] noch in Frankreich[931] starr anzuwenden, was dem immer schneller voranschreitenden medizinischen Fortschritt geschuldet ist. Gleichzeitig können der Stand der Forschung und das dem Arzt zugängliche Wissen auseinanderklaffen, weshalb „Stand der Wissenschaft" in beiden Ländern vielmehr als aktuell anerkannte und gebräuchliche Übung verstanden wird.[932] Das französische Gesetz scheint in Art. L. 1110-5 Abs. 1 CSP noch einen Schritt weiter zu gehen, wenn es von „la meilleure sécurité sanitaire au regard des connaissances médicales avérées" spricht.[933] Das wird teilweise als Verpflichtung zur Vornahme einer effektiven bzw. evidenzbasierten[934] ärztlichen Maßnahme verstanden. Der Wortlaut der Vorschrift wird jedoch im Allgemeinen nicht dahingehend interpretiert, die bisherigen Voraussetzungen abändern zu wollen, vielmehr ersetzt oder ergänzt die Formulierung „connaissance médicales avérées" die traditionelle Beschreibung „données acquis de la science".[935] Die Beantwortung der Frage nach dem Inhalt der anerkannten und erwiesenen Regeln der medizinischen Kunst steht im

---

925 Siehe oben Fn. 49.

926 *Laude/Mathieu/Tabuteau*, Rn. 376; *Le Tourneau,* in: Le Tourneau, Rn. 4199; ausführlich *Pierre*, Gazette du Palais Nr. 167-168 vom 15./16. Juni 2012, Actes de Colloque: États généraux du dommage corporel, S. 14 ff.

927 Vgl. *Laude/Mathieu/Tabuteau,* Rn. 376; *Nitschmann,* S. 257.

928 *Le Tourneau,* in: Le Tourneau, Rn. 4199.

929 *Deutsch/Spickhoff,* Rn. 329.

930 *Deutsch/Spickhoff,* Rn. 329.

931 *Dorsner-Dolivet,* Rn. 112.

932 Siehe zum deutschen Recht *Bergmann/Middendorf,* in: Bergmann/Pauge/Steinmeyer, § 630a Rn. 65; zum französischen Recht *Dorsner-Dolivet,* Rn. 112.

933 Vgl. *Laude/Mathieu/Tabuteau,* Rn. 376.

934 Evidenzbasiert ist eine Behandlungsmethode, deren Wirksamkeit in randomisierten Doppelblindstudien nachgewiesen ist, vgl. *Simmler,* in: Wenzel, Kap. 1, Rn. 30.

935 Ausführlich *Debarre,* Médecine & Droit 2012, 22 (28), der die Beschreibung „connaissance médicale avérées *ou* acquises" vorschlägt (Hervorhebungen im Original); *Mémeteau,* Rn. 622.

Zentrum der Beurteilung einer Behandlung als fehlerhaft durch den Richter.[936] Hat der Richter Zweifel an einem Gutachten, muss er ein weiteres in Auftrag geben oder den Behandlungsfehler verneinen.[937]

Während die kontinentaleuropäischen Rechtsordnungen die Betonung von vornherein auf die Ansichten der Gesamtheit aller Mediziner legen, hat dem englischen Fallrecht zunächst die Überzeugung eines einzigen, anderen Mediziners von der Korrektheit der mutmaßlich fehlerbehafteten Behandlung genügt. In der Entscheidung *Bolam v. Friern Hospital Management Committee* hatte *Justice McNair* die Sorgfaltsanforderungen für die Jury erstmals wie folgt formuliert: „in accordance with a practice accepted as proper by a responsible body of medical men skilled in that particular art“[938]. Dieser sog. *Bolam*-Test besitzt nach wie vor Gültigkeit, wenn er auch durch nachfolgende Entscheidungen angepasst und umgedeutet worden ist.[939] Die darin enthaltene Aussage, dass das Verhalten eines Arztes nicht an dem Verhalten von jedermann, sondern eines Arztes mit durchschnittlichen Fähigkeiten zu messen sei, erscheint aus heutiger Sicht trivial.[940] Mittlerweile dient auch hier der „Facharztstandard“ als Vergleichsmaßstab.[941] Dieser richtet sich nach der Behandlung, deren Verantwortung der Arzt übernommen hat, d. h. wenn ein Chirurg sich als Anästhesist anbietet, dann gilt der Behandlungsstandard, den ein Anästhesist fähig wäre, zu leisten.[942]

Dem *Bolam*-Test kommt aber darüber hinaus Bedeutung zu. Seit dieser Entscheidung weist das englische Recht den Vorwurf der *negligence* grundsätzlich zurück, wenn die Vorgehensweise nur von einigen wenigen Medizinern unterstützt wird.[943] Das spätere Fallrecht musste deshalb klarstellen, dass Ärzte nicht allein über ihre rechtlichen Pflichten bestimmen können. Im Rahmen der Berufshaftung scheint dieser Aspekt bei der Anwendung des *Bolam*-Test zunächst nicht ausreichend berücksichtigt worden zu sein,[944] denn ein allgemeiner

---

936 *Laude/Mathieu/Tabuteau*, Rn. 376.

937 *Mémeteau*, Rn. 623 f.

938 *Bolam v Friern Hospital Management Committee* [1957] 1 W.L.R. 582, 587 (QB).

939 *Jackson*, S. 115, Fn. 31; vgl. *Stauch*, Medical Negligence in England and Germany, S. 39 ff.

940 *Jackson*, S. 114.

941 *Sidaway v Bethlem Royal Hospital* [1985] A.C. 871, 897 (HL): „neuro-surgeon of ordinary skill“.

942 *Jackson*, S. 114 f.

943 *Maynard v West Midlands RHealth Authority* [1984] 1 W.L.R. 634, 638 f. (HL); siehe auch *Herring*, S. 110.

944 *Mullis/Oliphant*, Rn. 8.4.

„Schlendrian" in der Ärzteschaft kann ebenfalls einen Verstoß gegen die erforderliche Sorgfalt darstellen.[945] *Bolam* glaubt noch blind an den Grundsatz „the doctor knows best" und lässt es genügen, dass andere Ärzte ebenso gehandelt hätten.[946] In der Entscheidung *Sidaway v. Bethlem Royal Hospital Governors* bemühte sich das House of Lords um eine Abgrenzung von rechtlichem und medizinischem Standard: „In short, the law imposes the duty of care: but the standard of care is a matter of medical judgment."[947] Aber erst die Entscheidung in *Bolitho v. City and Hackney Health Authority* konnte den *Bolam*-Test ausreichend dahingehend konkretisieren, dass eine Behandlung auch „respectable, responsible and reasonable" sein musste.[948] Acht Sachverständige, davon fünf auf der Seite des Klägers, wurden in diesem Verfahren gehört. Die fünf Lordrichter folgten jedoch der Auffassung der drei Experten der Beklagten, denn sie sei nicht als „illogical" von der Hand zu weisen.[949] Der *Bolam*-Test wird seitdem dahingehend verstanden, dass der Richter durchaus die Kompetenz besitzt, auf der Grundlage der Beweise und seiner eigenen Kenntnisse, eine medizinische Stellungnahme zumindest als „unverantwortlich" zu verwerfen.[950] Wann eine solche rechtliche Bewertung erfolgen kann, wird jedoch heftig diskutiert. Im Allgemeinen reicht es für den Nachweis eines Behandlungsfehlers nicht aus, dass einer der begutachtenden Ärzte sich anders verhalten hätte,[951] vielmehr genügt (für die gegenteilige Annahme) ein medizinisches Gutachten, welches bezeugt, dass die Vorgehensweise den Anforderungen einer kleinen Anzahl medizinischer Fachleute entspricht.[952] Es ist ausreichend, wenn eine kompetente, medizinische Strömung das Verhalten als vertretbar erscheinen lässt.[953] Innerhalb dessen bestehen jedoch für den Richter kaum Möglichkeiten, eine medizinische Meinung zu bevorzugen, es sei denn, deren Unverantwortlichkeit drängt sich

945 *Thompson v Smith Shiprepairers Ltd* [1984] QB 405, 416; *Mullis/Oliphant,* Rn. 8.4.

946 *Taylor,* International and Comparative Law Quarterly 2003, 737 (738).

947 *Sidaway v Bethlem Royal Hospital* [1985] A.C. 871, 881 (HL).

948 *Bolitho v City and Hackney Health Authority* [1998] A.C. 232, 242 (HL); siehe auch *Tettenborn,* in: Clerk & Lindsell on Torts, 10-68; *Mullis/Oliphant,* Rn. 8.4; *Herring,* S. 110 f.

949 *Bolitho v City and Hackney Health Authority* [1998] A.C. 232, 243 (HL).

950 *Dunn,* 2.4.5; *Herring,* S. 113 m. w. N.

951 *Herring,* S. 111 m. w. N.

952 *Herring,* S. 111 m. w. N.

953 *Maynard v West Midlands Regional Health Authority* [1984] 1 W.L.R. 634, 638 (HL); *Wisniewski v Central Manchester Health Authority* [1998] Lloyd's Rep Med 223, 237 (QB); *Herring,* S. 112; *Jackson,* S. 118.

gerade zu auf.[954] Das ärztliche Verhalten verstößt nur dann gegen Sorgfaltspflichten, wenn sich in medizinischen Fachkreisen kein Vertreter finden lässt, der die Vorgehensweise unterstützt.[955] Die Entscheidung beruht letztlich auf der sorgfältigen Beweiswürdigung des Richters, welcher auf Grundlage der Beweise entscheidet, wie das richtige Verhalten auszusehen hatte. Bei dieser Beurteilung ist die Verfahrensweise aller anderen Ärzte ein Indikator, jedoch nicht das einzige Kriterium.[956] In der Praxis erfolgt, insbesondere bei gegensätzlichen Aussagen, stets eine ausdrückliche und umfassende Bewertung der Glaubwürdigkeit der Sachverständigen durch das Gericht, zumeist einschließlich einer ausführlichen Beschreibung und Beurteilung des Auftretens der Sachverständigen vor Gericht und des Verhaltens während des Verfahrens, insbesondere in einem Kreuzverhör.[957] Der *Bolam*-Test als Sorgfaltsmaßstab wird heute vor allem wie folgt verstanden: „what possible courses of action would have been outside the range accepted as proper by a responsible body of medical people skilled in midwifery and obstetrics?"[958] Und weiter in Kombination mit dem erforderlichen Beweismaß: „Applying as I must the test of what is more likely than not, I find that it is more likely than not that a reasonably competent obstetrician arriving at 21.40 would not have been outside the range of acceptable practice (in the Bolam sense) if she had taken 3 minutes to reach her decision to intervene".[959]

4. Anscheinsvermutung des Behandlungsfehlers

Eine Vermutung, die den Schluss von einem gesundheitlichen Schaden auf einen Behandlungsfehler zulässt, ist aus der Sicht des Patienten möglicherweise die beste aller Haftungs- und Beweiserleichterungen. In den Ländern gibt es dazu verschiedene rechtliche Konstruktionen, die einen solchen Schluss zulassen. Der schlechte Gesundheitszustand darf nicht das Resultat eines schicksalhaften Krankheitsverlaufs sein. Obwohl der Arzt nicht den Behandlungserfolg schuldet, sind Situationen denkbar, in denen das Scheitern der Behandlung nur

---

954 *Hucks v Cole* [1993] 4 Med LR 393, 397 f. (CA); *Reynolds v North Tyneside Health Authority* [2002] Lloyd's Rep. Med. 459 (QB), 2002 WL 2029185, Rn. 39; *Mullis/Oliphant*, Rn. 8.4; *Jackson*, S. 118 f.

955 *Herring*, S. 110.

956 *Havers/Elliott*, in: Laing/McHale, Rn. 4.07.

957 Siehe nur *Defreitas v O'Brien* [1993] 4 Medical Law Reports, 281, 296 (Mayor's and City Ct.).

958 *CJL v West Midlands Strategic Health Authority* [2009] EWHC 259 (QB), 2009 WL 392169, Rn. 16.

959 *CJL v West Midlands Strategic Health Authority* a. a. O. Rn. 66.

durch einen Sorgfaltsverstoß erklärt werden kann, z. B. wenn einem Patienten die gesunde anstatt der kranken Niere entnommen wird. In den meisten Fällen stellt in diesen Fallgruppen auch der Beweis der haftungsbegründenden Kausalität kein Problem mehr dar, weil der Ursachenzusammenhang zwischen dem schädigenden Tun und der Verletzung bereits dadurch belegt ist, dass von dem Schaden auf die Pflichtverletzung geschlossen werden kann.[960]

Die untersuchten Rechtsordnungen arbeiten in diesem Bereich überwiegend mit dem Anscheinsbeweis, der in Frankreich als *preuve par présomption simple* und in England als *prima facie evidence*[961] oder als Beweiswürdigungsregel *res ipsa loquitur,* bekannt ist.[962] Im französischen Recht verschwimmen die Grenzen zwischen der Anscheinsvermutung des Behandlungsfehlers (*faute présumée*) und der verschuldensunabhängigen Erfolgshaftung „*obligation de résultat*". Letztere wird ebenfalls zugunsten des Patienten bemüht, was jedoch im Widerspruch zu der Einordnung ärztlicher Behandlungspflichten als *obligations de moyen* steht. In England ist der Anscheinsbeweis des Behandlungsfehlers kaum gebräuchlich und kommt nur bei ganz offensichtlichen Verstößen zum Einsatz. Man befürchtet eine ausufernde Haftung. Diese Befürchtung hat sich in Frankreich teilweise bewahrheitet. Die Anwendung der Anscheinsvermutung hat zeitweise dazu geführt, dass auch schuldlose „Ausrutscher", insbesondere die chirurgische Ungenauigkeit, als Behandlungsfehler betrachtet werden konnten.[963] In Deutschland hat die Rechtsprechung als Mittelweg die Fallgruppe der „voll beherrschbaren Risiken" geschaffen. Sie ist nunmehr in § 630h Abs. 1 BGB gesetzlich normiert. Das Tatbestandsmerkmal „voll beherrschbar" dient dazu, den Anscheinsbeweis des Behandlungsfehlers nur dort zuzulassen, wo ärztliche Handlungen stets gefahrlos durchgeführt werden müssen, weil der Behandlungsseite ausreichende Maßnahmen zur Sicherheit und zum Schutz der Gesundheit des Patienten zur Verfügung stehen, die Risiken als von der Behandlungsseite „voll beherrscht" werden können.

a) Voll beherrschbares Risiko

Für die Verwendung des Anscheinsbeweises im deutschen Recht ist die Gesamtwahrscheinlichkeit des Geschehensablaufs maßgeblich: „Hat der Arzt einen Behandlungsfehler verschuldet, der nach medizinischer Erfahrung

960 Siehe aber *Laufs/Kern,* in: Laufs/Kern, HdB ArztR, § 109, Rn. 4.
961 *Bunge*, Wörterbuch der Zivilprozessvergleichung, Nr. 34.
962 Siehe unten S. 166 ff.
963 Siehe unten S. 162 ff.

typischerweise die eingetretene Schädigung zur Folge hat, oder hat die ärztliche Behandlung einen Schaden zur Folge, der nach medizinischer Erfahrung typischerweise auf einen schuldhaften Behandlungsfehler zurückzuführen ist, so greifen die Grundsätze des Anscheinsbeweises ein. Der Arzt muß alsdann Tatsachen beweisen, die die Möglichkeit eines anderen Zusammenhangs in ernste Betrachtung rücken."[964] Der Anscheinsbeweis des Behandlungsfehlers kommt nur in Einzelfällen in Betracht, wenn die unerwartete Verletzung in einem engen zeitlichen und räumlichen Zusammenhang zum Tätigwerden des Arztes steht.[965] Häufiger eingesetzt wird der Anscheinsbeweis bei Injektionen, die aufgrund mangelnder Hygiene eine Infektion hervorrufen.[966] Zum Anwendungsbereich zählen außerdem solche Fälle, in denen man nach Abschluss der Behandlung einen Gegenstand, mit dem der Arzt gearbeitet hat, im Körperinneren des Patienten findet.[967]

Die Abgrenzung zum Auftreten eines Behandlungsrisikos bleibt jedoch in allen Fällen äußerst schwierig. Der Anscheinsbeweis besitzt im Bereich des Behandlungsfehlers deshalb keine große Überzeugungskraft.[968] Der gesundheitliche Schaden ist aufgrund der medizinischen Unwägbarkeiten zumeist keine typische, sondern nur die mögliche Folge eines Fehlverhaltens, weshalb der Anscheinsbeweis nur selten anwendbar ist.[969] Von dem nachteiligen Ausgang einer Behandlung kann also in den meisten Fällen nicht auf einen Fehler geschlossen werden.

Mit dem Anscheinsbeweis allein kann dem Patienten deshalb im Bereich der Pflichtverletzung nur selten geholfen werden, häufig greift jedoch zu seinen Gunsten die Fallgruppe der voll beherrschbaren Risiken ein, die in § 630h Abs. 1 BGB geregelt ist.[970] Erscheint die Verletzung des Patienten als Resultat einer

---

964 BGH, Urteil vom 21.12.1955 – VI ZR 127/55, BeckRS 1955, 31199081, beck-online, s. a. *Stürner*, NJW 1979, 2334 (2335); *Katzenmeier*, Arzthaftung, S. 434; *Wenzl*, in: Wenzel, Kap. 2, Rn. 3586 mit Beispielen.

965 Siehe Beispiele bei *Laufs/Kern*, in: Laufs/Kern, HdB ArztR, § 108, Rn. 5 ff.

966 *Laufs/Kern*, in: Laufs/Kern, HdB ArztR, § 108, Rn. 13 ff.; *Katzenmeier*, Arzthaftung, S. 435.

967 *Katzenmeier*, Arzthaftung, S. 435 f.

968 So auch *Katzenmeier*, S. 436 m. w. N.

969 *Berg-Winters*, S. 152 (154); *Kasche*, S. 59; *Laufs/Kern, in: Laufs/Kern, HdB ArztR*, § 108, Rn. 4.

970 *Schlechtriem*, in: Bundesminister der Justiz, Gutachten und Vorschläge, Band II, S. 1591 (1634) verweist auf den „Anscheinsbeweis, der häufig helfen kann", womit wohl der Anscheinsbeweis der Schadensentstehung im Risikobereich des Arztes gemeint ist.

Gefahr, die aus dem Herrschafts- und Organisationsbereich des Arztes stammt, so wird ein Behandlungsfehler und damit eine Pflichtverletzung im Sinne von §280 Abs. 1 BGB vermutet.[971] Es handelt sich um eine gesetzliche Vermutung nach §292 ZPO,[972] welche der Arzt nur durch den Beweis des Gegenteils entkräften kann.[973] Die Beweiserleichterung basiert auf der arzthaftungsrechtlichen Rechtsprechung zum alten Schuldrecht und der Vorschrift des § 282 BGB a. F. Danach konnte man die Verschuldensvermutung „auf den Nachweis eines objektiven Pflichtenverstoßes erstrecken, weil der Patient im Herrschafts- und Organisationsbereich der Behandlungsseite zu Schaden gekommen ist und dessen Vertragspflichten (auch) dahin gingen, den Patienten vor einem solchen Schaden zu bewahren."[974] Der Patient muss das Gericht jedoch davon überzeugen, dass der Schaden aus dem „voll beherrschbaren" Gefahrenbereich des Gegners stammt. In dieser Hinsicht ist zu Recht die Frage aufgeworfen worden: „Was aber ist der Nachweis, dass die Pflichtverletzung sich ausschließlich im Verantwortungsbereich des Schuldners ereignet haben kann anderes als der Nachweis der Pflichtverletzung selbst?"[975]

Aus diesem Grund hat die Rechtsprechung das Institut des voll beherrschbaren Risikos stets mit dem Anscheinsbeweis kombiniert,[976] und so dem Patienten den Nachweis erleichtert, dass sich ein voll beherrschbares Risiko verwirklicht hat.[977] Die Abgrenzung der Rechtsfigur zum prima facie-Beweis und zur Beweislastumkehr ist deshalb nicht immer einfach.[978] Anwendungsbeispiele für die Rechtsfigur der voll beherrschbaren Risiken sind vor allem der unsachgemäße Einsatz medizinisch-technischer Geräte oder Mängel im Hygienebereich[979] sowie Transport- und Lagerungsschäden.[980] „All diesen Fällen ist gemeinsam, dass objektiv eine Gefahr bestand, deren Quelle jeweils festgestellt werden konnte und die deshalb objektiv beherrschbar war."[981] Diese Bereiche sind besonders anfällig

---

971 BGH, NJW-RR 2018, 205 (206), Rn. 10; *Schreiber*, in: HK-BGB, § 630h BGB, Rn. 2.

972 *Katzenmeier*, NJW 2013, 817 (821).

973 *Schreiber*, in: HK-BGB, § 630h BGB, Rn. 2.

974 *Müller*, in: Wandt, FS Lorenz, S. 667 (681).

975 *Peres*, S. 115.

976 *Gaidzik/Weimer*, in: Huster/Kaltenborn, Krankenhausrecht, § 13, Rn. 91.

977 Siehe auch *Laufs/Kern*, in: Laufs/Kern, HdB ArztR, § 109, Rn. 2.

978 *Laufs/Kern*, in: Laufs/Kern, HdB ArztR, § 109, Rn. 2.

979 *Schreiber*, in: HK-BGB, § 630h BGB, Rn. 2.

980 „Lagerungsschäden" meint Nervenschädigungen bei ungünstiger Lagerung des Patienten auf dem OP-Tisch.

981 BGHZ 171, 358 (362), Rn. 11.

dafür, dass sich eine Gefahr verwirklicht, die von dem medizinischen Personal durch entsprechende Sicherungsmaßnahmen (zu 100 %) hätte verhindert werden können. Die Vermutung der Risikoverwirklichung konnte der Gegner früher nur entkräften, indem er Umstände darlegte, aufgrund derer das Risiko einer Verletzung nicht beherrscht werden konnte, insbesondere weil der Patient besondere, individuelle Merkmale aufwies, die, verglichen mit einer gewöhnlichen Behandlung, ein eigenes Risiko beinhalteten,[982] z. B. das Übergewicht des Patienten bei der Lagerung auf dem Operationstisch. Heute tendiert die Rechtsprechung wieder dazu, den Beweis des Gegenteils tatsächlich ausreichen zu lassen, d. h. es genügt, wenn die Gegenseite darlegen und beweisen kann, dass die Arzt Einrichtung alle Sorgfaltsanforderungen eingehalten hat.[983]

Ursprünglich handelte es sich also um eine Konstruktion, die mit der französischrechtlichen Figur der *obligation de résultat* vergleichbar ist. Kann der vertraglich geschuldete Erfolg (die Förderung der Gesundheit des Patienten) nicht erbracht werden, so darf vermutet werden, dass der Schuldner die Nichterfüllung zu vertreten hat. Diese Vermutung ist als *présomption mixte* ausgestaltet, das bedeutet, sie kann nur durch bestimmte Gegenbehauptungen widerlegt werden, z. B. höhere Gewalt.[984] Es dürfte insgesamt wenig überraschen, dass auch die ausländischen Rechtsordnungen mit Fallgruppen experimentieren, in denen der Behandlungsfehler vermutet werden kann. Allerdings fehlt ihnen bislang das Kriterium der „Beherrschbarkeit" der entsprechenden Maßnahmen, weshalb solche Fehlervermutungen in England nur sehr vorsichtig angewendet werden, weil man befürchten muss, dass sie zu einer ausufernden, verschuldensunabhängigen Haftung führen könnten, was in Frankreich wiederum tatsächlich geschehen ist.

b) *Faute présumée*

Nach den Grundsätzen des französischen Arzthaftungsrechts darf in bestimmten Fallkonstellationen die *faute* vermutet werden. Die dogmatische Einordnung dieser *faute*-Vermutung ist schwierig. In den meisten Fällen verwendet man entweder die Rechtsfigur der *présomption de faute* oder der *obligation de résultat*. Die *présomption de faute* kehrt die Beweislast für die Pflichtwidrigkeit, die normalerweise beim Geschädigten liegt, um.[985] Sie gründet auf der Annahme, dass

---

982 BGH, NJW 1995, 1618 (ebd.).

983 BGHZ 171, 358 (362), Rn. 11.

984 *Flour/Aubert/Savaux*, 3. Le rapport d'obligation, Rn. 20.

985 *Rougé-Maillart*, in: Duguet, Évolution récente, S. 17 (19): „en déplaçant l'objet de la preuve et en inversant la charge de la preuve"; *Moquet-Anger*, Rn. 476: „elle a pour

nur die *faute* des Schuldners für den entstandenen Schaden in Betracht kommen kann, d. h. die *faute* lässt sich aus der Abwesenheit anderer Schadensursachen schlussfolgern.[986] Darin ähnelt die *présomption de faute* der Figur *res ipsa loquitur.*[987] Die *obligation de résultat* stellt eine sog. *présomption mixte* auf.[988] Danach wird die Pflichtwidrigkeit vermutet, wenn der geschuldete Erfolg ausbleibt.[989] Sie unterscheidet sich von der *présomption de faute* dadurch, dass sich der Schuldner von der Verschuldensvermutung nur durch den Nachweis einer von außen kommenden, unüberwindbaren Störung (*force majeure*) entlasten kann.[990] In einigen Konstellationen geht die Rechtsprechung mit ihren Anforderungen an den Beweis der fehlenden Pflichtwidrigkeit über die *présomption de faute* hinaus, indem sie den Entlastungsbeweis nur als geführt ansieht, wenn der Arzt nachweist, dass eine andere Ursache, z. B. eine körperliche Anomalie des Patienten, den Schaden verursacht hat. In einigen Fällen hat die Rechtsprechung die Anforderungen an den Entlastungsbeweis deshalb so hoch geschraubt, dass sie über die *présomption de faute* zu einer *obligation de résultat* gelangt ist.[991]

(1) Obligations (de sécurité) de résultat

Im Zusammenhang mit einer *faute*-unabhängigen Arzthaftung taucht in der Rechtsprechung und im Schrifttum häufig der Begriff *obligation de sécurité de résultat* auf. Die *obligation de sécurité* ist eine Rechtsfigur des französischen Vertragsrechts. Sie stammt ursprünglich aus dem Recht der Beförderungsverträge und beschreibt die Verpflichtung des Transporteurs den Passagier sicher ans Ziel zu bringen.[992] Die *Cour de cassation* gewährte einem Passagier, der durch ein hinabstürzendes Fass während einer Schifffahrt am Fuß schwer verletzt wurde, einen Anspruch auf Schadensersatz aus dem Beförderungsvertrag, weil dieser

---

effet de renverser la charge de la preuve en imposant au défendeur d'apporter la preuve qu'il n'a commis aucune faute à l'origine du dommage. La victimeest tenue d'apporter la preuve de l'existence d'un dommage et d'un lien de causalité avec l'activité hospitalière."

986 *Larroumet*, Rn. 619.

987 *Harichaux/Monroche*, S. 236.

988 *Flour/Aubert/Savaux*, 3. Le rapport d'obligation, Rn. 20.

989 Vgl. *Simler*, in: Terré, Pour une réforme du régime général des obligations, S. 141 (142).

990 *Brieskorn*, S. 141.

991 *Nitschmann*, S. 269 m. w. N.

992 *Harichaux/Monroche*, S. 237 f.; siehe auch *Schneider*, S. 195, der bemerkt, dass eine ähnliche Entwicklung zur selben Zeit auch im deutschen Transportvertragsrechts stattgefunden hat.

auch die Pflicht umfasste, den Passagier heil und sicher ans Ziel zu bringen.[993] Der Passagier war dadurch nicht auf die verschuldensabhängige Deliktshaftung angewiesen.[994] In der Literatur wird diese großzügige Auslegung des Vertrags mit einem Verweis auf Art. 1194 CC gerechtfertigt, wonach neben dem ausdrücklichen Willen der Parteien auch Treu und Glauben zu berücksichtigen seien (Billigkeitshaftung).[995] Im Unterschied zu den deutschen Schutzpflichten (§ 241 Abs. 2 BGB) hatten zunächst alle *obligations de sécurité* die Eigenschaften einer *obligation de résultat*, d. h. es handelte sich um eine verschuldensunabhängige Haftung.[996] Schließlich wurden jedoch so viele verschiedene Sicherungspflichten entwickelt, dass die Rechtsprechung begann, sie teilweise als reine Bemühenspflichten einzustufen, die für den Anspruch auf Schadensersatz das pflichtwidrige Handeln des Schuldners voraussetzten.[997] Heute kann eine *obligation de sécurité* eine Bemühenspflicht (*obligation de sécurité de moyen*) oder eine *obligation de résultat* sein.[998] Die Abgrenzung erfolgt anhand der Mitwirkung des Gläubigers an der Vertragserfüllung,[999] wobei es sich um eine Abwandlung des Kriteriums *aléa* handelt.[1000] Besitzt der Gläubiger beispielsweise eine aktive Rolle bei der Personenbeförderung, z. B. bei dem Einstieg in einen Skilift, trifft den Schuldner nur eine *obligation de moyens*, weil das Schadensrisiko für ihn nicht beherrschbar ist. Während der Fahrt besitzt der Gläubiger hingegen nur eine passive Rolle, und seine Integritätsinteressen werden durch eine *obligation de sécurité de résultat* geschützt.[1001]

Die Rechtsprechung weitete die Anwendung der Pflichtenkategorie schließlich auf das Arzthaftungsrecht aus.[1002] Sie ist insgesamt sehr verbreitet unter Dienstleistern.[1003] Sie verpflichtet den Schuldner dazu, dem Gläubiger bei der Vertragsdurchführung keinen Schaden an Körper oder Gesundheit zuzufügen: „Une

993 Cass. civ., 21 novembre 1911, GAJC, vol. 2, n° 276 zitiert nach: *Porchy-Simon*, Les obligations, Rn. 334; *Fabre-Magnan*, S. 500.
994 Vgl. *Fabre-Magnan*, S. 500.
995 *Porchy-Simon*, Les obligations, Rn. 335; *Fabre-Magnan*, S. 497; *Poumarède*, Rn. 193.
996 Vgl. *Buffelan-Lanore/Laribau-Terrneyre*, Rn. 1321.
997 Ebd.
998 *Porchy-Simon*, Les obligations, Rn. 469; *Fabre-Magnan*, S. 501.
999 *Malaurie/Aynès/Stoffel-Munck*, Rn. 950.
1000 *Porchy-Simon*, Les obligations, Rn. 469.
1001 Cass. Civ. 1re, 11. März 1986, Az. 84-13656, Bull. Civ. 1986, I, Nr. 65, S. 62; *Porchy-Simon*, Les obligations, Rn. 469; vgl. *Malaurie/Aynes/Stoffel-Munck*, Rn. 949.
1002 *Harichaux/Monroche*, S. 238.
1003 *Fabre-Magnan*, S. 501.

obligation de sécurité est une obligation en vertu de laquelle le débiteur ne doit pas causer de dommage corporel á son cocontractant par l'execution du contrat".[1004] *Le Tourneau* meint, Sicherungspflichten dürften nur dort angenommen werden, wo die Erfüllung der Hauptpflicht des Schuldners nicht vom Zufall abhängt, weshalb sie im Bereich ärztlicher Tätigkeit nur gerechtfertigt seien bei fehlerbehafteten Injektionen, Analysen, Medikamenten, Prothesen und Gerätschaften, derer sich der Arzt zur Erfüllung seiner Pflichten bedient, sowie bei Krankenhausinfektionen.[1005] Diese – heutzutage als *obligations de résultat* eingestuften – ärztlichen Pflichten haben ihren Ursprung daher in der Einordnung durch die höchstrichterliche Rechtsprechung als *obligation de sécurité de résultat*. Verwirklichen sich Gefahren, die nicht auf unwägbaren medizinischen Faktoren und Reaktionen des menschlichen Körpers basieren, sondern beherrschbare Risiken betreffen, wie die Funktionalität der technischen Geräte und die Sicherheit des Transports, schuldet der Arzt bzw. häufiger das Krankenhaus die Vornahme ausreichender Sicherheitsmaßnahmen.[1006] Das hat die *Cour de cassation* zunächst vor allem für die Beschaffenheit technischer Hilfsmittel[1007] und nosokomiale Infektionen[1008] angenommen. Im Bereich der Krankenhausinfektionen setzte man zunächst nur eine *présomption de faute* ein.[1009] Sie führte schließlich zu einer Einordnung der Infektionsvermeidungspflicht als *obligation de sécurité de resultat*, welche als Entlastungsbeweis nur einen *cause étrangère* zulässt.[1010]

1004 *Fabre-Magnan*, S. 500.

1005 *Le Tourneau*, in: Le Tourneau, Rn. 4202: „En revanche, la reconnaissance d'une obligation de sécurité de résultat à la charge du médecin est justifiée quant aux choses qu'il utilise, ou du fait des injections, des analyses, des médicaments ou des appareils de prothèse [...]. De même, [...] découlant du contrat d'hospitalisation et de soins quant aux infections nosocomiales".

1006 *Fabre-Magnan*, S. 500; *Schneider*, S. 45.

1007 Cass. Civ. 1re, 29. Oktober 1985, Az. 83-17091, Bull. Civ. I, Nr. 273, S. 244 (Zahnersatz); Cass. Civ. 1re, 12. April 1995, Az. 92-20747, Bull. Civ. 1995, I, Nr. 179, S. 129 (Blutprodukte); Cass. Civ. 1re, 9. November 1999, Az. 98-10010, Bull. Civ 1999, I, Nr. 300, S. 195 (Sturz von Untersuchungsliege) – alle Urteile im Volltext verfügbar in der Entscheidungsdatenbank unter http://legifrance.gouv.fr, zuletzt: 5. Juni 2015.

1008 Cass. Civ. 1re, 29. Juni 1999, Az. 97-15818, 97-21903, 97-14254, Bull. Civ. 1999, I, Nr. 222, S. 143; JCP 1999, II-10138, S. 1475: „un médecin est tenu, vis-à-vis de son patient, en matière d'infections nosocomiales d'une obligation de sécurité résultat dont il ne peut se libérer qu'en rapportant la preuve d'une cause étrangère"; *Porchy-Simon*, Les obligations, Rn. 468; *Fabre-Magnan*, S. 500.

1009 Cass. Civ. 1re, 16. Juni 1998, Az. 97-18481, 97-18509, 9719.131, Bull. Civ. 1998, I, Nr. 210.

1010 *Deletre*, in: Laude/Pariente/Tabuteau, S. 203 (219).

Obwohl die *Cour de cassation* stets versucht hat, die Erfolgspflicht im Bereich ärztlicher Tätigkeiten zu begrenzen,[1011] führte die Vertragsauslegung bis zu der Gesetzesreform zu einer Ausweitung der Erfolgspflichten.

Die zivilrechtlichen Fallgruppen treten in ähnlicher Form auch im Verwaltungsrecht auf. Dort wurde eine *présomption de faute* zunächst für Impfschäden eingesetzt, schließlich auf pflegerische Krankenhausleistungen (*actes de soins*),[1012] Krankenhausinfektionen, Materialfehler und die Verletzung von Obhutspflichten (z. B. Flucht eines Patienten aus der Psychiatrie, Sturz von einer Liege) ausgeweitet.[1013] Der *Conseil d'État* fasste die Kriterien für die Verschuldensvermutung wie folgt zusammen: „s'agissant d'un acte de soins courant et de caractère bénin, les troubles ne peuvent être regardés que comme révélant une faute commise dans l'organisation ou le fonctionnement du service".[1014]

Das Gesetz vom 4. März 2002 wird im Allgemeinen dahingehend interpretiert, diese Haftungsausweitung stoppen zu wollen.[1015] Die ausdrückliche Nennung des Haftungsmerkmals *faute* im Rahmen der Verschuldenshaftung soll die Ausweitung der Erfolgshaftung (*l'obligation de sécurité de résultat*) im Privatrecht und die Gefährdungshaftung im Verwaltungsrecht eindämmen.[1016] Behandlungssituationen können seitdem nur noch als *obligation de résultat* eingestuft werden, wenn es sich um Maßnahmen handelt, bei denen das Behandlungsrisiko gut beherrscht werden kann (*pour lesquels l'aléa est bien maîtrisé*) oder die nicht dem Bereich der ärztlichen Kunst entstammen (*ne relèvent pas, à proprement parler, de l'art médical*).[1017] Dazu zählen vor allem alltägliche Pflege- und Behandlungsmaßnahmen (*des actes de soins courants ou d'analyses courantes*) wie gewöhnliche Laboruntersuchungen (*examens de laboratoire courants*), das Verabreichen von Spritzen[1018] und strahlentherapeutische Maßnahmen (die nicht zu Verbrennungen führen dürfen).[1019] Ein klassisches Beispiel ist auch das

---

1011 *Jourdain*, RTDC 2009, 121 (124).

1012 Zum Begriff „*acte de soin*" vgl. *Scotti*, S. 15.

1013 *Moquet-Anger*, Rn. 476 m. z. N.

1014 CÉ, 22. Dezember 1976, Az. 00848, JCP 1978, II-18792, note *Auby*.

1015 *Schneider*, S. 193; a. A. *Nitschmann*, S. 279 f.

1016 *Jourdain/Laude/Penneau/Porchy-Simon*, Rn. 110.

1017 *Mouralis*, in: Laude/Mouralis/Pointier, Lamy – Droit de la santé, Rn. 305-51 c).

1018 Cass. Civ. 1re, 17. Juni 1980, Az. 79-11795, Bull. Civ. 1980, I, Nr. 187, RTDC 1981, p. 165; *Mouralis*, in: Laude/Mouralis/Pointier, Lamy – Droit de la santé, Rn. 305-51 c): „injections cutanées", *Bacache*, in: LexisNexis, Droit médical et hospitalier, Abschnitt 18-2, Rn. 23.

1019 *Bacache*, in: LexisNexis, Droit médical et hospitalier, Abschnitt 18-2, Rn. 23; *Le Tourneau*, in: Le Tourneau, Rn. 4245 m. w. N.

Vergessen von Operationsbesteck oder -tupfern im Inneren des Patienten nach einer Operation.[1020] Die Verletzung der Aufsichtspflicht durch eine Klinik, in der sich ein aufgeregter Patient aus dem Fenster gestürzt hatte, soll nicht nach Art. L. 1142-1 CSP beurteilt, sondern als *obligations de sécurité* aus dem Krankenhausaufnahmevertrages (*contrat d'hospitalisation*) gem. Art. 1217 CC eingestuft werden.[1021]

(2) Von der faute virtuelle zur obligation de précision

Im Gegensatz zum deutschen Recht weitete das französische Recht die Fehlervermutung auch auf den „unbeherrschbaren" Kernbereich ärztlicher Tätigkeit aus: „Le chirurgien a ainsi une obligation de sécurité qui l'oblige à réparer le dommage causé à son patient *par un acte chirurgical nécessaire au traitment, même en l'absence de faute*, lorsque le dommage est sans rapport avec l'état antérieur du patient ni avec l'évolution prévisible de cet état".[1022] In diesem Bereich wird die Fehlervermutung überwiegend als *faute virtuelle* oder *faute incluse* bezeichnet. So vermutet man den Behandlungsfehler einfach[1023] oder schließt vom Vorliegen des Schadens auf den Fehler: „La faute virtuelle est la faute qui se déduit ipso facto de la constatation du dommage. C'est la faute dite incluse dans le dommage ou induite du dommage."[1024] Die Stichworte *l'exactitude de la geste chirurgicale* oder *maladresse* beschreiben diese Haftungsausweitung.[1025] Der Kassationshof hat sie selbst als *obligation de précision* bezeichnet.[1026]

Dabei handelt es sich um Verletzungen, die der Arzt dem Patienten an einem anderen als dem avisierten Behandlungsorgan zufügt.[1027] Die Rechtsprechung basiert auf zwei Entscheidungen aus den 80er-Jahren, in denen es um die

---

1020 *Bacache*, in: LexisNexis, Droit médical et hospitalier, Abschnitt 18-2, Rn. 23.

1021 Cass. Civ. 1re, 9. Juni 2011, Az. 10-18002 (Volltext verfügbar in der Entscheidungsdatenbank unter http://legifrance.gouv.fr, zuletzt: 5. Juni 2015); *Bacache-Gibeili*, Les obligations, Rn. 863.

1022 CA Paris, 1re ch. B, 15 janvier 1999, JCP 1999, II-10068, note *Harichaux-Ramu* (Hervorhebungen der Verfasserin).

1023 *Jourdain*, RTDC 2009, 121 (124).

1024 *Bacache*, in: LexisNexis, Droit médical et hospitalier, Abschnitt 18-2, Rn. 23; s. a. *Deletre*, in: Laude/Pariente/Tabuteau, S. 203 (215).

1025 *Bacache*, in: LexisNexis, Droit médical et hospitalier, Abschnitt 18-2, Rn. 25; *Rougé-Maillart u. a.*, Journal de Chirurgie 2008, 437 (438).

1026 Cass. Civ 1re, 9. Oktober 2001, Az. 99-20826, Bull. Civ. 2001, I, Nr. 248; siehe dazu auch *Jourdain*, RTDC 2009, 121 (124); *Mouralis/Pontier*, in: Laude/Mouralis/Pointier, Lamy – Droit de la santé, Rn. 520-75 mit vielen Beispielen.

1027 Zahlreiche Beispiele bei *Jourdain*, RTDC 2009, 121 (124).

Verletzung des Samenleiters bei einer Leistenbruchoperation und die Verletzung des Ischiasnervs bei der Behandlung einer Krampfader ging. Die medizinischen Sachverständigen konnten zwar nicht feststellen, wie und wo der Arzt fahrlässig gehandelt hatte, sagten jedoch aus, dass er zumindest die Sicherheitsvorkehrungen nicht beachtet haben konnte, denn ansonsten hätte die Verletzung gar nicht passieren dürfen.[1028] Eine Dekade später begann der Kassationshof damit, die Verletzung eines „unbeteiligten" Organs als *faute* einzustufen, obwohl die medizinischen Gutachter ausgesagt hatten, dass die Verletzungen auch durch sorgfältiges Vorgehen nicht hätten verhindert werden können, z. B. das Durchstechen eines Eileiters anlässlich der Entfernung der Gebärmutter,[1029] die Verletzung einer Arterie bei der Entnahme einer Rippe,[1030] eine Verletzung von Bindegewebe,[1031] oder der Bruch des Kiefers bei der Extraktion eines Weisheitszahns.[1032] In allen Fällen hatten die medizinischen Gutachter den Ärzten eine fehlerfreie Vorgehensweise bescheinigt, d. h. die aufgetretene Komplikation hätte auch bei korrektem Vorgehen nicht mit Sicherheit ausgeschlossen werden können.[1033] Im Fall des Kieferbruchs sind die Verletzungen als „relativement classique" eingestuft worden.[1034] Die Verletzung der Arterie war hervorgerufen durch „une complication exceptionelle […] et non prévisible".[1035] Dem Kassationshof genügte

1028 Cass. Civ. 1re, 25. Mai 1983, Az. 82-14453, Bull. Civ. 1983, I, Nr. 155, S. 135; *Rougé-Maillart,* in: Duguet, Évolution récente, S. 17 (18).

1029 Cass. Civ. 1re, 27. Januar 1993, Az. 91-13246 (Volltext verfügbar in der Entscheidungsdatenbank unter http://legifrance.gouv.fr, zuletzt: 5. Juni 2015); *Rougé-Maillart,* in: Duguet, Évolution récente, S. 17 (19); *Rougé-Maillart u. a.,* Journal de Chirurgie 2008, 437 (438).

1030 Cass. Civ. 1re, 7. Januar 1997, Az. 95-10939, Bull. Civ. 1997, I, Nr. 7, S. 4; *Rougé-Maillart,* in: Duguet, Évolution récente, S. 17 (19); *Rougé-Maillart u. a.,* Journal Chirurgie 2008, 437 (438).

1031 Cass. Civ. 1re, 7. Januar 1997, Az. 95-10939, Bull. Civ. 1997, I, Nr. 7, S. 4; *Rougé-Maillart,* in: Duguet, Évolution récente, S. 17 (19); *Rougé-Maillart u. a.,* Journal Chirurgie 2008, 437 (438).

1032 Cass. Civ. 1re, 3. Februar 1998, Az. 96-13329, Bull. Civ. 1998, I, Nr. 46, S. 31; *Rougé-Maillart,* in: Duguet, Évolution récente, S. 17 (20); *Rougé-Maillard u. a.,* Journal de Chirurgie 2008, 437 (438).

1033 *Rougé-Maillart,* in: Duguet, Évolution récente, S. 17 (19 f.); *Rougé-Maillart u. a.,* Journal de Chirurgie 2008, 437 (439).

1034 *Rougé-Maillart,* in: Duguet, Évolution récente, S. 17 (20), *Rougé-Maillart u. a.,* Journal de Chirurgie 2008, 437 (438).

1035 *Rougé-Maillart,* in: Duguet, Évolution récente, S. 17 (19), *Rougé-Maillart u. a.,* Journal de Chirurgie 2008, 437 (438).

anscheinend jeder „Fehlgriff" für die Einstufung des Verhaltens als fahrlässig. Jedoch war die Rechtsprechung noch widersprüchlich, denn in einer weiteren Entscheidung aus dem Jahr 1998 verneinte sie ausdrücklich eine Anscheinsvermutung der *faute* auf der Basis eines eingetretenen Gesundheitsschadens und sprach von der „notion erronée de ‚faute incluse'".[1036] Zwei Entscheidungen aus dem Jahr 2000 ließen an der Rechtsprechungstendenz schließlich keine Zweifel mehr aufkommen:[1037] Der Kassationshof schloss von nun an vom Schaden auf die Pflichtverletzung.[1038] Dadurch haftete der Arzt im Ergebnis für die Verwirklichung des Behandlungsrisikos. Dieses Resultat stand in direktem Gegensatz zu der Rechtsprechung zu der ärztlichen Behandlungspflicht als reiner *obligation de moyen* und lief auf eine ärztliche Erfolgspflicht hinaus (*obligation de resultat de sécurité*).[1039] Als Entlastungskriterium wurde nur der Nachweis einer körperlichen Anomalie des Patienten akzeptiert.[1040] Auf lange Sicht musste die Unterscheidung zwischen sorgfaltswidrigem Fehlerverhalten und unfallbedingtem Ausrutscher jedoch wieder hergestellt werden: „L'immense majorité des actes médicaux étant soumis à l'aléa, il convient en effet de distinguer l'erreur médicale fautive de l'erreur médicale non fautive".[1041]

Nach der Gesetzesreform im Jahr 2002 passte der Kassationshof seine Rechtsprechung den neuen Regelungen an. Die unbeabsichtigte Punktion der Aorta anlässlich einer Gallenblasenentfernung mittels Laparoskopie stellte einen *accident non fautif* dar und keine *maladresse fautive*.[1042] In zwei weiteren

1036 Cass. Civ. 1re, 27. Mai 1998, Az. 96-17197, D. 1999, Jurisprudence, S. 21, note *Porchy*.

1037 Cass. Civ. 1re, 23. Mai 2000, Az. 98-18513, Bull Civ. 2000, I, Nr. 159, S. 103; siehe dazu die Anm. von *Jourdain*, RTDC 2000, 840 (840 f.); *Rougé-Maillart*, in: Duguet, Évolution récente, S. 17 (21); *Harichaux/Monroche*, S. 236; *Chabas*, Anmerkung zu Cass. Civ. 1re, 8. November 2000, JCP 2001, II-10493, S. 604 (607).

1038 *Rougé-Maillart*, in: Duguet, Évolution récente S. 17 (21): „la cour de Cassation avait déduit la faute du seul constat du dommage"; *Harichaux/Monroche*, S. 236.

1039 *Jourdain*, RTDC 2009, 121 (124); *Rougé-Maillart*, in: Duguet, Évolution récente, 17 (21); *Porchy*, Anm. zu Cass. Civ. 1re, 27. Mai 1998, Az. 96-17197, D. 1999, Jurisprudence, 21 (22).

1040 *Jourdain*, RTDC 2009, 121 (124 f.) m. N. aus der Rspr.; *Rougé-Maillart*, in: Duguet, Évolution récente, S. 17 (21 f.).

1041 *Rougé-Maillart*, in: Duguet, Évolution récente, S. 17 (22); *Badiane-Devers*, DDS 2013, 218 (220).

1042 Cass. Civ. 1re, 7. Dezember 2004, Az. 03-16296 (Volltext verfügbar in der Entscheidungsdatenbank unter http://legifrance.gouv.fr, zuletzt: 5. Juni 2015); *Rougé-Maillart u. a.*, Journal de Chirurgie 2008, 437 (439).

Entscheidungen aus dem Jahr 2005 führte der Kassationshof diesen Sinneswandel fort.[1043] Die Änderung beruht nicht zuletzt darauf, dass den Opfern von Behandlungsrisiken seit der Gesetzesreform durch den Entschädigungsfonds geholfen werden kann, wenn davon auch nur solche Patienten profitieren, die den erforderlichen Invaliditätsgrad erreichen.[1044] Handelt es sich bei der Verletzung jedoch nicht um die Verwirklichung eines Behandlungsrisikos (*aléa therapeutique*) im Sinne von Art. L. 1142-1 Abs. 2 CSP, sondern um einen „echten" Fehlgriff des Arztes, so ist der Kassationshof geneigt, seine Rechtsprechung fortzusetzen.

So entschied das Gericht, dass die Perforation des Dickdarms anlässlich einer Darmspiegelung kein reguläres Behandlungsrisiko darstelle, weshalb die Verletzung das Resultat eines *geste maladroit* des Arztes sein müsse.[1045] Eine weitere Entscheidung vom 18. September 2008 zeigt, dass sich der Kassationshof bemüht, eine präzise Abgrenzung des *aléa therapeutique* von der *maladresse fautive* vorzunehmen. Die Beschädigung des Schienbeinnervs anlässlich einer Reparatur der Achillessehne stuft er als *aléa therapeutique ein*, weil die Verletzung ein typisches Behandlungsrisiko darstelle (risque *inhérent à ce type d'intervention).*[1046] Liegt jedoch kein relevantes Behandlungsrisiko vor, stellt die Verletzung (*lésion corporelle*) einen Behandlungsfehler dar, es sei denn, der Patient weist eine ungewöhnliche körperliche Disposition auf, die eine derartige Verletzung unausweichlich macht.[1047] Wie im deutschen Recht wird im französischen Recht sogar davon gesprochen, dass der Arzt für solche Risiken, die durch ärztliches Handeln beherrscht werden können, verantwortlich ist, während eine Haftung für Risiken, die nicht beherrscht werden können, ausscheidet.[1048] Im Gegensatz zum deutschen Recht wird die Fehlervermutung jedoch auf den Kernbereich ärztlicher Tätigkeit ausgeweitet, weil den Arzt eine „Pflicht zur Geschicklichkeit" treffe, welche sich von der Sorgfalt in anderen Bereichen (z. B. im Freizeitsport)

1043 Cass. Civ. 1re, 29. November 2005, Az. 03-16308; Cass. Civ. 1re, 4. Januar 2005, Bull. Civ. 2005, I, Nr. 5, JCP 2005, II-10061, note *Mistretta*; *Jourdain*, RTDC 2009, 121 (124); *Rougé-Maillart*, in: Duguet, Évolution récente, S. 17 (24); *Rougé-Maillart u. a.*, Journal de Chirurgie 2008, 437 (439).

1044 *Rougé-Maillart u. a.*, Journal de Chirurgie 2008, 437 (440).

1045 Cass. Civ. 1re, 18. September 2008, Az. 07-12170, Bull. Civ. 2008, I, Nr. 205; *Jourdain*, RTDC 2009, 121 (123).

1046 Cass. Civ. 1re, 18. September 2008, Az. 07-13080, Bull. Civ. 2008, I, Nr. 206; *Jourdain*, RTDC 2009, 121 (125).

1047 *Jourdain*, RTDC 2009, 121 (126).

1048 *Jourdain*, RTDC 2009, 121 (126).

unterscheide: „Le chirurgien est tenu d'une ‚obligation de précision' du geste chirurgical".[1049]

c) *Res ipsa loquitur*

Nach englischem Prozessrecht steht es im freien Ermessen des Richters im Rahmen der Beweiswürdigung, den Tatsachen den Schluss zu entnehmen, dass die beklagte Prozesspartei sich fahrlässig verhalten hat. Der lateinische Ausdruck *res ipsa loquitur* beschreibt dieses Vorgehen.[1050] Es besagt, dass der Kläger einen *prima facie*-Beweis für die Fahrlässigkeit des Beklagten erbracht hat.[1051] Auch wenn die methodische Einordnung des Anscheinsbeweises als Beweislastumkehr oder tatsächliche Vermutung umstritten ist, kann die Anscheinsvermutung grundsätzlich dadurch entkräftet werden, dass der Anspruchsgegner darlegt und beweist, dass die erforderliche Sorgfalt eingehalten worden ist, auch wenn keine andere Erklärung für die Verletzung gefunden werden kann.[1052] Das gilt insbesondere im Bereich der Arzthaftung, denn der menschliche Körper ist keine Maschine, und deshalb sind Fälle denkbar, bei denen die Ursache unauffindbar bleibt.[1053] Der Beklagte kann sich entlasten, indem er einen Geschehensablauf beschreibt, welcher mit der Anwendung der erforderlichen Sorgfalt im Einklang steht.[1054]

Die Doktrin besagt, dass bei Geschehensabläufen, die der Schuldner unter Kontrolle hat, die Entstehung eines Unfalls für das Vorliegen einer Sorgfaltspflichtverletzung (*negligence*) spricht.[1055] In einer den Grundsatz prägenden Gerichtsentscheidung führte *Chief Justice Erle* aus: „But where the thing is shown to be under the management of the defendant or his servants, and the

---

1049 *Jourdain*, RTDC 2009, 121 (124).

1050 Siehe bereits oben S. 101 ff.

1051 *Roe v Minister of Health* [1954] 2 Q.B. 66, 87 f.

1052 *Delaney v Southmead Health Authority* [1995] 6 Med LR 355, 359 (CA) per *Stuart-Smith LJ*: „it is always open to a defendant to rebut a case of res ipsa loquitur either by giving an explanation of what happened which is inconsistent with negligence [...] or by showing that the defendants had exercised all reasonable care"; *Ratcliffe v Plymouth & Torbay Health Authority* [1998] P.I.Q.R. 170, 187 (CA).

1053 *Delaney v Southmead Health Authority* [1995] 6 Med LR 355, 358f (CA); *Ratcliffe v Plymouth & Torbay Health Authority* [1998] P.I.Q.R. 170, 181 (CA).

1054 *Winfield & Jolowicz on Tort*, Rn. 6-038.

1055 *Brazier/Cave*, Rn. 8.15: „where the defendant is in complete control of the relevant events, and an accident happens which does not ordinarily happen if proper care is taken, then the accident itself affords reasonable evidence of negligence."

accident is such as in the ordinary course of things does not happen if those who have the management use proper care, it affords reasonable evidence, in the absence of explanation by the defendants, that the accident arose from want of care."[1056] Die Schadensursache muss also unter der Kontrolle des Schädigers gestanden haben und ohne dessen Verschulden darf der Schadenseintritt nicht denkbar sein.[1057] Es ist umstritten, ob die Doktrin nur auf einfache Lebenssachverhalte angewendet werden darf, die der Richter als Laie ohne Hinzuziehung eines Sachverständigen beurteilen kann („ordinary human experience"),[1058] oder ob sie sich auch für komplexe Sachverhalte wie einen Flugzeugabsturz eignet.[1059] Darin unterscheidet sich die Maxime wesentlich vom Anscheinsbeweis im deutschen Arzthaftungsrecht. Dort muss es sich nicht um einen Schluss handeln, den ein Laie aufgrund seiner Lebenserfahrung ziehen kann, sondern es darf sich um einen Erfahrungssatz der medizinischen Wissenschaft handeln,[1060] welcher regelmäßig im Wege des Sachverständigenbeweises zu ermitteln sein wird. Zwar meint eine vermittelnde Ansicht zum englischen Recht, dass die Anwendbarkeit der Maxime auf komplexe Sachverhalte schlicht der Beweiswürdigung des Richters unterläge.[1061] Dennoch meidet die Rechtsprechung die Anwendung der Doktrin auf Arzthaftungsfälle.[1062] In *Saunders v. Leeds Western HA* ließ sich der Richter dazu hinreißen, zugunsten der vierjährigen Geschädigten die *res ipsa loquitur* Regel anzuwenden.[1063] Er stellte fest: „the heart of a fit child does not arrest under anesthesia if proper care is taken in the anesthetic and surgical process".[1064] Soweit das Urteil auf dieser aus medizinischer Sicht fragwürdigen Annahme beruhte, musste der *Court of Appeal* die Entscheidung aufheben.[1065]

1056 *Scott v The London and St Katherine Docks Company* (1865) 3 Hurlstone & Colman 596, 667; siehe auch *Ratcliffe v Plymouth & Torbay Health Authority* [1998] P.I.Q.R. 170, 178 (CA).

1057 *Mullis/Oliphant,* Rn. 8.5.

1058 So *Ratcliffe v Plymouth & Torbay Health Authority* [1998] P.I.Q.R. 170, ebd. (1); *Jackson,* S. 129.

1059 Bejahend *George v Eagle Air Service* [2009] 1 W.L.R. 2133, ebd. (PC); zustimmend *Williams,* LQR 2009, S. 567–570.

1060 *Geiß/Greiner,* Rn. B231.

1061 *Winfield & Jolowicz on Tort,* Rn. 6-037.

1062 *Brazier/Cave,* Rn. 8.15; a. A. *Brinkmann,* S. 76.

1063 *Saunders v Leeds Western Health Authority* [1993] 4 Med. L.R. 355 (QB) – Westlaw Summary; *Brazier/Cave,* Rn. 8.15.

1064 Z. n. *Brazier/Cave,* Rn. 8.15; siehe auch *Tettenborn,* in: Clerk & Lindsell on Torts, Rn. 10-94.

1065 *Brazier/Cave,* Rn. 8.15.

Es ist jedoch ausnahmsweise erlaubt, die Maxime *res ipsa loquitur* „in simple situations in the medical negligence field“ anzuwenden,[1066] d. h. wenn die Sachverständigen einverständlich davon ausgehen, dass die Verletzung auf *negligence* basiert.[1067] Das Ergebnis der Anwendung kann mit der Herabsetzung der Substantiierungslast im deutschen Recht verglichen werden, wenn gesagt wird: „to be able to plead an allegation of negligence in an acceptable form and to force the defendant to respond to it at the peril of having a finding of negligence made against the defendant if the defendant does not make an adequate response“.[1068] Dem Patienten soll insgesamt dabei geholfen werden, seinen Anspruch trotz Mangel an Beweisen durchzusetzen.[1069] In *Cassidy v. Ministry of Health* war der Patient nach einer relativ harmlosen Operation mit einer gelähmten Hand aus dem Krankenhaus entlassen worden, weshalb die Anscheinsvermutung dafür sprach, dass etwas schief gelaufen war.[1070]

Als Beispiele solcher einfach gelagerten Fälle nennt das Gericht in *Ratcliffe v. Plymouth & Torbay Health Authority*: das Abtrennen des rechten statt des linken Fußes, das Aufwachen trotz Vollnarkose[1071] und das Vergessen eines Tupfers im Bauch.[1072] Letzteres dient der englischen Rechtswissenschaft häufig als Paradebeispiel für die Anwendung der *res ipsa loquitur*-Regel, denn der zurückgebliebene Tupfer belege eindeutig: „someone has been careless“.[1073] Als weitere Beispiele werden ein falsches Anästhetikum und – wie im deutschen Recht – Injektionen genannt.[1074] Vom Anwendungsbereich nicht umfasst sind solche Fälle, in denen ein anderes Körperorgan verletzt wird, als das vom Arzt avisierte Behandlungsobjekt.[1075] In *Delaney v. Southmead Health Authority* akzeptierte der *Court of Appeal* den Anscheinsbeweis eines Fehlers im Falle eines

---

1066 *Ratcliffe v Plymouth & Torbay Health Authority* [1998] PIQR 170, 189 (CA).

1067 *Brazier/Cave*, Rn. 8.15.

1068 *Ratcliffe v Plymouth and Torbay Health Authority* [1998] PIQR 170, 189 (CA).

1069 *Winfield & Jolowicz on Tort*, Rn. 6-037; *Puxon*, Anm. zu *Delaney v Southmed Health Authority* [1995] 6 Med LR, S. 361 (ebd.).

1070 *Cassidy v Ministry of Health* [1951] 2 K.B. 343, ebd. (CA); *Brazier/Cave*, Rn. 8.15.

1071 Siehe aber OLG München v. 10. Mai 2012, 1 U 324/11, juris, Rn. 43: „Die Sachverständigen haben ausgeführt, dass eine intraoperative Wachheit ein seltenes aber nicht ausschließbares Ereignis ist“.

1072 *Ratcliffe v Plymouth & Torbay Health Authority* [1998] PIQR 170, 189 (CA); siehe dazu auch *Lunney/Oliphant*, S. 207; *Jackson*, S. 129.

1073 *Brazier/Cave*, Rn. 8.15; *Tettenborn*, in: Clerk & Lindsell on Torts, Rn. 10-72 m. z. N.

1074 *Tettenborn*, in: Clerk & Lindsell on Torts, Rn. 10-72 m. w. N.

1075 *Tettenborn*, in: Clerk & Lindsell on Torts, Rn. 10-72 m. w. N.

Lagerungsschadens, der jedoch im konkreten Fall erschüttert werden konnte.[1076] *Brazier* beschreibt das Anwendungsfeld der *res ipsa loquitur*-Regel so ähnlich wie den Anwendungsbereich der Vermutung im Bereich des voll beherrschbaren Risikos: „where the defendant is in complete control of the relevant events, and an accident happens which does not ordinarily happen if proper care is taken, then the accident itself affords reasonable evidence of negligence. The defendant will be held liable unless he can advance an explanation of the accident consistent with the exercise of proper care."

Anders als im deutschen und französischen Recht existieren im englischen Recht keine Beweiserleichterungen im Bereich von Krankenhausinfektionen oder Hygienemängeln. In England sorgt vor allem der Krankenhauskeim *Clostridium difficile* für Besorgnis in der Öffentlichkeit.[1077] In der Vergangenheit beriefen sich die Opfer von Krankenhauskeimen vor allem auf Fehler bei der Diagnose oder eine falsche Behandlung, *Ormond-Walshe* bescheinigt einer Klage jedoch bessere Erfolgsaussichten, wenn sie auf die Tatsache der Infektion mit einem Krankenhauskeim gestützt wird, da man *Clostridium difficile* sehr gut an den hervorgerufenen Symptomen erkennen könne.[1078] Sachverständige müssten sich das Hygienemanagement des Krankenhauses zum Zeitpunkt der Infektion genau ansehen.[1079] Nach *Harpwood* sind die Erfolgsaussichten der *negligence*-Klage erhöht, wenn sie den Vorwurf einer „breach of statutory duty" beinhalteten.[1080] Die „breach of statutory duty" eröffnet einen Schadensersatzanspruch wegen der Verletzung einer gesetzlichen Vorschrift.[1081] Dazu müssten Krankenhauskeime als „hazard" nach den Vorschriften der *Control of Substances Hazardous to Health Regulations 2002* anerkannt werden.[1082]

d) Zusammenfassung

Alle drei Länder kennen Fallgruppen, in denen die Pflichtwidrigkeit des ärztlichen Handelns mithilfe des Anscheinsbeweises vermutet werden kann. Der Anwendungsbereich ist jedoch gering, weil individuelle Krankheitsverläufe

---

1076 *Delaney v Southmead Health Authority* [1995] 6 Med LR 355, 359 (CA).

1077 *Ormond-Walshe,* Clinical Risk 2008, 227 (ebd.).

1078 *Ormond-Walshe,* Clinical Risk 2008, 227 (ebd.); siehe auch *Rawson,* The AvMA Medical & Legal Journal 2008, Vol. 14, Nr. 2, 72 (73).

1079 *Ormond-Walshe,* Clinical Risk 2008, 227 (227 f.).

1080 *Harpwood,* S. 98.

1081 *Wagner,* in: Zimmermann, Grundstrukturen des Europäischen Deliktsrechts, S. 189 (207).

1082 *Harpwood,* S. 98, Fn. 79; *Ormond-Walshe,* Clinical Risk 2008, 227 (228).

selten die Anforderungen an den notwendigen typischen Geschehensablauf erfüllen. Eher basiert die Vermutung pflichtwidrigen Verhaltens auf dem Gedanken, dass die behandelnde Einrichtung die Sicherheit des Patienten dort zu gewährleisten hat, wo sie die Gefahren für Körper und Gesundheit beherrschen kann. Die Fehlervermutung funktioniert vor allem außerhalb des Kernbereichs der ärztlichen Pflichten, im Bereich der Pflege und allgemeinen Versorgung, weil Sicherungsmaßnahmen den Eintritt des Risikos verhindern oder minimieren können. Es handelt sich in diesem Bereich um „durchaus erfolgsbezogene“ Pflichten.[1083] Die Handhabung der Beweislast folgt mit den *obligation de sécurité de résultat* und der Umkehr der Beweislast bei einem Schaden im Bereich der voll beherrschbaren Risiken vergleichbaren Grundsätzen.[1084] Das französische Recht besitzt dazu ausdifferenzierte gesetzliche Regelungen; sie reichen von der verschuldensunabhängigen Haftung für Krankenhausinfektionen und Schäden durch technische Gerätschaften über die Einordnung einer Pflicht als *obligation de résultat* (z. B. bei zahntechnischen Leistungen) sowie die *obligation de précision* und die Möglichkeit, im Einzelfall auf der Basis einer richterlichen Vermutung von dem Schaden auf die *faute* zu schließen. Das englische Recht enthält außer einer Gefährdungshaftung für Arzneimittel und Medizinprodukte nach dem Consumer Protection Act 1987 und einem speziellen Haftungsfonds für Impfschäden keine vergleichbare Einstufung ärztlicher oder pflegerischer Leistungen als Ergebnispflichten.[1085] Das deutsche Recht folgt dem Ansatz, dass die medizinische Behandlung durchaus Bereiche umfasst, die sich dermaßen kontrollieren und überwachen lassen, dass Schäden mit beinahe 100-prozentiger Sicherheit ausgeschlossen werden können. Seitdem die Rechtsprechung den Beweis des sorgfältigen Verhaltens als Gegenbeweis im Bereich der voll beherrschbaren Risiken wieder vermehrt zulässt, kommt das französische Recht teilweise „patientenfreundlicher“ daher, insbesondere im Bereich der Krankenhausinfektionen und der technisch-apparativen Medizin. Auch die Pflicht zur „chirurgischen Geschicklichkeit“ ist ein französischrechtliches Phänomen.

1083 *Deutsch/Spickhoff*, Rn. 305.
1084 *Ranieri*, Europäisches Obligationenrecht, S. 686.
1085 *Barendrecht/Jansen*, PEL SC, Art. 7:103, S. 814.

II. Der Schaden und sein Ersatz

Der Anspruch des Patienten auf Schadensersatz setzt einen Schaden voraus.[1086] Der Schadensersatz dient dazu, den Nachteil auszugleichen, der durch den zum Ersatz verpflichtenden Umstand eingetreten ist. Diesem Ausgleichsgedanken folgt das Haftungs- und Schadensersatzrecht in allen drei Rechtsordnungen, sofern es sich um die für den Behandlungsfehler relevanten Rechtsbereiche handelt.[1087] Daneben wird dem Schadensersatz die Funktion beigemessen, potenzielle Schädiger so zu beeinflussen, dass Schäden von vornherein ausbleiben (Präventionsfunktion).[1088] Dem Schmerzensgeld wird außerdem in Deutschland neben der Ausgleichs- auch eine Genugtuungsfunktion zugeschrieben,[1089] während im englischen und französischen Recht die Ausgleichsfunktion überwiegt.[1090] Schadensersatz mit strafender Funktion existiert in den untersuchten Rechtsordnungen lediglich im englischen Recht (*exemplary* oder *punitive damages*). Er wird dort, im Unterschied zum US-amerikanischen *common law*, nur in Ausnahmefällen angewendet.[1091] Solche Ausnahmen existieren aber bislang nicht im Arzthaftungsrecht.[1092] Jedoch kann die besondere Leichtfertigkeit

---

1086 Zum Begriff des Schadens aus Sicht eines einheitlichen Europäischen Rechts s. *Bar*, The Notion of Damage, in: Hartkamp u. a., Towards An European Civil Code, S. 387 ff.

1087 *Wurmnest*, Schadensersatz, in: Basedow/Hopt/Zimmermann., Handwörterbuch, Band II, S. 1338; vgl. *Magnus*, Comparative Report, in: Magnus, Unification of Tort Law: Damages, S. 185; zur Unterscheidung von Schadenersatzrecht und Law of Torts siehe *Koziol*, in: FS Magnus, S. 61 (73).

1088 *Looschelders*, Schuldrecht AT, § 43 Rn. 2.

1089 BGH, Großer Senat für Zivilsachen, Beschluss vom 6. Juli 1955, GSZ 1/55), BGHZ 18, 149 (155) (auch insofern) bestätigt durch BGH, Vereinigte Große Senate, Urteil vom 16. September 2016, VGS 1/16, BGHZ 212, 48 (61 f.); *Looschelders*, Schuldrecht AT, § 48 Rn. 7.

1090 Siehe zum englischen Recht *Exall*, Munkman on Damages for Personal Injury and Death, Rn. 6.2; siehe aber *Burrows*, in: Clerk & Lindsell on Torts, Rn. 28-07, Schmerzensgeld böte dem Anspruchsteller „some solace for his misfortunes"; siehe zum französischen Recht *Le Roy/Le Roy/Bibal*, Rn. 121.

1091 *Mullis/Oliphant*, Rn. 23.1; *Jones*, Medical Negligence, Rn. 12-010; *Rogers*, England, in: Magnus, Damages, S. 54 f.; *Koziol*, in: FS Magnus 2014, S. 61 (68); für das französische Recht sind „punitive damages" jedoch in den Vorschlägen für eine Reform des Schuldrechts von Catala und Terré vorgesehen, vgl. *Moréteau*, in: FS Magnus 2014, S. 77 (88).

1092 *Jones*, Medical Negligence, Rn. 12-012-12-014 mit Erläuterungen zu dem Vorschlag der *Law Commission*, die Anwendung des Strafschadensersatzes auszuweiten.

oder Respektlosigkeit des Schädigers durch eine Erhöhung der Schadenssumme für erlittene körperliche, geistige oder seelische Störungen gewürdigt werden (*aggravated damages*).[1093] Bei der ärztlichen Fahrlässigkeit wird diese Form des Schadensersatzes nur selten angewendet, denn dessen Voraussetzungen werden durch vorsätzliches und leichtfertiges Handeln erfüllt.[1094]

1. Schadensersatz

Auf den körperlichen oder gesundheitlichen Schaden des Patienten (*personal injury, dommage corporel*) finden die üblichen Bestimmungen des Personenschadensrechts Anwendung. Es ist nicht das Ziel dieser Arbeit, die Schadensersatzregelungen bei Personenschäden miteinander zu vergleichen, weshalb nur kurz auf die relevanten Bestimmungen eingegangen werden soll.[1095] In Frankreich existiert eine Auflistung der Schadenspositionen bei Personenschäden mit Erläuterungen in der sog. *nomenclature Dintilhac*, die von der *Cour de cassation* und der Einrichtung ONIAM eingesetzt wird.[1096]

Die Art der Anspruchsgrundlage, d. h. vertragliches oder gesetzliches Schuldverhältnis, übt in den ausländischen Rechtsordnungen keinen Einfluss auf Art und Umfang des Schadensersatzes aus.[1097] Spätestens seit der Schuldrechtsreform 2002 besitzt auch das deutsche Recht ein weitestgehend einheitliches Personenschadensrecht. Der Ersatz körperverletzungsbedingter Nachteile bei Erwerb und Fortkommen sowie der Ersatz wegen Minderung der Erwerbsfähigkeit

---

1093 *Jones*, Medical Negligence, Rn. 12-005.

1094 *Jones*, Medical Negligence, Rn. 12-009.

1095 Eine rechtsvergleichende Betrachtung des Personenschadensrechts findet sich z. B. in *Markesinis/Coester*, Compensation for Personal Injury in English, German and Italian Law, 2005; ausführlich zum englischen Recht *Jones*, Medical Negligence, Rn. 12-052-12-133; *Burrows*, in: Clerk & Lindsell on Torts, Rn. 28-01 ff.; zum französischen Recht *Mor/Heurton*, Évaluation du préjudice corporel, 2010; *Le Roy/Le Roy/Bibal*, L'évaluation du préjudice corporel, 2011.

1096 *Malaurie/Aynès/Stoffel-Munck*, Rn. 246; in Frankreich existieren Bestrebungen des Gesetzgebers einheitliche Bewertungsmaßstäbe für die finanzielle Entschädigung von Personenschäden gesetzlich festzulegen, ausführlich *Porchy-Simon*, D. 2011, S. 2742 ff.; *Remy-Corlay*, in: Terré, Pour une réforme du droit de la responsabilité civile, S. 191 (203f); *Moréteau*, in: Gilead/Green/Koch, Proportional Liability, S. 141 (143), Rn. 6.

1097 *Jones*, Medical Negligence, Rn. 12-002; *Exall*, Munkman on Damages for Personal Injury and Death, Rn. 1.8; *Laude/Mathieu/Tabuteau*, Rn. 416: „La notion de préjudice est régie par les règles du droit commun, et les régles d'existence comme celles d'evaluation ne présentent pas de particularisme en la matière".

(§§ 842, 843 BGB) gehören, anders als die Systematik vermuten lässt, in das allgemeine Schadensrecht nach §§ 249 ff. BGB.[1098] Durch § 630b BGB ist klargestellt, dass Ersatzansprüche auch für Schädigungen von Patienten im Rahmen von Behandlungsverträgen gelten.[1099] Regelmäßig werden in der Arzthaftung jedoch neben den vertraglichen Bestimmungen die Anspruchsvoraussetzungen der §§ 823 ff. BGB erfüllt sein.

Ausgeglichen werden in allen Systemen materielle und immaterielle Schäden (*pecuniary and non-pecuniary loss,*[1100] *préjudice patrimoniaux et préjudices personnels*[1101]). Der Ersatz erfolgt stets in Geld. Abgesehen davon, dass die Naturalrestitution im englischen Recht nicht praktiziert wird,[1102] spielt sie im Arzthaftungsrecht aus faktischen Gründen keine Rolle. Selbst in den seltenen Fällen, in denen noch die Möglichkeit bestünde, durch eine Nachbehandlung das ursprüngliche Behandlungsziel zu erreichen, dürfte der Vertrauensverlust des Patienten so groß sein, dass ihm eine Erfüllung *in natura* durch den Schädiger nicht zuzumuten wäre.[1103] Der Ersatz für materielle Schäden setzt sich in der Regel zusammen aus Behandlungskosten, Aufwendungen für Pflege und Haushaltsführung, Einkommensverlusten, vermehrten Bedürfnissen sowie Fortkommens- und Erwerbsausfallschäden, Verlusten durch Minderung der Erwerbsfähigkeit, Unterhaltsschäden und ggfs. Bestattungskosten. Den größten Betrag machen die Behandlungskosten, einschließlich Pflege, technische Hilfsmittel und Spezialanfertigungen aus, wobei die Kosten für erforderliche Heilbehandlungsmaßnahmen nicht zwingend mit dem Leistungsumfang der gesetzlichen Krankenversicherung deckungsgleich sein müssen, sondern auch darüber hinausgehen können.[1104] Auch der Ersatz immaterieller Schäden erfolgt in allen drei Ländern in Form von Schmerzensgeld, und zwar auch für die Angehörigen, wenn das Opfer stirbt, oder bei sog. Schockschäden.[1105] Gemäß § 253 Abs. 2 BGB kompensiert das Schmerzensgeld den Nichtvermögensschaden

---

1098 *Wagner,* in: MünchKomm BGB, § 843 BGB, Rn. 2.

1099 Siehe dazu auch *Wagner,* in MünchKomm BGB, § 843 BGB, Rn. 8.

1100 *Jones,* Medical Negligence, Rn 12-003.

1101 *Maugue/Thiellay,* S. 117 ff.

1102 *Rogers,* in: Magnus, Damages, S. 55, Rn. 9.

1103 *Schwab,* JuS 2013, 256 (257).

1104 *Oetker,* in MünchKomm BGB, § 249 BGB, Rn. 336; siehe zum französischen Recht *Malaurie/Aynès/Stoffel-Munck,* Rn. 246; zum englischen Recht *Cane,* in: Atiyah, Atiyah's Accidents, Compensation and the Law, S. 125.

1105 Siehe zum Ersatz von Schockschäden im deutschen, französischen und englischen Recht *Ranieri,* Europäisches Obligationenrecht, S. 1551 ff.

wegen einer Verletzung des Körpers, der Gesundheit, der Freiheit oder der sexuellen Selbstbestimmung. Das englische und französische Recht teilen den Ersatz für entgangene ideelle Interessen (*non-pecuniary losses* bzw. *dommage extra-patrimonial*) begrifflich in einzelne Schadenspositionen auf, die Unterscheidung findet sich in der durch das Gericht festzusetzenden, einheitlichen Schadenssumme jedoch nicht wieder.[1106] In Frankreich ist die Rechtsprechung eher großzügig und billigt beispielsweise ein – aus deutscher Sicht als überzogen empfundenes – Schmerzensgeld in Form der *préjudice morale* zu, z. B. bei Verlust eines Rennpferds oder verletztem Nationalgefühl.[1107] In jüngster Zeit tritt neben diese Schadenskategorie der bei Körperschäden bedeutsame *préjudice d'agrément*.[1108] Dabei handelt es sich um ein besonderes Schmerzensgeld, das ausschließlich für den Verlust einer von dem Geschädigten favorisierten Sport- oder Freizeitbeschäftigung gewährt werden darf.[1109] Die französische Einrichtung ONIAM veröffentlicht darüber hinaus eine Schmerzensgeldtabelle als unverbindliche Richtlinie.[1110]

2. Schadensbestimmung

Der Anspruch auf Schadensersatz verlangt einen ersatzfähigen Schaden. Auf den ersten Blick erscheint die Haftungsvoraussetzung „Schaden" im Arzthaftungsrecht unproblematisch. Es mangelt nicht an körperlichen oder gesundheitlichen Beeinträchtigungen, die als Folgen einer fehlerhaften Behandlung in Betracht kommen. Sie sind der Grund für die Klage des Patienten. Es stellt sich aber die Frage, ob diese Beeinträchtigungen auch als Schaden im Sinne der Haftungsnorm angesehen werden können. Üblicherweise geht man bei der Bestimmung des Schadens davon aus, dass die Umstände einen „gewöhnlichen Verlauf" genommen hätten, d. h. eine gebrochene Nase wäre unverletzt geblieben.[1111] Neben dem Behandlungsfehler bestehen aber in Behandlungssituationen drei weitere Gesundheitsrisiken: die *lege artis* durchgeführte Behandlung, die Krankheit und das schicksalhafte Behandlungsrisiko.[1112] Bezogen auf das obige Beispiel, bleibt

1106 Siehe zum englischen Recht *Burrows*, in: Clerk & Lindsell on Torts, Rn. 29-52 ff.; *Jones*, Medical Negligence, 12-015; zum französischen Recht *Sonnenberger*, in: Sonnenberger/Classen, Abschnitt 105, S. 206 f.

1107 *Sonnenberger*, in: Sonnenberger/Classen, Abschnitt 105, S. 206 f.

1108 *Sonnenberger*, in: Sonnenberger/Classen, Abschnitt 105, S. 207.

1109 Cass. Civ. 2e, 28. Mai 2009, Az. 08-16829, Bull. Civ. 2009, II, Nr. 131.

1110 Siehe *Malaurie/Aynès/Stoffel-Munck*, Rn. 246.

1111 Vgl. *Seifert*, S. 91.

1112 Siehe bereits oben S. 113 ff.

die Nase im Behandlungsfall also unter keinen Umständen unverletzt. Durch die medizinische Behandlung greift der Arzt vielmehr bestimmungsgemäß in die körperliche Integrität des Patienten ein und ruft Verletzungen hervor. Passiert ihm dabei ein Fehler, lässt sich der gesundheitliche Gesamtzustand nicht künstlich in rechtmäßige und rechtswidrige Schadensfolgen aufspalten. Neben der rechtmäßigen Körperverletzung, die jedem erlaubten ärztlichen Eingriff innewohnt, sorgt auch die Krankheit des Patienten dafür, dass „für gewöhnlich" nicht davon ausgegangen werden kann, der Patient wäre unverletzt geblieben. Der Verlauf seiner Krankheit lässt sich nicht mit Sicherheit vorhersagen, weil der menschliche Organismus unberechenbar ist und die Entwicklung jeder Krankheit individuell verläuft. Außerdem tritt neben die Behandlung und die Krankheit noch ein weiteres Verletzungsrisiko: die Behandlungskomplikation. Diese Gefahr, dass sich ein Behandlungsrisiko verwirklicht, vermag empirisch erforscht sein und mit einer gewissen Wahrscheinlichkeit vorhergesagt werden können, es kann jedoch nicht davon gesprochen werden, dass nachteilige Folgen einer Behandlung „für gewöhnlich" ausbleiben. Mit anderen Worten, es besteht die Möglichkeit, dass der Verletzungserfolg auch ohne den Behandlungsfehler eingetreten wäre. Im Ergebnis machen die Krankheit sowie die medizinische Behandlung und ihre Risiken eine Abgrenzung des tatsächlichen von dem hypothetischen Zustand *ohne* Behandlungsfehler beinahe unmöglich. Diese Abweichung des realen vom hypothetischen Zustand müsste als Schaden Berücksichtigung finden.

Den Behandlungsfehlerschaden zu bestimmen, kann mit kausalitäts- oder schadensrechtlichen Mitteln versucht werden.[1113] Einerseits kann man den endgültigen Gesundheitszustand des Patienten als Schaden betrachten und fragen, ob der Behandlungsfehler ihn auch verursacht hat. Andererseits kann man versuchen zu ergründen, in welchem Teil des nachteiligen Gesundheitszustands sich der haftungsrelevante Schaden verbirgt. Während das deutsche und das englische Recht dazu tendieren, die Bestimmung des Behandlungsfehlerschadens als kausalitätsrechtliches Problem zu betrachten, versucht das französische Recht, dem Problem mit dem Ersatz der verpassten Heilungschancen zu begegnen. Der französische Lösungsansatz ist als „das vielleicht dramatischste Beispiel für eine Verschiebung von ehedem kausalitätsrechtlich zu neuerdings schadensrechtlich ‚verorteten' Fragen" bezeichnet worden.[1114] Die schadensrechtliche Verortung

1113 So auch *Spier/Haazen*, in: Spier, Unification of Tort Law, S. 127 (151 f.).

1114 *Bar*, Deliktsrecht, Band 2, Rn. 444; ähnlich *Moréteau*, in: Gilead/Green/Koch, Proportional Liability, S. 141 (ebd.), Rn. 2: „The French find it convenient to shift from causation to damage."

des Problems hat jedoch den Vorteil, dass nicht der gesamte, endgültige Gesundheitszustand des Patienten als ersatzfähiger Schaden betrachtet werden muss. Es kann vielmehr das „reale Minus" aus dem, bei korrekter Behandlung möglicherweise erzielten, hypothetischen Behandlungsergebnis und dem tatsächlichen Gesundheitszustand ermittelt werden. Die typischen Aufklärungsschwierigkeiten bezüglich der Schadensentstehung im Behandlungsfehlerfall können mit drei unterschiedlichen Fragestellungen umschrieben werden: Wenn ein Arzt eine Krebserkrankung fehlerhaft nicht erkennt, die zum Tod des Patienten führt, kann man fragen: „Did the physician's omission cause the patient to die, or did he die as the result of his disease only?", und es handelt sich um ein Problem alternativer Kausalität. Fragt man aber: „How likely is it that the omission caused the death?", so handelt es sich um eine beweisrechtliche Fragestellung. Schließlich kann das Problem bei der Schadensbestimmung verortet werden, wenn man fragt: „Did the physician diminish the patient's chance of survival?".[1115]

a) *Der Ersatz von Heilungschancen im französischen Recht*

Unter *dommage* oder *préjudice* versteht man allgemein die *lésion d'un intérêt légitime*.[1116] Diese Interessenverletzung wird mithilfe einer Differenzbetrachtung ermittelt: „Comparaison entre la situation actuelle et celle qui aurait existé si le fait dommageable ne s'était pas produit".[1117] D. h. der eingetretene Zustand wird mit dem hypothetischen Rechtsgüterstand ohne das schädigende Ereignis verglichen.[1118] Diese Differenzbetrachtung gilt sowohl für die vertragliche (vgl. Art. 1231-1 CC) als auch für die deliktische Haftung (vgl. Art. 1240, 1241 CC), die in einem gemeinsamen Haftungsregime, *la responsabilité civile*, zusammengefasst werden. Der ersatzfähige Schaden (*préjudice reparable*) und der Kausalzusammenhang (*lien de causalité*) werden im vertraglichen und außervertraglichen Haftungsregime gleichermaßen bestimmt.[1119] Diese einheitlichen Grundsätze sind auch auf die Vorschrift des Art. L. 1142-1 Abs. 1 CSP anzuwenden, denn die Vorschrift enthält keine besonderen Regelungen zur Ermittlung des Schadens. Die Vorschrift setzt lediglich voraus, dass Ärzte und Gesundheitseinrichtungen verantwortlich sind für „des conséquences dommageables". Diese

---

1115 *Spier/Haazen*, in: Spier, Unification of Tort Law, S. 127 (151).

1116 *Viney/Jourdain*, Rn. 249; *Sonnenberger*, in: Sonnenberger/Classen, Abschnitt 105, S. 206; *Flour/Aubert/Savaux*, 2. Le fait juridique, Rn. 145.

1117 *Viney/Jourdain*, Rn. 249.

1118 *Viney/Jourdain*, Rn. 249.

1119 *Moréteau*, in: Mankowski/Wurmnest, FS Magnus 2014, S. 77 (79).

Formulierung beschreibt sowohl das Kausalitäts- als auch das Schadenserfordernis. Die allgemeine Definition des Schadens als Rechts- oder Interessenverletzung wird konkretisiert durch vier Merkmale, die jeder ersatzfähige Schaden erfüllen muss, von denen hier vor allem das Kriterium „*dommage certain*" interessant ist. Danach muss die Einbuße *réal* sein im Sinne eines *caractère actuel et certain du dommage*,[1120] d. h. er muss tatsächlich eingetreten sein. Die anderen drei Voraussetzungen betreffen die Vorhersehbarkeit, ersatzberechtigte Personen und die Ersatzfähigkeit nach normativen Kriterien.[1121]

(1) Unmittelbare und direkte Schadensfolgen (dommage certain)

Die Voraussetzung des *dommage certain* hat keinen speziellen Ursprung, sie steht einfach fest[1122] und bedeutet, dass der Schaden in seiner konkreten Gestalt eingetreten sein muss. Das bemisst sich danach, ob der Geschädigte ohne das Schadensereignis besser dagestanden hätte.[1123] In Arzthaftungsfällen kann aufgrund der oben beschriebenen Sonderkonstellation von Gesundheitsgefahren nicht ausgeschlossen werden, dass der gewöhnliche Verlauf der Dinge zu einer ähnlichen oder identischen Körper- oder Gesundheitsverletzung des Patienten geführt hätte. An der Voraussetzung des *dommage certain* scheitert deshalb der Haftungsanspruch des Patienten. Als Ausweg aus diesem Dilemma hat das französische Recht die Schadensfigur der *perte d'une chance* auf die Arzthaftung angewendet.[1124] Dabei handelt es sich um eine Rechtsfigur, die den Ersatz von Schäden ermöglicht, die nicht mit Sicherheit bemessen werden können.

(2) Chancenersatz im französischen Recht

Die Rechtsfigur der *perte d'une chance* ermöglicht den Ausgleich eines ausgebliebenen Vermögensvorteils, der ohne das schädigende Ereignis nicht mit Sicherheit (*certain*), sondern nur möglicherweise eingetreten wäre.[1125] Die französische Rechtsfigur fand schon früh zu diesem „Kunstgriff".[1126] Neben der kritischen Betrachtung einiger Autoren, welche in der Schadensfigur eine Kausalitätserleichterung sehen, wird die *perte d'une chance* in neuerer Zeit wieder verstärkt

---

1120 *Großerichter*, S. 76.

1121 Ebd.

1122 *Viney/Jourdain*, Rn. 275: „La condition de certitude du dommage va de soi."

1123 *Großerichter*, S. 78.

1124 So auch *Ehling*, S. 179.

1125 Zur allg. Anerkennung der Rechtsfigur im französischen Schadensrecht vgl. *Moréteau*, in: Gilead/Green/Koch, Proportional Liability, S. 143, Rn. 6 m. w. N.

1126 *Großerichter*, S. 93.

als echte Schadensfigur eigener Art betrachtet.[1127] Das Rechtsinstitut wird als unverzichtbar betrachtet, wollte man nicht die Entschädigung ablehnen, weil ein künftiger Schaden noch nicht mit Sicherheit bemessen werden kann.[1128]

Bei der Schadensentstehung wird nicht auf den hypothetischen Eintritt des Vorteils abgestellt, sondern der ersatzfähige Verlust ist in der verlorenen Gewinnchance zu sehen. Die Anerkennung der Chance als eigenständiger Schaden ist unter anderem deshalb möglich, weil die französische Generalklausel keine Rechtsgüter enumerativ aufzählt.[1129] Zu den klassischen Fällen zählen beispielsweise ein entgangener Lotteriegewinn, weil das Lotterieticket entgegen einem Versprechen nicht gekauft worden ist; oder die vorzeitig beendete Teilnahme an einem Pferderennen oder Schönheitswettbewerb, weil eine schädigende Handlung das Pferd oder das Model beeinträchtigt hat.[1130] Dabei kann berücksichtigt werden, dass die Aussicht auf einen Vorteil einen geringeren Vermögenswert besitzt als der angestrebte Vorteil selbst.[1131] Die Wertberechnung der Chance erfolgt normalerweise anhand des Werts des angestrebten Ziels[1132] und der Wahrscheinlichkeit seiner Realisierung. Besitzt der Geschädigte die Aussicht auf einen Gewinn von 100.000 Euro, und beträgt die Wahrscheinlichkeit, dass er diesen Gewinn erreicht, 25 %, weil er z. B. einer von vier Teilnehmern an einem Schönheitswettbewerb ist, beträgt der Wert seiner Chance 25.000 Euro. In diesen klassischen Anwendungsfällen verzichtet der Chancenersatz *nicht* auf die Kausalität zwischen Fehler und Schaden,[1133] sondern setzt die Verursachung eines Chancenverlusts gerade voraus. Zwar handelt es sich dabei um eine Scheinbegründung, weil die Chance als solche auf keinen Fall im Vermögen des Geschädigten geblieben wäre, sondern sich verwirklicht hätte oder nicht.[1134] Aber bei der Kausalität werden trotzdem keine Abstriche gemacht, und der Ursachenzusammenhang muss vorliegen. Allein der Chancenverlust wird als Schaden im Sinne einer Interessenverletzung (*dommage autonome*) anerkannt, der Schadensumfang ist jedoch aufgrund hypothetisch gebliebener Ereignisse ungewiss.[1135] Der Chancenverlust ist ein erster sicherer Verletzungserfolg. Diese

1127 *Bergoignan-Esper/Sargos*, S. 440.
1128 *Sonnenberger*, in: Sonnenberger/Classen, Abschnitt 105, S. 207.
1129 *Ehlgen*, S. 180.
1130 *Khoury*, S. 94.
1131 *Kasche*, S. 5.
1132 *Ehlgen*, S. 180.
1133 *Großerichter*, S. 262.
1134 *Bénabent*, La chance, S. 179 f.
1135 *Lambert-Faivre/Porchy-Simon*, Rn. 582-2.

„Hilfskonstruktion" eines *dommage certain* ermöglicht das Festhalten am Kausalitätserfordernis. Bei der weiteren Bestimmung des ersatzfähigen Schadens handelt es sich nur noch um eine Frage der Schadensberechnung. In der Arzthaftung gerät dieser Grundsatz jedoch ins Wanken. Die Anwendung der *perte d'une chance*-Doktrin folgt diesem Grundsatz nicht und weicht die Kausalitätsanforderungen auf.

(3) Übertragung auf die Arzthaftung

Die französische Rechtsfigur der verpassten Heilungschancen (*perte d'une chance de guérison*) versucht, das Problem des hypothetisch gebliebenen Behandlungsausgangs zu beheben, indem davon ausgegangen wird, dass dem Patienten durch den Fehler jedenfalls eine Aussicht auf Besserung des Gesundheitszustands, die in der konkreten Behandlung gelegen hat, entgangen ist. Dabei soll es sich um eine geschützte Aussicht, ein Recht des Patienten mit einem eigenen Wert, handeln.[1136] Dieser Wert ist zu ersetzen, falls die Heilungschance untergegangen ist. Die Heilung als angestrebtes Ziel des Patienten besitzt jedoch keinen messbaren Vermögenswert, deshalb berechnet sich der Wert der Chance anteilig anhand des endgültigen Schadens:[1137] Bestand für den Patienten eine 60-prozentige Chance auf Heilung, die durch einen Behandlungsfehler auf 20 % herabgesetzt worden ist, so erhält er bei einem Gesamtschaden in Höhe von 100.000 Euro die Differenz zwischen 60 und 20 %, das bedeutet 40 % von 100.000 Euro (40.000 Euro) ersetzt.[1138] Bei der schwierigen Bestimmung der Wahrscheinlichkeit ist der Tatrichter souverän, weshalb der Abschlag häufig großzügig gehandhabt wird.[1139] Es müssen jedoch keine Abschläge vorgenommen werden, auch der Ersatz des gesamten Schadens als verpasste Heilungschance ist möglich.[1140] Bei der Festlegung des zu ersetzenden Schadens steht dem Tatrichter ein weites Ermessen zu, das als *pouvoir souverain* bezeichnet wird.[1141] In diesem Grundsatz der „Schadenswürdigung" sieht *Großerichter* die Ursache für das Fehlen besonderer Beweislastbestimmungen im Bereich der Haftungsvoraussetzung „Schaden".[1142] Der Grundsatz bedeutet, dass dem Tatrichter bei der Würdigung der Tatsachen, die den Schaden begründen, ein Freiraum zusteht, der von der Revisionsinstanz

---

1136 *Boré*, JCP 1974, I-2620, Rn. 12 ff.; *Bergoignan-Esper/Sargos*, S. 443.
1137 *Kasche*, S. 228; *Bergoignan-Esper/Sargos*, S. 445.
1138 *Stremitzer*, AcP 208 (2008), 676 (687).
1139 *Großerichter*, S. 130; siehe auch *Malaurie/Aynès/Stoffel-Munck*, Rn. 242.
1140 *Großerichter*, S. 130 m. w. N.
1141 *Großerichter*, S. 90.
1142 *Großerichter*, S. 90.

nur eingeschränkt kontrolliert werden kann.[1143] Darüber hinaus ist er nicht dazu verpflichtet, die zugrunde gelegten Tatsachen, nach denen er die Schadenshöhe bestimmt hat, in überprüfbarer Weise zu offenbaren.[1144] In neuerer Zeit gibt es jedoch Reformbestrebungen, wonach der Richter die Schadensberechnung offen legen muss.[1145]

Die Übertragung der Grundsätze der *perte d'une chance* auf die Arzthaftung begann mit einer unveröffentlichten Entscheidung der *Cour d'appel de Grenoble* aus dem Jahr 1962.[1146] Das Gericht gewährte dem Patienten reduzierten Schadensersatz für den Verlust einer Heilungschance. Aufgrund eines Diagnosefehlers war der Bruch seines Handgelenks unbehandelt geblieben, woraufhin der Knochen später bei der Verrichtung einer schweren Tätigkeit erneut gebrochen war, was zur teilweisen Invalidität des Patienten geführt hatte.[1147] Das Berufungsgericht urteilte, es könne nicht ausgeschlossen werden, dass der Knochen auch bei richtiger Behandlung wiederholt gebrochen wäre. Dennoch hätte die fehlende Behandlung infolge des Diagnosefehlers dem Kläger wenigstens die Aussicht genommen, die Disposition für eine erneute Verletzung zu vermeiden.[1148] Im Jahr 1965 verwendete die *Cour de cassation* erstmals diesen Ausgleichsgedanken. Sie entschied, dass ein Diagnosefehler, der eine Heilungschance zunichtegemacht hatte, den Arzt zum Schadensersatz verpflichtete.[1149] Der Arzt hatte eine Ellenbogenverrenkung fälschlicherweise als Oberarmbruch diagnostiziert. Zum Zeitpunkt ihrer Entdeckung konnte die Ellenbogenverrenkung nicht mehr korrigiert werden. Es war unklar, ob die eingetretene Invalidität bei rechtzeitiger Diagnose hätte verhindert werden können.[1150] Das Berufungsgericht hatte

---

1143 *Großerichter*, S. 91.

1144 Ebd.

1145 Vgl. *Mahé*, in: Milo/Lokin/Smits, 2014, S. 226, der auf Art. 52 Abs. 2 des Terré-Entwurfs verweist; siehe zur „neuen" Rolle des Richters nach den Reformentwürfen auch *Remy-Corlais*, De la réparation, in: Terré, Pour une réforme du droit de la responsabilité, S. 191 (194), *Neyret*, in: Groupe de Recherche Européen sur la Responsabilité Civile et l'Assurance, Le droit français, S. 15-32.

1146 CA Grenoble, 24. Oktober 1962 (unveröffentlicht), besprochen von *Tunc*, RTDC 1963, S. 326 (334); siehe zu dieser Entscheidung auch *Großerichter*, S. 96; *Kasche*, S. 119.

1147 Zum Sachverhalt vgl. *Großerichter*, S. 132; *Kasche*, S. 119 f.

1148 *Kasche*, S. 120.

1149 Cass. Civ. 1re, 14. Dezember 1965, Bull. Civ. 1965, I, Nr. 707 (Volltext verfügbar in der Entscheidungsdatenbank unter http://legifrance.gouv.fr, zuletzt: 5. Juni 2015), siehe dazu *Kasche*, S. 120; zum Sachverhalt auch *Großerichter*, S. 132.

1150 *Kleinewefers/Wilts*, VersR 1967, 617 (ebd.).

einen Abschlag auf den vollen Ersatz vorgenommen und den Arzt zu einer Pauschalsumme verurteilt. Die *Cour de cassation* ließ dieses Vorgehen des Tatrichters unbeanstandet.[1151] Der Ersatz einer verpassten Heilungschance entwickelte sich in der Folge zur ständigen Rechtsprechung, wonach ein Arzt auch dann zum (anteiligen) Schadensersatz verpflichtet ist, wenn nicht 100-prozentig ausgeschlossen werden kann, dass der endgültige Schaden sowieso eingetreten wäre.[1152] Für den Bereich der öffentlich-rechtlichen Ersatzansprüche gegen Krankenhauseinrichtungen übernahm der *Conseil d'État* dieses Vorgehen.[1153] Allerdings wurde zunächst prinzipiell der gesamte Schaden ersetzt, der auf die Vernichtung einer Heilungschance folgte.[1154] Der *Conseil d'État* reduzierte den Schadensersatz zunächst nur für Schäden aus einem Aufklärungsfehler. Seit 2007 wird auch bei „technischen" Behandlungsfehlern (*erreurs médicales*) der anteilige Verlust einer *perte d'une chance sanitaire* ersetzt.[1155]

(4) Auflockerung der Kausalität

Die Rechtsprechung zur *perte d'une chance de guérison* fand einigen Anklang in Rechtsprechung und Literatur. Arzthaftungsfälle seien mit den klassischen Chancenfällen vergleichbar, weil nicht klar sei, ob sich unter Hinwegdenken des schädigenden Verhaltens eine Chance verwirklicht hätte.[1156] Die Anwendung der Schadensfigur im Arzthaftungsrecht war jedoch von Anfang an auch heftiger Kritik ausgesetzt.[1157] Kritische Stimmen betonen vor allem die Unterschiede der Heilungschance zu den „klassischen" Chancenfällen im Hinblick auf das Kausalitätserfordernis. Bei der Heilungschance handele es sich nicht um eine Chance, die mit Sicherheit vernichtet worden sei und bei der allein der Umfang des Schadens aufgrund anderer Einflussfaktoren zweifelhaft sei. In den Fällen der Arzthaftung sei vielmehr schon fraglich, ob sich der Behandlungsfehler auf

---

1151 *Großerichter*, S. 133; *Kleinewefers/Wilts*, VersR 1967, 617 (ebd.).

1152 Cass. Civ. 1re, 18. März 1969, Bull. Civ. 1969, I, Nr. 117; Cass. Civ. 1re, 17. November 1970, Az. 69-12445, Bull. Civ. 1970, I, Nr. 301; Cass. Civ. 1re, 25. Mai 1971, Az. 69-14266, Bull. Civ. 1971, I, Nr. 171; *Khoury*, S. 111 m. z. N. aus der Rspr.; *Viney/Jourdain*, Rn. 370; *Bergoignan-Esper/Sargos*, S. 441 m. w. N.; *Mäsch*, S. 171; *Großerichter*, S. 133.

1153 CÉ, 24. April 1964, Lebon 1964, S. 259 – Hôpital-Hospice de Voiron c/Richard z. n. *Bergoignan-Esper/Sargos*, S. 437.

1154 *Maugüé/Thiellay*, S. 135.

1155 *Maugüé/Thiellay*, S. 135.

1156 Siehe *Großerichter*, S. 133 m. z. N.; *Kasche*, S. 122 m. w. N.

1157 Siehe *Bergoignan-Esper/Sargos*, S. 439 f. m. z. N.; *Nitschmann*, S. 264 m. w. N.

den Gesundheitszustand des Patienten überhaupt nachteilig ausgewirkt haben kann: „La faute du medecin est établie, mais il ne peut être certain que si des soins conformes aux données acquises de la science avaient été prodigués, le malade aurait été guéri, ou les séquelles évitées."[1158] Da der nachteilige Gesundheitszustand des Patienten feststünde, sei nicht der entgangene Vorteil als Verwirklichung einer vom Schädiger zerstörten Aussicht ungewiss. Es sei vielmehr unklar, ob zwischen dem Fehler und dem entstandenen Zustand ein Ursachenzusammenhang bestünde.[1159]

Tatsächlich vernachlässigten die Gerichte in der Fortsetzung der Rechtsprechung zunehmend den Kausalzusammenhang zwischen Fehler und Verlust der Heilungschance. Die *Cour de cassation* billigte dieses Vorgehen. Während die *Cour de Grenoble* und die *Cour de cassation* in den beiden Präzedenzfällen noch festgestellt hatten, dass das konkrete Krankheitsbild ohne den Fehler ein anderes gewesen wäre, worin sich die untergegangene Heilungschance manifestierte, gingen einige Instanzgerichte und die *Cour de cassation* später dazu über, den Haftungsgrund auch dann zu bejahen, wenn keine sichere Aussage über den Zusammenhang zwischen dem ärztlichen Fehler und dem Verlust einer Heilungschance getroffen werden konnte.[1160] Die Problematik lässt sich am besten an einem Beispiel erläutern, das aus einem Urteil der *Cour d'Appel de Paris* stammt.[1161] Bei der Geburt ihres Kindes erlitt eine Patientin eine Blutung, die ihren Tod verursachte. Der Behandlungsfehler lag in dem verspäteten Eingreifen des zuständigen Arztes. Der Sachverständige gab an, dass die schicksalhafte Blutung für gewöhnlich einen „*caractère irreversible*" annehme und in 15–20 % der Fälle tödlich verlaufe.[1162] Der Vater des Kindes trat als Kläger auf. Nun hätte er eigentlich Anhaltspunkte dafür vorbringen müssen, dass gerade die Nichtbehandlung der Blutung und nicht das allgemeine Lebensrisiko (15–20 %) zum Tod der Kindsmutter geführt hatte. Der Untergang der Heilungschance, die bei korrekter Behandlung bei 80–85 % lag, hätte also mit „100-prozentiger" Sicherheit bzw. zur Überzeugung des Richters bewiesen werden müssen. Dann hätte dem Kläger der Ersatz der Heilungschance, d. h. ein Betrag in Höhe von 80 – 85 % des endgültigen Schadens, zugestanden. Das Gericht bejahte auch ohne derlei Anhaltspunkte eine erhebliche Überlebenschance (*chances sérieuses de survie*)

1158 *Bergoignan-Esper/Sargos,* S. 441.

1159 *Kasche,* S. 121 f.; *Penneau,* La responsabilité du médecin, S. 33 f.

1160 *Großerichter,* S. 134.

1161 CA Paris 1re, 10. März 1966, JCP 1966, II-14753 observations *Savatier*; siehe zu dieser Entscheidung auch *Großerichter*, S. 133.

1162 *Großerichter,* S. 133.

und gewährte Schadensersatz.[1163] Damit lag das Gericht insofern nicht falsch, als dass die Patientin unabhängig vom Fehler des Arztes mit 80 – 85 % eine erhebliche Überlebenschance gehabt hatte. Das Gericht hätte jedoch zusätzlich beurteilen müssen, ob diese Überlebenschance aufgrund des Arztfehlers untergegangen war oder ob die Patientin zu den unglücklichen 10 – 15 % der Patientinnen gehörte, die nach dem damaligen Stand der medizinischen Wissenschaft trotz sofortigen standardgemäßen Vorgehens an dieser typischen Behandlungskomplikation verstarben. Eine starke Vermutung spricht dafür, dass sich durch das Eingreifen des Arztes an dem Zustand der Patientin wenigstens vorübergehend etwas geändert hätte, eventuell hätte der tödliche Ausgang verhindert werden können. Aber als „sicher" konnte das nach den Aussagen des Sachverständigen in diesem konkreten Fall wohl nicht betrachtet werden.[1164]

Eine solche Rechtsprechungspraxis birgt die Gefahr, dass jeder – auch ein folgenloser – Behandlungsfehler einen Schadensersatzanspruch auslöst, denn jeder Behandlungsfehler kann mutmaßlich Risiken erhöhen und dadurch Chancen vernichten.[1165] Nicht umsonst handelte es sich bei den Präzedenzfällen zum Verlust einer Heilungschance um Fälle von Unterlassen oder – wie hier – um verspätetes ärztliches Handeln. Die Unterlassenskausalität entzieht von vornherein einer naturwissenschaftlichen Betrachtung und lässt sich nur im juristischen Sinne als Kausalität bewerten.[1166] Das hat zur Folge, dass ein wertendes Element in die Betrachtung einfließt, weil angenommen wird, dass bei Hinzutreten des schadensvermeidenden Handelns der Erfolg entfallen wäre.[1167] Im deutschen Recht wird die Unterlassenskausalität deshalb auch als hypothetische Kausalität bezeichnet.[1168] Die Vorstellung, das pflichtgemäße Verhalten hätte im konkreten Fall etwas geändert, drängt sich bei hypothetischer Betrachtung auf.[1169] Zusätzlich entfallen in Unterlassensfällen die medizinische Behandlung und ihre Komplikationen als mögliche Ursachen des schlechten Gesundheitszustands. Der Arzt setzt kein neues Risiko durch eine *lege artis* durchgeführte Behandlung. Deshalb konkurrieren in diesen Fällen bloß das Fehlerrisiko und das Krankheitsrisiko als mögliche Ursachen. Es kann also davon ausgegangen werden, dass das Behandlungsgeschehen bei (richtigem) Einschreiten des Arztes

---

1163 *Großerichter*, S. 120.
1164 *Großerichter*, S. 133, 260; *Kleinewefers/Wilts*, VersR 1967, 617 (ebd.).
1165 *Kasche*, S. 128.
1166 *Seifert*, S. 27.
1167 *Schiemann*, in: Staudinger BGB, § 249 BGB, Rn. 9; *Wurmnest*, S. 159.
1168 *Oechsler*, in: Staudinger BGB, § 826 BGB, Rn. 60.
1169 *Großerichter*, S. 144.

mit Sicherheit anders abgelaufen wäre. Es ist zwar fraglich, ob der Schaden verhindert worden wäre, aber dem pflichtgemäßen Handeln wird im Allgemeinen das Potenzial zugeschrieben, dem Patienten helfen zu können.[1170] Die eigentlich erforderliche Hypothese darüber, wie sich der Gesundheitszustand bei rechtzeitigem Verhalten entwickelt hätte, wird nicht angestellt, sondern mit dem Ergebnis gleichgesetzt, das der Patient bei korrekter Behandlung erwarten dürfte.[1171] Dieses Vorgehen kann auf „richtiges" statt nur „rechtzeitiges" Verhalten ausgedehnt werden, denn jedes falsche ärztliche Handeln lässt sich auch als Unterlassen des richtigen Verhaltens darstellen.[1172] Der Ersatz einer verpassten Heilungschance lässt sich daher auch bei Behandlungsfehlern durch aktives Tun einsetzen.

(5) Rückkehr zur Schadensfigur

In einer vielbeachteten Entscheidung aus dem Jahr 1982 begann die *Cour de cassation*, der Haftungsausweitung entgegenzusteuern, und betonte, dass die *perte d'une chance* nur der Schadensberechnung (*evaluation de préjudice*) diene, ein Kausalzusammenhang zwischen Fehler und *réalisation de dommage* müsse dennoch vorliegen.[1173] Es dürfe nicht der Eindruck entstehen, dass der Abschlag auf den Schadensersatz die Unsicherheiten im Kausalverlauf widerspiegele. Es solle sich dabei nur um die Bewertung der Chance handeln. Die Heilungschance ersetze lediglich die Körper- oder Gesundheitsverletzung als Bezugspunkt des Ersatzanspruchs.[1174] Als eingrenzende Kriterien wurden in der Folge zwei Merkmale des Heilungschancenverlusts herausgearbeitet. Erstens, eine Heilungschance muss bestanden haben, die Behandlung darf nicht von vornherein aussichtslos gewesen sein.[1175] Eine Heilungschance wird dementsprechend verneint, wenn feststeht, dass das Verhalten des Arztes keinen Einfluss auf den Zustand des Patienten hatte.[1176] Zweitens, der Untergang einer Heilungschance darf selbst nicht nur hypothetisch sein, sondern muss sich anhand konkreter Anhaltspunkte feststellen und in dem Schaden des Patienten wiederfinden

---

1170 *Großerichter*, S. 144.
1171 *Großerichter*, S. 146 f.
1172 Vgl. *Soffner*, S. 94; *Kasche*, S. 129.
1173 *Bergoignan-Esper/Sargos*, S. 442; *Mäsch*, S. 172, *Kasche*, S. 123.
1174 *Ehlgen*, S. 180.
1175 Cass. Civ. 1re, 7. Juni 1988, Az. 86-13214, Bull. Civ. 1988, I, Nr. 180, S. 125; *Kasche*, S. 132.
1176 Cass. Civ. 1re, 17. November 1982, Az. 81-13530, Bull. Civ. 1982, I, Nr. 333; Cass. Civ. 1re, 2. Mai 1978, Az. 77-10619, Bull. Civ. 1978, I, Nr. 166, S. 133.

lassen.[1177] Dazu soll genügen, dass das ärztliche Verhalten den Gesundheitszustand beeinflusst hat, auch wenn die Ursachen der Verletzung nicht aufgeklärt werden können.[1178] *Maitre* bemerkt, der Kassationshof habe sich hinter den Schlussfolgerungen des erstinstanzlichen Richters versteckt und die Frage der Kausalität offen gelassen.[1179] In der Praxis können die Anhaltspunkte darüber hinaus sehr gering ausfallen. Es darf davon ausgegangen werden, dass eine verspätete Behandlung die Aussichten einer Patientin auf Heilung zerstört hat, wenn andere Risiken den Schaden nicht erklären können.[1180]

Im Ergebnis stehen diese Kriterien dem Schluss von der Pflichtwidrigkeit der Behandlungsmaßnahme auf den Verlust einer Heilungschance nicht allzu sehr im Weg: „quand le caractère fautif de l'absence de contention après traitement impliquait nécessairement que la contention aurait pu, si elle avait été mise en place, avoir une influence favorable sur l'évolution de la pathologie".[1181] Der Verlust einer Heilungschance wird in Fällen fehlender oder verspäteter Behandlungen aufgrund eines Diagnose- oder Therapiefehlers häufig schon dann bejaht, wenn die gebotene Handlung effektiver gewesen wäre.[1182] Aber auch in allen anderen Fällen fällt die Annahme, dass der Fehler das Ausbleiben eines hypothetischen Vorteils verursacht hat, viel leichter als der Schluss vom Fehler auf den entstandenen Schaden. Die Heilungschance ermöglicht es insoweit, das Krankheits- und das Behandlungsrisiko aus der Betrachtung auszuklammern und nur eine anteilige Verletzung durch den Behandlungsfehler zu berücksichtigen. Der Abschlag auf den vollen Ersatz repräsentiert damit den Umstand, dass der Patient anderen konkreten Risiken ausgesetzt war.[1183] Seit der Entscheidung der *Cour de cassation* aus dem Jahr 1982 wird wenigstens versucht, Kausalität

---

1177 *Viney/Jourdain*, Rn. 372; *Bergoignan-Esper/Sargos*, S. 442; *Großerichter*, S. 153; *Kasche*, S. 127; Penneau, Anm. zu CA Versailles, 8. Dezember 1986, D. 1987, Jurisprudence, S. 584 (585); siehe auch *Khoury*, S. 138 f.

1178 Cass. Civ. 1re, 28. Januar 2010, Az. 08-20755, D. 2010, S. 947 (ebd.): „dont les fautes avaient, au moins pour partie, été à l'origine du dommage, responsables [...] peu importe que l'origine première du handicap soit affectée d'un degré d'incertitude", note *Maitre*.

1179 *Maitre*, Anmerkung zu Cass. Civ. 1re, 28. Januar 2010, D. 2010, S. 947 (950).

1180 Cass. Civ. 1re, 14. Oktober 2010, Az. 09-69195, Bull. Civ. 2010, I, Nr. 200.

1181 Cass. Civ. 1re, 22. März 2012, Az. 11-10935 & 11-11237, Bull. Civ. 2012, I, Nr. 68: „Qu'en statuant ainsi, quand le caractère fautif de l'absence de contention après traitement impliquait nécessairement que la convention aurait pu, si elle avait été mise en place, avoir une influence favorable sur l'évolution de la pathologie".

1182 *Großerichter*, S. 144 f.

1183 *Großerichter*, S. 145.

und Schadensumfang zu trennen, in der Praxis wird die Trennung jedoch nicht immer durchgehalten und versteckt oder offen mit Kausalitätserleichterungen gearbeitet.[1184] Zusätzlich herrscht zwischen dem *dommage certain* und der *faute* ein entsprechend großzügiges Verständnis des Kausalzusammenhangs.[1185]

Im Ergebnis wird der Verlust einer Heilungschance dazu benutzt, einen Zurechnungszusammenhang zwischen *Fehler* und *Schaden* herzustellen. Der Zusammenhang liegt vor, wenn eine *Chance* bestanden hat, den konkreten Schaden zu vermeiden, die durch den Fehler vereitelt worden ist.[1186] Für den Ursachenzusammenhang sowohl zwischen Fehler und Heilungschance als auch zwischen Heilungschance und endgültigem Schaden werden Kausalitätserleichterungen wie die Risikoerhöhung oder Beweislastumkehr eingesetzt, in der Praxis werden diese Ursachenverläufe nicht eindeutig abgegrenzt.[1187] Der konkrete Zusammenhang zwischen Heilungschance und endgültigem Schaden ist unklar, es muss jedoch möglich sein, dass der konkrete Schaden aus dem Untergang der Heilungschance resultiert.[1188] *Moréteau* nennt als Orientierungswert eine Wahrscheinlichkeit von 10 bis 20 %.[1189] Das ärztliche Fehlverhalten muss sich bei der Schadensentstehung also ausgewirkt haben.[1190]

Sofern sich das Verhalten des Schädigers in irgendeiner Form auf den endgültigen Gesundheitszustand des Patienten ausgewirkt hat, müsste nach den Grundsätzen des französischen Haftungsrechts eigentlich der gesamte Schaden ersetzt werden.[1191] Der Ersatz einer Heilungschance scheint jedoch die Durchbrechung dieses Grundsatzes zu ermöglichen. Der gesamte Schaden soll lediglich dann ersetzt werden, wenn ein „vollständiger" Kausalzusammenhang zwischen Fehler und endgültigem Schaden vorliegt.[1192] Der Ersatz darf nur in solchen Fällen auf die Heilungschance reduziert werden, wo der entstandene Schaden auch aufgrund eines anderen – vom Patienten zu verantwortenden – Risikos (d. h. Krankheits- oder Behandlungsrisiko) hätte eintreten können.[1193] Der Patient

---

1184 *Großerichter*, S. 153, 180.
1185 *Großerichter*, S. 262; siehe dazu auch weiter unten S. 246 ff.
1186 *Kasche*, S. 132.
1187 *Großerichter*, S. 143 (153).
1188 *Kasche*, S. 132.
1189 *Moréteau*, in: Gilead/Green/Koch, Proportional Liability, S. 141 (143), Rn. 5.
1190 *Großerichter*, S. 140.
1191 *Penneau*, Anm. zu Cass. Civ 1re, 27. März 1973, D. 1973, Jurisprudence, S. 595 (596).
1192 *Khoury*, S. 111 m. z. N.
1193 *Großerichter*, S. 145; *Viney/Jourdain*, Rn. 373-1.

muss darlegen und beweisen, dass es sich bei der verpassten Heilungschance um eine sichere und direkte Folge des Fehlers handelt.[1194]

(6) Schlussbetrachtungen

Es lassen sich zahlreiche gute Gründe dafür finden, die Figur der verlorenen Heilungschancen als dogmatisch unsauber zu betrachten:[1195] Der Patient müsste die verlorene Heilungschance auch dann ersetzt bekommen, wenn er trotz eines Fehlers des Arztes wieder völlig gesund wird.[1196] Außerdem hat der Patient, im Gegensatz zu den Geschädigten in den „klassischen" Chancenfällen, seine Chance auf den Gewinn (die Heilung) wahrgenommen und verloren.[1197] Die Chance ist nicht mehr hypothetisch, sondern vernichtet, oder mit den Worten von *Savatier*: „[L]e destin a tranché".[1198] Ferner funktioniert der Ersatz für den Verlust einer Chance nur dort, wo es auch tatsächlich um eine Chance im Sinne einer Gewinnerwartung geht. Bei der ärztlichen Behandlung geht es jedoch in erster Linie um die Abwendung einer Gesundheitsgefahr, welche primär aus der Sphäre des Patienten stammt; durch die Einordnung der medizinischen Behandlung als Chance auf Genesung wird dieses Risiko einseitig dem Arzt auferlegt.[1199] Dieser Systemfehler kann nur deshalb vernachlässigt werden, weil die Schadensfigur in der Praxis gerade nur bei fehlerhaften Behandlungen angewendet wird und der Arzt ein Risiko für den konkreten Schaden gesetzt hat. Dennoch wird die Unsicherheit in Arzthaftungsfällen nicht dadurch erzeugt, dass der Schaden hypothetisch geblieben ist, sondern dadurch, dass mehrere Ursachen für das Scheitern der Behandlung in Betracht kommen.[1200]

Bei der Betrachtung darf jedoch nicht aus den Augen verloren werden, dass die *perte d'une chance* in der französischrechtlichen Arzthaftung auch deshalb so erfolgreich ist, weil sie es ermöglicht hat, trotz des Prinzips der *unité de faute*, d. h. dem Gleichlauf des Verschuldensbegriffs (*faute*) im französischen Straf- und Zivilrecht, einen zivilrechtlichen Schadensersatzanspruch des Patienten für Schäden an Körper und Gesundheit zuzulassen und gleichzeitig den Arzt von dem strafrechtlichen Vorwurf der Körperverletzung freizusprechen.[1201]

1194 Cass. Civ. 1re, 9. November 1999, Az. 98-10010, Bull. Civ. 1999, I, Nr. 300, S. 195; *Bergoignan-Esper/Sargos*, S. 425 m. w. N.

1195 Ausführlich *Khoury*, S. 122–140.

1196 *Khoury*, S. 129 m. w. N.

1197 *Khoury*, S. 124.

1198 *Savatier*, D. 1970, Chronique, S. 123 (124).

1199 *Khoury*, S. 128.

1200 *Khoury*, S. 125.

1201 Ausführlich *Le Tourneau*, in: Le Tourneau, Rn. 4208.

Außerdem wird die Schadensfigur in Frankreich traditionell in Körperschadensfällen eingesetzt, um *mögliche* zukünftige Schäden zu beziffern, z. B. den Unterhalt, mit dem der Geschädigte seine Familie unterstützt hätte; das Gehalt, das er bei einer bestimmten beruflichen Anstellung verdient hätte;[1202] Einnahmen, die er bei gewonnenen Tennisturnieren erzielt hätte; oder ähnliche nur mögliche, ungewiss gebliebene Folgeschäden.[1203] Solche Erwerbs- und Unterhaltsschäden werden im deutschen Recht gem. §§ 842, 843, 845 BGB als typische Folgeschäden einer Körper- oder Gesundheitsverletzung ausdrücklich in den Schutzbereich des Deliktsrechts einbezogen und mittels der Differenzmethode ermittelt. Der Ersatz solcher Folgeschäden würde im französischen Recht an dem Kriterium des tatsächlich eingetretenen Schadens (*dommage certain*) scheitern.

b) Gesundheitsschaden im deutschen Recht

Der Schaden, der für Art und Umfang des Schadensersatzes maßgeblich ist, wird im deutschen Recht gemäß § 249 Abs. 1 BGB ebenfalls durch einen Zustandsvergleich bestimmt. Dazu wird der bestehende Zustand nach dem Schadensereignis mit dem (hypothetischen) Zustand ohne dieses Ereignis verglichen.[1204] Dieser Zustandsvergleich wird jedoch – im Gegensatz zum französischen Recht – erst auf der Ebene des *Sekundärschadens* angestellt.[1205] Ausgangspunkt des Zustandsvergleichs ist eine reale Schädigung, die auch als schadensstiftendes Ereignis, Rechtsgutsverletzung, Verletzungserfolg oder Primärschaden bezeichnet wird und zum Haftungsgrund zählt.[1206] Die Unterscheidung des Schadens in Verletzung (haftungsbegründender Schaden) und Verlust (haftungsausfüllender Schaden) findet sich vor allem in § 823 Abs. 1 BGB. *Von Bar* erklärt sie mit dem analytischen Anspruch des BGB. Es wollte mit seinem Haftungsregime „über das Dreigestirn der deliktischen Haftung des Code Napoléon, *faute, causalité, dommage*, hinausgehen".[1207] Die Haftung des Arztes setzt deshalb eine haftungsbegründende Rechtsgutsverletzung voraus, die von dem haftungsausfüllenden Schaden zu unterscheiden ist. Sie wird im Arzthaftungsrecht als Primärschaden bezeichnet. Als Primärschaden kommt lediglich eine Körper- oder

1202 *Großerichter*, S. 95.
1203 *Khoury*, S. 95 f.
1204 Vgl. *Schulze*, in: HK-BGB, Vor §§ 249 BGB, Rn. 6.
1205 Speziell zur Arzthaftung *Oetker*, in: MünchKomm BGB, § 249 BGB, Rn. 487
1206 Ausführlich *Großerichter*, S. 20–22.
1207 *Bar*, Moderne Deliktsrechtspflege, in: Canaris/Heldrich, 50 Jahre Bundesgerichtshof, Band 1, S. 595 (601).

Gesundheitsverletzung in Betracht.[1208] Eine Körperverletzung ist jede Verletzung der körperlichen Integrität, einschließlich der Schmerzen.[1209] Eine Gesundheitsverletzung ist jedes Hervorrufen oder Steigern eines von den normalen körperlichen Funktionen nachteilig abweichenden Zustandes, wobei unerheblich ist, ob Schmerzzustände auftreten oder bereits eine tiefgreifende Veränderung der Befindlichkeit eingetreten ist, etwa in Form des Ausbruchs einer Krankheit.[1210]

(1) Die Rolle der Körperverletzungsdoktrin

Nach der Körperverletzungsdoktrin der Rechtsprechung erfüllt jede ärztliche Behandlung den Tatbestand der Körperverletzung.[1211] Die Einwilligung des Patienten in die Behandlung *lege artis* dient als Rechtfertigungsgrund. Das wirft jedoch eine Frage auf, die kaum gestellt wird: Sind die Auswirkungen eines Behandlungsfehlers auf Körper und Gesundheit des Patienten als Körperverletzung einzustufen? Grundsätzlich gilt nach der Körperverletzungsdoktrin: Ein fehlerhafter ärztlicher Eingriff stellt eine Körperverletzung dar,[1212] weil der Patient nur in den fehler*freien* Eingriff einwilligt. Es stellt sich also die Frage, ob bei einem Behandlungsfehler, der Teil einer *lege artis* durchgeführten Behandlung ist, von einem „fehlerhaften Eingriff" gesprochen werden kann.

Eingewilligt hätte der Patient in diesen Teil der Behandlung wohl nicht. Der ständigen arzthaftungsrechtlichen Rechtsprechung (oder vielmehr ihrem Stillschweigen in dieser Frage) lässt sich entnehmen, dass der fehler*behaftete* Eingriff, allein aufgrund der fehlenden Einwilligung *in den fehlerhaften Teil*, noch keine rechtswidrige Körperverletzung darstellt. Die einzige Ausnahme von diesem Grundsatz bildet die fehlerhafte Risikoaufklärung. In diesen Fällen des sog. Aufklärungsfehlers gehen Rechtsprechung und Gesetz davon aus, dass der ärztliche Eingriff ohne Einwilligung erfolgt ist und deshalb eine rechtswidrige Körperverletzung vorliegt. Auch in diesen Konstellationen haftet der Arzt jedoch nur für solche Schäden, welche durch die Beeinträchtigung des Körpers oder der

1208 Schadensersatz für die Verletzung des Persönlichkeitsrechts scheidet selbst bei Aufklärungsfehlern aus, BGHZ 176, 342, 347, Rn. 19 f.

1209 *Förster*, in BeckOK BGB, § 823 BGB, Rn. 108.

1210 *Förster*, in: BeckOK BGB, § 823 BGB, Rn. 110.

1211 St. Rspr. seit RGSt 25, 375 (Reichsgericht 1894); BGH, NJW 2019, 3253 (ebd.), Rn. 12.

1212 So *Laufs/Kern*, in: Laufs/Kern, HdB ArztR, § 103, Rn. 3; *Wagner*, in: MünchKomm BGB, § 823 BGB, Rn. 911; ähnlich *Bruns*, S. 320, der meint, in den beiden Hauptfällen der ärztlichen Haftung, Behandlungsfehler und unzureichende Risikoaufklärung, fehle letztlich die rechtfertigende Einwilligung; siehe auch *Ulsenheimer*, in: Laufs/Kern, HdB ArztR, § 139, Rn. 26 ff. m. w. N.

Gesundheit entstehen, der Eingriff in das allgemeine Persönlichkeitsrecht ist in dieser Konstellation nach deutschem Recht nicht erstattungsfähig. Die Haftung für technische Behandlungsfehler nach § 280 Abs. 1 BGB bzw. § 823 BGB setzt nach der herrschenden Ansicht einen weitergehenden „Gesundheitsschaden" als Rechtsgutsverletzung voraus, auch wenn das mit der Körperverletzungsdoktrin nur schwer zu vereinbaren ist.

(2) Keine Bewertung des Behandlungsfehlerschadens als „verpasste Heilungschance"

Üblicherweise bestimmt sich eine Körper- oder Gesundheitsverletzung mithilfe einer Differenzbetrachtung: Weicht der Zustand nach dem schädigenden Verhalten negativ vom Normalzustand ab, so liegt eine Verletzung vor.[1213] Diese Betrachtung ist aber nicht geeignet, um den Verletzungserfolg in Arzthaftungsfällen zu ermitteln. Die nachteilige Abweichung vom Normalzustand kann auch auf der Krankheit, der Behandlung oder einem verwirklichten Behandlungsrisiko beruhen. Das Deliktsrecht, welches als Grundmodell der Haftung dient, ist eigentlich nicht in der Lage, die Arzthaftung als Einstehenmüssen für die Unzulänglichkeit einer Behandlung, zu erfassen. Die Haftung für einen Behandlungsfehler knüpft nicht bloß an eine Nichtschädigung im Sinne des *neminem laedere* an, vielmehr wohnt der Behandlung eben auch ein Leistungsmoment inne.[1214] Die Behandlung richtet sich zumeist auf Zustandsverbesserung bzw. -veränderung. Bleiben Gesundheit, Heilung oder Linderung aus, weil dem Arzt ein Behandlungsfehler unterlaufen ist, verschlechtert sich der Zustand des Patienten oder kommt er durch die Behandlung zu Schaden, stellt sich dieses Zurückbleiben hinter den Erwartungen zwar zumeist auch als Beeinträchtigung der Gesundheit im Sinne von § 823 Abs. 1 BGB dar, betroffen ist aber eigentlich das Äquivalenzinteresse des Patienten und allenfalls gleichzeitig das Integritätsinteresse.[1215] Dieses Äquivalenzinteresse versucht das französische Recht über die Konstruktion der entgangenen Heilungschance zu ersetzen. Im deutschen Recht existiert kein Chancenersatz.[1216]

1213 *Heidelk*, S. 67; *Seifert*, S. 21.

1214 *Seifert*, S. 17 f.

1215 Siehe bereits oben S. 42 ff.

1216 *Grüneberg*, in: Palandt, Vor § 249, Rn. 53; mit der Übertragung der Heilungschance ins deutsche Recht haben sich zahlreiche Autoren beschäftigt, insbesondere *Müller-Stoy*, S. 159 ff.; *Mäsch*, S. 229 ff.; *Stoll*, in: Deutsch/Klingmüller/Kullmann, FS Steffen, S. 465 ff.; *Kasche*, S. 249 ff.; zuletzt *Ehlgen*, S. 221 ff.

Der Chancenersatz in der Arzthaftung scheitert in Deutschland einerseits an der Rechtsgutsverletzung und andererseits an der Aussage des § 252 Satz 2 BGB, die auch als „Sperrwirkung“ gegenüber dem Ersatz von Gewinnchancen bezeichnet worden ist.[1217] Die Beweiserleichterung in § 252 Satz 2 BGB sieht vor, dass ein entgangener Gewinn zu ersetzen ist, wenn er nach dem gewöhnlichen Lauf der Dinge oder nach den besonderen Umständen mit Wahrscheinlichkeit erwartet werden konnte.[1218] Entgangene Vorteile, die unterhalb der Wahrscheinlichkeitsschwelle liegen, sind nicht ersatzfähig.[1219] Abgesehen von der umstrittenen „Sperrwirkung“ des § 252 Satz 2 BGB werden an das Zunichtemachen einer bloßen Aussicht auf einen bestimmten Vorteil generell keine schadensersatzrechtlichen Folgen geknüpft,[1220] denn die bloße Aussicht auf einen Gewinn besitzt keinen Vermögenswert. *Mäsch* plädiert in seiner Habilitationsschrift für die Anerkennung des Chancenersatzes im deutschen Recht, sofern der Dienstleister zuvor die Wahrung einer Chance versprochen hat.[1221] Gleichgültig, ob man eine vertraglich zugesicherte Chance als Schaden akzeptiert oder nicht, im Bereich der Arzthaftung muss klargestellt werden, ob und wie sich der Chancenverlust in dem endgültigen Schaden niedergeschlagen hat.

(3) „Gesundheitsschaden“ als Primärschaden

Im deutschen Arzthaftungsrecht gilt traditionell nicht das Ausbleiben der vertragsgemäßen Leistung als haftungsbegründender Schaden, sondern nur eine (darüber hinaus gehende) Körperverletzung, der sog. Gesundheitsschaden.[1222] Der Gesundheitsschaden ist Primärschaden und muss nach § 286 ZPO vom Patienten zur Überzeugung des Gerichtes nachgewiesen werden, ebenso wie der Ursachenzusammenhang zwischen dem Behandlungsfehler und Primärschaden.[1223] Im haftungsausfüllenden Tatbestand gilt als Schaden dann nur noch der ersatzfähige Nachteil, der sich auch aus § 249 Abs. 1 BGB ergibt.[1224]

1217 *Fleischer*, JZ 1999, 766 (769), der eine solche Wirkung im Ergebnis jedoch ablehnt; näher *Ehlgen*, S. 230 ff.

1218 *Schulze*, in: HK-BGB, § 252 BGB, Rn. 3.

1219 *Katzenmeier*, ZZP 117 (2004), 187 (208).

1220 *Kasche*, S. 12 f.

1221 *Mäsch*, S. 145 f.; *ders.*, S. 237 ff., *ders.*, S. 423 f.

1222 BGH, NJW 1982, 1328 (ebd.); BGH, NJW 1988, 2303 (2304); *Laufs/Kern*, in: Laufs/Kern, HdB des ArztR, § 103, Rn. 10; *Heidelk*, S. 62.

1223 BGH, NJW 1988, 2949 (2950); BGH, NJW 1998, 1782 (1784); siehe des weiteren nur *Pauge*, Rn. B 572.

1224 *Brieskorn*, S. 200.

Für den klagenden Patienten ist es bedauerlich, dass auf haftungsbegründender Ebene ein „weiterer Gesundheitsschaden“ vorliegen muss und nicht – wie bei Aufklärungsfehlern – bereits der fehlerhafte Eingriff als Rechtsgutsverletzung betrachtet werden kann, denn der Kausalzusammenhang kann nur selten mit der Sicherheit, die § 286 ZPO verlangt, festgestellt werden. Für den Nachweis der haftungsausfüllenden Kausalität genügt hingegen eine überwiegende Wahrscheinlichkeit nach § 287 ZPO.[1225]

Nach dem Gesetzeswortlaut und -zweck des § 280 Abs. 1 BGB besteht grundsätzlich die Möglichkeit, auf eine Rechtsgutsverletzung im haftungsbegründenden Tatbestand zu verzichten, denn eine solche setzt die Vorschrift dem Grunde nach gerade nicht voraus, § 280 Abs. 1 BGB betrachtet bereits die Verletzung einer vertraglichen Leistungspflicht als haftungsbegründend.[1226] „Verkörpert der Behandlungsfehler die Pflichtverletzung, müsste dessen Ursächlichkeit für den negativen Behandlungsausgang an sich als Frage der haftungsausfüllenden Kausalität behandelt werden, was den Anwendungsbereich des § 287 ZPO eröffnen würde.“[1227] Im Rahmen des haftungsausfüllenden Tatbestandes könnte der reale Gesundheitszustand zu dem „hypothetischen Gesundheitszustand ohne Behandlungsfehler“ in Beziehung gesetzt werden. Der Gesetzgeber hat die Anwendung des § 287 ZPO im Bereich des Ursachenzusammenhangs in der Arzthaftung jedoch zuletzt ohne nähere Begründung abgelehnt.[1228]

(4) Gesundheitliche Befindlichkeit und Risikoerhöhung als Primärschaden

Gemäß der Entscheidung des Bundesgerichtshofes vom 2. Juli 2013 besteht die Möglichkeit, viele Unwägbarkeiten des Krankheitsverlaufs und der Behandlung auf der Ebene des haftungsausfüllenden Tatbestandes zu thematisieren.[1229] Der Bundesgerichtshof erklärt: „Primärschaden des Kl., d. h. die durch den Behandlungsfehler i.S. haftungsbegründender Kausalität hervorgerufene Körperverletzung, ist die durch die unterbliebene Ruhigstellung und damit unsachgemäße Behandlung der Fraktur eingetretene gesundheitliche Befindlichkeit.“ Ein

1225 Siehe bereits oben; *Stremitzer*, AcP 208 (2008), 676 (683).

1226 *Ehlgen*, S. 152.

1227 *Ehlgen*, S. 153 m. w. N.; siehe auch *Schiemann*, in: Heldrich/Prölls/Koller, FS Canaris, Band I, 2007, S. 1161 (1165); *Wagner, G.*, in: Müller/Osterloh/Stein, FS Hirsch, S. 453 (464); *Schmidt, E.*, MedR 2007, 693 (698); a. A. *Taupitz*, in: Heldrich/Prölls/Koller, FS Canaris, Band I, 2007, S. 1231 (1235 f.); *Prütting*, in: MünchKomm ZPO, § 287 ZPO, Rn. 3.

1228 Gesetzentwurf der Bundesregierung, BT-Drs. 17/10488, S. 9 (rechte Sp.)

1229 BGH, NJW 2008, 1381, Rn. 10.

solchermaßen definierter Primärschaden stellt eine deutlich geringere Hürde bei der Anspruchsdurchsetzung dar, als wenn der Patient die gesamte Folgeerkrankung, d. h. im konkreten Fall eine Gefäßerkrankung (Morbus Sudeck), auf den Behandlungsfehler zurückzuführen hätte. Der Bundesgerichtshof bekräftigt in einer späteren Entscheidung: „Die geltend gemachte Körperverletzung (Primärschaden) ist vielmehr in der durch den Behandlungsfehler herbeigeführten gesundheitlichen Befindlichkeit in ihrer konkreten Ausprägung zu sehen".[1230] Das bedeutet, als Rechtsgutsverletzung kommen sämtliche gesundheitliche Beeinträchtigungen des Patienten, die sich aus dem Behandlungsfehler ergeben können, in Betracht. Dazu zählt auch eine spezifische Risikoerhöhung, die sich später verwirklicht.[1231] Die Entscheidung bezieht sich zunächst nur auf eine Unterlassenssituation, genauer den sog. Befunderhebungsfehler, der in § 630h Abs. 5 S. 2 BGB umschrieben wird.[1232] Das liegt deshalb nahe, weil sich durch die unterlassene Befunderhebung häufig Beweisschwierigkeiten für den Patienten gleich in mehrfacher Hinsicht ergeben können, denn es bleibt fraglich, was die Befunde gezeigt hätten und wie sie interpretiert worden wären.[1233] Der Bundesgerichtshof hat jedoch betont, dass ein Befunderhebungsfehler nur dann auf ein reaktionspflichtiges positives Befundergebnis schließen lässt, wenn ein solches Ergebnis hinreichend wahrscheinlich ist.[1234]

Es spricht jedoch grundsätzlich nichts dagegen, auch bei fehlerhaftem aktivem Tun des Arztes den Primärschaden in der „herbeigeführten gesundheitlichen Befindlichkeit in ihrer konkreten Ausprägung", einschließlich der erzeugten Gesundheitsrisiken, zu sehen, sofern sie sich ermitteln lässt. Diese Herangehensweise an den Primärschaden stünde im Einklang mit dem vom Bundesgerichtshof entwickelten sog. Betroffenseinkriterium: „Der Bereich des Haftungsgrundes, der nach § 286 ZPO zu beweisen ist, erstreckt sich demgemäß bei einem Schadensersatzanspruch wegen einer Vertragsverletzung bis zu der Feststellung, der Vertragspartner sei von dem Verstoß so betroffen worden, daß nachteilige Folgen für ihn eintreten können. Danach beginnt der Bereich des § 287 ZPO."[1235] Als Abgrenzungskriterium für die haftungsbegründende von der haftungsausfüllenden Kausalität eignet sich das „Betroffensein", d. h. die Bewertung, ob das Verhalten die Rechtsgutssphäre in Mitleidenschaft gezogen

1230 BGH, NJW 2013, 3094 (3095), s. a. die kritische Anm. v. *Finn*, MedR 2014, 490.
1231 BGH, NJW 2013, 3094 (3095); *Geiß/Greiner*, Rn. B 229.
1232 Vgl. BGH, NJW 2013, 3094 (3094 f.) sowie *Finn*, MedR 2014, 490 (ebd.).
1233 *Finn*, MedR 2014, 490 (491).
1234 BGH, Urteil vom 22. Oktober 2019 – VI ZR 71/17, BeckRS 2019, 28671, beck-online.
1235 BGH, NJW 1983, 998 (999).

hat,[1236] besser als die Rechtsgutsverletzung. *Stoll* stellte in diesem Sinne fest: „Erst die durch falsche Behandlung verursachte Verschlechterung des Gesundheitszustandes schafft einen Haftungsgrund, so daß der Patient eine solche Verschlechterung sowie den Kausalzusammenhang zwischen ihr und der falschen Behandlung grundsätzlich nach § 286 ZPO voll beweisen muß."[1237] Aber eben auch nicht mehr. Die Methodik weist Parallelen zu dem französischen Lösungsmodell auf, dort besteht der Haftungsgrund ebenfalls darin, dass die fehlerhafte Behandlung ein Risiko für das Ausbleiben der Heilung geschaffen hat. Gegen eine solche Herangehensweise sprechen jedoch die althergebrachte Einordnung des Behandlungsfehlers als Schutzpflichtverletzung sowie die Voraussetzung einer Körper- oder Gesundheitsverletzung im Rahmen des Schmerzensgeldanspruchs nach § 253 Abs. 2 BGB.

Im Übrigen wäre jedoch das Problem der Bestimmung des Behandlungsfehlerschadens durch die geringeren Anforderungen an den Primärschaden noch nicht gelöst. Nach wie vor gingen die Aufklärungsschwierigkeiten zulasten des Patienten. Selbst wenn man die Verletzung dem haftungsausfüllenden Tatbestand zuordnen und den Beweis des Kausalzusammenhangs nach § 287 ZPO zulassen würde, dürfte der Nachweis, dass es sich bei der Beeinträchtigung der Gesundheit (in dem Beispiel einer Gefäßerkrankung infolge eines falsch behandelten Knochenbruchs) um einen Gesundheitsschaden durch den Behandlungsfehler und nicht um eine schicksalhafte Erkrankung handelt, schwerfallen. Darüber hinaus erlaubt § 287 ZPO keine Schadensersatzreduzierung aufgrund der Verursachungswahrscheinlichkeit. Obwohl der Schadensumfang geschätzt werden darf, gilt wie sonst auch das Alles-oder-Nichts-Prinzip.[1238]

(5) Schadensteilung aufgrund von Reserveursachen

Als hilfreich könnten sich Lösungskonzepte erweisen, die unter den Stichworten „Reserveursachen", „Schadensanlagen" und „rechtmäßiges Alternativverhalten" diskutiert werden. *Großerichter* hat festgestellt, dass die ursprünglichen Anwendungsfälle der *perte d'une chance de guérison*, d. h. bevor die Schadensfigur auf Fälle einer nur möglichen Verursachung ausgeweitet worden ist, stark den deutschrechtlichen „Anlagefällen" gleichen.[1239] Die Rechtsfigur der „Anlagefälle"

1236 *Großerichter,* S. 65.

1237 *Stoll,* AcP 176 (1976), 145 (187).

1238 *Mäsch,* S. 144.

1239 *Großerichter,* S. 245 (249 und 259 f.); siehe auch *Kasche*, S. 264 f.

stellt eine Möglichkeit zum interessengerechten Ausgleich in Arzthaftungsfällen dar, deren Potenzial noch nicht ganz ausgeschöpft zu sein scheint.[1240]

Reserveursachen, zu denen die Anlagefälle zählen, werden im deutschen Recht häufig unter dem Stichwort „hypothetische Kausalität" behandelt, beziehen sich aber auf den Schaden.[1241] Es handelt sich um Fallgruppen, in denen ausnahmsweise der Schädiger dafür beweisbelastet ist, dass der Schaden ohne sein Zutun ebenso eingetreten wäre. Zuvor muss jedoch der Geschädigte beweisen, dass der Schädiger den haftungsausfüllenden Schaden wenigstens (mit-)verursacht hat. Hat der Geschädigte gezeigt, dass der Schädiger den Schadenseintritt tatsächlich (mit-)verantwortet, so kann der Schädiger sog. Reserveursachen geltend machen, um seine Ersatzpflicht zu reduzieren oder zu verhindern. Eine Reserveursache ist ein Ereignis, aufgrund dessen der von dem Schädiger verursachte Schaden später sowieso eingetreten wäre. Typische Reserveursachen sind das Handeln Dritter, das Verhalten des Geschädigten oder des Schädigers (späteres rechtmäßiges Handeln) sowie Naturereignisse und bereits angelegte Schäden.[1242] Angelegte Schäden sind Schadensursachen aus der Sphäre des Geschädigten,[1243] sie können sich reduzierend auf den zu ersetzenden Schaden auswirken, sodass sich die Ersatzpflicht auf die durch den früheren Schadenseintritt bedingten Nachteile beschränkt (sog. Verfrühungsschaden).[1244] Das gilt z. B. für die Versteifung eines Knies infolge eines ärztlichen Fehlers, wenn eine Arthritis auch zu der Versteifung geführt hätte.[1245] Im deutschen Recht ist an diesen Konstellationen allein problematisch, dass der Patient eben zunächst beweisen muss, weshalb das Verhalten des Arztes für den Gesundheitsschaden wenigstens mitursächlich war.[1246] Es gelingt aber durchaus in einigen Fällen[1247] und hat den Vorteil, dass eine Schadensteilung – ganz ohne Anerkennung des Chancenersatzes – im deutschen Arzthaftungsrecht möglich ist. Berücksichtigt man gleichzeitig die Rechtsprechungstendenz, den Primärschaden in einem

---

1240 *Großerichter*, S. 262 ff.

1241 *Grüneberg*, in: Palandt, Vor § 249, Rn. 55; *Großerichter*, S. 37; *Johannes W. Flume*, in: BeckOK BGB, § 249, Rn. 321.

1242 *Johannes W. Flume*, in: BeckOK BGB, § 249 BGB, Rn. 321; *Oetker*, in: MünchKomm BGB, § 249 BGB, Rn. 207.

1243 *Schiemann*, in: Staudinger BGB § 249 BGB, Rn. 35.

1244 *Grüneberg*, in: Palandt, Vor § 249, Rn. 57.

1245 BGH, NJW 1985, 676 (677); *Schiemann*, in: Staudinger BGB, § 249 BGB, Rn. 99; *Johannes W. Flume*, in: BeckOK BGB, § 249 BGB, Rn. 324.

1246 *Grüneberg*, in: Palandt, Vor § 249, Rn. 55 (59).

1247 BGH, NJW 1985, 676 (677); BGH, NJW 1981, 628 (630).

möglichst frühen, ersten Verletzungserfolg zu sehen, könnten die Krankheitsfaktoren auf der Schadensebene regelmäßig als Reserveursachen berücksichtigt werden. Das Lösungsmodell für Kausalitätszweifel in den Anlagefällen eignet sich jedoch nur begrenzt für das Aufeinandertreffen des Behandlungs*fehler*risikos mit typischen Behandlungsrisiken, denn Schadensanlagen können nur ganz konkrete, individuelle Krankheitsbilder sein; allgemeine oder lediglich statistisch nachweisbare Risiken, z. B. Behandlungsrisiken, kommen hingegen nicht in Betracht.[1248]

Schadensanlagen dürfen nicht mit der Schadensgeneigtheit des Opfers verwechselt werden, d. h. wenn der Geschädigte nur aufgrund seiner schwachen körperlichen Konstitution eine Verletzung erleidet, z. B. einen Herzinfarkt im Zusammenhang mit einem Faustschlag. In diesen Fällen hat der Schädiger für den Schaden vollumfänglich einzustehen. Er hat den Geschädigten so hinzunehmen, wie er eben ist.[1249] Das englische Recht bezeichnet dieses Prinzip plastisch als *eggshell skull rule*.[1250]

(6) Ausweitung der „abgrenzbaren Teilkausalität“

Für die Kollision sowohl von Krankheits- als auch Behandlungsrisiken mit dem Behandlungsfehlerrisiko eignet sich im deutschen Recht die sog. abgrenzbare Teilkausalität. Auch hier muss der Verursachungsbeitrag des Arztes feststehen. Gelingt es, den gesundheitlichen Schaden des Patienten in abgrenzbare Teilschäden aufzuspalten, so ist es möglich, die Haftung auf den vom Arzt verursachten Teilschaden zu beschränken.[1251] Um zu verstehen, worum es bei der abgrenzbaren Teilkausalität geht, müssen zwei Konstellationen unterschieden werden: die kumulative Kausalität mit Teilschaden und die kumulative Kausalität mit Gesamtschaden. In der ersten Konstellation beruht der Schaden zu einem Teil allein auf der ersten und zu einem anderen, abgrenzbaren Teil allein auf der zweiten Ursache.[1252] Der Schädiger hat nur den Teilschaden zu ersetzen.[1253] Können die Schadensteile jedoch nicht voneinander abgegrenzt werden, stellt

1248 *Großerichter*, S. 243; So aber Cass. Civ. 1re, 28. Januar 2010, Az. 08-20755 & Az. 08-21692, Bull. Civ. 2010, I, Nr. 19, D. 2010, S. 947, note *Maitre.*

1249 Ebd.

1250 *Jones*, in: Clerk & Lindsell on Torts, Rn. 2-158; *Jackson*, Rn. 5-077.

1251 BGH, MedR 2015, 111 (113), Rn. 25, m. zustimmender Anm. *Seibl, a. a. O., S. 114–116*; OLG Hamm, VersR 1996, 1371 (1371 f.).

1252 Vgl. *Schubert*, in: Beck OK BGB, § 249 BGB, Rn. 59.

1253 *Oetker*, in: MünchKomm BGB, § 249 BGB, Rn. 135; *Schulze*, in: HK-BGB, Vor § 249, Rn. 18.

sich die Frage, ob der Schädiger trotz der Mitwirkung anderer Ursachen für den gesamten Schaden einzustehen hat. Wird – wie beim groben Behandlungsfehler – die Beweislastumkehr eingesetzt, erstreckt sich der Schadensersatz auf den gesamten Schaden.[1254] Die Haftungsfolgen sind demnach – zumindest in Fällen „grober" Behandlungsfehler – unter Umständen unangemessen, weil andere Ursachen bei der Schadensverwirklichung eine Rolle spielen, bei der Berechnung jedoch unberücksichtigt bleiben.

Der endgültige Gesundheitszustand des Patienten lässt sich in Arzthaftungskonstellationen nur selten den einzelnen Verursachungsbeiträgen zuordnen, was dennoch häufiger versucht werden sollte, auch wenn dazu ein Gesamtschaden aufgeteilt werden muss. Ein eindrucksvolles Beispiel für eine solche Vorgehensweise bietet ein Urteil des Bundesgerichtshofes. Der Bundesgerichtshof legt zunächst die Ausführungen des Berufungsgerichts dar, um ihnen später uneingeschränkt zuzustimmen: „[B]ei dem Kl. [sei] in den Minuten vor der Geburt ohne eine Pflichtwidrigkeit der Bekl. eine Hirnblutung und damit ein Gesundheitsschaden eingetreten, der sich bis zur Verlegung am 16.10.1984 in die Kinderklinik des Krankenhauses K. weiter habe ausbreiten können. Es habe sich um einen einheitlichen, kontinuierlichen biologischen Vorgang gehandelt, der sich auf eine immer größer werdende Zahl von Gehirnzellen oder Gehirnarealen ausgedehnt habe. Der entstandene Gesundheitsschaden bestehe somit aus einem schicksalhaft eingetretenen Anteil und einem weiteren, von den Bekl. gemeinsam zu verantwortenden Anteil.

Aufgrund der Angaben der Sachverständigen [...] hätten die Bekl. nachgewiesen, dass der größte Teil des Schadens nicht in dem Zeitraum entstanden sei, für den diese schadensersatzpflichtig seien. Zwar sei eine exakte Festlegung auf eine bestimmte Prozentzahl nicht möglich, wohl aber die Festlegung auf einen maximalen Anteil der Schädigung durch die Bekl. Diese hätten jedenfalls den Nachweis erbracht, dass der Gesundheitsschaden zu mindestens 80 % bereits vorhanden gewesen sei, bevor sich die haftungsbegründenden Fehler der Bekl. ausgewirkt hätten. Die geltend gemachten Ansprüche des Kl. seien somit, soweit sie nicht gänzlich ausschieden, nur mit einer Quote von 20 % begründet."[1255]

Obwohl der Bundesgerichtshof in den Urteilsgründen ausführt, dass die Mitverursachung der Alleinverursachung grundsätzlich gleichstehe und etwas anderes nur gelten könne, wenn „sich der Schadensbeitrag des Behandlungsfehlers

1254 BGH, NJW 1989, 2332 (2333); BGH, NJW 2000, 3423 (3424); grundlegend *Franzki*, S. 67; siehe auch *Großerichter*, S. 61

1255 BGH, MedR 2015, 111 (112), Rn. 12 f.

einwandfrei von dem anderen Schadensbeitrag – etwa einer Vorschädigung des Patienten – abgrenzen und damit der Haftungsanteil des Arztes bestimmen lässt",[1256] stimmt er der Würdigung der Umstände durch den Tatrichter dennoch zu: „Das Berufungsgericht hat unter Berücksichtigung der sachverständigen Ausführungen zu Lasten der Bekl. für diese eine Verursachungsquote von maximal 20 % angenommen. [...] Das Berufungsgericht konnte sich auf weitere vom Sachverständigen genannte konkrete Anhaltspunkte zur ‚medizinischen Unterscheidung der Schadensanteile' stützen. Dieser hat ausgeführt, der Kl. wäre auch bei Annahme einer unverzüglichen Verlegung nach der Geburt in die Kinderklinik auf jeden Fall ein Pflegefall gewesen und für den Arbeitsprozess nicht in Frage gekommen. Der Kl. wäre nicht in der Lage gewesen, ein selbstständiges Leben zu führen, vielleicht wären die Lähmungserscheinungen geringfügiger ausgeprägt gewesen und auch die Fähigkeit zur Artikulation. Die mentale Behinderung hätte in jedem Fall auch bestanden."[1257]

Die Ähnlichkeit dieser Entscheidung mit der Anwendung der *perte d'une chance* in einer der *Cour de cassation* aus dem Jahr 2010 ist frappierend. Nachdem ein Kind mit einer schweren neurologischen Erkrankung zur Welt gekommen war, verklagten die Eltern alle an der Schwangerschafts- und Mutterschaftsvorsorge sowie an der Geburt beteiligten Personen. Allen Beteiligten konnte Fahrlässigkeit vorgeworfen werden, sie hafteten deshalb *in solidum* für den entstandenen Schaden. Die Beklagten konnten jedoch beweisen, dass die Mutter an Thrombophilie litt, welche aus der Sicht eines Sachverständigen einen entscheidenden, aber nicht messbaren, Einfluss auf die Schadensentstehung gehabt haben musste. Die *Cour de cassation* ließ die Chance des Kindes auf eine weniger schwerwiegende Schädigung genügen und bestätigte die Würdigung der Schadenshöhe durch den Tatrichter, der die Beklagten zu 75 % Schadensersatz verurteilt hatte.[1258] Ähnlich dem französischen Lösungsansatz käme also auch im deutschen Recht eine Schadensteilung unter Abwägung der Einflussfaktoren von Krankheits- und Behandlungsrisiken in Betracht. Allerdings geschieht das im deutschen Recht bislang noch über den Umweg der Beweislastumkehr bei grobem Behandlungsfehler. Sie hat grundsätzlich eine vollständige

1256 BGH, MedR 2015, 111 (113), Rn. 25.

1257 BGH, MedR 2015, 111 (112), Rn. 31.

1258 Cass. Civ. 1re, 28. Januar 2010, Az. 08-20755 & Az. 08-21692, Bull. Civ. 2010, I, Nr. 19, D. 2010, S. 947, note *Maitre*; vgl. *Moréteau*, in: Oliphant/Steininger, European Tort Law Yearbook 2011, S. 175 (182 ff.), Rn. 20–28; *ders.*, in: Gilead/Green/Koch, Proportional Liability, S. 141 (Rn. 23 f.).

Einstandspflicht zur Folge, welche die Behandlungsseite entkräften kann, wenn sie einen abgrenzbaren Teilschaden nachweist.[1259]

c) Kein Heilungschancenersatz im englischen Arzthaftungsrecht

Die englische *negligence*-Haftung setzt keine Rechtsgutsverletzung voraus. Die Bezeichnungen *damage*, *injury* oder *loss* als Beschreibung des Schadenserfordernisses werden synonym verwendet.[1260] Anders als das deutsche Deliktsrecht orientieren sich die englischen *torts* nicht an der „erfolgreichen" Verletzung von Rechtsgütern, sondern bewerten das schädigende Verhalten des Täters, der für die Konsequenzen seines Handelns einstehen soll.[1261] Folglich werden auch reine Vermögensschäden ersetzt. Im Arzt-Patient-Verhältnis stellt sich dann allein die Frage, ob der Arzt eine Pflicht zur Sorge (*duty of care*) für das Vermögen des Geschädigten übernommen hat.[1262] Typischerweise wird der Schaden in Arzthaftungsfällen in einer Körper- oder Gesundheitsverletzung bestehen. Grenzfälle sind der Ersatz für Schäden bei ungewolltem Leben, Schockschäden und körperliche Veränderungen, die die Schwelle zur Körperverletzung nicht überschreiten. Abgesehen von diesen Spezialfällen genügt dem englischen – wie dem deutschen – Recht der schlechte Gesundheitszustand im Anschluss an die fehlerhafte Behandlung als Schaden.[1263] Die Frage, ob dieser Schaden die Haftung tatsächlich begründet und wenn ja, in welchem Umfang, wird überwiegend im Rahmen der Kausalität erörtert. Obwohl der Chancenersatz als *loss of chance* fester Bestandteil des englischen Schadensrechts ist und flexibel gehandhabt wird,[1264] ist die Anwendung im Bereich der Arzthaftung bislang verneint worden. Früher ist man noch davon ausgegangen, dass die deliktische Haftung den Schutz von Chancen gar nicht umfasst, es könne sich dabei nur um ein vertragliches Leistungsinteresse handeln.[1265] Mittlerweile ist die verlorene Chance als

---

1259 *Seibl*, MedR 2015, 114 (ebd.).

1260 Siehe nur *Mullis/Oliphant*, Rn. 23.1.

1261 *Weir*, S. 11 (16 und 36).

1262 *Jones*, Medical Negligence, Rn. 2-049.

1263 *Jones*, Medical Negligence, Rn. 12-006.

1264 *Dixon v Clement Jones Solicitors* [2004] EWCA 1005, Rn. 53: „the court has to decide whether [the claimant] lost something of value, in the sense that the prospects were better than negligible. If the answer to that is ‚yes', then it has to put a figure on what [the claimant] has lost."

1265 *Khoury*, S. 122 f.

actionable damage jedoch auch im Deliktsrecht anerkannt, bislang aber nur bei reinen Vermögensschäden zum Einsatz gekommen.[1266]

(1) Hotson v. East Berkshire Area Health Authority (1987)

In dem Klageverfahren, das der Entscheidung des House of Lords in *Hotson v. East Berkshire Area Health Authority*[1267] zugrunde liegt, ist erstmals der Versuch unternommen worden, eine verlorene Heilungschance als Schaden geltend zu machen.[1268] Der Kläger erlitt bei einem Sturz von einem Baum eine Hüftgelenksverletzung.[1269] Die Verletzung blieb im Krankenhaus zunächst unerkannt. Fünf Tage später begab sich der Kläger erneut ins Krankenhaus, wo die Hüftgelenksverletzung festgestellt und korrekt behandelt werden konnte. Der Kläger erfuhr jedoch in der Folge dauerhafte Bewegungseinschränkungen und Schmerzen aufgrund einer avaskulären Knochennekrose. Eine Knochennekrose bedeutet das Absterben von Knochengewebe, u. a. nach Infarkten in Knochengefäßen oder als Frakturfolge.[1270] In der Sache *Hotson* gingen die Sachverständigen davon aus, dass der Kläger bei rechtzeitiger Diagnose eine 25-prozentige Chance gehabt hätte, diese Verletzungsfolge zu vermeiden.[1271] In der ersten Instanz verurteilte *Justice Simon Brown* den Beklagten deshalb zum Schadensersatz in Höhe von 25 % des Gesamtschadens.[1272] Er argumentierte, dass es sich bei der anteiligen Berücksichtigung der Verursachungswahrscheinlichkeit lediglich um die Berechnung des Schadens handelte.[1273] Denn zukünftige oder hypothetische Ereignisse wirkten sich im englischen Recht reduzierend auf die Höhe des ersatzfähigen Schadens aus: „damages are generally discounted to reflect the ‚vicissitudes of life'".[1274] Das bedeutet, dass zukünftige Verluste, wie z. B. Einkommenseinbußen, berücksichtigt werden können. Für die Schadensersatzhöhe ist die Eintrittswahrscheinlichkeit maßgeblich, z. B. die 50-prozentige

1266 *Oliphant*, in: Gilead/Green/Koch, Proportional Liability, S. 121 (131), Rn. 23.
1267 *Hotson v East Berkshire Area Health Authority* [1987] 1 AC 750 (HL).
1268 *Winfield & Jolowicz on Tort*, Rn. 7-025.
1269 Zum Sachverhalt siehe *Hotson v East Berkshire Area Health Authority* [1987] 1 AC 750 (HL), 755 ff.; *Brazier/Cave*, Rn. 7–19.
1270 Vgl. Knochennekrose, in: Pschyrembel – Klinisches Wörterbuch, S. 953 f..
1271 *Hotson v East Berkshire Area Health Authority* [1987] 1 AC 750 (HL), ebd.
1272 *Hotson v Fitzgerald* [1985] 1 WLR 1036 (QB), 1044; siehe dazu *Markesinis and Deakin's Tort Law*, S. 222.
1273 Vgl. *Markesinis and Deakin's Tort Law*, S. 222.
1274 *Winfield & Jolowicz on Tort*, Rn. 7-024; siehe auch *Markesinis and Deakin's Tort Law*, S. 222; *Stoll*, in: Deutsch/Klingmüller/Kullmann, FS Steffen, S. 465 (470).

Wahrscheinlichkeit, den Lehrerberuf zu ergreifen.[1275] Neben diesen zukünftigen Entwicklungen können auch Umstände den Schadensumfang verringern, die im deutschen Recht als Reserveursachen eingestuft werden könnten. Als Beispiele werden ein schwaches Herz oder eine unsichere Arbeitssituation genannt.[1276] Das schädigende Verhalten muss den Schaden jedoch ausgelöst haben. Das beurteilt sich auf der Ebene der Haftungsbegründung (*liability*). Erst auf der Ebene der Schadensbezifferung dürfen andere Umstände, die das Ausmaß des Schadens beeinflussen, Berücksichtigung finden (*quantification*). Dieses Vorgehen ähnelt dem deutschen Lösungsansatz zum interessengerechten Schadensausgleich bei Reserveursachen.

Der erstinstanzliche Richter im Fall *Hotson* brachte die Problematik wie folgt auf den Punkt: „Is this on true analysis a case where the plaintiff is concerned to establish causative negligence or is it rather a case where the real question is the proper quantum of damage? Clearly the case hovers near the border. Its proper solution in my judgment depends on categorising it correctly between the two. If the issue is one of causation then the health authority succeed since the plaintiff will have failed to prove his claim on the balance of probabilities. He will be lacking an essential ingredient of his cause of action. If, however, the issue is one of quantification then the plaintiff succeeds because it is trite law that the quantum of a recognised head of damage must be evaluated according to the chances of the loss occurring."[1277] Das *House of Lords* hob die Entscheidung schließlich mit fünf von acht Stimmen auf. Die Lordrichter gingen mehrheitlich davon aus, dass es sich nicht um eine Frage der Schadensbezifferung, sondern um ein Problem fehlender Kausalität handelte.[1278] Anders als im französischen Recht verhinderten die Kausalitätszweifel eine Verurteilung zum Chancenersatz.[1279] Mit überwiegender Wahrscheinlichkeit war der Unfall und nicht der Behandlungsfehler für den eingetretenen Schaden verantwortlich.[1280] Einige Richter erwähnten, dass sie den Ersatz einer Heilungschance nicht grundsätzlich ablehnen,

---

1275 *Doyle v Wallace* [1998] PIQR Q146 (CA), Q147; *Mullis/Oliphant*, Rn. 9.3.2.

1276 *Winfield & Jolowicz on Tort*, Rn. 7-024.

1277 *Hotson v Fitzgerald* [1985] 1 WLR 1036 (QB), 1044 f.; siehe auch *Markesinis and Deakin's Tort Law*, S. 222.

1278 Vgl. *Markesinis and Deakin's Tort Law*, S. 222 f.

1279 Vgl. *Winfield & Jolowicz on Tort*, Rn. 7-025.

1280 *Hotson v East Berkshire Health Authority* [1987] 1 AC 750 (HL), 793 per *Lord Ackner*, sowie 782 per *Lord Bridge*.

sondern in solchen Fallgestaltungen durchaus in Betracht ziehen würden, in denen die Verursachung nicht so eindeutig ausgeschlossen werden konnte.[1281]

(2) Gregg v. Scott (2005)

Erst in *Gregg v. Scott* erteilte das *House of Lords* dem Ersatz von Heilungschancen eine endgültige Absage.[1282] Der Beklagte hatte bei dem Kläger eine bösartige Erkrankung, das Non-Hodgkin-Lymphom, nicht erkannt. Er stufte die Lymphknotenvergrößerung sorgfaltswidrig als gutartig ein, ohne den Kläger an ein Krankenhaus für weitere Untersuchungen zu überweisen.[1283] Der Kläger begab sich deshalb erst vierzehn Monate nach der ersten Untersuchung in medizinische Behandlung. Die Chancen, von seiner Krebserkrankung geheilt zu werden, hatten sich zwischenzeitlich von 42 auf 25 % reduziert. In seiner *dissenting opinion* formulierte *Lord Nicholls*: „Given this uncertainty of outcome, the appropriate characterisation of a patient's loss in this type of case must surely be that it comprises the loss of the chance of a favourable outcome, rather than the loss of the outcome itself. [...] In short, the purpose of the duty is to promote the patient's *prospects* of recovery by exercising due skill and care in diagnosing and treating the patient's condition."[1284] *Lord Hope* schloss sich dem Ergebnis von *Lord Nicholls* zwar einerseits an, führte jedoch andererseits aus, dass als Schaden ganz einfach die Vergrößerung des Krebstumors zu betrachten sei, weshalb das Gericht diesen Schaden beziffern müsse.[1285] *Prospects*, wie *Lord Nicholls* sie bezeichnet hatte, könnten hingegen angesichts einer tatsächlich eingetretenen Gesundheitsverletzung nicht als Schaden betrachtet werden.[1286]

Die übrigen drei Richter lehnten den Ersatz einer Heilungschance dem Grunde nach ab.[1287] Die Körperverletzung wurde in ihrer Gesamtheit nicht

---

1281 Siehe insbesondere *Hotson v East Berkshire Health Authority* [1987] 1 AC 750 (HL), 786 per *Lord Mackay*, 782 f. per *Lord Bridge*: „In some cases, perhaps particularly medical negligence cases, causation may be so shrouded in mystery that the court can only measure statistical chances. But that was not so here."

1282 *Gregg v Scott* [2005] UKHL 2, [2005] 2 AC 176; *Stauch/Wheat*, S. 283; *Khoury*, S. 103; *Dunn*, Rn. 2.6.1.6.

1283 *Stauch/Wheat*, S. 283.

1284 *Gregg v Scott* [2005] UKHL 2, [2005] 2 AC 176, Rn. 24; dazu *Khoury*, S. 103.

1285 *Gregg v Scott* [2005] UKHL 2, [2005] 2 AC 176, Rn. 118 (Hervorhebungen im Original); siehe auch *Winfield & Jolowicz on Tort*, Rn. 7-026.

1286 *Gregg v Scott* [2005] UKHL 2, [2005] 2 AC 176, Rn. 118 per *Lord Hope*.

1287 *Gregg v Scott* [2005] UKHL 2, [2005] 2 AC 176, Rn. 79 ff. per *Lord Hoffmann*, Rn. 170 ff. per *Lord Phillips*, Rn. 209 ff. per *Baroness Hale*.

durch die verspätete Diagnose verursacht, sondern durch die Krebserkrankung des Patienten. Der Verlust der Heilungschance hatte sich also in dem Schaden nicht niedergeschlagen.[1288] Der Kläger hätte bei entsprechender Antragstellung jedoch Schadensersatz für die durch die Zeitverzögerung eingetretenen Unannehmlichkeiten und die zusätzlichen Verletzungen und Schmerzen erlangen können.[1289] Dazu meint *Baroness Hale*, der Kläger hätte anstelle der verpassten erfolgreichen Therapie der Krebserkrankung das verlorengegangene Einkommen, erhöhtes Leiden und den Verlust an Lebensqualität geltend machen müssen.[1290] In Anlehnung an die Äußerungen von *Baroness Hale* in dem *obiter dictum* der Mehrheitsentscheidung sind drei Verletzungserfolge als ersatzfähige Schäden anerkannt: Erstens die körperlichen Strapazen der notwendigerweise intensiveren Behandlung aufgrund des Zeitverlustes, zweitens die seelischen Strapazen angesichts der Tatsache, dass die Krankheit früher hätte erkannt werden können, und drittens die verlorene Lebenszeit.

(3) JD v. Mather (2012)

In *JD v. Mather* behauptete der Kläger, wenn sein Tumor rechtzeitig im März 2006 und nicht verspätet im Oktober 2006 entdeckt und entfernt worden wäre, hätten sich keine Metastasen gebildet, und er hätte den Krebs aller Wahrscheinlichkeit nach besiegt. In einem Hilfsantrag trug der Kläger vor, dass er jedenfalls länger gelebt hätte, die genaue Anzahl stellte er in das Ermessen des Gerichts. Das Berufungsgericht gab dem Hilfsantrag statt.[1291] Der erste Antrag versagte, weil das Gutachten ergab, dass der Tumor von dem Arzt in einem Stadium der Krebserkrankung (fehlerhaft) übersehen worden war, in dem die Krankheit bereits mit überwiegender Wahrscheinlichkeit unheilbar war.[1292] Das Gericht sah sich jedoch aufgrund des Hilfsantrags dazu in der Lage, einen Verlust von drei Jahren Lebenszeit als erlittene Verletzung anzuerkennen. Es verglich die durchschnittliche Überlebenszeit eines Tumors im Stadium IIIC, das bei dem Kläger im Oktober vorlag, mit der durchschnittlichen Überlebenszeit im Stadium IIIB, das im

1288 Vgl. *Khoury*, S. 103; *Dunn*, Rn. 2.6.1.6.

1289 *Gregg v Scott* [2005] UKHL 2, [2005] 2 AC 176, Rn. 173 per *Lord Phillips*; *Grace*, Anm. zu Gregg v Scott, Lloyd's Law Reports Medical 2005, 166 (ebd.); *Stauch/Wheat*, S. 283, Fn. 91.

1290 *Gregg v Scott* [2005] UKHL 2, [2005] 2 AC 176, Rn. 206; siehe auch *Grace*, Anm. zu Gregg v Scott, Lloyd's Law Reports Medical 2005, 166 (167).

1291 *JD v Mather* [2012] EWHC 3063 (QB), [2013] Med. L. R. 291, Leitsatz 2.

1292 *JD v Mather* [2012] EWHC 3063 (QB), [2013] Med. L. R. 291, Rn. 42.

März vorgelegen haben sollte, und ermittelte so drei Jahre.[1293] In dieser Hinsicht ist das Urteil bemerkenswert. Dem Gericht fällt es nicht leicht, das Schicksal eines einzelnen Patienten anhand von empirischen Daten festzulegen, und es verweist dazu auf die Äußerungen des Sachverständigen: „[Dr. Nathan] agreed with the argument in principle, while adding (correctly, of course) the rider that he always tells his patients that each of them is an individual, not the median. He said that, just as he would expect the tumour to have thickened between March and October, so he would expect the degree of nodal spread to have increased. The patient's prospects were worsened, not only in the sense of a reduced chance of survival beyond 10 years, but also in the sense of a reduced expectation of life.“[1294]

(4) Fazit

In der Literatur wird bemerkt, dass die Gerichte dazu tendierten, *liablity* und *quantum* zu vermengen.[1295] Die anteilige Berücksichtigung von Schadensursachen entsprechend ihrer Eintrittswahrscheinlichkeit bei der Berechnung des Schadensersatzes führe dazu, dass die Gerichte eine anteilige Haftung auch im Bereich des Haftungsgrunds thematisierten. Die Haftung aus *negligence* erfordere aber stets einen eingetretenen Schaden: *„actionable loss is an essential element of liability“*.[1296] Eine andere Frage sei es, ob der Schaden begrenzt werden müsse, weil in der Zukunft andere Dinge passierten oder hätten passieren können.[1297] Die beiden Bereiche *causation* und *remoteness of damage* seien besonders anfällig für Verwechslungen.[1298] Eine Trennung fällt insbesondere im Bereich von reinen Vermögensschäden schwer, wo die Unterscheidung von Verletzungserfolg und Schaden weniger notwendig oder praktikabel erscheint als bei Körperschäden. Das führt letztlich wohl dazu, dass der Ersatz der *loss of chance* im Fall reiner Vermögensschäden anerkannt ist, z. B. im Anwaltshaftungsrecht, während er in der Arzthaftung ausscheidet. Das kann selbstverständlich auch damit zusammenhängen, dass Vermögensschäden leichter aufzuteilen sind als eine Körperverletzung.[1299]

1293 *JD v. Mather* [2012] EWHC 3063 (QB), [2013] Med. L. R. 291, Rn. 48.

1294 *JD v. Mather* [2012] EWHC 3063 (QB), [2013] Med. L. R. 291, Rn. 46.

1295 *Winfield & Jolowicz on Tort,* Rn. 7-002 (Fn 4): „'measure of damages' is sometimes used by judges when causation/remoteness is meant“.

1296 *Mullis/Oliphant,* Rn. 9.3.2.

1297 *Winfield & Jolowicz on Tort,* Rn. 7-024.

1298 *Burrows,* in: Clerk & Lindsell on Torts, Rn. 28-01.

1299 *Markesinis and Deakin's Tort Law,* S. 223.

Generell lässt sich feststellen, dass die Gerichte dazu neigen, einen ersatzfähigen Chancenverlust anzunehmen, wenn – wie bei einer falschen Rechtsberatung oder dem Verlust einer Prozesschance durch anwaltliches Versagen – der Ausgang des hypothetischen Geschehensablaufs von der Entscheidung eines Menschen abhängt.[1300] Im Ergebnis handelt es sich dabei um die Unterscheidung von deterministischen Geschehensabläufen, zu denen Krankheitsprozesse gezählt werden, und zufälligen menschlichen Entscheidungen.[1301] Auch wenn der Ersatz der *loss of a chance* bei einem Anwaltsfehler dann die Aussage impliziert, bei der justiziablen Durchsetzung von Rechten spiele der Zufall eine Rolle.[1302] Der Fall *Hutchinson v. Epson and St Helier NHS Trust dient dafür als gutes Beispiel*: Die Ehefrau des Patienten klagte auf Schadensersatz, weil man bei ihrem Ehemann, der dem Alkohol verfallen war, übersehen hatte, dass er an Leberkrebs erkrankt war. Für den Kausalitätsbeweis war entscheidend, ob der Ehemann mit dem Trinken aufgehört hätte, wenn ihm seine Erkrankung offenbart worden wäre. Die Ehefrau bejahte diese Frage.[1303] Dieser Kausalitätsbeweis ließ sich nicht anzweifeln, weshalb die Chance zu ersetzen war.[1304]

Medizinische Prozesse werden jedenfalls stillschweigend als deterministische Naturphänomene betrachtet, die nichts dem Zufall überlassen. Allein die Kenntnis von diesen Zusammenhängen fehle uns bisweilen: „There is no inherent uncertainty about what caused something to happen in the past or about whether something which happened in the past will cause something to happen in the future. Everything is determined by causality. What we lack is knowledge and the law deals with the lack of knowledge by the concept of the burden of proof.“ In den „echten“ *loss of chance*-Fällen sei „uncertainty in the world“.[1305] Die Einordnung medizinischer Behandlungsabläufe als deterministische oder indeterministische Prozesse entscheidet darüber, ob und wie dem Problem des Patienten abgeholfen werden kann. In einem vielbeachteten Aufsatz führt *Reece*

1300 *Gregg v Scott* [2005] UKHL 2, [2005] 2 AC 176, Rn. 82 per *Lord Hoffmann*; *Ehlgen*, S. 378; *Khoury*, S. 100 f.; *Winfield & Jolowicz on Tort*, Rn. 7-028.

1301 Vgl. *Baroness Hale* in *Gregg v Scott* [2005] UKHL 2, [2005] 2 AC 176, Rn. 220: „A further answer may lie in the subtle distinction between deterministic events in the natural world and indeterministic events involving the unfathomable actions of human agents“.

1302 So auch *Großerichter* zum französischen Recht, S. 112.

1303 *Hutchinson v Epson and St Helier NHS Trust* [2002] EWHC 2363 (QB), 2002 WL 31523273, Rn. 28 f.

1304 Siehe dazu auch *Jackson*, S. 132.

1305 *Khoury*, S. 127.

dazu aus, dass die Beweislast für die anspruchsbegründenden Tatsachen eigentlich nur bei deterministischen Geschehensabläufen zweckmäßig sei, denn das Beweisrisiko beziehe sich nur auf „uncertainty in evidence, not uncertainty in the world".[1306]

Für die englische Rechtsprechung wird es auch zukünftig verlockend sein, den Behandlungsfehlerschaden als *loss of a chance* zu betrachten. Bei der Schadensberechnung könnte auf diese Art die Wahrscheinlichkeit eines besseren Behandlungsausgangs berücksichtigt und die Ungerechtigkeit des Alles-oder-Nichts-Prinzips beseitigt werden.[1307] Es wird jedoch stets vor der Gefahr einer ausufernden Haftung gewarnt:[1308] „Almost any claim for loss of an outcome could be reformulated as a claim for loss of a chance of that outcome."[1309] Andererseits wird ausgeführt, dass der Heilungschancenersatz nicht zu einer größeren finanziellen Belastung führen müsse: Es würden zwar weniger Arzthaftungsklagen scheitern, die *global liability bill* bliebe aber eventuell gleich, weil der Schadensersatz in vielen Fällen reduziert werden könnte.[1310] Mittlerweile zeichnet sich jedoch eine andere Möglichkeit zum anteiligen Schadensersatz in der Arzthaftung ab. Sie setzt bei der Risikoerhöhung an, die das fehlerhafte ärztliche Verhalten verursacht. Auf diesen Zug ist Lord Phillips bereits in seiner Urteilsbegründung in der Entscheidung *Gregg v. Scott* aufgesprungen: „Where medical treatment has resulted in an adverse outcome and negligence has increased the chance of that outcome, there may be a case for permitting a recovery of damages that is proportionate to the increase in the chance of the adverse outcome".[1311] Dieser Lösungsansatz betrachtet die typischen Unsicherheiten über den Geschehensablauf nicht als Problem des Schadens, sondern der Kausalität und soll deshalb sogleich dort erörtert werden.

d) Zusammenfassung

Dreh- und Angelpunkt der Beweisschwierigkeiten im Arzthaftungsrecht ist der erste Verletzungserfolg. Die Anforderungen, die an dieses „Betroffensein" gestellt werden, sind entscheidend für die Durchsetzung des Schadensersatzanspruchs.

1306 *Reece*, MLR 1996, S. 188 (204); siehe dazu *Khoury*, S. 127 ff.

1307 *Khoury*, S. 141; siehe *Gregg v Scott* [2005] UKHL 2, [2005] 2 AC 176, Rn. 43 per Lord Nicholls, Rn. 221 per *Baroness Hale*.

1308 *Winfield & Jolowicz on Tort*, Rn. 7-027.

1309 *Gregg v Scott* [2005] UKHL 2, [2005] 2 AC 176, Rn. 224 per *Baroness Hale*.

1310 *Winfield & Jolowicz on Tort*, Rn. 7-027.

1311 *Gregg v Scott* [2005] UKHL 2, [2005] 2 AC 176, Rn. 190.

Da das französische Recht als haftungsbegründendes Ereignis den Behandlungsfehler ansieht, steht ihm die schadensrechtliche Lösung eines kausalitätsrechtlichen Problems offen. Weder die vertragliche noch die deliktische Haftung setzt einen Verletzungserfolg voraus. Beide Systeme garantieren auch den Ersatz reiner Vermögensschäden. Bei Vermögensschäden ist eine Unterscheidung in Verletzungserfolg und Schaden aber nicht notwendig. Beide Ebenen werden gleichermaßen durch das „verletzte (Vermögens-)Interesse" repräsentiert, ohne sich an einem vorher vorhandenen und nunmehr verlorenen Gut festhalten zu müssen.[1312] Wird ein Vermögensschaden mithilfe eines Zustandsvergleiches bestimmt, hängen Schaden und Kausalität sowieso untrennbar zusammen: „Als Ansatz für die Ermittlung eines Vermögensschadens ist diese sogenannte Differenzhypothese [...] heranzuziehen. Sie umfasst zugleich das Erfordernis der Kausalität zwischen dem haftungsbegründenden Ereignis und einer dadurch eingetretenen Vermögensminderung: Nur eine Vermögensminderung, die durch das haftungsbegründende Ereignis verursacht ist, d. h. ohne dieses nicht eingetreten wäre, ist als ersatzfähiger Schaden anzuerkennen."[1313] Es verwundert daher nicht, dass sich die Rechtsfigur der verpassten Heilungschance im Zwischenreich von Kausalität und Schaden befindet. Sie wird unter dem „Deckmantel" der Schadensberechnung genutzt, um einen kausalitätsrechtlichen Aspekt in die Betrachtung einfließen zu lassen.[1314] Das französische Recht betrachtet den Verletzungserfolg, welcher durch den Behandlungsfehler *sicher* hervorgerufen wird, als Verlust einer Heilungschance. Ob sich dieser Verlust auch in dem tatsächlich eingetretenen Körperschaden niedergeschlagen hat, muss nach traditionellen Maßstäben gegebenenfalls unter Zuhilfenahme von Kausalitätserleichterungen bestimmt werden. Die *perte d'une chance* ist kein „Wundermittel" zur Lösung des Zurechnungsproblems in der Arzthaftung, aber zusammen mit den abgeschwächten Kausalitätsanforderungen ermöglicht sie die Durchsetzung von Schadensersatzansprüchen und vermeidet die Ungerechtigkeit des Alles-oder-Nichts-Prinzips.

Obwohl der Ersatz von Gewinnchancen im englischen Recht möglich ist, kann sich die Figur dort aufgrund der verbleibenden Kausalitätszweifel gerade nicht durchsetzen. Das englische Recht trennt strikt zwischen dem Haftungsgrund (*liabilty*), der *actionable damage* voraussetzt, und der Schadensbemessung (*quantification*). Im Bereich der Schadensbemessung sind Abschläge aufgrund

---

1312 *Großerichter*, S. 21; *Schulze*, in: HK-BGB, Vor § 249, Rn. 6 spricht von Wertdifferenz.
1313 BGHZ 99, 182 (192).
1314 *Kasche*, S. 230.

der Wahrscheinlichkeit von Geschehensabläufen möglich, dieses Vorgehen darf sich jedoch nicht auf den Bereich der Haftungsvoraussetzungen erstrecken. Anders als das französische Recht ist das englische Recht nicht bereit, Körperschäden wie Vermögensschäden zu behandeln und ein theoretisches „Minus“ als schützenswerte Gewinnchance zu betrachten. In der Anwaltshaftung wird der Kausalität dadurch Genüge getan, dass eine menschliche Entscheidung die Kausalität vermittelt. Im Arzthaftungsrecht hingegen geht man davon aus, dass die naturwissenschaftlichen Zusammenhänge feststehen, sie werden vom bloßen Auge aber nicht erkannt, Unsicherheiten verhindern deshalb den erfolgreichen Beweis der Kausalität.

Sowohl in Frankreich als auch in England wird der Chancenersatz in Fallkonstellationen eingesetzt, die im deutschen Recht mithilfe der Schadensschätzung nach § 287 ZPO gelöst werden, z. B. in der Anwaltshaftung, beim hypothetischen Verhalten Dritter und bei Folgeschäden aufgrund von Verletzungen.[1315] Im deutschen Recht werden vergleichbare Fälle einer hypothetischen Schadensentwicklung in der Regel auf der Ebene der Haftungsausfüllung und Schadensberechnung nach § 249 BGB behandelt.[1316] Ähnlich wie im englischen Recht kommt es jedoch im Bereich von prognostischen, reinen Vermögensschäden zu Verschiebungen. Hier kann die Schadensberechnung nicht anhand eines sichtbaren Schadensereignisses erfolgen. Solche Vermögensschäden dürfen deshalb nach § 287 ZPO geschätzt werden. Die materiellrechtliche Bewertung des Schadens wird in die Beweiswürdigung verschoben,[1317] weshalb *Stoll* die Vorschrift des § 287 ZPO in Bezug auf den Erwerbsschaden auch als Vorschrift mit materiellem Unterton beschrieben hat.[1318] In der Arzthaftung scheidet dieses Vorgehen aufgrund der Parallelität der Pflichtengefüge aus. Allerdings können an den ersten Verletzungserfolg im Sinne eines Betroffenseins geringere Anforderungen gestellt werden. Dadurch wird der Anwendungsbereich der Beweislastumkehr für die Kausalität zwischen Fehlverhalten und Primärschaden verkleinert. Das ermöglicht die Schadensbestimmung nach § 287 ZPO unter Berücksichtigung der „anteiligen Verursachung“ des endgültigen Schadens.

1315 Vgl. *Oetker*, in: MünchKomm BGB, § 249 BGB, Rn. 499.

1316 *Großerichter*, S. 29.

1317 *Großerichter*, S. 30.

1318 *Stoll*, Begriff und Grenzen des Vermögensschadens, S. 22.

III. Die Kausalität

Der Patient kann seinen Haftungsanspruch grundsätzlich nur dann durchsetzen, wenn er behaupten und beweisen kann, dass der erlittene Schaden auch durch den Behandlungsfehler verursacht worden ist. Selbst dort, wo eine Gefährdungshaftung oder verschuldensunabhängige Haftung, *z. B. obligation de résultat*, existiert, wird dem Kläger grundsätzlich nicht die Beweislast für die Ursächlichkeit des Fehlers genommen.[1319] Auf das Verschulden als Haftungsvoraussetzung kann unter bestimmten Umständen verzichtet werden, nicht jedoch auf ein Zurechnungskriterium.[1320] Die Kausalität stellt diesen notwendigen rechtlichen Zurechnungszusammenhang her.[1321] Der Patient muss stets behaupten – und prinzipiell auch beweisen –, dass die „gesundheitsgefährdende“ Behandlung tatsächlich zu einem Schaden geführt hat. Die Probleme bei der Bestimmung des Geschehensablaufs werden in Frankreich überwiegend im Schadensrecht thematisiert, was in den geringen Kausalitätsanforderungen begründet liegt. Das englische und das deutsche Recht verlagern das Problem des „Behandlungsfehlerschaden“ hingegen in die Kausalität. Ob der Nachweis der Kausalität gelingt, hängt von zwei Faktoren ab. Zunächst kommt es darauf an, welche Anforderungen in materieller Hinsicht an das Vorliegen eines Ursachenzusammenhangs gestellt werden. Schließlich muss der Patient das Gericht vom Vorliegen dieser Voraussetzungen überzeugen. Das Kausalitätserfordernis hat also eine inhaltliche und eine beweisrechtliche Dimension: „P has to show on a balance of probabilities (evidential) that but for D's wrongful conduct the injury would not have occured (conceptual).“[1322]

1. Die Anforderungen an die Kausalität

Das deutsche Recht unterscheidet haftungsbegründende und haftungsausfüllende Kausalität. Die ausländischen Rechtsordnungen kommen ohne diese Unterscheidung aus.[1323] Die Differenzierung ist auch im deutschen Recht nur auf der beweisrechtlichen Ebene, genauer für das Beweismaß, von Bedeutung.[1324]

1319 *Ehlgen*, S. 17; *Simmler*, in: Wenzel/*Simmler*, Kap. 1, Rn. 108; siehe zur „obligation de sécurité“ auch *Mor/Heurton*, S. 122, Rn. 54.11.

1320 *Ehlgen*, S. 17.

1321 *Markesinis and Deakin's Tort Law*, S. 214.

1322 *Steel/Ibbetson*, S. 451 (452).

1323 *Weber*, S. 116; s. ausführlich zum französischen Recht *Moréteau/Pellerin-Rugliano/Rey*, in: Winiger u. a., Essential Cases on Natural Causation, Kap. 11/6, Rn. 5, S. 598; siehe *Brieskorn*, S. 197, zu dem Ansatz einer Unterscheidung.

1324 *Weber*, S. 116.

Sowohl die haftungsbegründende als auch die -ausfüllende Kausalität bestimmen sich im deutschen Recht in drei Schritten: Äquivalenztheorie, Adäquanztheorie und Schutzzweck der Norm.[1325] Die beiden letztgenannten Merkmale stellen bei der Durchsetzung von Schadensersatzansprüchen in der Arzthaftung kaum Hindernisse dar.[1326] Dort spielt vor allem die erste Voraussetzung eine besondere Rolle. Nach der Äquivalenztheorie ist eine Ursache kausal für das Schadensereignis, wenn sie nicht hinweggedacht werden kann, ohne dass der Erfolg in seiner konkreten Gestalt entfiele (*conditio sine qua non*).[1327] Ein Behandlungsfehler ist deshalb nur kausal, wenn die Körper- oder Gesundheitsverletzung in ihrer konkreten Gestalt ohne ihn nicht eingetreten wäre.

Im englischen Deliktsrecht werden zwei Elemente des Kausalitätskriteriums (*causation*) unterschieden: *factual cause* (*cause in fact* oder *but-for cause*) und *legal cause* (*remoteness of damage* oder *actionability*).[1328] Zur Bestimmung des ersten Kausalitätsmerkmals, der tatsächlichen Verursachung, wird der sog. *but-for test* eingesetzt. Er entspricht der Äquivalenztheorie.[1329] Es wird danach gefragt, ob der Schaden auch ohne das Verhalten des Gegners eingetreten wäre: „This ‚but-for' test consists of posing the question: would the loss have been sustained but for the relevant act or omission of the defendant?".[1330] Am besten beschreibt das Prinzip *Lord Denning* in *Cork v. Kirby Maclean Ltd*: „If you can say that the damage would not have happened but for a particular fault then that fault is in fact a cause of the damage; but if you can say that the damage would have happened just the same, fault or no fault, then the fault is not a cause of the damage".[1331] Der *but-for test* kommt nur auf der ersten Ebene, beim tatsächlichen Ursachenzusammenhang, zum Einsatz, d. h. er dient vor allem dazu, das schädigende Verhalten als Schadensursache in tatsächlicher Hinsicht auszuklammern und so die Haftung zu begrenzen.[1332]

1325 *Grüneberg*, in: Palandt, Vor § 249, Rn. 28; siehe auch *Schiemann*, in: Staudinger BGB, § 249 BGB, Rn. 22; *Johannes W. Flume*, in: BeckOK BGB, § 249 BGB, Rn. 279.

1326 So auch *Kasche*, S. 41; *Ehlgen*, S. 20.

1327 BGHZ 2, 138 (141); *Oetker*, in: MünchKomm BGB, § 249, Rn. 103; *Schiemann*, in: Staudinger BGB, § 249 BGB, Rn. 8; *Ehlgen*, S. 20 m. w. N.

1328 *Markesinis and Deakin's Tort Law*, S. 202 f.; *McBride/Bagshaw*, S. 271 (328); *Wurmnest*, S. 164.

1329 *Mäsch*, S. 13; *Wurmnest*, S. 164; *Zimmermann*, in: Winiger u. a., Essential Cases on Natural Causation, Kap. 1/29, Rn. 1, S. 99.

1330 *Markesinis and Deakin's Tort Law*, S. 202.

1331 *Stauch/Wheat*, S. 275.

1332 *Dunn*, Rn. 2.6.1.

Als Paradebeispiel für den *but-for test* wird stets der Fall *Barnett v. Chelsea & Kensington Hospital Management Committee* genannt.[1333] Ein Wachmann hatte im Dienst eine tödliche Dosis Arsen zu sich genommen, die man im Krankenhaus fahrlässig nicht erkannt hatte. Der Wachmann verstarb wenige Stunden später in seiner Wohnung. Die Arsendosis hätte auch bei erfolgter Behandlung unweigerlich zum Tod geführt. Der *but-for test* war mithin nicht erfüllt, weil das Opfer auch bei verkehrsrichtigem Verhalten gestorben wäre.[1334] Auf der Ebene der objektiven Zurechnung (*legal cause*), werden die Ergebnisse der tatsächlichen Verursachung korrigiert: „the defendant might still succeed by establishing the absence of what is called a ‚legal cause' ".[1335]

Die rechtliche Kausalität oder *remoteness of damage* verlangt, dass der eingetretene Schaden für einen vernünftigen Dritten vorhersehbar war.[1336] Die Vorhersehbarkeit (*foreseeability*) ist neben dem Verschulden und der Kausalität im Allgemeinen ein wichtiges Zurechnungskriterium im englischen Recht.[1337] Allerdings sorgt – wie im deutschen Recht – die sog. *Eggshell skull rule* dafür, dass die Schadensgeneigtheit des Opfers dem Schädiger voll zuzurechnen ist.[1338] Davon zu unterscheiden sind Reserveursachen wie Schadensanlagen, die sich auch im englischen Recht schadensersatzreduzierend auswirken können.[1339] Sie kommen allerdings – wie im deutschen Recht – nur als Korrektur bei der Zurechnung des gesamten Schadens in Betracht, d. h. erst wenn die tatsächliche Verursachung zumindest eines Teils des Schadens feststeht.[1340] Die englischrechtliche Unterscheidung in *factual* und *legal cause* suggeriert, dass auf der Ebene der tatsächlichen Verursachung, rein naturwissenschaftliche und vernunftlogische Maßstäbe zählten, während erst auf der zweiten Ebene normative Gesichtspunkte und rechtliche Zurechnungskriterien eine Rolle spielten. Dem ist jedoch nicht so.[1341]

1333 *Barnett v Chelsea & Kensington Hospital Management Committee* [1969] 1 QB 428; siehe nur *Oliphant*, in: Winiger u. a., Essential Cases on Natural Causation, Kap. 1/12, Rn. 3, S. 47.

1334 Zum Sachverhalt s. *Oliphant*, in: Winiger u. a., Essential Cases on Natural Causation, Kap. 1/12, Rn. 1, S. 47.

1335 *Markesinis and Deakin's Tort Law*, S. 202.

1336 Grundlegend *The Wagon Mound* [1961] AC 388; siehe dazu *Winfield & Jolowicz on Tort*, Rn. 7-033.

1337 Brüggemeier, S. 97.

1338 *Winfield & Jolowicz on Tort*, Rn. 7-038.

1339 *Wurmnest*, S. 165; *Winfield & Jolowicz on Tort*, Rn. 7-024; *Markesinis and Deakin's Tort Law*, S. 218-221; *Jones*, in: Clerk & Lindsell on Torts, Rn. 2-161 ff.

1340 *Winfield & Jolowicz on Tort*, Rn. 7-048.

1341 *Markesinis and Deakin's Tort Law*, S. 204; *Wurmnest*, S. 166.

Die Abhandlung der beiden Rechtsgelehrten *Hart* und *Honoré* „Causation and the Law“[1342] hat im angloamerikanischen Rechtsraum eine Diskussion darüber entfacht, inwieweit rechtspolitische Erwägungen und der gesunde Menschenverstand (*common sense*) nicht nur unter Zurechnungsaspekten die Kausalität beeinflussen, sondern auch bei der Beurteilung des tatsächlichen Ursachenzusammenhangs eine Rolle spielen.[1343] Die *Conditio-sine-qua-non*-Formel wird vom *common law* deshalb nicht als absolut betrachtet, andere adäquate Ursachen können unter Umständen einen ausreichenden Kausalzusammenhang herstellen.[1344] Diese Diskussion erlaubt es dem englischen Haftungsrecht von dem Erfordernis einer zweifelsfrei feststehenden Verursachung (in tatsächlicher bzw. „naturwissenschaftlicher“ Hinsicht) in bestimmten Konstellationen abzusehen,[1345] auch ohne auf das Beweisrecht, insbesondere den Anscheinsbeweis, zu rekurrieren.

Im französischen Recht beantwortet das Kausalitätskriterium neben der Feststellung, ob der Schaden durch das Verhalten verursacht wurde, im Allgemeinen zugleich die Frage, ob und inwieweit ein entstandener Schaden zu ersetzen ist.[1346] Die französische Rechtswissenschaft versteht die Kausalität eher als „moralisches“ denn „naturwissenschaftliches“ Element:[1347] „la jurisprudence s'attache à une causalité morale plutôt que matérielle“.[1348] Es existieren im französischen Recht zwei Methoden zur Bestimmung der Kausalität: die Äquivalenz- und die Adäquanztheorie. Dabei dient die Adäquanztheorie nicht allein der Ergänzung der Äquivalenztheorie. Wo ein Ursachenzusammenhang nach der *Conditio-sine-qua-non*-Formel nicht etabliert werden kann, genügt nach der überwiegenden Ansicht im Schrifttum die Adäquanztheorie zum Nachweis der Kausalität,[1349] d. h. die Verursachung kann auf der Basis einer rechtlichen Bewertung festgestellt werden.[1350] Die Rechtsprechung kommt auf der Grundlage

---

1342 *Hart/Honoré,* Causation in the Law, 2. Aufl., Oxford 1985.

1343 *Markesinis and Deakin's Tort Law,* S. 203 f.

1344 *Markesinis and Deakin's Tort Law,* S. 213 f..

1345 *Markesinis and Deakin's Tort Law*, S. 204; *Oliphant*, in: Winiger u. a., Essential Cases on Natural Causation, Kap. 1/12, Rn. 3, S. 47 f.

1346 *Wurmnest,* S. 170.

1347 *Wurmnest,* S. 174.

1348 Carbonnier, Droit civil (Quadrige) Bd. 2 Nr. 1129.1.a z. n. *Sonnenberger,* in: Sonnenberger/Classen, Abschnitt 105, S. 207.

1349 *Wurmnest,* S. 170; vgl. *Großerichter,* S. 81, Fn. 437.

1350 *Moréteau/Lafay*, in: Winiger u. a., Essential Cases on Natural Causation, Kap. 1/6, Rn. 8, S. 26.

verschiedener Kausalitätskriterien, u. a. Unmittelbarkeit und Vorhersehbarkeit, zu ähnlichen Ergebnissen.[1351] Das französische Recht folgt damit einem pragmatischen Ansatz, und stellt auf den Haftungsgrund und den Einzelfall ab.[1352] Auch im französischen Verwaltungsrecht gilt weniger die Äquivalenz- als vielmehr die Adäquanztheorie.[1353]

Allerdings wird im Arzthaftungsrecht verlangt, dass der Patient die *cause matérielle* nachweist, welche sich von der *causalité juridique* unterscheidet. Sie bezeichnet den Ausgangspunkt des Schadens in tatsächlicher Hinsicht *(l'origin d'un dommage)*, d. h. der Patient muss beweisen, dass der Behandlungsfehler als Ursprung des Schadens in Betracht kommt.[1354] In Frankreich existiert eine lebhafte Diskussion über den Zusammenhang von juristischer und naturwissenschaftlicher Kausalität. Die juristische Kausalität gilt als eine Mischung aus Fakten und Wertungen.[1355] Danach kann im französischen Haftungsrecht ein Ereignis als kausal betrachtet werden, wenn die Verletzung bei gewöhnlichem Verlauf der Dinge als normale Folge des Ereignisses angesehen werden kann.[1356] Diese weite Auslegung bereitet bei der Beurteilung arzthaftungsrechtlicher Ansprüche einige Vorteile, bedeutet jedoch nicht, dass der Arzt schneller in die Haftungsverantwortung gerät. Denn für den Kausalzusammenhang genügt kein einfacher Zusammenhang zwischen Nichterfüllung und Schaden, sondern es werden nur direkte und unmittelbare Schadensfolgen berücksichtigt.[1357] Das erklärt, warum die Schwierigkeiten der Tatsachenaufklärung und Zurechnung bei Behandlungsfehler in Frankreich im Schadensrecht verortet werden.

Die Äquivalenztheorie legt zunächst fest, dass jede Bedingung, die zum Eintritt des Erfolgs beigetragen hat, als gleichwertige Bedingung anzuerkennen ist. Dabei lässt sie im Allgemeinen zu viele Ereignisse als mögliche Ursachen zu. Sie müssen auf der Zurechnungsebene mithilfe der Adäquanztheorie und dem Schutzzweck der Norm wieder aussortiert werden. Es existiert jedoch auch die umgekehrte Situation, auch wenn die meisten Rechtsordnungen davon kaum Notiz nehmen. Es kann vorkommen, dass die *Conditio-sine-qua-non*-Formel

---

1351 *Moréteau/Lafay*, in: Winiger u. a., Essential Cases on Natural Causation, Kap. 1/6, Rn. 9, S. 26; *Wurmnest*, S. 171.

1352 *Großerichter*, S. 81, Fn. 437.

1353 *Maugüe/Thiellay*, S. 130.

1354 Cass. Civ. 1re, 9. November 1999, Az. 98-10010, Bull. Civ. 1999, I, Nr. 300; *Bergoignan-Esper/Sargos*, S. 424.

1355 *Radé*, D. 2012, S. 112 (113).

1356 *Großerichter*, S. 81, Fn. 441.

1357 *Brieskorn*, S. 200.

bei der Bestimmung eines Ereignisses als Ursache versagt, weil die Zusammenhänge aus naturwissenschaftlicher Sicht nicht aufgeklärt werden können. Das gilt auch für den *but-for test*, der seine Aufgabe „überobligatorisch" erfüllt. Dazu stellt *Lord Nicholls* fest: „Even the sophisticated variants of the ‚but for' test cannot be expected to set out a formula whose mechanical application will provide infallible threshold guidance on causal connection for every tort in every circumstance. In particular, the ‚but for' test can be over-exclusionary."[1358] Dieses Phänomen ist kennzeichnend für die Arzthaftung. Die *Conditio-sine-qua-non*-Formel sortiert den Behandlungsfehler als mögliche Ursache zu früh aus, weil die Verursachung in tatsächlicher oder „naturwissenschaftlicher" Hinsicht nicht einwandfrei festgestellt werden kann. Bestehen Zweifel darüber, ob ein Ereignis die Entstehung oder das Ausmaß eines Schadens beeinflusst hat, so könnten die – allgemein als haftungsbeschränkend angesehenen – Zurechnungskriterien der „zweiten Ebene" dazu dienen, diese Ereignisse mit dem Schaden zu verknüpfen: „because of the very fact of uncertainty it is impossible to say whether or not the damage would have occured but for the cause in question. As a result, the *but-for* test does not point at a multitude of *condiciones sine quibus non*, which are to be *restricted* by legal causation. On the contrary, legal causation serves to *expand* imputation".[1359]

Auch der Bundesgerichtshof hat in einer frühen (und eventuell etwas in Vergessenheit geratenen) Entscheidung festgestellt, dass es sich bei der Prüfung auf Adäquanz „nicht eigentlich um eine Frage der Kausalität, sondern um die Ermittlung der Grenze handelt, bis zu der dem Urheber einer Bedingung eine Haftung für ihre Folgen billigerweise zugemutet werden kann".[1360] Die *Conditio-sine-qua-non*-Formel beantwortet keineswegs die Frage nach dem Einfluss eines Naturereignisses auf den entstandenen Schaden. Sie klärt die naturwissenschaftlichen Ursache-Wirkungs-Beziehungen nicht auf.[1361] Wie das Synonym „Bedingungsformel" schon sagt, setzt die Äquivalenztheorie die Kenntnis aller Bedingungen, die zum Eintritt eines Erfolgs beigetragen haben, voraus.[1362] Um einen Kausalzusammenhang bestimmen zu können, müssen naturwissenschaftliche Prinzipien zu Ursache und Wirkung zugrunde gelegt und übertragen

---

1358 *Kuwait Airways Corp. v Iraqi Airways Co (Nos 4 and 5)* [2002] UKHL 19, [2002] 2 AC 883, Rn. 73; siehe dazu *Markesinis and Deakin's Tort Law,* S. 204.

1359 *Spier/Haazen*, in: Spier, Unification of Tort Law: Causation, S. 127 (151), Hervorhebungen im Original.

1360 BGHZ 3, 261 (267).

1361 *Wagner,* in: MünchKomm BGB § 823 BGB, Rn. 69; *Ehlgen*, S. 21 f.

1362 *Ehlgen*, S. 19.

werden.[1363] Die Bestimmung der Kausalität erfordert die Kenntnis von Gesetzmäßigkeiten, die deterministisch, d. h. bestimmbar und reproduzierbar, sind.[1364] Den Gegensatz dazu bilden probabilistische Gesetzmäßigkeiten, welche die Beziehung zwischen Ursache und Wirkung nicht als Notwendigkeit, sondern als Wahrscheinlichkeit, betrachten.[1365] Die Ableitung der juristischen Kausalität von deterministischen Gesetzmäßigkeiten besitzt einige Schwachpunkte,[1366] von denen zwei für Arzthaftungsfälle von besonderer Bedeutung sind.

Erstens erfordert die Anwendung kausaler Gesetzmäßigkeiten die Kenntnis der Anfangsbedingungen.[1367] Diese Ausgangstatsachen sind jedoch zumeist nicht bekannt, in zahlreichen Arzthaftungskonstellationen wird gerade über das Vorliegen bestimmter Krankheitsfaktoren zu Beginn oder während der Behandlung gestritten. Zweitens sind die Naturwissenschaften nur eingeschränkt dazu in der Lage, Vorgänge mit Bestimmtheit zu erklären.[1368] Selbst wenn man davon ausgeht, dass in vielen Bereichen brauchbare Gesetzmäßigkeiten existierten, so träfe das auf die Medizin kaum zu. Deterministische Gesetzmäßigkeiten lassen sich gerade zu Prozessen im Körperinneren kaum beschreiben.[1369] Die medizinische Wissenschaft kann aufgrund der Unwägbarkeiten des menschlichen Organismus und der nicht beobachtbaren Prozesse „im Körperinneren" allenfalls Wahrscheinlichkeitsaussagen über gewisse Zusammenhänge treffen.[1370] Der medizinische Fortschritt sorgt gleichzeitig dafür, dass sich die medizinischen Risiken erhöhen.[1371] Nun eignen sich auch probabilistische Gesetzmäßigkeiten unter gewissen Umständen zur Bestimmung der juristischen Kausalität. Der Ausschluss alternativer Ursachen ist jedoch ein zentraler Punkt in diesem Erklärungsmodell.[1372] Ist eine Ursache geeignet, einen bestimmten Erfolg hervorzurufen und scheiden andere Ursachen aus, so genügt die positive statistische Relevanz der ersten Ursache, um eine verlässliche Aussage über den Kausalzusammenhang zu treffen. Im Bereich des Behandlungsfehlers stellt der Ausschluss alternativer Ursachen eine ähnlich hohe Hürde dar wie die Existenz

---

1363 *Ehlgen*, S. 23.
1364 *Ehlgen*, S. 24.
1365 *Ehlgen*, S. 25.
1366 Ausführlich *Ehlgen*, S. 26 ff.
1367 *Ehlgen*, S. 31; *Seifert*, S. 44 f.
1368 *Ehlgen*, S. 28, *Seifert*, S. 42.
1369 *Mäsch*, S. 18; *Seifert*, S. 42; *Ehlgen*, S. 28 m. w. N.
1370 *Ehlgen*, S. 28, *Seifert*, S. 42; *Raspe*, GesR 2011, 449 (454).
1371 *Taylor*, in: Hondius, The development of medical liability, S. 79 (84).
1372 *Ehlgen*, S. 36.

deterministischer Gesetzmäßigkeiten, weil sich Auswirkungen der Erkrankung bzw. der Behandlung als alternative Schadensursachen oftmals gerade nicht ausschließen lassen.[1373] Dieses Phänomen leitet typischerweise zur Betrachtung des Beweisrechts und dessen Anforderungen an den Ausschluss alternativer Ursachen über.[1374]

2. Der Kausalitätsbeweis

Das französische Recht ist beim Kausalitätsbeweis weniger anspruchsvoll als das deutsche. Seine Voraussetzungen ähneln denen des englischen Rechts. Der Kausalitätsbeweis kann mit allen Beweismitteln erbracht werden.[1375] Tatsächliche Vermutungen (*présomptions simples de l'homme*) sind zulässig, wenn sie gemäß Art. 1382 CC „graves, précises et concordantes" sind.[1376] Für den Kausalitätsbeweis genügt eine ausreichende Wahrscheinlichkeit.[1377] Es wird sogar von „richterlichem Ermessen" gesprochen.[1378]

Wie im französischen Recht existieren auch im englischen Recht erklärtermaßen größere Spielräume für die richterliche Entscheidungsfindung. In *Lamb v. Camden LBC* führt *Lord Denning* aus: „The truth is that all these three – duty, remoteness and causation – are all devices by which the courts limit the range of liability for negligence or nuisance. [...] Sometimes it is done by limiting the range of the persons to whom duty is owed. Sometimes it is done by saying that there is a break in the chain of causation. At other times it is done by saying that the consequence is too remote to be a head of damage. All these devices are useful in their way. But ultimately it is a question of policy for the judges to decide."[1379] Nach englischem Recht muss der Schaden mit überwiegender Wahrscheinlichkeit auf dem vorwerfbaren Verhalten des Schädigers basieren, die Anforderungen verringern sich bei schwieriger Beweislage.[1380] Die Qualität des Sachverständigenbeweises kann entscheidend sein. Das Gutachten soll erklären, dass eine höhere Wahrscheinlichkeit für die Verursachung spricht

---

1373 *Ehlgen*, S. 38.

1374 *Ehlgen*, S. 38.

1375 *Viney/Jourdain*, Rn. 382.

1376 Siehe auch *Viney/Jourdain*, Rn. 382 m. z. N.

1377 *Viney/Jourdain*, Rn. 382 a. E.: „relative".

1378 *Moréteau/Pellerin-Rugliano/Rey*, in: Winiger u. a., Essential Cases on Natural Causation, Kap. 11/6, Rn. 11, S. 599: „judicial discretion (pouvoir souverain d'appréciation des juges du fond)".

1379 *Lamb v Camden LBC* [1981] QB 625, 636 (CA).

1380 *Wurmnest*, S. 165 m. w. N.

als dagegen.[1381] Trotz des geringeren Beweismaßes der überwiegenden Wahrscheinlichkeit ist der Misserfolg vorprogrammiert, sobald mehrere Ursachen in Betracht kommen: „Where the scientific evidence is ambivalent or suggests a variety of competing causes fort he claimant's state, the action for negligence will normally fail".[1382]

In Deutschland muss der Kausalitätsbeweis höheren Anforderungen genügen als in den anderen Rechtsordnungen.[1383] Von den strengen Beweisführungsvoraussetzungen des § 286 ZPO kann nur im Rahmen der haftungsausfüllenden Kausalität abgewichen werden.[1384] Für den Beweis der haftungsbegründenden Kausalität gilt grundsätzlich der Strengbeweis nach § 286 ZPO. Das Reichsgericht wendete auf den Nachweis der haftungsbegründenden Kausalität noch § 287 ZPO an,[1385] erst die Rechtsprechung des Bundesgerichtshofs festigte die heutige Vorgehensweise.[1386] Ohne weitere Hilfestellung scheitert der Patient regelmäßig an diesen Anforderungen.[1387] Die Anspruchsdurchsetzung wird, nicht nur in der Arzthaftung, sondern auch in einigen anderen Konstellationen, durch den Strengbeweis derartig erschwert, dass von Teilen der Literatur vertreten wird, die überwiegende Wahrscheinlichkeit als Kriterium für den Nachweis der haftungsbegründenden Kausalität im Allgemeinen oder in der Arzthaftung im Besonderen genügen zu lassen.[1388] Zweifelhaft ist allerdings, dass die Absenkung des Beweismaßes überhaupt zu einer Lösung der typischen Probleme in der Arzthaftung führen würde, wenn man berücksichtigt, dass auch das englische und französische Recht ähnliche Schwierigkeiten verzeichnen.

3. Die typischen Probleme in Arzthaftungsfällen

Neben dem Behandlungsfehler kommen im Arzthaftungsfall regelmäßig die Krankheit, die medizinische Behandlung und das Behandlungsrisiko als Schadensursachen in Betracht, sie sind allesamt dem Gefahrenbereich des Patienten

1381 *Brazier/Cave*, Rn. 7.17.

1382 *Brazier/Cave*, Rn. 7.17.

1383 *Kasche*, S. 60.

1384 BGH, NJW 2000, 509 (509 f.).

1385 Siehe dazu ausführlich *Weber*, S. 45 f.

1386 Vgl. auch dazu ausführlich *Weber*, S. 50.

1387 *Schmidt, E.*, MedR 2008, 408 (409): „In Wahrheit ist der Ursächlichkeitsnachweis angesichts der bislang vom BGH an ihn gestellten Anforderungen von vornherein zum Scheitern verurteilt"; *Wagner*, in: Müller/Osterloh/Stein, FS Hirsch, S. 453 (454): „völligen Leerlauf der Arzthaftung".

1388 *Prütting*, in: MünchKomm ZPO, § 286 ZPO, Rn. 47; ausführlich siehe unten S. $1 $3

zuzurechnen. Diese Risiken werden in einem Zauberkessel der Ursächlichkeiten zu dem daraus resultierenden Gesundheitszustand vermischt. Eine nachträgliche Rekonstruktion des Kausalzusammenhangs ist (insbesondere mit dem nach § 286 ZPO erforderlichen Grad an Gewissheit) unmöglich. Es wird kaum jemals auszuschließen sein, dass nicht Krankheits- oder Behandlungsrisiko allein und ohne Zutun des ärztlichen Fehlers schicksalhaft zu dem Gesundheitszustand des Patienten geführt haben. Diese Schwierigkeiten bei der Aufklärung des Ursachenzusammenhangs sind von *Schiemann* mit dem Begriff der *black box* bedacht worden.[1389] Das *House of Lords* führte in der Entscheidung *McGhee* ebenfalls aus, dass die Unerweislichkeit streng genommen nicht durch den Schädiger, sondern den defizitären Stand der Wissenschaft verursacht werde.[1390] Sie lässt sich durch kein Naturgesetz und keinen Sachverständigen beseitigen. Das stellt Richter vor besondere Schwierigkeiten. Die richterliche Überzeugung von dem Vorliegen eines Ursachenzusammenhangs wird nur selten gelingen, insbesondere, weil der Richter auf die Meinung eines medizinischen Sachverständigen angewiesen ist, der als Naturwissenschaftler keine Abstriche bezüglich eines juristisch-praktischen Grads der Gewissheit machen kann und noch weniger als der Richter bereit ist, andere Kausalverläufe auszuschließen. Es ist jedoch zumeist nicht nur unklar, ob der Behandlungsfehler überhaupt bei der Schadensentstehung mitgewirkt hat, es stellt sich gleichzeitig die Frage, ob der Schadensbeitrag die Verurteilung zum vollen Schadensersatz rechtfertigt, weil der Schaden ohne Behandlungsfehler eventuell in ähnlicher Gestalt dennoch eingetreten wäre. Der letzte Punkt wird insbesondere im englischen Recht als kausalitätsrechtliches Problem betrachtet und im Rahmen der Haftungsvoraussetzung „*but-for test*" thematisiert.

Im Arzthaftungsrecht lassen sich grundsätzlich folgende Kausalitätsprobleme unterscheiden: Der Behandlungsfehler hat den Schaden neben anderen Ursachen herbeigeführt (sog. kumulative Kausalität).[1391] Die Äquivalenzformel ist erfüllt, d. h. der Behandlungsfehler hat den eingetretenen Schaden verursacht. In diesen Fallkonstellationen drängt sich die Frage auf, ob und wie berücksichtigt werden kann, dass der Arzt ausschließlich zusammen mit anderen – schicksalhaften – Umständen verantwortlich ist (sog. Anteilszweifel). In diesen Konstellationen besteht die Möglichkeit, dass der Schaden zu einem abtrennbaren

---

1389 Siehe bereits oben S. 69 ff.

1390 *McGhee v National Coal Board* [1973] 1 WLR, 1 (HL) per *Lord Reid* (S. 3), per *Lord Kilbrandon* (S. 9); *Khoury*, S. 80.

1391 *Schulze*, in: HK-BGB, Vor §§ 249–253 BGB, Rn. 18.

Teil allein auf der ersten und zu einem anderen Teil allein auf der zweiten Ursache beruht.[1392] Jede Ursache hat den Schaden also nicht in seiner konkreten Gestalt verursacht, sondern nur zu dessen Gesamtbild beigetragen. Unter diesen Umständen ist fraglich, ob der Schädiger für den gesamten Schaden einzustehen hat. Lässt sich feststellen, dass der Behandlungsfehler nur einen Teil des Gesamtschadens bewirkt hat, liegt keine kumulative Kausalität vor. Der Arzt hat nur den, durch sein Verhalten verursachten, Teilschaden zu ersetzen.[1393] Lässt sich nicht klären, ob der Behandlungsfehler überhaupt für den Schaden (mit-)verantwortlich ist, liegt alternative Kausalität vor. Die Äquivalenzformel ist nicht erfüllt und der Anspruch scheitert. Bei den problematischen Fällen handelt es sich immer um Situationen, in denen mehrere Ursachen zusammenkommen. Nicht alle Arzthaftungsfälle sind kompliziert. Wird dem Patienten z. B. bei einer Operation das falsche Bein amputiert wegen eines organisatorischen Versagens, lässt sich der (Organisations-)Fehler leicht mit dem entstandenen Schaden, dem Verlust eines gesunden Beins, verknüpfen. Das ist jedoch die Ausnahme. Oft ist der Behandlungsfehler nur eine von vielen möglichen Ursachen einer Verletzung, manchmal lässt sich statistisch ermitteln, wie hoch die Wahrscheinlichkeit ist, dass der Fehler die Verletzung verursacht hat, aber in dem konkreten Einzelfall gibt es kaum eine Möglichkeit, zu erforschen, welche Ursachen sich in dem Verletzungserfolg niedergeschlagen haben.[1394]

4. Die Lösungsansätze

Im folgenden Abschnitt sollen die Lösungsansätze der Länder für die Aufklärungsschwierigkeiten im Zusammenhang mit dem Kausalitätskriterium in der Arzthaftung betrachtet werden. Es bestehen grundsätzlich zwei Möglichkeiten, dem Problem der „unerfüllten" *Conditio-sine-qua-non*-Formel zu begegnen.[1395] Man kann an der naturgesetzlich-deterministischen Erklärung für einen Ursachenverlauf festhalten und die Anforderungen an den Beweis herunterschrauben, d. h. sich mit einer gewissen Wahrscheinlichkeit zufrieden geben. Oder man löst das Problem auf der „begrifflichen" Ebene. Statt einem deterministischen Erklärungsmodell zu folgen, lässt man eine probabilistische Erklärung ausreichen.[1396] Demnach soll ein Ereignis als Ursache gelten, wenn es die

---

1392 Vgl. *Johannes W. Flume,* in: BeckOK BGB, § 249 BGB, Rn. 304 f.

1393 *Geiß/Greiner,* Rn. B 260.

1394 *Cane,* in: Atiyah, Atiyah's Accidents, Compensation and the Law, S. 112.

1395 *Kasche*, S. 36.

1396 *Köck*, S. 23.

Möglichkeit des Schadenseintritts erhöht hat. In der Vergangenheit überwog in den drei untersuchten Ländern der beweisrechtliche Ansatz, vermutlich aus zwei Gründen: Zunächst wird der Verlauf einer Krankheit in der Regel als deterministischer Vorgang betrachtet. Man geht davon aus, dass der Gesundheitszustand eines Menschen durch bestimmbare, naturwissenschaftliche Zusammenhänge hervorgerufen wird. Der „allwissender" Beobachter könnte diese Zusammenhänge aufzeigen. Er könnte die „wahre" Ursache des Behandlungsschadens erkennen und die Frage nach der *conditio sine qua non* beantworten. Deshalb soll es sich bei den Aufklärungsschwierigkeiten in der Arzthaftung nicht um ein Problem unbestimmter Ursachenverläufe, sondern um Beweisschwierigkeiten handeln.[1397] *Lord Hoffmann* hat diese Sichtweise prägnant beschrieben: „Everything is determined by causality. What we lack is knowledge, and law deals with the lack of knowledge by the concept of the burden of proof."[1398] Schließlich wird der beweisrechtliche Ansatz noch dadurch unterstützt, dass sich die Überzeugung des Gerichts sowieso nicht anhand von Wahrscheinlichkeitsgraden, d. h. objektiv-mathematisch, bestimmen lässt. Das zeigt sich schon daran, dass die richterliche Überzeugung nach deutschem Recht ihre Rationalität durch die in § 286 Abs. 1 S. 2 ZPO vorgeschriebene Begründungspflicht erhält.[1399]

Der beweisrechtliche Lösungsweg darf jedoch nicht den Blick darauf verstellen, dass die Aufklärungsschwierigkeiten in der Arzthaftung nicht aus den Beweisanforderungen resultieren, sondern aus der „Natur der Sache",[1400] die *Schiemann* als *black box* bezeichnet hat.[1401] Mit Blick auf das Zitat von *Lord Hoffmann* ließe sich auch genau der entgegengesetzte Standpunkt vertreten: Kausalität lässt sich bei Prozessen im Körperinneren nicht beobachten, weshalb keine Beweisschwierigkeiten vorliegen, sondern unbestimmbare Kausalverläufe. Mittlerweile tendieren englische und deutsche Gerichte dazu, auch eine Risikoerhöhung als Verursachung in Betracht zu ziehen. Die Rechtsfigur der verlorenen Heilungschancen im französischen Recht setzt zwar einen erwiesenen Kausalzusammenhang voraus, der jedoch mithilfe von Kausalitätsvermutungen erbracht werden kann und im Ergebnis teilweise eine Risikoerhöhung genügen lässt.

1397 *Kasche*, S. 36.

1398 *Gregg v Scott* [2005] UKHL 2, Rn. 79; siehe dazu *Khoury*, S. 128; *Green*, Medical Law Review 2006, S. 1 (ebd.).

1399 *Köck*, S. 25.

1400 *Seifert*, S. 162.

1401 *Schiemann*, Kausalitätsprobleme bei der Arzthaftung, in: Heldrich u. a., FS für Claus-Wilhelm Canaris, Band I, 2007, S. 1161 (1162).

a) Beweislastumkehr

Die „radikalste" Lösung des Problems der alternativen Kausalität wählt das deutsche Recht mit der Beweislastumkehr, weil es dadurch im Ergebnis auf einen Ursachenzusammenhang verzichtet. Der Arzt muss beweisen, dass er die Verletzung nicht verursacht hat, wenn ein grober Behandlungsfehler oder ein einfacher Befunderhebungsfehler vorliegen (§ 630h Abs. 5 BGB)[1402] oder wenn die Behandlungsmaßnahme von einem „Anfänger" ausgeübt wurde (§ 630h Abs. 4 BGB). Die Rechtsfigur ist – wie oben gesehen – in den untersuchten Rechtsordnungen bekannt, wird im Arzthaftungsrecht jedoch überwiegend nicht angewendet und ist nur im deutschen Recht für den Kausalitätsbeweis von Bedeutung.[1403] Die Beweislastumkehr bezieht sich auf die haftungsbegründende Kausalität, worunter der Ursachenzusammenhang zwischen Behandlungsfehler und Primärschaden verstanden wird. Allerdings werden Reserveursachen, die eigentlich die Schadensebene betreffen, implizit mitbeachtet, denn die Beweislastumkehr berücksichtigt auch die Tatsache, ob beim Patienten Vorschädigungen vorgelegen haben, die einer erfolgreichen Behandlung auch bei Vermeidung eines groben Behandlungsfehlers im Wege gestanden hätten.[1404] Wo mehrere Ursachen nicht abgrenzbar im Sinne einer Gesamtkausalität zusammenwirken, rechnet man die durch den groben Behandlungsfehler geschaffenen Unklarheiten bzgl. des Kausalzusammenhangs grundsätzlich vollumfänglich dem Arzt zu.[1405] Der Arzt kann die Vermutung widerlegen, auch wenn das nicht ausdrücklich im Gesetz steht.[1406]

Die durch den Fehler hervorgerufene Aufklärungserschwernis rechtfertigt die Beweislastumkehr. Sie ließe sich jedoch auch damit begründen, dass der Arzt den Patienten durch sein grobes Fehlverhalten einer – gegenüber den mit der Behandlung normalerweise verbundenen Risiken – deutlich erhöhten Gefahr ausgesetzt hat.[1407] Dieses Argument findet sich auch in der englischen Rechtsprechung, allerdings ohne die Einschränkung des groben Fehlers. Das ist insofern richtig, als dass die Gefahrerhöhung (und die Aufklärungserschwernis) auch bei

---

1402 BGH, Urteil vom 24. Juli 2018 – VI ZR 294/17, BeckRS 2018, 29190, beck-online.

1403 *Kasche*, S. 59.

1404 BGH, NJW 1989, 2332 (2333); BGH, NJW 2000, 3423 (3424); *Franzki*, S. 67; *Großerichter*, S. 61 f.

1405 *Katzenmeier, in:* Dauner-Lieb/Langen, § 823 BGB, Rn. 430; siehe auch *Geiß/Greiner*, Rn. B260.

1406 *Müller*, in: Wandt u. a., FS Lorenz, S. 667 (685).

1407 Ausführlich *Pentz*, MedR 2011, 222 (223 f.).

leichten Behandlungsfehlern vorliegen. Das Element des groben Behandlungsfehlers trägt ohne nähere Anhaltspunkte ein pönales Element in das Schadensrecht hinein,[1408] der Schweregrad einer Pflichtverletzung sollte ausschließlich bei der Frage der Anerkennung als solche eine Rolle spielen. Die „Grobheit" des Behandlungsfehler verstärkt die Aufklärungserschwernis nicht, ganz im Gegenteil: „Je größer der Fehler des Arztes, desto geringer werden in der Regel die Beweisschwierigkeiten des Geschädigten sein".[1409] Das zeigt anschaulich das vom Gesetzgeber gewählte Beispiel für einen grob fehlerhaften Behandlungseingriff: Die versehentlich erfolgte Entfernung des gesunden statt des kranken Organs.[1410]

Lord Wilberforce plädiert in *McGhee v. National Coal Board* für eine Beweislastumkehr zugunsten eines durch die Sorgfaltspflichtverletzung des Arbeitgebers geschädigten Arbeitnehmers: „it is a sound principle that where a person has, by breach of a duty of care, created a risk, and injury occurs within the area of that risk, the loss should be borne by him unless he shows that it had some other cause."[1411] Das englische Recht kennt die Beweislastumkehr (*reversal of the burden of proof*) zugunsten des Geschädigten vor allem in Fällen von *industrial diseases*.[1412] Das englische Recht diskutiert noch über eine Beweislastumkehr auf Basis einer Risikoerhöhung, bislang hat sie sich nicht durchsetzen können.[1413] Insbesondere im Arzthaftungsrecht ist sie als „esoteric principle" von *Lord Harwich* in der Entscheidung *Wilsher v. Essex Area Health Authority* verworfen worden,[1414] nachdem sie in der Arzthaftungsstreitigkeit *Clark v. MacLennan Care*[1415] auch für den Fahrlässigkeitsbeweis in Betracht gezogen worden war.[1416] Die Richter hatten wohl überwiegend Angst vor einer ausufernden Haftung zulasten des NHS.[1417] Es ist insgesamt fragwürdig, ob die Beweislastumkehr das richtige Mittel für das Problem der *black box* sein kann. Warum sollte der Arzt etwas

---

1408 *Fleischer*, JZ 1999, 773 (773).

1409 *Fleischer*, JZ 1999, 773 (773), siehe auch *Weber*, S. 235.

1410 Gesetzentwurf der Bundesregierung, BT-Drs. 17/10488, S. 30 (rechte Sp.).

1411 *McGhee v National Coal Board* [1973] 1 WLR, 1, 6 (HL).

1412 *Vyner v Waldenberg Brothers Ltd* [1946] KB 50, 55 (CA); siehe auch *Khoury*, S. 79; *Bailey*, Legal Studies 2010, 167 (185, Fn. 89).

1413 *Stauch*, CLJ 2009, 27 (29); *Markesinis and Deakin's Tort Law*, S. 208-212.

1414 *Wilsher v Essex Area Health Authority* [1988] AC 1074, 1090 (HL); siehe auch *Wurmnest*, S. 165; *Dunn*, Rn. 2.6.1.2.

1415 *Clark v MacLennan* [1983] 1 All ER 416 (QB) – Westlaw summary.

1416 *Tettenborn*, in: Clerk & Lindsell on Torts, Rn. 10-66.

1417 *Goldberg*, in: Laing/McHale, Rn. 6.32.

beweisen müssen, das niemand beweisen kann?[1418] Das englische Recht hat sich für einen anderen Weg entschieden, der im Folgenden dargestellt werden soll.

b) *Material contribution test*

Das englische Recht unterteilt die Fälle von Kausalitätszweifeln im Wesentlichen in zwci Fallgruppen. Die Erste betrifft vor allem den Urheber- bzw. Anteilszweifel in Fällen von mehreren Schädigern oder mehreren Schadensursachen, einschließlich dem allgemeinem Lebensrisiko (*cumulative cause situations*).[1419] Wenn zwar feststeht, dass eine Ursache den Schaden ganz oder teilweise verursacht hat, der Schaden aber wegen eines anderen Umstandes in gleicher oder anderer, möglicherweise abgeschwächter Form, zur gleichen Zeit oder etwas später genauso eingetreten wäre, dann ist der *but-for test* aus Sicht der Rechtsprechung nicht erfüllt und muss modifiziert werden.[1420] Die zweite Fallgruppe betrifft die alternative Kausalität (*multiple potential cause situation*).[1421] Wenn sich nicht bestimmen lässt, ob das fahrlässige Verhalten die Schadensentstehung beeinflusst hat, dann ist fraglich, ob und wenn ja, wann eine Ausnahme vom *but-for test* zuzulassen ist. Beide Fallkategorien werden nicht immer sauber getrennt.[1422] Insbesondere wird – im Wege der Beweiswürdigung – bei mehreren Schadensursachen kumulative Kausalität angenommen, wo nicht mit Sicherheit ausgeschlossen werden kann, dass eine „kumulative" Ursache aus dem Bereich des Geschädigten den Schaden eventuell auch allein hätte verursachen können, weshalb es sich strenggenommen um einen Fall alternativer Kausalität handeln müsste. Die Vermengung der Fallgruppen wird im Arzthaftungsrecht dadurch befördert, dass üblicherweise zwei Punkte Schwierigkeiten bereiten: Erstens die Frage, ob die Verletzung vom Arzt verursacht wurde und zweitens, die Unsicherheit über hypothetische Geschehensabläufe und die Wahrscheinlichkeit zukünftiger Ereignisse.[1423] Zu der Problematik existiert eine umfangreiche Rechtsprechung. Sie umfasst neben Arzthaftungsstreitigkeiten vor allem die sog. *industrial disease cases*, deren Parallelen zum Arzthaftungsrecht darin bestehen,

---

1418 Ausführlich *Khoury*, S. 221 f.

1419 *Green*, Law Quarterly Review 2009, 44 (48).

1420 *Fairchild v Glenhaven Funeral Services Ltd.* [2003] 1 AC 32 (HL), Rn. 43 per *Lord Roger*; *Bailey v Ministry of Defence* [2008] EWCA Civ 883, [2009] 1 WLR 1052, Rn. 43 per *Lord Justice Waller.*

1421 *Green*, Law Quarterly Review 2009, 44 (48).

1422 *Khoury*, S. 154.

1423 *Jackson*, S. 131.

dass andere Ursachen, wie Umwelteinflüsse und körperliche Veranlagungen, als (alleinige) Ursachen für den eingetretenen Gesundheitsschaden nicht ausgeschlossen werden können. Der Kläger kann in diesen Konstellationen nicht beweisen, dass das Fehlverhalten des Beklagten eine (Mit-)Ursache darstellt (*but for the negligence the injury occurred*).

(1) Bonnington Castings v. Wardlaw (1956)

In *Bonnington Castings v. Wardlaw* existierten zwei Ursachen für den geltend gemachten Schaden.[1424] Der Geschädigte war Stahlarbeiter und erlitt eine typische Berufskrankheit, die als Pneumokoniose (Staublunge) bezeichnet wird. Das Einatmen größerer Mengen von Quarzfeinstaub (*silica dust*) hatte die Krankheit hervorgerufen. An dem Arbeitsplatz des Geschädigten existieren zwei Quellen dieses Staubes: Presslufthammer (*pneumatic hammer*) und Pendelschleifmaschinen (*swing grinders*). Die Fahrlässigkeit des Arbeitgebers betraf nur die Schleifmaschinen. Die Staublungenkrankheit des Geschädigten wurde durch die Gesamtheit des Staubs verursacht.[1425] Es lagen jedoch Anhaltspunkte dafür vor, dass der Schaden auch ohne den zusätzlichen Staub der Schleifmaschinen, den sog. *guilty dust*, allein aufgrund der Staubverwirbelungen des Presslufthammers, dem *innocent dust*, eingetreten wäre, nur eventuell etwas später.[1426] Deshalb konnten die Richter sich nicht davon überzeugen, dass es sich bei der fahrlässigen Ursache um einen *but-for cause* handelte. Sie legten fest, dass der Schädiger nicht nur dann für den Schaden einzustehen habe, wenn der Schaden ohne seine Fahrlässigkeit nicht eingetreten wäre (*but for*), sondern auch dann, wenn die Fahrlässigkeit zur Schadensentstehung wesentlich beigetragen hatte (*material contribution*): „what was required was for the plaintiff to make it appear at least ‚that, on a balance of probabilities, a breach of duty caused, or materially contributed to, his injury'."[1427] Wo andere Ursachen für den Schaden ausscheiden, genügt als Auswirkung im Sinne einer *material contribution to the injury* die Risikoerhöhung; „From a broad and practical viewpoint I can see no substantial difference between saying that what the defender did materially increased the

1424 *Bonnington Castings v Wardlaw* [1956] AC 613, 621 (HL).

1425 *Bailey*, Legal Studies 2010, 167 (173).

1426 *Bonnington Castings v Wardlaw* [1956] AC 613 (HL), 626 per *Lord Keith*; siehe auch *Bailey*, Legal Studies 2010, 167 (173 f.).

1427 *Clough v First Choice Holidays and Flights Ltd*, [2006] EWCA Civ 15, 2006 WL 176919, Rn. 44; siehe auch *Wootton v J Docter Ltd* [2008] EWCA Civ 1361 (CA), 2008 WL 5262287, Rn. 37.

risk of injury to the pursuer and saying that what the defender did made a material contribution to his injury".[1428]

Die Entscheidung in *Bonnington* und die Verwendung des *material contribution test* in nachfolgenden Entscheidungen hat eine Diskussion darüber entfacht, ob es sich dabei – wie von Teilen der Rechtsprechung behauptet[1429] – um eine Abweichung vom *but-for test* handelt.[1430] *Stoll* interpretiert die *material contribution* als „fühlbare Risikoerhöhung" und meint, es müsse damit wohl etwas anderes gemeint sein als nachgewiesene Mitursächlichkeit.[1431] Mittlerweile ist der *material contribution test* als Kausalitätskriterium in Ergänzung zum *but-for test* im englischen Recht jedenfalls anerkannt.[1432] Einige gehen davon aus, dass eine Ursache, die einen wesentlichen Beitrag zur Schadensentstehung geleistet hat, den *but-for test* erfüllt.[1433] Das deutsche Recht betrachtet die *Conditio-sine-qua-non*-Formel als erfüllt, weil die fahrlässige Handlung den Schaden zumindest mitverursacht hat. Ohne die fahrlässige Handlung wäre der Schaden in seiner konkreten Gestalt ausgeblieben. Der Umstand, dass der Schaden aufgrund einer Reserveursache irgendwann sowieso eingetreten wäre, wird nicht im Rahmen der (haftungsbegründenden) Kausalität berücksichtigt, sondern erst bei der Bemessung des Schadensersatzes nach § 249 BGB. Sofern der Anspruchsgegner behaupten und beweisen kann, dass der Schaden aufgrund einer Reserveursache (Presslufthammer-Staub) zu einem späteren Zeitpunkt sowieso entstanden wäre, hat er nur den Verfrühungsschaden zu ersetzen. Das *House of Lords* diskutierte diesen Aspekt in *Bonnington* nicht in dieser Form.[1434] Entsprechend kritisiert die Literatur diese Entscheidung auch für die Erstattung des gesamten Schadens. Bei der Schadensermittlung hätte berücksichtigt werden müssen, dass der Schaden irgendwann sowieso eingetreten wäre: „some damage were awarded in respect of losses where but for-causation could not be established"[1435] Die Richter wenden den *but-for test* in *Bonnington* insoweit unorthodox an, als dass der Schädiger für den gesamten Schaden einstehen muss, obwohl ein Teil des Schadens auch ohne

1428 *McGhee v National Coal Board* [1973] 1 WLR 1 (HL), 5 per *Lord Reid.*

1429 *Barker v Corus* [2006] UKHL 20, Rn. 72 per *Lord Roger*; *Bailey v Ministry of Defence* [2008] EWCA Civ 883, [2009] 1 WLR 1052 Rn. 46 per *Waller LJ*; siehe dazu auch *Bailey*, Legal Studies 2010, 167 (177 und 182).

1430 Ausführlich *Bailey*, Legal Studies 2010, 167 ff.

1431 *Stoll*, in: Deutsch/Klingmüller/Kullmann, FS Steffen, S. 465 (468).

1432 *Tettenborn,* in: Clerk & Lindsell on Torts, Rn. 10-96.

1433 *Bailey*, Legal Studies 2010, 167 (178).

1434 *Bailey,* Legal Studies 2010, 167 (174).

1435 *Bailey*, Legal Studies 2010, 167 (176); so auch *Stapleton*, LQR 1988, S. 389 (404 f.).

sein Zutun entstanden wäre.[1436] In den Entscheidungen *Thompson v. Smiths Ship Repairers (North Shields) Ltd.*[1437] und *Holtby v. Brigham & Cowan (Hull) Ltd.*[1438] berücksichtigen die Richter solche Überlegungen und reduzieren den Schadensersatz.[1439]

(2) McGhee v. National Coal Board (1972)

In *McGhee v. National Coal Board*[1440] verklagte ein Arbeitnehmer seinen Arbeitgeber auf Schadensersatz. Der Kläger litt an einer Hauterkrankung (Dermatitis), die auf den täglichen Kontakt mit Kohlestaub bei der Arbeit zurückgeführt werden konnte. Der Kontakt mit dem Staub während der Arbeit am Brennofen stellte keine Pflichtverletzung des Arbeitgebers dar, lediglich die Tatsache, dass er den Arbeitern keine Duschen zur Verfügung gestellt hatte, um sich den Staub von der Haut zu waschen, konnte als fahrlässig betrachtet werden. Der Kläger musste also beweisen, dass die fehlende Möglichkeit direkt nach der Arbeit zu duschen, die Krankheit, welche bereits innerhalb der ersten Arbeitstage aufgetreten war, verursacht hatte. Für die medizinischen Sachverständigen stand fest: Der Hautkontakt mit dem Staub auf dem Heimweg, den der Kläger regelmäßig mit dem Fahrrad zurücklegte, hatte das Risiko der Erkrankung erhöht.[1441] Dennoch sei es nicht auszuschließen, dass der Kläger die Hautkrankheit allein aufgrund des Kontakts mit dem Staub am Brennofen, d. h. auch bei Vorhandensein einer Dusche, erlitten hätte. Trotz der Unsicherheiten über den Kausalverlauf verurteile das *House of Lords* den Arbeitgeber zum Schadensersatz. *Lord Simon* sah in der Risikoerhöhung ein Versagen des Arbeitgebers, welches sich als substanzieller Beitrag zur Verletzung bezeichnen ließ.[1442]

Lord Wilberforce ging in dieser Entscheidung, wie oben bereits erwähnt, weiter und kehrte die Beweislast für die Kausalität um.[1443] *Lord Wilberforce* begründete die Beweislastumkehr damit, dass die Beweisschwierigkeiten unter Gerechtigkeitsgesichtspunkten nicht dem Arbeitnehmer auferlegt werden dürften, wenn der Arbeitgeber ein Risiko gesetzt hatte, das erst zu diesen Schwierigkeiten

1436 *Green*, L.Q.R. 2009, S. 44 (46).
1437 *Thompson v Smiths Shiprepairers (North Shields) Ltd.* [1984] QB 405 (QB).
1438 *Holtby v Brigham & Cowan (Hull) Ltd.* [2000] 3 All ER 423 (CA).
1439 *Steel/Ibbetson*, CLJ 2011, S. 454.
1440 *McGhee v National Coal Board* [1973] 1 WLR 1.
1441 *McGhee v National Coal Board* [1973] 1 WLR 1, 6 (HL).
1442 *McGhee v National Coal Board* [1973] 1 WLR 1, 8 (HL).
1443 Siehe bereits oben S. 221 ff. sowie *Stauch/Wheat*, S. 279.

geführt habe.[1444] Den Entscheidungsgründen des Urteils lässt sich nicht entnehmen, ob die Kausalitätszweifel in *McGhee* aus dem Zusammentreffen von alternativen oder kumulativen Ursachen herrührten. Entweder hatte das Fehlverhalten nur möglicherweise zu der Erkrankung beigetragen oder es hatte die Erkrankung mit Sicherheit befördert (jedoch zu einem ungewissen Grad).[1445] Die Entscheidung ist daher in der nachfolgenden Rechtsprechung unterschiedlich interpretiert worden. In *Wilsher* stellte *Lord Bridge* fest, die Richter hätten sich auf der Basis eines „robust and pragmatic approach" von der Verursachung überzeugt.[1446] In *Fairchild* hingegen gingen vier der fünf Lordrichter davon aus, dass die Entscheidung in *McGhee* die traditionellen Voraussetzungen des *but-for tests* abgeändert hatte und es zukünftig für die Kausalität genügen würde, wenn die Fahrlässigkeit das Risiko einer Verletzung erhöht hatte.[1447] In der Literatur ist die Entscheidung – inspiriert durch das deutsche Recht – zusätzlich mit dem Argument der Aufklärungserschwernis gerechtfertigt worden.[1448] Die Entscheidung war jedoch stark rechtspolitisch geprägt und bevorzugte in erster Linie den „schwachen" Arbeitnehmer vor dem „starken" Arbeitgeber.[1449]

(3) Wilsher v. Essex (1988)

Wilsher v. Essex zählt neben *Hotson v. East Berkshire Area Health Authority* wohl zu den berühmtesten Urteilen des *House of Lords* zu Kausalitätsproblemen in der Arzthaftung.[1450] Der Geschädigte kam am 15. Dezember 1978 im Krankenhaus der Beklagten fast drei Monate zu früh zur Welt. Während der intensivmedizinischen Betreuung im Anschluss an seine Geburt, verabreichte man ihm zu viel zusätzlichen Sauerstoff. Der Kläger erlitt im weiteren Verlauf

---

1444 *McGhee v National Coal Board* [1973] 1 WLR 1, 6 (HL) per *Lord Wilberforce*: „if one asks which of the parties, the workman or the employers, should suffer from this inherent evidential difficulty, the answer as a matter of policy or justice should be that it is the creator of the risk who, ex hypothesi, must be taken to have foreseen the possibility of damage, who should bear its consequences."

1445 Vgl. *Khoury*, S. 149; siehe auch *Markesinis and Deakin's Tort Law*, S. 209 f. sowie die Zusammenfassung von *Lord Bingham*, in: *Fairchild v Glenhaven Funeral Services* [2002] UKHL 22, Rn. 21.

1446 *Wilsher v Essex* [1988] AC 1074, 1090 (HL).

1447 *Fairchild v Glenhaven Funeral Services Ltd.* [2003] 1 AC 32, Rn. 154; siehe dazu *Markesinis and Deakin's Tort Law*, S. 212; *Oliphant*, in: Winiger u. a., Essential Cases on Natural Causation, Kap. 6b/12 Rn. 3, S. 416.

1448 Vgl. *Markesinis and Deakin's Tort Law*, S. 209.

1449 *Markesinis and Deakin's Tort Law*, S. 214.

1450 *Wilsher v Essex Area Health Authority* [1988] AC 1074 (HL).

eine sog. retrolentale Fibroplasie, eine Netzhauterkrankung. Die exzessive Gabe von Sauerstoff hatte möglicherweise die empfindlichen Gefäße in der Netzhaut beschädigt. Daneben kamen jedoch fünf weitere Umstände als Ursachen für die Erkrankung in Betracht.

In der Berufungsinstanz vor dem *Court of Appeal* folgte *Lord Justice Mustill* dem Ansatz von *Lord Wilberforce* in *McGhee*. Er nahm an, dass es für eine Beweislastumkehr ausreiche, dass sich das Risiko, welches der Schädiger durch sein Verhalten geschaffen, in dem konkreten Schaden niedergeschlagen habe.[1451] Dem stellte sich *Lord Bridge* in der Entscheidung des *House of Lords* entgegen und betonte die Unterschiede der beiden Fallgestaltungen in *Wilsher* und in *McGhee*: „[McGhee] affirmed the principle that the onus of proving causation lies on the pursuer or plaintiff. Adopting a robust and pragmatic approach to undisputed primary facts of the case, the majority concluded that it was a legitimate inference of fact that the defender's negligence had materially contributed to the pursuer's injury. The decision, in my opinion, is of no greater significance than that, and to attempt to draw from it some esoteric principle which in some way modifies, as a matter of law, the nature of the burden of proof of causation, which a plaintiff or pursuer must discharge once he has established a relevant breach of duty is a fruitless one".[1452] *Lord Bridge* nahm an, dass die Kausalität in *Bonnington* und *McGhee* aufgrund einer tatsächlichen Vermutung als bewiesen gegolten habe (*negligence contributed materially*), welche in Wilsher jedoch nicht statthaft sei.[1453] *Lord Wilberforce* hatte sich in *McGhee* aber gerade gegen eine solche Vermutung ausgesprochen: „to bridge the evidential gab by inference seems to me something of a fiction, since it was precisely this inference which the medical expert declined to make".[1454] Dennoch interpretierte das *House of Lords* die vorangegangenen Entscheidungen nunmehr derartig, dass das Fehlverhalten des Arbeitgebers den Schaden des Klägers verursacht haben musste.[1455] Einen solchen Kausalzusammenhang konnte es in *Wilsher* aufgrund der konkurrierenden Schadensursachen nicht feststellen.

1451 *Wilsher v Essex Area Health Authority* [1987] QB 730, 771 f. (CA); siehe auch *Markesinis and Deakin's Tort Law*, S. 210.

1452 *Wilsher v Essex Area Health Authority* [1988] AC 1074, 1090 (HL); siehe auch *Markesinis and Deakin's Tort Law*, S. 210; *Oliphant*, in: Gilead/Green/Koch, Proportional Liability, S. 121 (130), Rn. 21.

1453 *Wilsher v Essex Area Health Authority* [1988] AC 1074, 1078 (HL).

1454 *McGhee v National Coal Board* [1973] 1 WLR 1, 7 (HL).

1455 *Cane*, in: Atiyah, Atiyah's Accidents, Compensation and the Law, S. 113.

Bei dieser Entscheidung spielten eventuell auch politische Erwägungen eine Rolle. *Lord Hoffmann* betonte später: „the political and economic arguments involved in the massive increase in the liability of the National Health Service which would have been a consequence of the broad rule favoured by the Court of Appeal in Wilsher's case are far more complicated than the reasons given by Lord Wilberforce for imposing liability upon an employer who has failed to take simple precautions."[1456] Es ist sicherlich kein Zufall, dass Ausnahmen vom *but-for test* bei Klagen gegen private Unternehmer wegen Verstößen gegen Arbeitsschutzmaßnahmen zugelassen werden, während die Gerichte solche Ansprüche, die das strapazierte öffentliche Gesundheitssystem finanziell zusätzlich belasten könnten, restriktiver handhaben.[1457] In der Tat unterscheidet sich der Sachverhalt in *Wilsher* jedoch dadurch von dem in *McGhee*, dass es mindestens fünf verschiedene Ursachen für die Verletzung des Klägers gegeben haben soll, in *McGhee* kam nur eine einzige Schadensquelle in Betracht: Der Hautkontakt mit dem Staub war die sichere Ursache der Erkrankung.[1458] Diese Unterscheidung als haftungsbegrenzendes Kriterium ist später als *single-agent-approach* bezeichnet worden. Die Entscheidung des House of Lords in *Wilsher* stellt eine hohe Hürde für die Durchsetzung von Arzthaftungsansprüchen dar. Sie ist bis heute nicht offiziell außer Kraft gesetzt worden (*overruled*). In der Literatur wird jedoch die Frage aufgeworfen, ob sie dem geltenden Recht noch entspricht.[1459]

(4) Fairchild v. Glenhaven Funeral Services Ltd (2002)

In der Entscheidung *Fairchild v. Glenhaven Funeral Services Ltd* bekam das *House of Lords* Gelegenheit, die Haftung bei alternativer Kausalität fortzuentwickeln.[1460] Der Kläger war jahrelang bei mehreren Arbeitgebern krebserregenden Asbestfasern ausgesetzt. Jeder Arbeitgeber hätte den Ausbruch der Krankheit durch die fahrlässig falschen Schutzvorkehrungen allein verursacht haben können,

---

1456 *Fairchild v Glenhaven Funeral Services Ltd* [2002] UKHL 22, [2003] 1 AC 32, Rn. 69.

1457 *Markesinis and Deakin's Tort Law*, S. 214 f.; *Goldberg*, in: Laing/McHale, Rn. 6.32.

1458 *Goldberg*, in: Laing/McHale, Rn. 6.19; siehe auch *Markesinis and Deakin's Tort Law*, S. 211.

1459 *Herring*, S. 118: „However, it is not clear that this approach represents the current law."; *Murphy/Witting*, Street on Torts, S. 169: „why a case like *Fairchild v Barker* (in which there is a single agent, but several wrongdoers that may have caused the claimant's harm) should be treated differently from a case like *Wilsher* (in which there is a single wrongdoer, but several agents that may have caused the claimant's harm)".

1460 *Fairchild v Glenhaven Funeral Services Ltd* [2002] UKHL 22, [2003] 1 AC 32.

denn nach der (damaligen) Auffassung der Medizin vermochte der Tumor des Klägers, ein sog. Mesotheliom, von einer einzelnen Asbestfaser hervorgerufen worden sein.[1461] Die Sachverständigen konnten nicht ausschließen, dass bereits die Inhalation der Asbestfasern über einen kurzen Zeitraum zu der Erkrankung geführt hatte. „There is no way of identifying, even on a balance of probabilities, the source of the fibre or fibres which initiated the genetic process which culminated in the malignant tumour. It is on this rock of uncertainty, reflecting the point to which medical science has so far advanced, that the three claims were rejected by the Court of Appeal and by two of the three trial judges."[1462] Das *House of Lords* entschied, dass bei alternativen Schadensbeiträgen mehrerer Schädiger, jeder potenzielle Schädiger für den Schaden verantwortlich ist, wenn sein Beitrag das Risiko der Schadensverwirklichung erhöht hat (*materially increased the risk*).

Die Regel, welche die Entscheidung aufstellt, ähnelt damit der Kausalitätserleichterung in § 830 Abs. 1 S. 2 BGB, wonach Alternativtäter gemeinsam haften, wenn sich nicht ermitteln lässt, wer von mehreren Beteiligten den Schaden durch seine Handlung verursacht hat.[1463] Der Geschädigte muss gegenüber dem einzelnen Beteiligten lediglich nachweisen, dass der von diesem zu verantwortende Ursachenbeitrag zur Herbeiführung des Schadens geeignet erscheint. Kann er diese Anforderung erfüllen, verlagert sich die Beweislast auf den Schädiger, der das Gericht von der mangelnden Ursächlichkeit des eigenen Verhaltens überzeugen muss, wobei das Regelbeweismaß des § 286 ZPO einschlägig ist.[1464] Anders als im deutschen Recht bei § 830 Abs. 1 S. 2 BGB, ist die Kausalitätsvermutung nach *Fairchild* jedoch nicht auf die Schädigermehrheit mit feststehender Ersatzberechtigung beschränkt worden. Dadurch fehlt die Klarstellung, dass die Kausalitätserleichterung nur Anwendung findet, wenn die Fremdverursachung feststeht, d. h. Zufall oder das Verhalten des Opfers als Ursachen ausscheiden.[1465]

Eine feststehende Ersatzberechtigung konnten die Richter in *Fairchild* gerade nicht zur Voraussetzung der Haftung erklären, weil die Fremdverursachung in

---

1461 *Kruse/Geiger*, ERPL 2008, 339 (340).

1462 *Fairchild v Glenhaven Funeral Services Ltd* [2002] UKHL 22, [2003] 1 AC 32, Rn. 7 per *Lord Bingham*.

1463 Ausführlicher Rechtsvergleich bei *Kruse/Geiger*, ERPL 2008, 339 (344 ff.).

1464 *Wagner*, in: MünchKomm BGB, § 830 BGB, Rn. 66; *Spindler*, in: BeckOK BGB, § 830 BGB, Rn. 25.

1465 *Staudinger*, in: HK-BGB, § 830 BGB, Rn. 25; *Wagner*, in: MünchKomm BGB, § 830 BGB, Rn. 65 f.

dem Präzedenzfall *McGhee* nicht eindeutig feststand.[1466] Außerdem handelte es sich auch nicht um einen Fall von Schädigermehrheit. *Lord Roger* betonte vielmehr, *McGhee* und *Fairchild* zeichneten sich beide dadurch aus, dass der Kausalitätsbeweis nach dem Kenntnisstand der Wissenschaft unmöglich sei: „the state of scientific knowledge makes it impossible for the victim to prove on the balance of probabilities that his injury was caused by the defenders' or defendants' wrongdoing".[1467] Statt eine Kausalitätsvermutung anzuwenden, ließen die Lordrichter die Risikoerhöhung als Verursachungsbeitrag ausreichen.

Die sog. *Fairchild exception* wird seitdem ganz allgemein als Ausnahme vom *but-for test* in solchen Situationen verstanden, die sich durch unüberbrückbare Unsicherheiten im Kausalverlauf auszeichnen (*rock of uncertainty*).[1468] Ein Teil der Richter bestätigte die Aussage von *Lord Wilberforce* in *McGhee*, wonach der Sachverständigenbeweis eine Kausalitätsvermutung gerade ausschließe, weshalb der *but-for test* nicht erfüllt sei.[1469] Von den fünf Lordrichtern war nur *Lord Hutton* der Ansicht, dass *McGhee* keine Ausnahme vom *but-for test* zulasse.[1470] Die Mehrheit der Richter jedoch meinte, die Kausalität in *Fairchild* müsse nicht – wie in *McGhee* – fingiert werden, vielmehr sei die Risikoerhöhung den Beklagten als Schadensbeitrag zuzurechnen.[1471] Für die Anwendung des Grundsatzes stellten die Richter strenge Anforderungen auf, die eigentlich nur durch Fallgestaltungen erfüllt werden können, denen ein Verstoß gegen Arbeitsschutzmaßnahmen zugrunde liegt.[1472] Der Fall wurde dadurch von *Wilsher* abgegrenzt (*distiguished*), dass die alternativen Schadensursachen allein aus der Risikosphäre der Schädiger stammten und nicht aus der des Geschädigten.[1473]

Diese Aussage ist jedoch nur dann zutreffend, wenn nicht Asbeststaub aus dem privaten Umfeld des Klägers die Krankheit verursacht hat. Strenggenommen

---

1466 *Kruse*, S. 208; *Oliphant*, in: Winiger u. a., Essential Cases on Natural Causation, Kap. 6b/12, Rn. 3, 6, S. 415 ff.

1467 *Fairchild v Glenhaven Funeral Services Ltd* [2002] UKHL 22, [2003] 1 AC 32, Rn. 154; siehe auch *Markesinis and Deakin's Tort Law*, S. 211.

1468 *Kruse/Geiger*, ERPL 2008, 339 (341): „Ein dogmatisches Grundgerüst für die Haftung bei ungeklärter Schadensverursachung vermochte das House of Lords demgegenüber nicht zu konstruieren – ein Glücksfall für die weitere Rechtsentwicklung."

1469 *Khoury*, S. 159.

1470 Siehe *Fairchild v Glenhaven Funeral Services Ltd* [2002] UKHL 22, [2003] 1 AC 32, Rn. 109; *Markesinis and Deakin's Tort Law*, S. 211, Fn. 66.

1471 *Khoury*, S. 158.

1472 *Khoury*, S. 159; *McBride/Bagshaw*, S. 286.

1473 Vgl. *Kruse/Geiger*, ERPL 2008, 339 (342).

waren auch in *Fairchild* andere (schicksalhafte) Umstände als Ursache nicht auszuschließen, denn es war bekannt, dass Asbeststaub eigentlich die gesamte Bevölkerung dem Risiko aussetzte, an Krebs zu erkranken.[1474] In einer späteren Entscheidung hat der *Supreme Court* den Standpunkt der Rechtsprechung in dieser Frage wie folgt ausgedrückt: „any cause of mesothelioma other than the inhalation of asbestos dust at work can be effectively discounted".[1475] Bis heute ist unklar, ob die *Fairchild exception* auch außerhalb von Mesothelioma-Fällen Anwendung findet.[1476] Einige Jahre nach der Entscheidung in *Fairchild* befasste sich das *House of Lords* noch einmal ausführlich mit der Konkurrenz von selbst- und fremdverursachten Schadensrisiken.

(5) Barker v. Corus (2006)

In *Barker v. Corus* war der Kläger nicht nur als Arbeitnehmer bei einem Unternehmen angestellt, sondern mehrere Jahre selbständig tätig und dem Einfluss von Asbeststaub ausgesetzt.[1477] Die Richter bejahten die Einstandspflicht des Arbeitgebers trotz der Konkurrenz des Fehlverhaltens mit nicht-fahrlässigen (*non-tortious*) Ursachen.[1478] Die eindrückliche Begründung formuliert Lord Hoffmann: „For this purpose, it should be irrelevant whether the other exposure was tortious or non-tortious, by natural causes or human agency or by the claimant himself. These distinctions may be relevant to whether and to whom responsibility can also be attributed, but from the point of view of satisfying the requirement of a sufficient causal link between the defendant's conduct and the claimant's injury, they should not matter."[1479] Als Begründung musste das Gericht lediglich auf *McGhee* verweisen, denn dort hätten „innocent dust *and* guilty dust"[1480] an dem Ausbruch der Hautkrankheit mitgewirkt.[1481] Nach *Lord Hoffmann* machte es unter Wertungsgesichtspunkten keinen Unterschied, ob der Arbeitgeber die nicht-fahrlässige Ursache gesetzt hatte (*innocent dust* in *McGhee*) oder der Geschädigte selbst.[1482]

1474 *Markesinis and Deakin's Tort Law*, S. 212; *Winfield & Jolowicz on Tort*, Rn. 7-015.

1475 *Fairchild v Glenhaven Funeral Services Ltd* [2002] UKHL 22, [2003] 1 AC 32, Rn. 2 per *Lord Bingham*.

1476 *Horsey/Rackley*, S. 237.

1477 *Barker v Corus* [2006] UKHL 20, [2006] 2 AC 572.

1478 *Barker v Corus* [2006] UKHL 20, [2006] 2 AC 572, Leitsatz 2.

1479 *Barker v Corus* [2006] UKHL 20, [2006] 2 AC 572, Rn. 17.

1480 So die Formulierung von *Lord Justice Waller* in *Bailey v Ministry of Defence*, [2008] EWCA Civ 883, Rn. 39 (Hervorhebungen im Original).

1481 *Steele*, S. 248; *Horsey/Rackley*, S. 237, Fn. 31.

1482 *Kruse/Geiger*, ERPL 2008, 339 (342).

Um eine ausufernde Haftung für wahrscheinliche Verursachung zu verhindern, entwickelten die Richter den sog. *single-agent-approach*.[1483] Danach muss sich das Risiko auch tatsächlich verwirklicht haben, die Krankheit also ausgebrochen sein.[1484] Ferner müssen die alternativen Ursachen denselben Ursprung haben bzw. dieselbe Wirkungsweise entfalten: „[I]t is an essential condition for the operation of the exception that the impossibility of proving that the defendant caused the damage arises out of the existence of another potential causative agent *which operated in the same way*".[1485] Die Ausnahme soll also nicht eingreifen, so *Lord Hoffmann*, wenn der Kläger an Lungenkrebs leidet, der entweder durch Asbeststaub oder Tabakkonsum verursacht worden ist.[1486] Der *single-agent-approach* schränkt den Anwendungsbereich der Risikoerhöhungslehre deutlich ein,[1487] und macht sie im Prinzip auch für die Arzthaftung unbrauchbar. Fünf Jahre später äußerte sich *Lord Brown* jedoch kritisch zu deren Potenzial als haftungsbegrenzendes Kriterium: „there has been much academic focus on a supposedly critical distinction between so-called ‚single agent' and ‚multiple agent' cases, the suggestion being that the former more readily lend themselves to special rules of causation than the latter. For my part I have difficulty even in recognising the distinction between these categories, at any rate in some cases."[1488]

Die Entscheidung in *Barker* ist aber noch in anderer Hinsicht von großer Bedeutung für das Arzthaftungsrecht. Im Unterschied zu der Entscheidung in *Fairchild* verurteilte das Gericht den Beklagten in *Barker* nur zum anteiligen Schadensersatz. Die anteilige Haftung (im Außenverhältnis) war entscheidend, weil ein weiterer Arbeitgeber, der als Schadensverursacher in Betracht kam, insolvent geworden war. Dem Gericht zufolge konnte der Kläger von dem Beklagten nur

---

1483 *Barker v Corus* [2006] UKHL 20, [2006] 2 AC 572, Rn. 18-24 per *Lord Hoffmann*, Rn. 64 per *Lord Scott of Foscote*, Rn. 114 per *Lord Walker*; s. a. *Steele*, S. 248.

1484 *Barker v Corus* [2006] UKHL 20, [2006] 2 AC 572, Rn. 48 per *Lord Hoffmann*, Rn. 61 per *Lord Scott of Foscote*.

1485 *Barker v Corus* [2006] UKHL 20, [2006] 2 AC 572, Rn. 24 per *Lord Hoffmann* (Hervorhebungen der Verfasserin).

1486 *Barker v Corus* [2006] UKHL 20, [2006] 2 AC 572, Rn. 24 per *Lord Hoffmann*: „I do not think that the exception applies when the claimant suffers lung cancer which may have been caused by exposure to asbestos or some other carcinogenic matter but may also have been caused by smoking and it cannot be proved which is more likely to have been the causative agent"; siehe dazu auch *Lord Roger* in *Fairchild v Glenhaven Funeral Services Ltd* [2002] UKHL 22, [2003] 1 AC 32, Rn. 170.

1487 *Kruse/Geiger*, ERPL 2008, 339 (343).

1488 *Sienkiewicz v Greif (UK) Ltd* [2011] UKSC 10, [2011] 2 AC 229, Rn. 187.

einen Teil des Schadens „based in amount on the extent to which the defendant increased the risk of harm“ verlangen.[1489] Die Anpassung der Anspruchshöhe erfolgte aus Gerechtigkeitserwägungen und Billigkeitsgründen: Will man auf der einen Seite der Ungerechtigkeit begegnen, den Kläger mit leeren Händen nach Hause zu schicken, weil die Kausalität nicht nachgewiesen werden kann, müsse man auf der anderen Seite auch die Ungerechtigkeit der gesamtschuldnerischen Haftung (*joint and several liability*) abmildern.[1490] Die Schadensteilung oder *proportional liability* führte jedoch dazu, dem Geschädigten das Insolvenzrisiko eines Schädigers aufzuerlegen. Der Gesetzgeber sah Handlungsbedarf; seitdem regelt *section 3* in Compensation Act 2006, dass jeder Arbeitgeber für fahrlässig verursachte Schäden durch Asbest vollumfänglich einzustehen hat.[1491] Durch die Gesetzesreform bleibt es zwar bei der Haftung für Risikoerhöhung, die Arbeitgeber haften jedoch als Gesamtschuldner.[1492]

Sofern es sich jedoch nicht um Asbestfälle handelt, gilt *Barker* nach wie vor: Die Kausalitätserleichterung auf Basis der Risikoerhöhung kann durch eine Reduzierung des Schadensersatzes ausgeglichen werden. Ursprünglich teilte das englische – wie das deutsche – Recht den Schaden nur dann in Anteile auf, wenn der Schädiger nur einen abgrenzbaren Teil des Schadens verursacht hat. So reduzierte das Gericht in *Holtby v. Brigham & Cowan (Hull) Ltd* (einem Fall von *industrial disease*), den Schadensersatzanspruch um 25 %, weil der Kläger nicht die gesamte Zeit bei dem Beklagten, sondern auch bei anderen Arbeitgebern gearbeitet hatte.[1493] Das medizinische Gutachten bestätigte, die Fahrlässigkeit habe dafür gesorgt, dass die Erkrankung des Klägers an Asbestose 75 % schlimmer ausgefallen war als sie ohne die Tätigkeit bei dem Beklagten ausgefallen wäre.[1494] Im Gegensatz zum Mesothelioma ist die Krankheit Asbestose „teilbar“, das heißt, je mehr der Geschädigte den schädlichen Asbestfasern ausgesetzt ist, desto stärker fällt die Erkrankung aus. Es handelte sich um eine sog. *divisible/cumulative disease.*[1495] Die Entscheidung in *Barker* eröffnet nunmehr die Möglichkeit, die Schadensteilung auch bei sog. *indivisible disease* anzuwenden, um die Folgen der Kausalitätsvermutung abzufedern.[1496] Nach Ansicht einiger

1489 Vgl. *Winfield & Jolowicz on Tort,* Rn. 7-018.
1490 *Winfield & Jolowicz on Tort,* Rn. 7-018.
1491 *Charlesworth & Percy on Negligence,* Rn. 6-52, Fn. 127.
1492 Ebd.
1493 *Holtby v Brigham & Cowan (Hull) Ltd* [2000] PIQR Q293, Q301 (CA).
1494 *McBride/Bagshaw,* S. 280.
1495 *Murphy/Witting,* Street on Torts, S. 166.
1496 Vgl. *Charlesworth & Percy on Negligence,* Rn. 6-52.

Autoren hätte man nach dieser neueren Rechtslage den Schädiger in *Bonnington* auch nur zum Ersatz eines Teils des Schadens verurteilt.[1497] Der Schaden in *McGhee* (Dermatitis) hingegen sei *indivisible*, denn die Anteile an der Verursachung seien zwar ungewiss, aber der Schaden wäre auch bei Wegfall einer Schadensursache nicht „geringer" ausgefallen.[1498]

(6) Bailey v. Ministry of Defence (2008)

Die Entscheidung *Bailey v. Ministry of Defence* bewertete die *Fairchild exception* erstmals in einer arzthaftungsrechtlichen Fallkonstellation. *Lord Justice Waller* bemerkte in der Urteilsbegründung: „In my view one cannot draw a distinction between medical negligence cases and others."[1499] Die Klägerin unterzog sich im Krankenhaus der Beklagten einer endoskopischen retrograden Cholangio-Pankreatikographie (ERCP) wegen des Verdachts auf einen Gallenstein. Im Anschluss an die Operation erlitt die Klägerin Nachblutungen. Bei der post-operativen Betreuung und Pflege unterliefen dem Krankenhaus Fehler, insbesondere hatte man die Klägerin nicht künstlich beatmet. Des Weiteren erlitt die Klägerin eine typische Behandlungskomplikation einer ERCP: eine Bauchspeicheldrüsenentzündung. Wegen ihres lebensbedrohlichen Gesundheitszustands nach der Operation musste die Klägerin mehrere Tage intensivmedizinisch betreut werden. Als es ihr bereits wieder etwas besser ging, wurde ihr beim Trinken von Zitronenbrause übel, sie erbrach sich und drohte zu ersticken, weil sie zu schwach war, um durch Abhusten ihre Atemwege selbständig zu befreien. Die Klägerin erlitt einen Herzstillstand, konnte zwar wiederbelebt werden, der Sauerstoffmangel führte jedoch zu einem irreparablen Hirnschaden.

Der Tatrichter stellte fest, dass die Atemnot durch den schlechten körperlichen Gesamtzustand der Klägerin verursacht worden war. Beide Schadensereignisse, die fehlerhafte post-operative Behandlung und die schicksalhafte Bauchspeicheldrüsenentzündung, hatten zu dieser schlechten körperlichen Verfassung geführt: „the natural inference is that each contributed materially to the overall weakness and it was the overall weakness that caused the aspiration."[1500] Das Gericht wich damit von den strengen Voraussetzungen des *but-for tests* zugunsten einer Kausalitätserleichterung ab, die es als *material contribution test* bezeichnete. Im Gegensatz zu den Tatsachen in *Wilsher* stellte der *Court of*

1497 *McBride/Bagshaw*, S. 279.

1498 *McBride/Bagshaw*, S. 280.

1499 *Bailey v Ministry of Defence* [2008] EWCA Civ 883, Rn. 46.

1500 *Bailey v Ministry of Defence* [2007] EWHC 2913 (QB), Rn. 60.

Appeal in *Bailey* fest, dass die fehlerhafte Behandlung wenigstens mitursächlich für den Schaden gewesen sei: „The instant case involved cumulative causes acting so as to create a weakness and thus the judge in my view applied the right test, and was entitled to reach the conclusion he did.“[1501] Das Gericht stützte sich dazu auf *Bonnington*.[1502] Dennoch nahm der *Court of Appeal* an, das erstinstanzliche Gericht habe zu Recht eine Ausnahme vom *but-for test* zugelassen.

Der *material contribution test* stellt eigentlich keine Ausnahme vom *but-for test* dar, wie Teile der Literatur betonen.[1503] Es handelt sich lediglich um eine Situation, in der mehrere Ursachen (*but-for*) verantwortlich sind für den Schaden und man normalerweise eine Schadensteilung vornehmen müsste, wenn sich die Schadensbeiträge unterscheiden ließen.[1504] Die Aussage des Berufungsgerichts, es handele sich bei einem nicht unerheblichen Verursachungsbeitrag nicht um einen *but-for cause* sorgt grundsätzlich für Verwirrung. Beide Gerichte gingen davon aus, die fehlerhafte Behandlung sei wenigstens mitursächlich gewesen.[1505] Folgende Passage macht deutlich, dass das Berufungsgericht der Ansicht war, es handele sich um eine „Ausnahme“ vom *but-for test*, im Ergebnis jedoch von einer (Mit-) Ursächlichkeit ausgeht: „If the evidence demonstrates that ‚but for' the contribution of the tortious cause the injury would probably not have occured, the claimant will (obviously) have discharged the burden. In a case where medical science cannot establish the probability that ‚but for' an act of negligence the injury would not have happened but can establish that the contribution of the negligent cause was more than negligible, the ‚but for' test is modified, and the claimant will succeed.“[1506]

Eigentlich konnten auch in *Bailey* alternative Ursachen nicht ganz ausgeschlossen werden. Denn in Wirklichkeit hatte wohl niemand die Frage gestellt, ob die Klägerin auch ohne die fehlerhafte Behandlung zu einer normalen körperlichen Reaktion außerstande gewesen wäre.[1507] Eventuell hätte auch die Bauchspeicheldrüsenentzündung allein genügt: „[A]t trial, the experts were unable to say that ‚but for' the negligent care, she would probably have avoided the final

---

1501 *Bailey v Ministry of Defence* [2008] EWCA Civ 883, Rn. 47.

1502 *Bonnington Castings v Wardlaw* [1956] AC 613 (HL), ausführlich zu dieser Entscheidung oben S. $1 $3

1503 *Bailey*, Legal Studies 2010, 167 (183); *Green*, L.Q.R. 2009, S. 44 (45 f.).

1504 *Green*, L.Q.R. 2009, S. 44 (46).

1505 *Herring*, S. 118: „It was enough that the negligence was a material cause of the later harm, even if not the only cause of the harm.“

1506 *Bailey v Ministry of Defence* [2008] EWCA Civ 883, Rn. 46 per *Waller LJ*.

1507 *Bailey*, Legal Studies 2010, 167 (183).

catastrophe. The pancreatitis alone might have resulted in the same outcome."[1508] Das Tatgericht kam aber dennoch zu dem Schluss, dass der Behandlungsfehler mitursächlich gewesen war, und wurde durch das Berufungsgericht bestätigt. Die Unsicherheit über die Anteile an der Verursachung geht zulasten des Schädigers, solange die Beweise *on a balance of probabilities* dafür sprechen, dass der Schaden ohne das Zutun des Schädigers nicht eingetreten wäre.[1509]

In *Bailey* handelte es sich im Unterschied zu *Wilsher* um einen Fall von kumulativer Kausalität.[1510] In *Wilsher* waren die Richter nicht bereit, den Behandlungsfehler als Mitursache anzusehen, weil es sechs alternative Ursachen für den Schaden gegeben hatte. Heute müsste man wohl sagen, dass selbst eine nicht ganz unerhebliche Beeinflussung des Gesundheitszustands durch den Behandlungsfehler nicht nachgewiesen werden konnte. Die Entscheidungen in *Bonnington* und *Fairchild* gelten in *Bailey* nur insoweit als Vorbilder für ein Abweichen vom *but-for test*, als dass bei einer Mehrheit von feststehenden Schadensursachen eine nicht ganz unerhebliche Beeinflussung des Schadensbilds genügt, um eine vollumfängliche Haftung zu begründen. Die *Fairchild exception* oder das, was man darunter versteht, geht darüber deutlich hinaus. Sie erlaubt eine Kausalitätsvermutung bei alternativen Schadensursachen. Der Schädiger haftet für seinen Fehler auch dann, wenn die Verursachung nicht feststeht, sondern der Fehler nur das Risiko eines bestimmten Schadens erhöht hat und ein solcher Schaden später eingetreten ist. In *Bailey* musste der *Court of Appeal* nicht entscheiden, ob eine bloße Risikoerhöhung im Arzthaftungsrecht für den Nachweis der Kausalität genügte. Die Richter interpretierten die Fakten so, dass das fehlerhafte ärztliche Verhalten den Schaden mitverursacht hatte. In dem Fall *Wootton v. J Docter Ltd* ließ der *Court of Appeal* offen, ob die *Fairchild exception* auch in der Arzthaftung Anwendung findet.[1511] Dort hatte der Behandlungsfehler das Risiko einer Verletzung aber nicht erhöht, weshalb sich das Gericht nicht entscheiden musste.[1512]

Man hätte in *Bailey* die Frage aufwerfen können, ob die Beklagte nur für einen Teil des Schadens einzustehen hat. Schließlich handelte es sich um einen Fall von kumulativen Ursachen, von der jede nur einen Teil des Schadens verursacht haben konnte. Der Schaden wäre ohne den Beitrag der Beklagten jedoch

1508 *Stauch*, CLJ 2009, 27 (28); s. a. *Stauch/Wheat*, S. 280.

1509 Vgl. *Bailey*, Legal Studies 2010, 167 (183 f.).

1510 So auch *Bailey*, Legal Studies 2010, 167 (184).

1511 *Wootton v J Docter Ltd* [2008] EWCA Civ 1361, Rn. 46.

1512 *Herring*, S. 118, Fn. 105.

nicht geringer ausgefallen. Der Hirnschaden der Klägerin wurde allgemein als *indivisible* betrachtet.[1513] In *Telles v. South West Strategic Health Authority*, einem Geburtsschadensfall mit einer Schadensersatzforderung für den eingetretenen Hirnschaden (periventrikuläre Leukomalazie), zog das Gericht eine Schadensteilung wenigstens in Betracht gezogen. Es entschied jedoch, dass die Verursachungsanteile, welche vermeidbar waren, nicht von denen zu trennen seien, die unvermeidbar waren, weshalb der gesamte Schaden zu ersetzen sei.[1514]

(7) *Canning-Kishver v. Sandwell and West Birmingham Hospitals NHS Trust (2008) und Ingram v. Williams (2010)*

Die *Queen's Bench Divison* hatte in zwei weiteren Fällen Gelegenheit, die neue Rechtsprechung zum *material contribution test* auf die Arzthaftung anzuwenden. In *Canning-Kishver v. Sandwell and West Birmingham Hospitals NHS Trust* machte die Klägerin Schadensersatz für einen Hirnschaden und weitere körperliche Schäden geltend.[1515] Sie war als Frühgeborenes in dem Krankenhaus der Beklagten auf die Welt gekommen. Bei der Versorgung der Klägerin unmittelbar nach der Geburt war es zu Fehlern gekommen. Das Gericht musste entscheiden, ob die Fehler für den Hirnschaden und weitere Schäden kausal waren. Der Einzelrichter bezieht sich in seiner Entscheidung ausdrücklich auf die Urteilsbegründung in *Bailey*,[1516] die nur wenige Monate zuvor ergangen war: „The evidence does not establish on balance of probabilities that [the claimant's] brain injury arose simply from her immaturity. That cannot be excluded as a possibility but there is nothing that suggests that non tortious cause was probable. […] All that said, the fact of residual possibilities militates against success for [the claimant] by reference to a 'but for' test. However, I am entitled to find – and I do find – that on balance of probabilities the contribution of the collapse occasioned by the breach of duty constituted a contribution to the atrophy of the cerebellum than was more than negligible so that the claim succeeds. As to this, the Claimant's experts have satisfied me that, notwithstanding the necessary speculation as to cause and effect in this 'cutting edge' sphere, the probabilities are that it was

---

1513 *McBride/Bagshaw*, S. 280, Fn. 17.

1514 *Telles v South West Strategic Health Authority* [2008] EWHC 292 (QB), Rn. 4.

1515 *Canning-Kishver v Sandwell and West Birmingham Hospitals NHS Trust* [2008] EWHC 2384 (QB).

1516 *Bailey v Ministry of Defence* [2008] EWCA Civ 883, s. o. (6).

the impact of events leading up to and following the collapse that resulted in the atrophy of the cerebellum."[1517]

Schon ein paar Wochen zuvor hatte die *Queen's Bench Division* in einer anderen Sache einen nicht ganz unerheblichen Beitrag zur Schadensentstehung für den Kausalitätsnachweis ausreichen lassen.[1518] Die Klägerin hatte unter ihrer Geburt einen Sauerstoffmangel erlitten, weil sie fahrlässig nicht per Kaiserschnitt entbunden wurde. Der Sauerstoffmangel war mitursächlich für eine Gehirnblutung (bezeichnet als „IHV"), die zu bleibenden Schäden geführt hatte. Einzelrichter *MacKay* berief sich auf die Entscheidungen in *Wilsher* und *Bonnington*,[1519] und führte weiter aus: „The causes of the IHV were not competing causes which were mutually exclusive, but cumulative, which together *made it probable* the baby would develop some degree of IHV. The individual causal contribution of each factor could not be quantified. The addition of the hypoxia [...] made a material contribution to the claimant's current disabilities."[1520]

In *Ingram v. Williams* wurde der Kläger zu früh geboren.[1521] Dem Beklagten wurde vorgeworfen, bei der Schwangerenvorsorge fehlerhaft einen vorzeitigen Blasensprung nicht erkannt zu haben. Wäre der Blasensprung erkannt worden, hätte er die Schwangere in ein Krankenhaus überweisen müssen. So wurde der Kläger aber zu Hause geboren und erlitt mangels angemessener intensivmedizinischer Betreuung nach der Geburt bleibende Verletzungen. Er musste mit einem Krankenwagen in die nächste Neugeborenenintensivstation gebracht werden, die ca. 80 Kilometer entfernt lag. Das Gericht nimmt an, der Beklagte habe nicht fahrlässig gehandelt, geht aber dennoch in seinem *obiter dictum* auf die Frage der Kausalität ein.

Die Sachverständigen gaben an, dass die körperlichen und geistigen Beeinträchtigungen des Klägers geringer ausgefallen wären, wenn er im Krankenhaus zur Welt gekommen wäre. Es ließ sich jedoch nicht sagen, welche Verletzungen ihm genau erspart geblieben wären. Im Gegenteil, der Kläger hätte sowieso erhebliche Verletzungen erlitten, allein aufgrund der zu frühen Geburt und des vorzeitigen Blasensprungs (genauer wegen einer Infektion des Fruchtwassers, die auf das Neugeborene übertragen wurde, namens Chorioamnionitis).[1522] Kurz

---

1517 *Canning-Kishver v Sandwell and West Birmingham Hospitals NHS Trust* [2008] EWHC 2384 (QB), Rn. 37.

1518 *Boustead v North West Strategic Health Authority* [2008] EWHC 2375 (QB), Rn. 63 ff.

1519 *Boustead v North West Strategic Health Authority* [2008] EWHC 2375 (QB), Rn. 70.

1520 *Boustead v North West Strategic Health Authority* [2008] EWHC 2375 (QB), Rn. 4 (Hervorhebungen der Verfasserin).

1521 *Ingram v Williams* [2010] EWHC 758 (QB).

1522 *Ingram v Williams* [2010] EWHC 758 (QB), Rn. 7.

gesagt, dem Kläger wäre Folgendes erspart geblieben: „a material but unquantifiable reduction in the degree of disability from which he now suffers".[1523] Der Beklagtenvertreter argumentierte deshalb, dass der Schadensersatz reduziert werden müsste, weil der Kläger einen Teil des Schadens sowieso erlitten hätte. Einzelrichter *Walker* führt jedoch aus, er könne unterscheidbare Schadensbeiträge nicht erkennen. „The experts' joint view was that all causal factors made an unquantifiable material contribution to [the claimant's] disability. It was not possible to quantify the extent to which his disabilities would have been avoided or mitigated if he had been born in hospital there would have been a material reduction in his disability."[1524] Es existieren Stimmen, die das anders beurteilen. Anders als in *Bailey* stünde nach der Tatsachenermittlung in *Ingram* fest, dass die Fahrlässigkeit unter keinen Umständen für den gesamten Schaden verantwortlich war, sodass eine Schadensteilung angezeigt gewesen wäre.[1525]

Die Gerichte stehen einer Schadensteilung auch bei „unteilbaren" Verletzungen jedoch nicht ganz verschlossen gegenüber, wie eine Entscheidung der *Queen's Bench Division* zeigt.[1526] Das Gericht betrachtet seine Vorgehensweise zwar als Schadensteilung (*apportionment*).[1527] Es handelt sich nach dem Sachverhalt jedoch in erster Linie um eine unteilbare Knieverletzung infolge einer infektiösen Arthritis, die nach einer Meniskus-Operation aufgrund einer Staphylokokken-Infektion auftrat. Die bakterielle Infektion wurde von dem Beklagten zwei Tage zu spät behandelt, weshalb das Gericht davon ausgeht, dass der Beklagte 50 % des Folgeschadens, insbesondere der reduzierten Funktionsfähigkeit und der hervorgerufenen Schmerzen, zu tragen habe.[1528] Die genaue Berechnung sei jedoch der weiteren Gerichtsentscheidung zum *quantum* vorbehalten.[1529]

(8) Sienkiewicz v. Greif (UK) Ltd (2011)

In *Sienkiewicz v. Greif (UK) Ltd* musste sich der *Supreme Court of the United Kingdom*, der zum 1. Oktober 2009 das *House of Lords* als oberstes Berufungsgericht in Zivilsachen abgelöst hat, dazu äußern, wann eine Risikoerhöhung vorliegt, die ausreicht, um den *but-for test* bzw. den *material contribution test* zu

1523 *Ingram v Williams* [2010] EWHC 758 (QB), Rn. 82.
1524 *Ingram v Williams* [2010] EWHC 758 (QB), Rn. 85.
1525 *Watson*, Anm. zu Ingram v Williams, Med LR 2010, 269 (ebd.).
1526 *Hall v Thomas* [2014] EWHC 1625 (QB).
1527 *Hall v Thomas* [2014] EWHC 1625 (QB), Rn. 144.
1528 *Hall v Thomas* [2014] EWHC 1625 (QB), Rn. 145.
1529 *Hall v Thomas* [2014] EWHC 1625 (QB), Rn. 153.

erfüllen.[1530] In dem konkreten Fall war die an Lungenkrebs verstorbene Geschädigte sowohl in ihrem privaten Umfeld als auch an ihrem Arbeitsplatz mit schädlichen Asbestfasern in Berührung gekommen.[1531] Das Sachverständigengutachten kam zu dem Schluss, der Kontakt mit Asbestfasern am Arbeitsplatz habe das Risiko an Lungenkrebs zu erkranken nur um 18 % erhöht, die Gefahren in ihrem privaten Umfeld wiegten deutlich schwerer.[1532] Die sieben Richter des *Supreme Court* mussten nun entscheiden, ob das Fehlverhalten der Beklagten für die Krebserkrankung ursächlich war. Die Verursachung sei zwar eine Tatfrage, aber eine, die nach dem derzeitigen Stand der medizinischen Wissenschaft nicht beantwortet werden könne: „a matter of fact, but one which, in the present state of medical science, we can never know"[1533]

In Anwendung der *Fairchild exception* ließen die Richter einstimmig die Risikoerhöhung ausreichen. Die Beklagte haftete für den gesamten Schaden. Die Richter äußerten sich auch dazu, ob die Kausalitätserleichterung außerhalb von Asbestschadensfällen angewendet werden darf, mit dem Ergebnis, dass sie grundsätzlich auf solche Fälle erstreckt werden kann, in denen sich der Kausalverlauf nicht aufklären lässt, weil der aktuelle Kenntnis- und Erfahrungsstand der (medizinischen) Wissenschaft dazu nicht in der Lage ist: „[T]he approach to causation in Fairchild is capable of being invoked in many cases where scientific knowledge cannot provide a fully worked out link between the alleged breach of duty and the claimant's injury".[1534] *Lord Brown* bemerkt, der *single-agent-approach* sei nicht geeignet, um den Anwendungsbereich der Kausalitätserleichterung adäquat einzugrenzen. Er meint: „I have difficulty even in recognising the distinction between these categories [single and multiple causative agents]."[1535] Voraussetzung für die Anwendung der *Fairchild exception* ist danach allein die Tatsache, dass sich die Verursachung mit wissenschaftlichen Methoden nicht aufklären lässt.[1536] Das wird seit *Fairchild* auch als *rock of uncertainty* beschrieben.[1537]

1530 *Sienkiewicz v Greif (UK) Ltd* [2011] UKSC 10.

1531 *Murphy/Witting*, Street on Torts, S. 161.

1532 *Dies.*, S. 161.

1533 *Sienkiewicz v Greif (UK) Ltd* [2011] UKSC 10, Rn. 143.

1534 *Charlesworth & Percy on Negligence*, Rn. 6-49.

1535 *Sienkiewicz v Greif (UK) Ltd* [2011] UKSC 10, Rn. 187.

1536 *Charlesworth & Percy on Negligence*, Rn. 6-47 f.; *Jones*, in: Clerk & Lindsell on Torts, Rn. 2-56.

1537 Ausführlich *Lord Rodger* in *Sienkiewicz v Greif (UK) Ltd* [2011] UKSC 10, Rn. 133 ff.; s. a. *McBride/Bagshaw*, S. 289.

Dieser *rock of uncertainty* liegt in Mesothelioma-Fällen vor, weil sich nach dem aktuellen Kenntnisstand der Wissenschaft nicht aufklären lässt, wie und wann die Asbestfasern die Krebserkrankung hervorrufen. Es lässt sich bloß sagen, dass das Risiko, ein Mesotheliom zu entwickeln, steigt, je häufiger man mit Asbest in Berührung kommt.[1538] Einige Autoren nehmen an, diese Voraussetzung liege nur in Mesothelioma-Fällen vor,[1539] während andere meinen, die Kausalitätserleichterung lasse sich zukünftig auch auf andere Fälle übertragen.[1540] In Mesothelioma-Fällen bleibt dem Beklagten nur der Nachweis, dass der Kontakt mit dem schädlichen Asbest nur ganz unerheblich (*insignificant* oder *de minimis*) war.[1541]

(9) Ludwig v. Oxford Radcliffe Hospitals NHS Trust (2012) und Ganz v. Childs (2011)

Als „Haftungserleichterung" hat sich im englischen Arzthaftungsrecht nunmehr der *material contribution test* durchgesetzt, der vor allem auf die Entscheidung in *Bailey v. Ministry of Defence* zurückgeht.[1542] In *Ludwig v. Oxford Radcliffe Hospitals NHS Trust* machte das Gericht deutlich, dass dem *but-for test* Genüge getan ist, wenn mehrere Ursachen zusammen zu dem konkreten Schaden geführt haben; der Fehler muss nicht die überwiegende Ursache für den Schaden in seiner konkreten Ausprägung gewesen sein, es reicht, wenn er erheblich dazu beigetragen hat.[1543] Andererseits zeigt die Entscheidung auch, dass der Patient nach wie vor die Lasten der Nichtaufklärbarkeit der Kausalzusammenhänge aus medizinischer Sicht zu tragen hat. Die Verletzung ist zuungunsten des Patienten als alleinige Folge des körperlichen Zustands des Patienten zu betrachten, wo es an Anhaltspunkten für Wahrscheinlichkeiten oder Schadensanteile fehlt. In dem konkreten Fall war davon auszugehen, dass der Fötus bereits vor dem Behandlungsfehler mit den Streptokokken infiziert war, weshalb die Gabe von Antibiotika keinen Unterschied mehr gemacht hätte.[1544]

1538 *McBride/Bagshaw*, S. 285.

1539 *McBride/Bagshaw*, S. 288.

1540 *Charlesworth & Percy on Negligence*, Rn. 6-49; *Jones*, in: Clerk & Lindsell on Torts, Rn. 2-64 (9 f.); *Horsey/Rackley*, S. 237: „What we still don't know is whether the exception is applicable outside mesothelioma."

1541 *McBride/Bagshaw*, S. 288 f.

1542 *Bailey v Ministry of Defence* [2008] EWCA Civ 883, ausführlich zu dieser Entscheidung siehe oben S. $1 $3

1543 *Ludwig v Oxford Radcliffe Hospitals NHS Trust* [2012] EWHC 96 (QB), Leitsatz 1.

1544 *Ludwig v Oxford Radcliffe Hospitals NHS Trust* [2012] EWHC 96 (QB), Leitsatz 5, Rn. 177.

In *Ganz v. Childs* hatten die Beklagten eine Hirnhautentzündung nicht erkannt, die verspätete Behandlung der Klägerin führte zu einer irreversiblen Schädigung des Gehirns.[1545] Die medizinischen Expertisen werden in der Entscheidung geradezu seziert. Es geht unter anderen darum, zu welchem Zeitpunkt genau die Hirnzellen beschädigt wurden. Nach sorgfältiger Begutachtung aller Tatsachen und Beweise kommt *Justice Foskett* zu dem Schluss, die Fahrlässigkeit habe wenigstens einen nicht ganz unerheblichen Beitrag zu dem Schaden geleistet: „on the basis of my findings, at the very least contributed materially to her irreversible brain damage".[1546]

(10) Fazit

Der *material contribution test* wird unter dem Stichwort *material increase the risk* als Abweichung vom *but-for test* verstanden. Eine Risikoerhöhung reicht für die Verursachung grundsätzlich nicht aus. Das gilt nach *Fairchild* ausnahmsweise nur bei wissenschaftlichen Erkenntnislücken (in Mesothelioma-Fällen) und bei Doppelkausalität von mehreren schädlichen Handlungen:[1547] In Arzthaftungsfällen genügt eine Risikoerhöhung wie in Mesothelioma-Fällen überwiegend nicht, um den Kausalitätsbeweis zu erbringen. Allerdings kann es im Rahmen der Beweiswürdigung gelingen, einen Medizinschadensfall als Gesamtergebnis von kumulativ wirkenden Ursachen zu betrachten, an denen der Behandlungsfehler eventuell nur einen geringen oder unbestimmbaren Anteil trägt. Obwohl *Lord Justice Waller* den Fall *Wilsher* von *Bailey* abgrenzt, indem er betont, dass es sich um alternative Gefahrenquellen (*operating mutually exclusively*) handelt,[1548] liegt die Vermutung nahe, dass die Entscheidung in *Wilsher* heute anders ausfallen würde, wenn man die Frage stellt, ob die Risikofaktoren nicht eventuell doch zusammengewirkt und den Schaden des Klägers zu bestimmbaren Anteilen verursacht haben könnten. Bei *Wilsher* käme es entscheidend darauf an, ob die alternativen Ursachen als alleinige Ursachen ausgeschlossen werden können.[1549] Der Schaden müsste dann nicht allein aufgrund der schädlichen Handlung eingetreten sein (*but-for*), sondern es würde genügen, dass das schädliche Verhalten einen nicht ganz unerheblichen Beitrag zur Schadensentstehung geleistet hat. Dann haftet der Arzt entweder für den gesamten Schaden, oder der Schaden

---

1545 *Ganz v Childs* [2011] EWHC 13 (QB), Rn. 3 ff.
1546 *Ganz v Childs* [2011] EWHC 13 (QB), Rn. 318.
1547 *Jones*, in: Clerk & Lindsell on Torts, Rn. 2-64 (9).
1548 *Stauch*, CLJ 2009, 27 (29).
1549 *Ludwig v Oxford Radcliffe Hospitals NHS Trust* [2012] EWHC 96 (QB), Rn. 139.

kann, sofern sich Anhaltspunkte dafür finden lassen, wie in *Barker*, anteilig reduziert werden.[1550] Unglücklicherweise fällt die Bewertung, ob die Risikofaktoren kumulativ oder alternativ gewirkt haben, sehr schwer, wenn die Erkrankung des Patienten *indivisible* ist.[1551] Es lässt sich dann gerade nicht beantworten, ob der Schaden auch ohne den Fehler nur eben in geringerer Intensität aufgetreten wäre.[1552]

In Arzthaftungsfällen könnten die Voraussetzungen an den Kausalitätsbeweis (*material contribution test*) aufgelockert werden und der Arzt für den gesamten Schaden einzustehen haben. In einer Entscheidung des *Court of Appeal* äußert *Lady Justice Smith* in ihrem *obiter dictum* ihre Zweifel an einer Schadensteilung auf der Basis des *material contribution test* in der Arzthaftung.[1553] Sie meint, dass der Fahrlässigkeit regelmäßig kein bestimmter Teil des Schadens zugeordnet werden könne, „because the extent of the contribution made by the negligence is necessarily unascertainable".[1554]

c) Wahrscheinlichkeitshaftung

Ein materiell-rechtlicher Lösungsansatz zur Überwindung der Kausalitätsprobleme in der Arzthaftung (sowie in anderen Bereichen) ist das Konzept der Wahrscheinlichkeitshaftung. Die Wahrscheinlichkeitshaftung wendet sich ab von einem deterministischen Kausalitätsverständnis und begründet den Kausalzusammenhang allein nach der positiven statistischen Relevanz des Fehlverhaltens und verzichtet dabei auf den Ausschluss alternativer Ursachen.[1555] Auf der Schadensseite wird dieses Zugeständnis an die realen Gegebenheiten mit der Reduzierung des Schadensersatzes kompensiert.[1556] Die anteilige Wahrscheinlichkeitshaftung bildet das Gegenstück zum sog. Alles-oder-Nichts-Prinzip,

---

1550 *Watson*, Anm. zu Ingram v Williams, Med LR 2010, 269 (ebd.): „evidential ammunition to support the argument by providing the Court with a rational basis on which to carry out an apportionment between the negligence and non negligent injury. The defendant's experts were unable to offer any guidance either in descriptive, percentage or functional terms of the degree of injury or diability which the claimant would have suffered in any event."

1551 *Stauch*, CLJ 2009, 27 (29).

1552 Siehe aber *Hall v Thomas* [2014] EWHC 1625 (QB), Rn. 144 ff.

1553 *Dickins v O2 Plc* [2008] EWCA Civ 1144, Rn. 40 ff.

1554 *Turton*, Med. L. Rev. 2009, 140 (143), Fn. 11.

1555 *Ehlgen*, S. 37.

1556 Zur Anwendbarkeit dieses Modells auf das deutsche Arzthaftungrecht, vgl. *Ehlgen*, S. 176 ff.

nach dem eine Schadensteilung entsprechend der Verursachungswahrscheinlichkeit unzulässig ist, d. h. Schadensersatz bei erfolgreichem Nachweis des Kausalzusammenhangs entweder vollständig oder bei dessen Scheitern gar nicht zu leisten ist.[1557] Das Alles-oder-Nichts-Prinzip folgt aus dem Prinzip der Totalreparation,[1558] welches in allen europäischen Rechtsordnungen einen Grundsatz des Schadensrechts darstellt.[1559] Danach muss der Schädiger den gesamten Schaden ersetzen, den er in zurechenbarer Weise verursacht hat. Die Höhe des Schadensersatzes wird bestimmt und begrenzt durch die vom Geschädigten tatsächlich erlittenen Einbußen.[1560]

Dem Alles-oder-Nichts-Prinzip wird regelmäßig die anteilige Wahrscheinlichkeitshaftung gegenübergestellt, welche teilweise durch die französische Rechtsfigur der verlorenen Heilungschance repräsentiert wird.[1561] Allerdings ist der Ersatz verpasster Chancen eine besondere Erscheinungsform der Wahrscheinlichkeitshaftung. Der Idee nach sind verpasste Chancen kein Gegenentwurf zum Alles-oder-Nichts-Prinzip. Die *perte d'une chance* verstößt dem Grunde nach nicht gegen das Prinzip der Totalreparation (*réparation intégrale*), denn die Chance ist alles, was der Geschädigte durch das schädigende Ereignis verloren hat. Sie besitzt einen bestimmten Wert, den das Gericht ermitteln muss. Der Chancenersatz in seiner ursprünglichen Form setzt eine sichere Verursachung des Schadensereignisses voraus. Der Schädiger muss nur deshalb nicht den gesamten Schaden ersetzen, weil die Wertermittlung berücksichtigt, dass die verlorene Chance eben nur eine Gewinnerwartung ist, deren Wert aufgrund der ungewissen Realisierung geringer ist als der Wert des Gewinns. Die verlorene Heilungschance im französischen Arzthaftungsrecht verstößt deshalb nach einer Ansicht nicht gegen das Totalitätsprinzip.[1562] Während diese These auf den Chancenersatz im Allgemeinen zutreffen mag, zeichnen sich einige Fallkonstellationen, zu denen typischerweise auch die Arzthaftung gehört, jedoch dadurch aus, dass Kausalitätskriterien vernachlässigt werden bzw. großzügig mit Kausalitätsvermutungen gearbeitet werden kann.[1563]

1557 *Ehlgen*, S. 3 m. z. N.

1558 *Gebauer*, S. 258.

1559 *Wurmnest,* Schadensersatz, in: Basedow/Hopt/Zimmermann, Handwörterbuch, Band II, S. 1338; s. a. *Winfield & Jolowicz on Tort,* Rn. 23-010: „restitutio in integrum".

1560 *Looschelders*, Schuldrecht AT, § 43 Rn. 4.

1561 *Ehlgen*, S. 5.

1562 *Maugüe/Thiellay*, S. 113 f.; *Khoury*, S. 111 m. w. N.

1563 *Kasche*, S. 230; *Großerichter*, S. 153.

Die Haftung für verlorene Chancen unterscheidet sich von der anteiligen Wahrscheinlichkeitshaftung im engeren Sinne, die *Ehlgen* als probabilistische Proportionalhaftung bezeichnet.[1564] Die verlorene Heilungschance stellt ein eigenes, geschütztes Recht dar, das durch eine Schadensersatzleistung ausgeglichen wird. Bei der probabilistischen Proportionalhaftung schuldet der Schädiger hingegen anteiligen Schadensersatz für einen entstandenen (Gesundheits-) Schaden, und zwar in Höhe der Verursachungswahrscheinlichkeit. Der Ersatz der Heilungschance setzt einen eigenen Verletzungserfolg in Form der Zerstörung oder Beeinträchtigung einer tatsächlich vorhandenen Heilungschance voraus, während bei der probabilistischen Proportionalhaftung in der Arzthaftung eine Körper- oder Gesundheitsverletzung als Verletzungserfolg genügt. Beide Modelle ermöglichen jedoch im Ergebnis einen Anspruch auf anteiligen Schadensersatz für den erlittenen Körperschaden, weshalb sie auch mit dem Oberbegriff Wahrscheinlichkeitshaftung umschrieben werden.[1565] Teilweise werden sie – aus Praktikabilitätsgründen – gleichgesetzt.[1566]

(1) Heilungschancenersatz und Kausalitätserleichterungen

Formal betrachtet hält Frankreich am Äquivalenzprinzip fest. Der Fehler muss nicht Bedingung des Gesundheitsschadens, sondern nur Bedingung einer entgangenen Chance sein. Der Patient soll darlegen und beweisen, dass es sich bei der verpassten Heilungschance um eine sichere und direkte Folge des Fehlers handelt.[1567] Es ist jedoch unklar, inwieweit sich die verpasste Chance auch in dem Gesundheitsschaden wiederfinden muss bzw. inwieweit der Gesundheitsschaden Ausdruck einer verpassten Heilungschance sein kann. Fest steht nur, das ärztliche Fehlverhalten muss bei der Schadensentstehung mitgewirkt haben.[1568] Dieser Kausalzusammenhang kann anhand konkreter Anhaltspunkte vermutet oder auf eine Risikoerhöhung gestützt werden.[1569] Kausalitätserleichterungen haben die Entwicklung der *perte d'une chance* von Anfang an begleitet.[1570] Bereits

1564 *Ehlgen*, S. 4 f. (10 ff.), s. dort auch zum Ursprung des Begriffs „probabilistische Proportionalhaftung“, S. 3, Fn. 12.

1565 *Ehlgen*, S. 11 (13) m. w. N.

1566 *Moréteau*, in: Gilead/Green/Koch, Proportional Liability, S. 141 (143), Rn. 6.

1567 Cass. Civ. 1re, 15. Juni 2004, Az. 02-12192 (Volltext verfügbar in der Entscheidungsdatenbank unter http://legifrance.gouv.fr, zuletzt: 5. Juni 2015); s. dazu *Bergoignan-Esper/Sargos*, S. 442.

1568 *Großerichter*, S. 140.

1569 *Khoury*, S. 137; *Großerichter*, S. 145 (250).

1570 *Großerichter*, S. 145.

in dem ersten Urteil der *Cour de cassation* aus dem Jahr 1965 hatte das Gericht eine entsprechende Kausalitätsvermutung auch offen ausgesprochen. Die Fehldiagnose sei für den konkreten Eintritt der Invalidität mindestens mitursächlich gewesen, wofür *„des présomption suffisamment graves, précises et concordantes"* sprachen.[1571] Seit Ende der siebziger Jahre genügt neben einer Kausalitätsvermutung auch die Risikoerhöhung zur Herstellung eines Ursachenzusammenhangs.[1572] In einer jüngeren Entscheidung hat der *Conseil d'État* die Beweislast bezüglich des Kausalzusammenhangs zwischen Fehler und Verlust der Heilungschance sogar umgekehrt.[1573] Weil den Arzt die primäre Pflicht zum Heilungsversuch trifft, wird ihm auch ein Schaden, der möglicherweise auf einem sicheren Versagen des Heilungsversuches beruht, zugerechnet. Diese Erleichterung zugunsten des Patienten wird mit einem Abschlag auf den Schadensersatz relativiert.[1574] Im Unterschied zur reinen Wahrscheinlichkeitshaftung besteht der Verletzungserfolg nicht in einer Körper- oder Gesundheitsverletzung, sondern in dem Verlust einer Heilungschance. *Von Bar* meint dazu, im französischen Recht habe man „Kausalitätskategorien verdünnt, den Begriff des Schadens aufgewertet und dieser Problemverschiebung im Rahmen der Schadensbemessung gegengesteuert".[1575]

Die *perte d'une chance de guérison ou de survie* will schadensrechtlich eingeordnet werden,[1576] auch wenn sie in der Arzthaftung überwiegend Kausalitätsprobleme beseitigt.[1577] Die Rechtsfigur verschleiert zugunsten des Patienten die Haftungsvoraussetzung des *dommage certain*.[1578] Die Frage, ob bei Realisierung

---

1571 Cass. Civ. 1re, 14. Dezember 1965, JCP 1966, II-14753 observations *Savatier*; s. zu dieser Entscheidung auch *Großerichter*, S. 133 f.

1572 *Großerichter*, S. 136 (145).

1573 CÉ, 26. Mai 2010, Az. 306354 (Volltext verfügbar in der Entscheidungsdatenbank unter http://legifrance.gouv.fr, zuletzt: 5. Juni 2015).

1574 *Lambert-Faivre/Porchy-Simon*, Rn. 582-2, bezeichnen das als „salomonische Lösung": „un curieux jugement de Salomon qui traduit les incertitudes du juge sur la causalité: il présume celle-ci, mais diminue le dommage".

1575 *Bar*, Deliktsrecht, Band II, Rn. 444.

1576 *Bergoignan-Esper/Sargos*, S. 440.

1577 *Welsch*, Rn. 376; *Nitschmann*, S. 264 m. w. N.

1578 *Maugüé/Thiellay*, S. 130: „le lien de causalité a parfois pu être qualifié de ‚distendu'"; *Moréteau*, in: Gilead/Green/Koch, Proportional Liability, S. 141 (142) Rn. 4: „Uncertainty in causation is concealed or bypassed from the very moment loss of a chance is regarded as certain damage."; *Savatier*, Anm. zu Cass. Civ. 1re, 14. Dezember 1965 & CA Paris, 10. März 1966, JCP 1966, II-14753; *Brieskorn*, S. 189 (299); *Großerichter*, S. 133; *Penneau*, La responsabilité du médecin, S. 33.

der Chance der Schaden entfallen wäre, wird nicht beantwortet. Lässt man die dogmatische Notwendigkeit eines Verletzungserfolgs in Form der verlorenen Heilungschance außer Betracht, handelt es sich um eine Haftung für wahrscheinliche Verursachung mit einer entsprechenden Reduktion des Schadensersatzes.[1579] Allerdings wird die *théorie de la perte d'une chance* in Frankreich traditionell bei unsicheren Kausalverläufen eingesetzt, z. B. auf die Chance durch anwaltliche Rechtsberatung einen Vorteil zu erlangen,[1580] sodass die Heilungschance innerhalb des Rechtssystems keinen Fremdkörper darstellt.[1581] Die beiden Vorschläge für eine Reform des französischen Schuldrechts unter der Leitung von *Pierre Catala*[1582] und *François Terré*[1583] halten an der Schadensfigur der *perte d'une chance* fest,[1584] auch wenn man auf der Ebene der Harmonisierungsprojekte in der Europäischen Union eine Proportionalhaftung bevorzugt.[1585] Während der Ersatz einer verlorenen Heilungschance im deutschen Recht ausscheidet, wird die probabilistische Proportionalhaftung häufig diskutiert.[1586]

(2) Probabilistische Proportionalhaftung im deutschen Recht

Zuletzt hat sich die Arbeit von *Ehlgen* sehr ausführlich mit der Übertragung der Haftung für den Verlust von Chancen in das deutsche Recht sowie mit der probabilistischen Proportionalhaftung unter rechtsvergleichenden Gesichtspunkten beschäftigt. Sie kommt zu dem Ergebnis, dass sich beide Institute mit der derzeitigen Rechtslage nicht in Einklang bringen lassen.[1587] Es gibt jedoch einige Ansätze in der Literatur, von dem Alles-oder-Nichts-Prinzip zugunsten einer anteiligen Schadensersatzhaftung abzuweichen.

1579 *Großerichter*, S. 147; *Penneau*, La responsabilité du médecin, S. 34.

1580 *Ehlgen*, S. 376 (387 und 390 f.); *Mäsch*, S. 167.

1581 *Viney/Jourdain*, Rn. 371; *Moréteau*, in: Oliphant/Steiniger, European Tort Law Yearbook 2011, S. 175 (184), Rn. 28.

1582 *Catala*, Avant-projet de réforme du droit des obligations et de la prescription, Paris 2006.

1583 *Terré*, Pour une réforme du droit de la responsabilité civile, Paris 2011.

1584 *Moréteau*, in: Mankowski/*Wurmnest*, FS Magnus, S. 77 (82): Art. 9 Terré-Entwurf und Art. 1346 Catala-Entwurf.

1585 Siehe unten S. $1 $3

1586 Siehe *Ehlgen*, S. 4 m. w. N.

1587 *Ehlgen*, S. 286 (330 f.).

(i) Analogie zu § 830 Abs. 1 S. 2 BGB

Angesichts der englischrechtlichen Vermengung von alternativen Kausalverläufen bei einer Vielzahl von Schädigern und einer Vielzahl von Schadensursachen bietet es sich an, über eine Ausweitung der Vorschrift des § 830 Abs. 1 S. 2 BGB nachzudenken.[1588] Die Vorschrift sieht für den Fall der Beteiligtenmehrheit zum Schutz des Geschädigten eine widerlegbare Kausalitätsvermutung vor.[1589] Mehrere Beteiligte haften auch dann gemeinsam für den entstandenen Schaden, wenn nicht feststeht, dass jeder einen Beitrag zur Schadensentstehung geleistet hat. Einer der Beteiligten muss den Schaden tatsächlich verursacht haben (alternative Kausalität), oder mehrere müssen den Schaden gemeinsam verursacht haben (kumulative Kausalität).[1590] Es darf nicht feststellbar sein, welcher Beteiligte den Schaden tatsächlich verursacht hat (Urheberzweifel) oder zu welchem Anteil jeder daran mitgewirkt hat (Anteilszweifel).[1591] Verursacht auch nur einer der Beteiligten nachweislich den gesamten Schaden oder stehen die Verursachungsanteile der einzelnen Schädiger fest, scheidet § 830 Abs. 1 S. 2 mangels Beweisnot aus.[1592] Die Kausalitätsvermutung kommt erst dann zum Zuge, wenn sich die Verursachungsbeiträge der Nebentäter nicht mithilfe des § 287 ZPO bestimmen lassen.[1593] Eine Analogie der Vorschrift liegt nahe: Man müsste nur die Schädigermehrheit durch eine Mehrheit von Schadensursachen ersetzen, und die Vorschrift böte eine Möglichkeit, die Beweisschwierigkeiten in der Arzthaftung zugunsten des Patienten zu überwinden. Darüber hinaus würde sich noch die Möglichkeit bieten, eine anteilige Haftung in Höhe des Verursachungsbeitrags zu begründen. Denn bei Schädigermehrheit hat zwar jeder Täter für den vollständigen Ersatz gegenüber dem Geschädigten einzustehen, aber im Innenverhältnis steht jedem Beteiligten ein Regressanspruch nach § 840 Abs. 1 i. V. m. § 426 Abs. 1 S. 1 BGB zu. Dessen Höhe darf sich – bei sinngemäßer Anwendung von § 254 BGB – nach der Wahrscheinlichkeit richten, mit der das Verhalten zur Verletzung geführt hat.[1594] Allerdings scheidet eine Ausweitung der Vorschrift mangels planwidriger Regelungslücke aus. Eine Kausalitätsvermutung ist

---

1588 Ausführlich *Seifert*, S. 156 ff.; rechtsvergleichend *Kruse/Geiger*, ERPL 2008, 339 ff.

1589 *Schulze*, in: HK-BGB, Vor §§ 249–253 BGB, Rn. 18.

1590 *Staudinger*, in: HK-BGB, § 830 BGB, Rn. 25.

1591 *Wagner*, in: MünchKomm BGB, § 830 BGB, Rn. 67

1592 *Staudinger*, in: HK-BGB, § 830 BGB, Rn. 27.

1593 *Wagner*, in: MünchKomm BGB, § 830 BGB, Rn. 73; *Staudinger*, in: HK-BGB, § 830 BGB, Rn. 27.

1594 *Seifert*, S. 158; *Kötz/Schäfer*, S. 280; *Stremitzer*, AcP 208 (2008), 676 (685).

ausdrücklich nur für den Fall der Nebentäterschaft geregelt.[1595] Die Vorschrift setzt eine feststehende Ersatzberechtigung voraus, was bedeutet, ein Täter muss oder mehrere Täter müssen den Schaden tatsächlich verursacht haben und nicht ein Naturereignis oder der Geschädigte selbst.[1596] Außerdem beruht § 830 Abs. 1 S. 2 BGB nicht auf dem Grundsatz der Proportionalhaftung, sondern dem der gesamtschuldnerischen Haftung im Außenverhältnis.[1597]

(ii) Gesetzesanalogie zur Ursachenvermutung, insbesondere § 6 UmweltHG

Eine Kausalitätsvermutung, die auf Arzthaftungsfälle erstreckt werden könnte, findet sich auch in den Vorschriften in § 6 Abs. 1 Satz 1 UmweltHG, § 34 Abs. 1 Gentechnikgesetz und § 84 Abs. 2 Arzneimittelgesetz. Sie enthalten im Wesentlichen alle die folgende Aussage: Ist die fragliche Sache nach den Gegebenheiten des Einzelfalls geeignet, den entstandenen Schaden zu verursachen, so wird vermutet, dass der Schaden durch die Sache verursacht ist; die Vermutung gilt nicht, wenn ein anderer Umstand nach den Gegebenheiten des Einzelfalls für oder gegen die Schadensverursachung spricht.[1598] Aufgrund des zweiten Halbsatzes („die Vermutung gilt nicht, …") lässt sich die Kausalitätsvermutung nur auf spezielle Arzthaftungsfälle, wie z. B. die Infizierung mit dem HI-Virus aufgrund einer kontaminierten Blutkonserve, übertragen.[1599]

(iii) Analogie zu § 254 BGB

Ein weiterer Versuch zur Begründung einer anteiligen Haftung auf der Basis der Verursachungswahrscheinlichkeit stützt sich auf § 254 Abs. 1 BGB.[1600] Die Vorschrift § 254 knüpft an die Verantwortlichkeit des Geschädigten für sein Verhalten im Hinblick auf die Schadensentstehung an.[1601] Sie normiert eine Ausnahme vom Grundsatz der Totalreparation (Alles-oder-Nichts-Prinzip des Schadensrechts) und bewirkt auf der Rechtsfolgenseite eine quotenmäßige Aufteilung des Schadens.[1602] Die Anwendung des Rechtsgedankens auf die Kausalitätszweifel

---

1595 *Schubert,* in: Beck OK BGB, § 249 BGB, Rn. 59.

1596 Siehe bereits oben Fn. 1483.

1597 *Hein,* in: Mankowski/*Wurmnest,* FS Magnus, S. 21 (34); s. a. *Taupitz,* in: Heldrich/Prölls/Koller, FS Canaris, Band 1, S. 1231 (1235).

1598 Vgl. *Magnus, D.,* ZZP 120 (2007), 347 (360 f.).

1599 Dazu ausführlich *Magnus, D.,* ZZP 120 (2007), 347 (360 ff.).

1600 *Kötz/Schäfer,* S. 280; *Seifert,* S. 162 ff.

1601 *Lorenz,* in: BeckOK BGB, § 254 BGB, Rn. 1.

1602 Ebd.

in der Arzthaftung entscheidet sich danach, ob die schicksalhafte Krankheitsentwicklung als paralleler Kausalfaktor ein von dem Geschädigten zu verantwortendes Mitverursachungsrisiko im Sinne des § 254 BGB ist.[1603] Diese Frage lässt sich nur verneinen. Die Vorschrift regelt nicht die Verursachung, sondern die Mitverantwortlichkeit des Geschädigten für einen entstandenen Schaden.[1604] „Mitverschulden" bedeutet nicht zuletzt, dass es sich um einen Bereich handeln muss, in dem der Geschädigte Verantwortung übernehmen kann, was bezogen auf eine schicksalhafte Erkrankung und das allgemeine Lebensrisiko nicht der Fall ist. Darüber hinaus geht es in § 254 BGB nicht um Unsicherheiten im Kausalverlauf, vielmehr muss klar sein, dass der Geschädigte selbst eine Ursache für den Schadenseintritt gesetzt hat.[1605] Selbst wenn die Krankheit oder das Behandlungsrisiko als Verursachungsbeitrag betrachtet werden, darf die bloße Mitverursachung nicht als Mitverschulden im Sinne von § 254 BGB verstanden werden, „andernfalls wäre § 254 Abs. 1 in praktisch jedem Schadensfall schon deshalb anwendbar, weil der Geschädigte seine Rechtsgüter dem Zugriff des Schädigers ausgesetzt hat".[1606] Allgemein ausgedrückt liegt ein Mitverschulden bei der Schadensentstehung nur dann vor, wenn der Geschädigte für seine Rechtsgüter eine vermeidbare Gefahrenquelle geschaffen, eine vorhandene Gefahrenquelle nicht abgestellt oder Hinweise auf das Vorhandensein einer Gefahr nicht beachtet hat.[1607] Bevor man über die Anwendung von § 254 BGB nachdenkt, bietet es sich daher an, das „mitgebrachte" Risiko des Patienten (Krankheitsrisiko) bzw. das „eingetauschte" Risiko (Behandlungsrisiko) als Schadensanlage zu qualifizieren und dem Problem bei der Schadensbemessung nach § 249 Abs. 1 BGB zu begegnen.[1608]

(iv) Risikoerhöhungslehre im Zivilrecht

Die Rechtsprechung der englischen Gerichte wirft die Frage auf, ob der Einsatz der Risikoerhöhungslehre eine interessengerechte Lösung herbeiführen kann. Die Risikoerhöhungslehre ist in Deutschland vor allem im Strafrecht bekannt. Die herrschende Meinung geht jedoch davon aus, dass sie gegen den Grundsatz *in dubio pro reo* verstößt.[1609] Klassisches Beispiel ist der betrunkene Radfahrer,

---

1603 *Seifert*, S. 170.
1604 *Grüneberg*, in: Palandt, § 254 BGB, Rn. 1.
1605 *Grüneberg*, in: Palandt, § 254 BGB, Rn. 12.
1606 *Oetker*, in: MünchKomm BGB, § 254 BGB, Rn. 29.
1607 *Oetker*, in: MünchKomm BGB, § 254 BGB, Rn. 29 m. w. N.
1608 *Stremitzer*, AcP 208 (2008), 676 (686).
1609 *Kasche*, S. 88.

der unter die Räder eines Lastwagens gerät, weil der Lkw-Fahrer den Sicherheitsabstand nicht einhält. Es kann nicht beurteilt werden, ob der taumelnde Radfahrer auch bei korrektem Sicherheitsabstand mit dem Lastkraftwagen kollidiert wäre. Von den Befürwortern der Risikoerhöhungslehre wird vertreten, dass der Erfolg dem Täter bei „feststehender faktischer Kausalität" oder Verursachung im „mechanisch-naturwissenschaftlichen" Sinne (d. h. der fehlende Sicherheitsabstand hat *in concreto* zu dem Unfall geführt) objektiv zugerechnet werden kann, wenn das pflichtwidrige Verhalten das Risiko des Erfolgseintritts erhöht hat.[1610] Im Unterschied zur herrschenden Meinung ist es danach nicht erforderlich, dass der Erfolg bei pflichtgemäßem Verhalten mit Sicherheit entfallen wäre.[1611] Neben dem Grundsatz *in dubio pro reo* wird im Strafrecht die Verwandlung von Verletzungs- in Gefährdungsdelikte gegen die Anerkennung der Risikoerhöhung eingewandt.[1612]

In dieser Form auf das Arzthaftungsrecht angewendet, bringt die Risikoerhöhungslehre jedoch keine Vorteile, denn dort steht gerade die mechanisch-naturwissenschaftliche Verursachung infrage. Tatsächlich wird die Anwendung der Risikoerhöhungslehre im Strafrecht auch im Bereich des faktischen Kausalzusammenhangs vertreten,[1613] muss dort jedoch im Ergebnis wegen des Grundsatzes *in dubio pro reo* mangels Gewissheit eines bestehenden Ursachenzusammenhangs abgelehnt werden.[1614] Die genannte Ansicht begründet die Risikoerhöhung damit, dass Kausalverläufe nicht stets determiniert sind, und beschränkt den Anwendungsbereich auf solche Fallkonstellationen indeterminierter Kausalverläufe, die „von Natur aus" unaufklärbar sind. Es handelt sich also um Sachverhalte, die auch bei „optimaler Beweislage" nicht aufklärbar sein dürfen.[1615] Würde man die Risikoerhöhung nicht akzeptieren, wären solche Fälle niemals strafbar. Diese Begrenzung der Risikoerhöhungslehre ähnelt der Voraussetzung des *rock of uncertainty* im englischen Recht und existiert in ähnlicher Form auch bei den Fällen der *perte d'une chance* im französischen Arzthaftungsrecht.[1616] In der Tat entspricht die *material increase the risk*-Theorie im *common law* weitgehend der kausalitätsersetzenden Risikoerhöhungslehre. Es handelt

---

1610 *Kasche*, S. 88 m. z. N.

1611 *Kasche*, S. 89.

1612 *Kasche*, S. 98 ff.; *Puppe*, in: Kindhäuser/Neumann/Paeffgen, Vor §§ 13, Rn. 141.

1613 *Puppe*, Jura 1997, 408 (410).

1614 *Kasche*, S. 90 ff.

1615 *Kasche*, S. 95; *Puppe*, in: Kindhäuser/Neumann/Paeffgen, Vor § 13 StGB, Rn. 139 (144 f. und 151).

1616 *Kasche*, S. 96.

sich um eine materiellrechtliche Absenkung des Maßstabes für die Erfolgszurechnung.[1617] Die Risikoerhöhung wird auf der Ebene der tatsächlichen oder faktischen Kausalität eingesetzt.[1618]

Der Grundsatz *in dubio pro reo* steht der Anwendung im Zivilrecht nicht entgegen, insbesondere lassen sich dort Möglichkeiten finden, die Zweifel zu kompensieren, z. B. durch eine Reduzierung des Schadensersatzes.[1619] Prinzipiell spricht die Ausgleichsfunktion im Zivilrecht gegen die Risikoerhöhungslehre, weil der Geschädigte überkompensiert werden könnte.[1620] Dem kann jedoch wiederum mit der Reduzierung des Schadensersatzes abgeholfen werden. *Deutsch* formulierte das einmal so: „Wird durch Verletzung einer Verhaltensnorm das Risiko eines Schadens erhöht, so ist der Verletzer nach dem Maß des erhöhten Risikos zum Ersatz verpflichtet. Der Anspruch würde sich dann auf einen Prozentsatz des Schadens belaufen. Läßt sich freilich das Maß der Erhöhung nicht annähernd ermitteln, bleibt es beim Alles-oder-Nichts und der Beweislastumkehrung."[1621] Weil im Zivilrecht der Schadensausgleich im Vordergrund steht, kann die Risikoerhöhungslehre nicht ausschließlich mit dem Präventionsgedanken gerechtfertigt werden.[1622] Im Strafrecht trifft den Täter bereits die gesamte Verantwortung, wenn der Verletzungserfolg (z. B. Tod) zu einem früheren Zeitpunkt eintritt.[1623] Im Zivilrecht hingegen kann eine kurzzeitige Verschiebung des Todeszeitpunkts oder der Entstehung des Schadens bei der Schadensberechnung entsprechend gewürdigt werden.[1624]

Dennoch ist die „kausalitätsersetzende Risikoerhöhungslehre" bislang wenig thematisiert worden. Anders als im Strafrecht steht im Zivilrecht die Beweislastumkehr zur Verfügung.[1625] Unter Beachtung der Eingrenzung auf solche Fälle, in denen der Sachverhalt nach dem derzeitigen Kenntnisstand der Wissenschaft nicht weiter aufgeklärt werden kann (*rock of uncertainty*) und sich das Maß des erhöhten Risikos feststellen lässt, könnte die Risikoerhöhungslehre im Zivilrecht Anwendung finden. Eine materiellrechtliche Einordnung bestimmter ungewisser

---

1617 Ebd.
1618 *Kasche*, S. 90.
1619 *Kasche*, S. 98.
1620 *Kasche*, S. 109.
1621 *Deutsch*, Allgemeines Haftungsrecht, Rn. 325.
1622 *Seifert*, S. 155.
1623 *Kasche*, S. 100 f.
1624 *Kasche*, S. 102 (108).
1625 *Seifert*, S. 154 f. m. w. N.

Kausalverläufe käme so in Betracht und wäre gegenüber einer beweisrechtlichen Lösung vorzugswürdig.[1626]

(v) Kausalitätserleichterung und Schadensteilung

Einige Stimmen in der Literatur plädieren dafür, die Anwendung des § 287 ZPO auf den Zusammenhang zwischen Behandlungsfehler und Primärschaden auszudehnen.[1627] Teilweise wird explizit von einer Kompensation der Beweiserleichterung (nach § 287 ZPO) durch die Gewährung proportionalen Schadensersatzes gesprochen.[1628] Diese Sichtweise lässt sich jedoch nur schwer mit § 253 Abs. 2 und § 630h BGB vereinbaren.[1629] Der Gesetzgeber lehnte die „Forderungen nach der Einführung einer Proportionalhaftung [...] oder auch nach weiteren Beweiserleichterungen auch für Fälle einfacher Behandlungsfehler" ausdrücklich ab.[1630] Die Modelle stünden der Kontinuität und Verlässlichkeit der Haftungsgrundsätze entgegen, außerdem seien Ausuferungen für die Behandlungsseite zu befürchten.[1631]

d) *Zusammenfassung*

In Deutschland steht und fällt die Bewertung der Kausalität zwischen Verletzungserfolg und Behandlungsfehler mit dem Vorliegen eines groben Behandlungsfehlers.[1632] Dafür genügt die bloße Möglichkeit einer Beeinflussung des Gesundheitszustands nicht. Bei Vorliegen eines groben Behandlungsfehlers, eines einfachen Befunderhebungsfehlers oder eines Anfängerfehlers wird auf den Kausalzusammenhang wiederum gänzlich verzichtet, der Fehler muss lediglich dazu geeignet gewesen sein, den eingetretenen Gesundheitszustand zu

1626 *Kasche*, S. 111 m. w. N.

1627 *Bodenburg*, S. 77 ff.; *Fuchs*, S. 87 ff.; *Schmidt, E.*, MedR 2007, 693 (698 f.); *Schiemann*, in: Heldrich/Prölss/Koller, FS Canaris, Band 1, S. 1161 (1170 ff.); *Spickhoff*, in: Lorenz, Karlsruher Forum 2007, S. 7 (82); allgemein zur Anwendung des § 287 ZPO auf den Beweis der haftungsbegründenden Kausalität, insbesondere *Hanau*, S. 135 ff.; *Maassen*, S. 157 ff.; *Gottwald*, Schadenszurechnung und Schadensschätzung, S. 78 ff.; Wiese, ZRP 1998, 27 ff.

1628 *Wagner*, in: Müller/Osterloh/Stein, FS Hirsch, S. 453 (467 [Nr. 4]); *ders.*, Gutachten zum 66. Deutschen Juristentag, A 61; *Stoll*, AcP 176 (1976), 145 (177).

1629 *Ehlgen*, S. 156 f.

1630 Gesetzentwurf der Bundesregierung, BT-Drs. 17/10488, S. 9 (rechte Sp.).

1631 Ebd.; zustimmend *Katzenmeier*, MedR 2011, 201 (207); a. A. *Wagner*, VersR 2012, 789 (800).

1632 *Müller*, in: Wandt u. a., FS Lorenz, S. 667 (687).

verursachen. Nimmt man den Verletzungserfolg jedoch bereits relativ früh an (z. B. gesundheitliche Unannehmlichkeiten), ist es nur noch ein kleiner Schritt, um den gesamten Kausalzusammenhang zwischen Handlung und Erfolg nach dem Beweismaß des § 287 ZPO zu beurteilen.[1633] Das französische Recht stellt an den Ursachenzusammenhang keine strengen Anforderungen und lässt die Überzeugung des Richters von der tatsächlichen Verursachung auf Basis einer richterlichen Vermutung genügen. Dafür wird der Schadensersatz mittels der Schadensfigur der verlorenen Heilungschancen entsprechend gekürzt. Das englische Recht lehnt die Anwendung des Heilungschancenersatzes ab, zieht eine Einstandspflicht des Arztes jedoch schon dann in Betracht, wenn das fahrlässige Fehlverhalten den Schadenseintritt in nicht ganz unerheblicher Weise befördert hat.

Der Rechtsvergleich zeigt, dass den Schwierigkeiten beim Kausalitätsbeweis am besten damit begegnet werden kann, dass der Fehler nicht mit dem endgültigen Schaden verknüpft werden muss. Es sollte ein Verletzungserfolg gefunden werden, dessen Nachweis nicht aufgrund der alternativen Ursachen stets unmöglich ist. Gleichzeitig darf er nicht in allen Fällen, in denen ein Behandlungsfehler unterläuft, vorliegen. Am ehesten eignet sich dafür eine „fühlbare Risikoerhöhung", wie sie teilweise im englischen Recht in der *material contribution* gesehen wird oder auch in Form der verlorenen Heilungschance im französischen Recht vorkommt. Entscheidend ist, dass sich der Behandlungsfehler auf den Gesundheitszustand des Patienten ausgewirkt hat. Bei genauer Betrachtung erfüllt eine solche „fühlbare Risikoerhöhung" nach deutschem Recht schon die Voraussetzungen einer Körperverletzung, die jedoch nicht dem endgültigen Gesundheitsschaden des Patienten entsprechen darf. Gleichzeitig dürfen keine zu hohen Anforderungen an den Beweis der Körperverletzung als Primärschaden gestellt werden.

IV. Ergebnisse

1. Die Haftung für Behandlungsfehler resultiert in den drei Rechtsordnungen aus dem fahrlässigen Verstoß gegen Berufspflichten. Die Haftung ist insoweit verschuldensabhängig, als dass ein Fehlverhalten zumindest aus objektiver Sicht vorliegen muss. Die subjektive Vorwerfbarkeit spielt hingegen nur eine geringe Rolle. Ausnahmsweise kann die Pflichtwidrigkeit des Verhaltens im Bereich von Organisations- und Sicherungspflichten zugunsten des Patienten vermutet

---

1633 *Spickhoff*, in: Lorenz, Karlsruher Forum 2007, S. 7 (82).

werden, weil es sich um erfolgsbezogene Pflichten handelt, die dem Arzt zum Schutz von Körper und Gesundheit des Patienten verschuldensunabhängig auferlegt werden können. Der Bereich dieser Organisations- und Sicherungspflichten reicht von einfachen pflegerischen Leistungen wie Transport und Lagerung über den Einsatz technischer Apparaturen bis hin zu Hygienemaßnahmen, die eine Infektion mit Krankenhauskeimen verhindern sollen. Als Abgrenzungsmerkmal, ob Erfolg oder Sorgfalt vereinbart worden sind, lässt sich das im französischen Recht entwickelte Merkmal der *aléa* fruchtbar machen. Erfolgsbezogene Pflichten liegen vor, wenn die Parteien nicht mit dem Risiko einer Schädigung durch außerhalb des Einflussbereichs des Schuldners liegende Umstände rechnen,[1634] wie beispielsweise im Personentransport. Mit anderen Worten, der Schuldner hat verschuldensunabhängig nur für solche Schadensursachen einzustehen, die er voll beherrschen kann. Problematisch bleibt für den Patienten der Beweis, dass die Schadensursache aus dem Organisations- und Gefahrenbereich des Arztes stammt. Hierbei kann ihm nur der Anscheinsbeweis helfen. Er greift im französischen und deutschen Recht ein, wenn sich ein Schaden verwirklicht hat, der nach medizinischer Erfahrung typischerweise auf einen schuldhaften Behandlungsfehler zurückzuführen ist. Das englische Recht hat Schwierigkeiten mit der Anerkennung einer Vermutung, die nicht auf dem gesunden Menschenverstand, sondern fachspezifischem Sachverstand basiert. Diese Vorbehalte werden allerdings in der Praxis durch das geringe Beweismaß kompensiert, welches zulässt, dass ein Schaden dem Organisations- und Herrschaftsbereich des Arztes zugeordnet werden kann, wenn „gute Gründe" bzw. eine überwiegende Wahrscheinlichkeit dafür sprechen.

2. Die typischen Zurechnungsfragen und Aufklärungsschwierigkeiten im Arzthaftungsrecht lassen sich den Haftungsvoraussetzungen Schaden und Kausalität nicht eindeutig zuordnen. Der endgültige Gesundheitszustand des Patienten ist stets eine Mischung aus Krankheitsfolgen und Behandlungsfolgen. Wie und wo der Behandlungsfehler diesen Prozess beeinflusst, lässt sich im Nachhinein nur schwer rekonstruieren. Gleichgültig, ob es sich dabei um einen deterministischen oder indeterministischen Prozess handelt, sind die Umstände der Schadensverursachung in einer *black box* verborgen, die sich auch durch eine sachverständige Begutachtung kaum erhellen lässt. Der Behandlungsfehlerschaden, d. h. der Teil des nachteiligen Gesundheitszustands des Patienten, der auf dem Behandlungsfehler basiert, und der „Sowieso-Schaden", welcher durch den fehlerfreien Eingriff in Körper und Gesundheit sowie die vom Patienten zu

1634 *Sutschet*, S. 307.

tragenden Behandlungsrisiken hervorgerufen wird, lassen sich nicht trennen. Darüber hinaus ist die Frage nach dem Behandlungsfehlerschaden nicht ohne Beurteilung des Kausalzusammenhangs zu beantworten, da als Behandlungsfehlerschaden nur derjenige Schaden gilt, welcher durch den Behandlungsfehler verursacht worden ist. Bei natürlicher Betrachtung ist zumindest das aktive Tun des Arztes stets als (Mit-)Ursache des endgültigen Gesundheitszustands anzusehen. Die eigentliche Frage ist, ob der Schaden dem Arzt rechtlich zugerechnet werden kann.

3. Die französische Haftungsnorm setzt keinen eingetretenen Körperverletzungserfolg im Sinne eines „Betroffenseins" voraus, sondern lässt die Pflichtwidrigkeit als haftungsbegründendes Kriterium genügen. Deshalb vermag die verlorene Heilungschance als Behandlungsfehlerschaden betrachtet zu werden, d. h. als unmittelbare Folge der ärztlichen Pflichtwidrigkeit. Der Behandlungsfehler muss sich auf den gesundheitlichen Zustand aber tatsächlich ausgewirkt haben, damit nicht in jeder fehlerhaften Behandlung die Vernichtung einer Heilungschance gesehen werden kann. An Kausalitätserleichterungen kommt also auch das französische Recht nicht vorbei. Deren Nachweis unterliegt keinen allzu hohen Anforderungen. Es genügt, dass der Behandlungsfehler das Risiko eines konkreten Schadens erhöht hat, der in dieser Form auch eingetreten ist. Die Figur der verpassten Heilungschancen verlagert das Gewicht vom endgültigen nachteiligen Gesundheitszustand des Patienten auf die unmittelbaren Folgen nur des Behandlungsfehlers, mit der Folge, dass der Schaden entsprechend anteilig bestimmt werden kann.

4. Sowohl das englische als auch das deutsche Recht kennen eine flexible Bestimmung des Schadensersatzes insofern, als dass Reserveursachen bei der Schadensberechnung berücksichtigt werden können. Nach der Differenzmethode ist nur derjenige Schaden zu ersetzen, welcher durch das schadensbegründende Ereignis hervorgerufen worden ist. Da das englische und deutsche Recht bei Personenschäden einen eingetretenen Verletzungserfolg zum Haftungsgrund zählen, müssten Kriterien gefunden werden, um den Behandlungsfehlerschaden vom Gesamtschaden zu differenzieren. Das deutsche Recht verfolgt einen zweiseitigen Lösungsansatz. Einerseits verlagert es die Beweislast für die Kausalität in bestimmten Situationen aus Billigkeitsgründen auf den Schädiger, und andererseits schraubt es die Anforderungen an den ersten Verletzungserfolg so weit herunter, dass der Beweis leichter erbracht werden kann. Damit läuft es jedoch Gefahr, einen Verletzungserfolg in jedem fehlerhaften Vorgehen zu sehen; folgerichtig müsste der Schadensersatz auf den entsprechenden Teil des Gesamtschadens reduziert werden. Der Schadensersatz könnte mithilfe der

Schadensteilung und Beweislastumkehr bei Reserveursachen oder mithilfe der Schadensschätzung nach § 287 ZPO reduziert werden. Das englische Recht lehnt die Beweislastumkehr zugunsten des Patienten ab. Wollte es eine Beweislastumkehr etablieren, müsste es zunächst Kriterien aufstellen, die eine Anwendung der Beweislastumkehr auf jede fehlerhafte Behandlungssituation verhindern. Stattdessen hat man sich dazu durchgerungen, eine „fühlbare Risikoerhöhung" als ersten Verletzungserfolg genügen zu lassen, jedoch nach wie vor mit der Folge, dass der Arzt den gesamten Schaden ersetzen muss, es sei denn, der Gesundheitsschaden hätte ohne den Behandlungsfehler weniger tiefgreifende körperliche oder gesundheitliche Einbußen zur Folge gehabt, die einen abgrenzbaren Teil des gesamten, gesundheitlichen Schadens ausmachen. Diese letzte Variante hat der Bundesgerichtshof für das deutsche Recht als Ansatz in seiner Entscheidung vom 20. Mai 2014 gewählt und die Haftung auf einen bestimmten Anteil an dem Gesamtschaden begrenzt.[1635]

5. Aus der Analyse der Lösungsansätze im Bereich Kausalität und Schaden ergibt sich folgender eigener Lösungsvorschlag für die typischen Probleme der Anspruchsdurchsetzung. Die Haftungsnorm müsste folgende Merkmale des Kausalzusammenhangs festlegen: „Wenn der Behandlungsfehler das körperliche Wohlbefinden des Patienten nicht ganz unerheblich beeinflusst und das Risiko eines Schadens, der tatsächlich eingetreten ist, erhöht hat, haftet der Arzt für den eingetretenen Schaden. Es sei denn, er kann beweisen, dass der Fehler den Schaden nicht oder nur teilweise verursacht hat. Der Arzt haftet nur in dem Umfang für den eingetretenen Schaden, in dem sein Verhalten für den Schaden ursächlich war."

Die erste und wichtigste Voraussetzung für die Einstandspflicht des Arztes ist demnach, dass der Verletzungserfolg entfiele, wenn der Arzt fehlerfrei gehandelt hätte. Der Verletzungserfolg liegt jedoch bereits vor, sofern das fehlerhafte Handeln das körperliche Wohlbefinden nicht nur ganz unerheblich beeinflusst hat. Die Beweislast trägt der Kläger. Gelingt der Nachweis eines Verletzungserfolgs, hat der Arzt den gesamten Schaden zu ersetzen, es sei denn, er kann beweisen, dass der Schaden nicht aus dem Verletzungserfolg resultiert. Dazu kann er auch darauf verweisen, dass der Schaden nur teilweise auf dem Verletzungserfolg beruht. Der zweite Satz erlaubt dem Gericht, nach freiem Ermessen zu würdigen, ob der Schaden ohne den Behandlungsfehler in weniger belastender oder schwerwiegender Form sowieso eingetreten wäre, und diesen Umstand bei der

1635 BGH, MedR 2015, 111 (113), Rn. 25 m. zustimmender Anm. *Seibl*; siehe oben S. 196 ff.

Schadensberechnung zu berücksichtigen. In der Behandlungssituation bringt der Patient typischerweise individuelle und erhebliche Risikofaktoren mit, die über das übliche Maß der vom Geschädigten zu vertretenden schicksalhaften Umstände weit hinausgehen. Das Arzthaftungsrecht sollte diese Risikofaktoren bei der Bestimmung des ersatzfähigen Schadens nicht komplett ausblenden.

Kapitel 3: Reformbestrebungen im Recht der Europäischen Union

Die gefundenen Ergebnisse des Rechtsvergleichs sollen als Ausgangspunkt für die Betrachtung der Vorschläge und Harmonisierungsprojekte zum einheitlichen Recht der Europäischen Union dienen. Mit Ausnahme von einigen wenigen Spezialbereichen, wie dem Vergaberecht oder der Arbeitgeberhaftung, existiert in den Mitgliedsstaaten der Europäischen Union bislang kein vereinheitlichtes Schadensersatz- bzw. Haftungsrecht.[1636] Die Richtlinien zum Fernabsatzvertrag, über den elektronischen Geschäftsverkehr und über missbräuchliche Klauseln in Verbraucherverträgen betreffen zwar den Dienstleistungssektor, besitzen im Bereich der Arzthaftung jedoch bislang nur geringe Bedeutung.[1637] Das könnte sich ändern, sobald die Telemedizin in der alltäglichen Gesundheitsversorgung eine größere Rolle spielt. Für den Verkehr von Arzneimitteln und Medizinprodukten existieren Richtlinien, die Haftungsregelungen enthalten. Sie gelten jedoch nicht für Ärzte und sind nicht Gegenstand dieser rechtsvergleichenden Analyse. Darüber hinaus existieren jedoch bemerkenswerte Vorschläge zur Harmonisierung des Haftungsrechts. Sie sollen untersucht werden und Aufschluss darüber geben, welche Lösungsansätze im Hinblick auf die Zurechnungs- und Aufklärungsschwierigkeiten im Recht der Europäischen Union vorstellbar sind.

I. Vorschlag einer Dienstleistungshaftungsrichtlinie 1990

Die Europäische Kommission veröffentlichte im November 1990 den „Vorschlag für eine Richtlinie des Rates über die Haftung bei Dienstleistungen",[1638] den sie nach dreieinhalb Jahren zurückzog.[1639] Der Entwurf ist nicht zu verwechseln mit der Europäischen Dienstleistungsrichtlinie vom 12. Dezember 2006, welche die freie grenzüberschreitende Erbringung von Dienstleistungen regelt. Der Vorschlag der Haftungsrichtlinie verfolgte den Ansatz, die Differenzierung zwischen vertraglichen und deliktischen Haftungsgrundlagen zugunsten eines

---

1636 *Koziol*, in: Remien, Schadensersatz im europäischen Privat- und Wirtschaftsrecht, S. 5 (ebd.).

1637 Vgl. *Loos*, in: Hartkamp u. a., Towards An European Civil Code, S. 757 (758).

1638 KOM(90) 482 endg. – SYN 308, ABl. EG 1991, Nr. C 12 vom 18.01.1991, S. 8–11.

1639 KOM(94) 260 endg.; siehe dazu *Bruns*, S. 312; *Hirte*, S. 221.

einheitlichen Haftungsregimes aufzugeben, und entsprach damit dem Modell des heutigen französischen Arzthaftungsrechts.[1640]

Im Übrigen ist der Vorschlag für die Regelung der Arzthaftung jedoch komplett ungeeignet. Die Richtlinie sah in Art. 1 Abs. 2 eine Umkehr der Beweislast für das Verschulden vor. Die Vorschrift unterscheidet dabei nicht zwischen Fehler und Verschulden und wird nach jeder Ansicht dahingehend verstanden, dass im Rahmen des Verschuldens die (objektive) Pflichtverletzung vermutet werden muss.[1641] Diese weitgehende Vermutung war einer der Gründe für das Scheitern des Vorhabens.[1642] Mit Blick auf die Arzthaftung ist dem Vorschlag darin zuzustimmen, dass es sinnvoll ist, nur von „einer" Pflichtverletzung oder „einem" Verschulden zu sprechen, da objektive Pflichtwidrigkeit und subjektive Vorwerfbarkeit zumeist zusammenfallen.[1643] Allerdings darf für dieses Verschulden keine pauschale Beweislastumkehr, jedenfalls nicht ohne umfassende Ausnahmen, angeordnet werden. Der Vorschlag der Dienstleistungshaftungsrichtlinie erklärte gewissermaßen die im nationalen Recht geltenden Ausnahmen einer Pflichtverletzungsvermutung im Bereich der „voll beherrschbaren Risiken" bzw. im technisch-apparativen Bereich zur Regel.[1644]

Dabei handelt es sich aus meiner Sicht nicht um eine ausgewogene und interessengerechte Lösung. Im Kernbereich medizinischer Tätigkeit darf das Verschulden nicht vermutet werden, ansonsten wäre die Pflicht zur sorgfältigen Behandlung stets eine *obligation de résultat* und nicht *obligation de moyen*. Jeder unerwünschte Behandlungsausgang würde zur Haftung des Arztes führen. Dieses Ergebnis wird noch dadurch verstärkt, dass die Kausalität gemäß Art. 5 des Entwurfs der Richtlinie nicht zwischen dem Fehler und dem Schaden, sondern nur „zwischen der Dienstleistung und dem Schaden" vorliegen muss.[1645] Im Ergebnis nimmt die Richtlinie den Dienstleistenden schärfer in die Verantwortung als die Produkthaftungsrichtlinie den Produkthersteller.[1646]

1640 Befürwortend *Hirte*, S. 228 m. w. N.; kritisch *Katzenmeier*, Arzthaftung, S. 90 ff.

1641 *Truli*, S. 31 (54); *Deutsch/Spickhoff*, Rn. 313; *Wendehorst*, AcP 206 (2006), 205 (283).

1642 *Deutsch/Spickhoff*, Rn. 313; *Walter*, S. 138.

1643 Vgl. *Truli*, S. 54.

1644 Vgl. *Hirte*, S. 234.

1645 Vgl. zur Kritik an der Vorschrift *Frietsch*, in: Littbarski, Entwurf einer Richtlinie, S. 57 (61); *Truli*, S. 60; speziell zur Anwendung auf die Arzthaftung *Fahrenhorst*, ZRP 1992, 60 ff.

1646 *Frietsch*, in: Littbarski, Entwurf einer Richtlinie, S. 57 (63); *Heinemann*, ZIP 1991, 1193 (1198).

II. Vorschläge für ein Europäisches Vertragsrecht

Einen bemerkenswerten Entwurf für ein einheitliches Dienstleistungsrecht stellen die *Principles of European Law on Service Contracts* (PEL SC) dar.[1647] Bei ihnen handelt es sich um eine vorgesehene Ergänzung der Arbeiten für die *European Principles on Contract Law* (PELC) durch die Lando-Kommission.[1648] Der Entwurf entscheidet sich gegen das „Branchen-Modell", nach dem die „häufigsten Verträge gleichsam von A wie Architektenvertrag bis Z wie Zahnarztvertrag" geregelt werden, zugunsten des „Basisaktivitäten-Modells".[1649] Das bedeutet, neben einem allgemeinen Teil werden sechs Basisaktivitäten, die in unterschiedlicher Form bei Dienstleistungsverträgen auftreten, geregelt: *construction, processing, storage, design, information* und *treatment*.[1650] Bedauerlicherweise enthält der Abschnitt zum Behandlungsvertrag – ähnlich wie das deutsche Patientenrechtegesetz – keine Spezialvorschriften zur Haftung des Arztes. Neben dem pauschalen Verweis auf das Recht auf Schadensersatz in Art. 1:112 PEL SC verweist die Spezialvorschrift in Art. 7:110 PEL SC auf Kapitel 8 (Nichterfüllung und Rechtsbehelfe im Allgemeinen) und Kapitel 9 (Einzelne Rechtsbehelfe bei Nichterfüllung) der PECL.

Für die Handhabung der Arzthaftung vorteilhaft stellt sich die dort vorgeschlagene Gleichbehandlung der Verletzung von Haupt- und Nebenpflichten als „Nichterfüllung" dar,[1651] wie sie bereits im englischen und französischen Haftungsrecht existiert. Das macht die Frage nach einer Rechtsgutsverletzung überflüssig und lenkt die Aufmerksamkeit auf Kausalität und Schadensbestimmung. Mithin stellt jede Schlechtleistung des Arztes eine Nichterfüllung dar, welche es dem Patienten ermöglicht, gemäß Art. 8:101 Abs. 1 von seinen Rechten nach Kapitel 9 Gebrauch zu machen. Neben dem relevanten Schadensersatzanspruch ergibt sich durch diesen Verweis auf den allgemeinen Teil für den Behandlungsvertrag auch ein Minderungsrecht. Manchen erscheint die Minderung im Bereich der medizinischen Behandlung als unpassend.[1652] Aber warum soll die

---

1647 Abgedruckt und kommentiert in *Barendrecht u. a.*, Principles of European Law, Service Contracts (PEL SC), München 2007.

1648 *Wendehorst*, AcP 206 (2006), 205 (290).

1649 *Wendehorst*, a. a. O., 292.

1650 *Wendehorst*, a. a. O., 291.

1651 Vgl. *Bar/Zimmermann*, Kommentar zu Art. 8:101 PECL, S. 433.

1652 *Unberath*, ZEuP 2008, 745 (772); allgemein zum Dienstvertrag *Wendehorst*, AcP 206 (2006), 205 (279); a. A. *Lieb*, in: Bundesminister der Justiz, Gutachten und Vorschläge zur Überarbeitung des Schuldrechts, Band III, S. 183 (208 f. und 219).

unzureichende Beschaffenheit eines medizinischen Eingriffs nicht durch eine entsprechende Reduzierung des Honorars ausgeglichen werden? Davon könnten die Patienten vor allem im Bereich der stark ansteigenden selbstbezahlten oder zuzahlungspflichtigen Gesundheitsleistungen (z. B. zahnärztliche und augenärztliche Leistungen) profitieren und im Bereich der öffentlich finanzierten Gesundheitsdienstleistungen der Staatshaushalt sowie die Solidargemeinschaft der beitragszahlenden Mitglieder.

Der Schadensersatzanspruch setzt gemäß Art. 8:101 Abs. 2 und Art. 9:501 Abs. 1 PECL voraus, dass die Nichterfüllung nicht gemäß Art. 8:108 PECL entschuldigt ist. Die Vorschrift legt dem Schuldner die Beweislast dafür auf, dass die Nichterfüllung auf einem außerhalb seines Einflussbereichs liegenden Hinderungsgrund beruht. Die Voraussetzungen entsprechen denjenigen, die man herkömmlicherweise für das Vorliegen einer *force majeure* verlangt.[1653] Damit geht der Harmonisierungsvorschlag noch deutlich über eine bloße Beweislastumkehr hinaus und ist deshalb mit dem verschuldensunabhängigen Arzthaftungssystem der ehemaligen DDR verglichen worden.[1654] Allerdings beabsichtigt Art. 6:102 PECL ausweislich der Kommentierung eine Trennung von *obligation de résultat* und *obligation de moyens*, sodass ein Arzt nur für sein Bemühen, umschrieben als „best efforts", einzustehen habe.[1655] Es ist fraglich, auf welcher Basis das Verschulden bzw. die Fahrlässigkeit vermutet werden kann, wenn nicht vom unerwünschten Behandlungsausgang auf den „Fehlgriff" oder das „Misslingen" geschlossen werden darf. Lässt man die beabsichtigte Unterscheidung zwischen Erfolgs- und Tätigkeitspflichten in die Betrachtung einfließen, so wird der Patient zur Durchsetzung seines Schadensersatzanspruchs (vgl. Art. 9:501 PECL) die Standardunterschreitung als „Nichterfüllung" beweisen müssen. Dafür sprechen auch die spezielleren Regelungen der PEL SC.[1656] Die Vertragsparteien können vereinbaren, dass der Dienstleistende mit seiner Tätigkeit ein bestimmtes Ergebnis erzielen muss (Art. 1:108 PEL SC), andernfalls ist der Dienstleister nur zur sorgfältigen Ausführung der geschuldeten Tätigkeit verpflichtet (Art. 1:107

1653 *Bar/Zimmermann*, Kommentar zu Art. 8:108 PECL, S. 459; siehe auch *Unberath*, ZEuP 2008, 745 (769).

1654 *Bruns*, S. 314; zum Ausgleichs- und Haftpflichtsystem in der DDR siehe *Laufs/Kern*, in: Laufs/Kern, HdB d. ArztR, § 93, Rn. 11.

1655 *Lando/Beale*, Principles of European Contract Law, S. 303 f.; *Lando*, in: Hartkamp u. a., Towards An European Civil Code, S. 681 (690); *Bar/Zimmermann*, Kommentar zu Art. 6:102 PECL, S. 362 f.

1656 *Barendrecht u. a.*, PEL SC, Kommentar zu Art. 1:107, S. 221, ausdrücklich zum Behandlungsvertrag, siehe *dies.*, Kommentar zu Art. 7:104, S. 819.

PEL SC). Die Hauptleistungspflicht beim Behandlungsvertrag stuft Art. 7:104 PEL SC als sorgfaltsbezogen im Sinne von Art. 1:107 PEL SC ein.[1657] Für Angehörige einer bestimmten Berufsgruppe ist gem. Art. 1:107 Abs. 3 PEL SC der berufliche Standard maßgeblich. Freilich käme dann der Entschuldigung nach Art. 9:501, 8:108 PECL bzw. der Beweislastumkehr für das Verschulden – ähnlich wie im deutschen Arzthaftungsrecht – kaum eine beweiserleichternde Funktion zu. Es besteht die Möglichkeit, einen höheren Standard zu vereinbaren (Art. 1:107 Abs. 2 PEL SC) oder ein bestimmtes Behandlungsergebnis vertraglich zu garantieren (vgl. Art. 1:108 PEL SC).[1658] Die in den nationalen Rechtssystemen teilweise vorhandene Vermutung der „Nichterfüllung" im pflegerischen und technisch-apparativen Bereich sowie bei Hygienemaßnahmen („vollbeherrschbare Risiken") wird durch Art. 7:103 PEL SC nachempfunden. Für *defective input* schreibt die Vorschrift eine Gefährdungshaftung vor.[1659]

Die für Behandlungspflichten äußerst wichtige Unterscheidung zwischen Erfolgs- und Verhaltenspflichten kommt in den *UNIDROIT-Principles of International Commercial Contracts* (PICC)[1660] etwas besser zum Ausdruck (vgl. Art. 5.1.4), einschließlich „brauchbarer Auslegungsregeln".[1661] Auch hier fehlt jedoch eine auf die Bemühenspflichten zugeschnittene Beweislastverteilung.[1662] Außerdem sind die UNIDROIT-Prinzipien auf Handelsverträge beschränkt.[1663]

Die zehn Regelungen zum Schadensersatz in Art. 9:501 bis Art. 9:510 PECL einschließlich deren Kommentierung,[1664] zeigen, dass die allgemeinen Vertragsrechtsprinzipien keine für den Behandlungsvertrag relevanten, neuartigen Ansätze zur Kausalität und Schadensbestimmung enthalten. Der Entwurf hinterlässt den Eindruck einer „Kaufrechts-Fixierung",[1665] die nicht überraschend ist, denn die Kommission für Europäisches Vertragsrecht unter dem Vorsitz von *Ole Lando* hat sich bei der Ausarbeitung der Prinzipien am UN-Kaufrecht

---

1657 Vgl. *Unberath*, ZEuP 2008, 745 (768).

1658 *Loos*, in: Hartkamp u. a., Towards An European Civil Code, S. 757 (777); *Unberath*, ZEuP 2008, 745 (768).

1659 *Barendrecht u. a.*, PEL SC, Kommentar zu Art. 7:103, S. 812.

1660 International Institute for the Unification of Private Law (Hrsg.), UNIDROIT Principles of International Commercial Contracts, Rome 2010.

1661 *Wendehorst*, AcP 206 (2006), 205 (287).

1662 *Wendehorst*, AcP 206 (2006), 205 (288).

1663 *Hartkamp*, in: Hartkamp u. a., Towards An European Civil Code, S. 239 (247); *Wendehorst*, AcP 206 (2006), 205 (287).

1664 *Bar/Zimmermann*, Kommentierung zu 9:501 bis Art. 9:510 PECL, S. 527 ff.

1665 *Wendehorst*, AcP 206 (2006), 205 (294 f.).

orientiert, wenn auch gleichzeitig das Ziel verfolgt worden ist, eine Struktur zu schaffen, die für alle Vertragsarten zutrifft.[1666]

Ein weiteres Projekt zum Europäischen Vertragsrecht soll nicht unerwähnt bleiben. Mit seiner Würdigung des besonderen Charakters der Dienstleistungen im Vergleich zu Sachleistungen übertrifft es alle anderen Entwürfe bei Weitem.[1667] Es handelt sich um den Vorentwurf für einen *Code Européen des Contrats* unter dem Vorsitz von *Giuseppe Gandolfi*.[1668] Art. 75 Abs. 3 S. 1 legt fest: „Sieht der Vertrag eine Handlungsverpflichtung beruflicher Art vor, so gilt diese als erfüllt, wenn der Schuldner mit der erforderlichen Sorgfalt alle Handlungen ausführt, die nötig sind, um den vorgesehenen Erfolg zu erreichen."[1669] Für den Nachweis der Verletzung dieser Vertragspflicht sieht Art. 94 Abs. 3 eine Beweislastumkehr vor: „Handelt es sich um eine Verpflichtung nach [Art. 75 Abs. 3],[1670] gilt diese als nicht erfüllt, wenn das erzielte Ergebnis unbefriedigend ist, sofern der Schuldner nicht beweist, dass er die nötige berufliche Befähigung besitzt und dass er im richtigen Zeitpunkt auf die notwendigen Techniken, ebenso wie auf die nach den Umständen angemessenen Mittel, Werkzeuge, Orte und Mitarbeiter zurückgegriffen hat."[1671] Der Entwurf entwickelt damit erstmals eine handhabbare Vermutung der Pflichtwidrigkeit.[1672] Danach kann beim Behandlungsvertrag der Behandlungsfehler vermutet werden, wenn der Patient beweist, dass „das erzielte Ergebnis unbefriedigend ist". Selbstverständlich müssten die Anforderungen an das unbefriedigende Ergebnis in der Arzthaftung entsprechend hoch angesetzt werden, d. h. nur solche Verletzungen, die nicht auch bei fehlerfreier Behandlung entstanden wären, dürfen als „unbefriedigend" bewertet werden. Es besteht durchaus die Möglichkeit bzw. die Gefahr, dass diese Anforderungen letztlich genauso schwer zu erfüllen sind, wie der Nachweis des Behandlungsfehlers. Dennoch handelt es sich um einen vielversprechenden Ansatz für eine universelle Beweislastverteilung im Dienstleistungsvertragsrecht, die auch auf

---

1666 *Lando*, in: Hartkamp u. a., Towards An European Civil Code, S. 681 (688).

1667 So auch *Wendehorst*, AcP 206 (2006), 205 (289).

1668 *Gandolfi*, Code Européen des Contrats – Avant-projet, Livre premier, Milano 2004.

1669 Aus der deutschen Übersetzung von *Schermaier/Schulze*, in: Gandolfi, Code Européen des Contrats – Avant-projet, S. 441 (464).

1670 *Schermaier/Schulze* sprechen von „Art. 75 Abs. 2", dabei muss es sich jedoch um einen Druckfehler in der deutschen Übersetzung handeln, in der französischen Originalfassung ist von Art. 75 Abs. 3 die Rede.

1671 Aus der deutschen Übersetzung von *Schermaier/Schulze*, in: Gandolfi, Code Européen des Contrats – Avant-projet, S. 441 (464).

1672 Vgl. *Gandolfi*, Code Européen des Contrats – Avant-projet, S. 217.

den Behandlungsvertrag anwendbar ist, ohne zwischen dem Kernbereich der medizinischen Tätigkeit und den voll beherrschbaren Risiken unterscheiden zu müssen. Im Hinblick auf Kausalität und Schaden enthält der Entwurf keine Neuerungen, allerdings spricht vieles dafür, den auf der Basis des Behandlungsergebnisses vermuteten Behandlungsfehler auch als Ursache des unbefriedigenden Ergebnisses zu betrachten.

III. Vorschläge für ein Europäisches Deliktsrecht

Die Bestimmungen zur Verursachung und zur Schadensteilung in den *Principles of European Tort Law* (PETL) sind bei Weitem der umfangreichste und innovativste Vorschlag. Die Regelungen sehen eine Proportionalhaftung vor.[1673] Obwohl die Haftung des Arztes aus der Sicht des Europäischen Rechts eher als vertragliche Haftung zu behandeln ist,[1674] stehen einem einheitlichen „Schadensrecht" keine durchgreifenden Bedenken entgegen. Nach Art. 1:101 Abs. 2 lit. a) der sehr knapp gestalteten PETL muss eine Person den Schaden eines anderen ersetzen, wenn sie ihn durch ihr schuldhaftes Verhalten verursacht hat. Die verschuldensunabhängige Gefährdungshaftung für „außergewöhnlich gefährliche Aktivitäten" in Art. 5:101 PETL dürfte in der Arzthaftung ganz überwiegend nicht anwendbar sein, weil die außergewöhnlich gefährliche Aktivität nach Abs. 2 lit. b) nur dann der Vorschrift unterfällt, wenn „sie nicht allgemein gebräuchlich ist". Solange also gefährliche Handlungen wie z. B. die Lagerung auf dem OP-Tisch oder der Krankentransport in üblicher Manier (*common usage*) vorgenommen werden, greift die Regelung nicht ein.[1675] Neben der in Art. 5:102 vorgesehenen Möglichkeit für die nationalen Rechtsordnungen, weitere Gefährdungshaftungstatbestände zu regeln, eröffnet Art. 4:201 die Möglichkeit, eine Beweislastumkehr für das Verschulden in den Bereichen zu praktizieren, in denen sich ein Unfall im Organisations- und Herrschaftsbereich des Arztes ereignet wie sie im französischen und im deutschen Recht existiert. Absatz 1 lautet: „Die Beweislast für das Verschulden kann angesichts der Größe

1673 Vgl. *Spier*, in: European Group on Tort Law, Text and Commentary, Art. 3:102 PETL Rn. 8: „Proportional Liability"; siehe auch *Spier*, in: Moréteau, Textes et commentaires, Art. 3:102 PETL Rn. 8 in französischer Sprache: „*Responsabilité proportionelle*".

1674 So *Spier*, in: European Group on Tort Law, Text and Commentary, Art. 3:106 PETL Rn. 13, Fn. 43.

1675 Vgl. *Koch*, in: European Group on Tort Law, Text and Commentary, Art. 5:101 PETL Rn. 8.

der von der Aktivität ausgehenden Gefahr umgekehrt werden".[1676] Die Vorschrift soll dem Gericht einen Bewertungsspielraum geben, der es ihm ermöglicht, im Einzelfall das Verschulden auf der Basis der Tatsachen zu vermuten.[1677] Für die Größe der Gefahr kann nach Absatz 2 neben der Wahrscheinlichkeit, dass ein solcher Schaden tatsächlich eintritt, die Schwere eines möglichen Schadens ausschlaggebend sein.

Im Hinblick auf die Verursachung entscheiden sich die PETL für den, im deutschen und englischen Recht bekannten, zweistufigen Aufbau in 1. *conditio sine qua non* und 2. Zurechnung (*the scope of liability*).[1678] Die Überschrift des Art. 3:101 PETL macht ganz deutlich, dass der Ursachenzusammenhang nach der *Conditio-sine-qua-non*-Formel zu bestimmen ist. Die Vorschrift betrachtet „ein Geschehen oder Verhalten" als Ursache, „wenn ohne diese Aktivität der Schaden nicht eingetreten wäre".[1679] Obwohl das schadensauslösende Ereignis als „Aktivität" bezeichnet wird, soll Art. 3:101 PETL nicht nur für aktives Tun, sondern auch für Unterlassen gelten.[1680] Das Projekt entscheidet sich gegen das Alles-Oder-Nichts-Prinzip und für eine Proportionalhaftung.[1681] Das französische Recht kommt mit seiner „Wahrscheinlichkeitshaftung" zu einem ähnlichen Ergebnis; der Ersatz von verpassten Heilungschancen stellt lediglich einen anderen dogmatischen Ansatz dar.[1682] Art. 3:103 Abs. 1 PETL enthält insoweit eine einzigartige Vorschrift: „Wäre von mehreren Aktivitäten jede einzelne in der Lage gewesen, den Schaden herbeizuführen, ist es jedoch ungewiß, welche von ihnen den Schaden tatsächlich verursacht hat, so wird jede Aktivität entsprechend der Wahrscheinlichkeit ihrer Ursächlichkeit für den Schaden als Ursache angesehen." Die Vorschriften in Art. 3:103-3:106 PETL gelten nicht

---

1676 Aus der deutschen Übersetzung der PETL von *Koch/Koziol/Magnus,* in: European Group on Tort Law, Text and Commentary, S. 209–215.

1677 *Widmer*, in: European Group on Tort Law, Text and Commentary, Art. 4:201 PETL Rn. 2.

1678 Vgl. *Spier*, in: European Group on Tort Law, Text and Commentary, Art. 3:101 PETL Rn. 2 und die rechtsvergleichende Zusammenfassung von *Spier/Haazen*, in: Spier, Unification of Tort Law: Causation, S. 127 (ebd.).

1679 Aus der deutschen Übersetzung der PETL von *Koch/Koziol/Magnus,* in: European Group on Tort Law, Text and Commentary, S. 209–215.

1680 *Kadner Graziano,* in: Winiger u. a., Essential Cases on Natural Causation, Kap. 2/29 Rn. 3, S. 164 f.

1681 *Ehlgen,* S. 192 f.

1682 *Moréteau,* in: Oliphant/Steininger, European Tort Law Yearbook 2011, S. 175 (184), Rn. 27 f.; ähnlich *Moréteau,* in: Gilead/Green/Koch, Proportional Liability, S. 141 (150), Rn. 25.

nur für alternative Schadensursachen, die auf einer Mehrheit von Schädigern basieren. Sie gelten auch für alternative Ursachen durch Naturereignisse oder schicksalhafte Umstände, die der Sphäre des Geschädigten zuzurechnen sind.[1683] Das ergibt sich auch aus Art. 3:106 PETL. „Art. 3:106 is the complement of Art. 3:103."[1684]

Graziano wählt dazu ein Beispiel aus dem Bereich der Haftung für Asbestschäden: An seinem Arbeitsplatz ist der Geschädigte jahrelang Asbeststaub ausgesetzt. Schließlich erkrankt er an Lungenkrebs. Er war jedoch Raucher und hatte seit seinem siebzehnten Lebensjahr etwa zwanzig Zigaretten am Tag konsumiert. Der Arbeitgeber haftet in diesem Fall nur anteilig.[1685] Der Kommentar von *Spier* führt als Anwendungsbeispiel der Vorschrift ausdrücklich die Arzthaftung auf.[1686] Wenn also eine Verletzung („*illness*") des Patienten entweder auf einer natürlichen Ursache (Krankheits- oder Behandlungsrisiko) oder dem Behandlungsfehler beruht und jede der beiden „Aktivitäten" in der Lage gewesen ist, den Schaden herbeizuführen, so „wird jede Aktivität entsprechend der Wahrscheinlichkeit ihrer Ursächlichkeit für den Schaden als Ursache angesehen" (Art. 3:103 PETL). Die vorgeschlagene Methode zur Anteilsermittlung erscheint auch für die Arzthaftung praktikabel. Sie basiert auf einem Vergleich. Im Fall des oben erwähnten Asbestschadens konnte z. B. ermittelt werden, dass die Wahrscheinlichkeit, an Lungenkrebs zu erkranken, ohne das zusätzliche Risiko durch den Konsum von Zigaretten, bei 26 % lag. Das bedeutet, der Geschädigte bekommt 26 % seines Schadens ersetzt.[1687]

In einem anderen Berechnungsbeispiel erleidet 1 % einer kleinen Stadt mit 10.000 Einwohnern (100 Personen) eine schwere Krankheit aufgrund der schädlichen Emissionen einer Fabrik. Ohne diese Emissionen wären bloß 0,05 % (5 Personen) erkrankt. Die statistische Chance, dass eine betroffene Person auch ohne die schädlichen Emissionen erkrankt wäre, beträgt 5 %. Die Geschädigten

---

1683 *Spier*, in: in: European Group on Tort Law, Text and Commentary, Art. 3:102 PETL Rn. 8; *Kadner Graziano*, in: Winiger u. a., Essential Cases on Natural Causation, Kap. 6b/28 Rn. 5, S. 435.

1684 *Spier*, in: European Group on Tort Law, Text and Commentary, Art. 3:106 PETL Rn. 5.

1685 *Kadner Graziano*, in: Winiger u. a., Essential Cases on Natural Causation, Kap. 6b/28 Rn. 1 ff., S. 435 f.

1686 *Spier*, in: European Group on Tort Law, Text and Commentary, Art. 3:106 PETL Rn. 13.

1687 *Kadner Graziano*, in: Winiger u. a., Essential Cases on Natural Causation, Kap. 6b/28 Rn. 6, S. 435 mit Verweis auf eine niederländische Entscheidung des „Kantongerecht Middelburg, 1 Februar 1999, NJkort 1999, 35 (Schaier/De Schelde)".

erhalten demnach 95 % ihres Schadens ersetzt.[1688] Diese Vorgehensweise eignet sich auch für den Behandlungsfehler. Von einem Behandlungsrisiko lässt sich regelmäßig gut feststellen, wie hoch die statistische Chance ist, dass es eintritt. Das Krankheitsrisiko lässt sich danach bewerten, wie die Behandlung üblicherweise, d. h. ohne Behandlungsfehler, ausgeht. Wenn ca. 30 % der Patienten, die ein künstliches Hüftgelenk bekommen, dieses wieder abstoßen, dann ist das als Krankheitsrisiko zugrunde zu legen. Wenn ein Fehler passiert, ist davon auszugehen, dass die statistische Chance, das Gelenk ohnehin zu verlieren, 30 %beträgt. Der Patient erhielte dann 70 %. Das alles natürlich nur, wenn der Ursachenzusammenhang nicht festgestellt werden kann. Sofern Zweifel an diesem Kompromiss aufkommen, kann nur nochmals betont werden, dass in vielen Ländern der Europäischen Union Beweiserleichterungen eingesetzt werden, um den römisch-rechtlichen Ansatz – ohne Kausalität keine Haftung –[1689] abzuschwächen, mit der Folge, dass der Schädiger den gesamten Schaden ersetzen muss.[1690]

Die Vorschrift in Art. 3:103 PETL regelt jedoch noch nicht abschließend die typischen Kausalitätsprobleme in der Arzthaftung. Die Ausführungen zum englischen Recht haben gezeigt, dass manchmal nur gesagt werden kann, dass das Fehlverhalten eine *unquantifiable contribution* zu der Schadensentstehung geleistet hat, ohne aber in der Lage gewesen zu sein, den gesamten Schaden zu verursachen. Für diesen Fall enthält Art. 3:105 eine angemessene Lösung: „Ist sicher, dass von mehreren Aktivitäten keine den gesamten Schaden oder zumindest einen bestimmbaren Teil davon herbeigeführt hat, so ist davon auszugehen, dass all jene, die wahrscheinlich geringfügig zum Schaden beigetragen haben, dies zu gleichen Teilen getan haben." Der Wortlaut der englischsprachigen Fassung entspricht weitgehend dem oben beschriebenen *common law* zur *material, unquantifiable contribution*.[1691] Während der Schädiger im englischen Recht jedoch für den gesamten Schaden einzustehen hat, wenn sich die Verletzung, wie beispielsweise eine Schädigung des Gehirns, nicht „teilen" lässt (*indivisible damage*), werden die Schadensbeiträge nach Art. 3:105 PETL zu gleichen Anteilen berücksichtigt. Zusätzlich räumt die Vorschrift in Art. 3:201 PETL dem

---

1688 Vgl. *Spier*, in: European Group on Tort Law, Text and Commentary, Art. 3:106 PETL Rn. 11.

1689 *Jansen*, in: Winiger u. a., Essential Cases on Natural Causation, Kap. 6b/1 Rn. 4 f., S. 391.

1690 *Koziol*, in: Winiger u. a., Essential Cases on Natural Causation, Kap. 6b/29 Rn. 7, S. 438.

1691 Vgl. auch S. 223 ff.

Richter das erforderliche Ermessen bei der Bestimmung der Schadensanteile ein, wodurch Wertungsgesichtspunkte einfließen können, insbesondere inwieweit das allgemeine Lebensrisiko das Ausmaß des Schadens beeinflusst hat (vgl. Art. 3:201 lit. d PETL).[1692]

Die Entscheidung der PETL für die Proportionalhaftung ist mutig. Möglicherweise könnte eine allumfassende Anwendung im Deliktsrecht, d. h. auch außerhalb der Arzthaftung, dazu führen, dass die Regelungen als ungerecht empfunden werden. Der Beispielfall aus der Kommentierung von einem Wanderer, der entweder durch einen zufällig herabrutschenden oder einen fahrlässig geworfenen Stein verletzt wird und für dessen Verletzung der fahrlässige, potenzielle Schädiger (zur Hälfte) einzustehen hat, auch wenn sich nicht nachweisen lässt, dass „sein" Stein für die Verletzung ursächlich geworden ist,[1693] könnte als grenzwertig betrachtet werden.[1694] In der Arzthaftung ist der Arzt zur Sorgfalt gegenüber dem Patienten verpflichtet, weshalb die Haftung bei Vorliegen eines Behandlungsfehlers (!) für nur wahrscheinliche Verursachung vertretbar erscheint; dass aber die Sorgfaltspflichten im klassischen Deliktsrecht zwischen zufällig zusammentreffenden Personen so weit reichen sollen, könnte auf harsche Kritik stoßen. In der Arzthaftung, oder genauer bei einer Fehldiagnose, praktizieren jedoch bereits jetzt schon viele Länder eine anteilige Haftung.[1695] Es besteht zudem die Möglichkeit, eine ganz geringfügige statistische Chance unberücksichtigt zu lassen, d. h. der Arzt haftet nicht für einen Schaden, der ganz überwiegend (zu 98 %) durch die Krankheit verursacht worden ist, genauso wie der Patient sich ein Behandlungsrisiko von 2 % nicht anrechnen lassen muss.[1696]

IV. Draft Common Frame of Reference

Der Gemeinsame Referenzrahmen oder *Draft Common Frame of Reference* (DCFR) enthält Regelungen sowohl zur vertraglichen als auch zur

1692 Vgl. *Spier*, in: European Group on Tort Law, Text and Commentary, Art. 3:201 PETL Rn. 19 f.

1693 *Spier*, in: European Group on Tort Law, Text and Commentary, Art. 3:103 PETL Rn. 8.

1694 *Spier/Haazen* bemerken, dass sich eine klare Mehrheit der befragten Länder gegen eine solche Haftung ausgesprochen habe, in: Spier, Unification of Tort Law: Causation, S. 127 (153).

1695 *Spier/Haazen*, a. a. O., S. 153.

1696 *Spier*, in: European Group on Tort Law, Text and Commentary, Art. 3:106 PETL Rn. 15; siehe auch *Spier/Haazen*, in: Spier, Unification of Tort Law: Causation, S. 127 (153 f.).

außervertraglichen Haftung. Letztere betrifft das Deliktsrecht oder *law of torts*, wird jedoch wertungsneutral als „*Non-contractual liability arising out of damage caused to another*" beschrieben.[1697] Das sechste Buch des DCFR widmet sich dieser Materie. Überlegungen, einen allgemeinen Teil des Schadensrechts im dritten Buch zu verankern, wurden verworfen.[1698] Das dritte und das vierte Buch enthalten Vorschriften zu den Rechtsbehelfen bei Vertragsverletzung und eigene Regelungen zum Schadensrecht. Eine Abgrenzung zwischen Vertrag und Delikt muss nicht vorgenommen werden, die Rechtsbehelfe können frei gewählt und kumuliert werden, das Gebot des *non-cumul* gilt nicht.[1699]

Die Regeln zum Dienstleistungsvertrag im Entwurf für einen Gemeinsamen Referenzrahmen gehen zurück auf die Arbeiten an den PEL SC, die überwiegend und mit einigen Modifikationen in den DCFR, dort Buch IV, Teil C *Services*, aufgenommen worden sind.[1700] Der Gemeinsame Referenzrahmen strukturiert die Dienstleistungsverträge wie die PEL SC nach sechs Basisaktivitäten, darunter in Kapitel 8 die Behandlung (*treatment*), worunter nicht nur die medizinische Behandlung verstanden wird (Art. IV.C. – 8:101 Abs. 2 DCFR).[1701] Im Verhältnis zu den PEL SC sind die Rechtsbehelfe im DCFR jedoch nur noch ansatzweise geregelt, weshalb dem detailliert ausgeführten Pflichtenprogramm, an das die allgemeinen Rechtsbehelfe andocken sollen, besondere Bedeutung zukommt.[1702]

Art. IV.C. – 8:104 DCFR gestaltet die Hauptleistungspflicht beim Behandlungsvertrag als Sorgfaltspflicht aus (*obligation of skill and care*). Der Umfang dieser „Pflicht zur Sorgfalt" wird näher geregelt in Art. IV.C. – 2:105 DCFR. Absatz 3 der Vorschrift statuiert die von den PEL SC bekannte Pflicht zur Einhaltung der beruflichen Sorgfalt. Auch die Gefährdungshaftung nach Art. 7:103

1697 *Bar*, in: Hartkamp u. a., Towards An European Civil Code, S. 387 (391); *Schulze*, in: Sagaert/Storme/Terryn, The Draft Common Frame of Reference, S. 221 (222 f.).

1698 *Bar*, in: Hartkamp u. a., Towards An European Civil Code, S. 387 (394); zustimmend *Schmidt-Kessel*, in: Remien, Schadensersatz im europäischen Privat- und Wirtschaftsrecht, S. 331 (338 f.).

1699 *Schmidt-Kessel*, in: Remien, Schadensersatz im europäischen Privat- und Wirtschaftsrecht, S. 331 (339); *Schulze*, in: Sagaert/Storme/Terryn, The Draft Common Frame of Reference, S. 221 (229).

1700 *Unberath*, ZEuP 2008, 745 (745 f.); zur Betrachtung der Regelungen zum Dienstleistungsvertrag im DCFR aus nationaler Sicht vgl. *Kadner Graziano* (Dtl.), *Borghetti* (Fr.), *Whittaker* (Engl.), in: Zimmermann, Service Contracts, S. 59 ff., 99 ff. und 115 ff.

1701 *Wagner*, VersR 2012, 789 (801).

1702 *Unberath*, ZEuP 2008, 745 (767).

PEL SC für „Instrumente, Medikamente, Materialien, Anlagen und Gebäude“[1703] findet sich in Art. IV.C. – 8:103 DCFR wieder. Der Schadensersatzanspruch wegen Nichterfüllung setzt voraus, dass die Vertragsverletzung nicht entschuldigt werden kann (Art. III – 3:101 Abs. 2 DCFR). Mit der Verschuldensvermutung verhält es sich so ähnlich wie bei den PEL SC. Eigentlich erlaubt Art. III. – 3:104 DCFR nur eine Haftungsentlastung bei höherer Gewalt, aber der Haftungsstandard wird von der Ausgestaltung der Vertragspflicht als *obligation de résultat* (vgl. Art. IV.C. – 2:106 DCFR) oder *obligation de moyens* (vgl. Art. IV.C. – 2:105 DCFR) mit geprägt.[1704] Bei einer Bemühenspflicht ergibt sich der Haftungsmaßstab daher aus der Obligation selbst und die Frage nach der *non-performance* bestimmt über die Einhaltung der Sorgfalt, weshalb wie bei § 280 Abs. 1 BGB insoweit kein sachlicher Unterschied zu einem objektiven Fahrlässigkeitsmaßstab besteht,[1705] sodass die Verschuldensvermutung aus Art. III. – 3:104 DCFR wohl auch hier im Ergebnis leer läuft.

Die deliktsrechtlichen Regelungen beginnen mit einer Generalklausel in Art. VI. – 1:101 DCFR, welche nicht dem deutschen Beispiel folgt und ohne Rechtswidrigkeitselement und Rechtsgüterkatalog auskommt.[1706] Sie mutet deshalb auf den ersten Blick an wie eine Generalklausel *à la francaise*, jedoch täuscht dieser Eindruck, denn die Vorschrift dient gewissermaßen nur als Hauptsatz, dem zahlreiche Nebensätze folgen. Ohne Berücksichtigung der detaillierten Beschreibungen in diesen Nebensätzen gilt der Hauptsatz nicht, das schreibt Art. VI. – 1:103 DCFR vor.[1707] Bezogen auf die Arzthaftung enthalten die Beschreibungen des Schadens- und Verschuldenselements keine Besonderheiten. Art. VI. – 3:102 DCFR enthält anders als die Vertragshaftung keine Bestimmung zur beruflichen Sorgfalt. Man wird den Sorgfaltsmaßstab in lit. b) („as could be expected from a reasonably careful person in the circumstances of the case“) jedoch dahingehend auslegen müssen. Die Vorschriften über die

---

1703 Der Text des DCFR ist in englischer Sprache verfasst, der deutsche Wortlaut entstammt der von Martin-Schmidt Kessel und seinen Mitarbeiterinnen vorgeschlagenen Übersetzung in *Barendrecht u. a.*, PEL SC, S. 77 ff.

1704 *Schmidt-Kessel*, in: Remien, Schadensersatz im europäischen Privat- und Wirtschaftsrecht, S. 331 (344).

1705 Ebd.; siehe auch *Ranieri*, in: Zimmermann, Service Contracts, S. 1 (37).

1706 *Schmidt-Kessel*, in: Remien, Schadensersatz im europäischen Privat- und Wirtschaftsrecht, S. 331 (342 f.); *Schulze*, in: Sagaert/Storme/Terryn, The Draft Common Frame of Reference, S. 221 (223 f.).

1707 *Schulze*, in: Sagaert/Storme/Terryn, The Draft Common Frame of Reference, S. 221 (224).

Kausalität enthalten eine Regelung zum Umgang mit alternativen Schadensursachen. Art. VI. – 4:103 DCFR stellt zugunsten des Geschädigten die Vermutung auf, dass jede Person, die eine Schadensursache zu verantworten hat, den Schaden mitverursacht hat. Es muss nicht feststehen, ob die konkrete Person durch ihren Beitrag die Entstehung oder das Ausmaß des Schadens tatsächlich beeinflusst hat. Allerdings erfordert die Vorschrift dem Wortlaut nach, dass der Schaden wenigstens von einer der potentiellen Ursachen verursacht worden ist,[1708] was dem Kriterium der feststehenden Ersatzberechtigung nach § 830 Abs. 1 S. 2 BGB ähnelt. Die Vorschrift eignet sich daher nicht für die Lösung der typischen Kausalitätsprobleme im Arzthaftungsrecht, zumal nicht klar ist, ob auch der Geschädigte selbst eine potenzielle Ursache im Sinne von Art. VI.-4:103 DCFR gesetzt hat. Im Vergleich zu den PETL sind die Regelungen zur Verursachung im DCFR äußerst sparsam ausgefallen.[1709] Wenn es um die Beteiligung des Geschädigten an der Schadensentstehung geht, kennt der DCFR nur das Mitverschulden (*contributory negligence*) nach Art. VI. – 5:102 DCFR.

Im Gegensatz zu der Handhabung in den hier untersuchten Mitgliedsländern gilt sie nicht nur für das „Verschulden", sondern erlaubt die Zurechnung auch auf der Basis einer *„responsibility for a contributory source of danger"*,[1710] worunter auf den ersten Blick auch das Krankheitsrisiko fallen könnte. Die Vorschrift meint jedoch nur solche Gefahren, für die in Kapitel 3, Abschnitt 2 unter der Überschrift *Accountability without intention or negligence* eine Art Gefährdungshaftung normiert wird, wozu unter anderem Tiere, Gebäude und Unfälle im Straßenverkehr zählen. Nicht umfasst sind das allgemeine Lebensrisiko oder schicksalhafte Umstände, da eine „unkontrollierbare Ursache" nicht zur Haftungsbeteiligung führt.[1711] Der Verlust einer Chance wird im DCFR nicht geregelt, ließe sich jedoch aus der Generalklausel in Art. VI. – 4:101 Abs. 1 DCFR entwickeln.[1712] Die Vorschriften in Art. III. – 3:702 und VI. – 6:101 Abs. 1 DCFR normieren (im Gegensatz zu den PETL) den Grundsatz der Totalreparation, sie sehen jedenfalls den Einsatz der Differenzhypothese ausdrücklich vor.[1713] In den

---

1708 Siehe auch *Bar/Clive*, DCFR Full Edition, VI.-4:103, S. 3602.

1709 *Schmidt-Kessel*, in: Remien, Schadensersatz im europäischen Privat- und Wirtschaftsrecht, S. 331 (346).

1710 *Bar/Clive*, DCFR Full Edition, VI. – 5:102, S. 3627.

1711 *Bar/Clive*, DCFR Full Edition, VI. – 5:102, S. 3633.

1712 Vgl. *Schmidt-Kessel*, in: Remien, Schadensersatz im europäischen Privat- und Wirtschaftsrecht, S. 331 (347).

1713 *Schmidt-Kessel*, in: Remien, Schadensersatz im europäischen Privat- und Wirtschaftsrecht, S. 331 (349).

Bestimmungen zum Vertragsrecht findet sich eine Mitverschuldensregelung in Art. III. – 3:704 DCFR. Sie bezieht sich jedoch ausschließlich auf das Verhalten (*conduct*) des Geschädigten,[1714] und reicht damit nicht weiter als das Verständnis vom Mitverschulden des Geschädigten nach § 254 Abs. 1 BGB.

Im außervertraglichen Bereich wird dem Entwurf das Potenzial für einen interessengerechten Schadensausgleich auf der Basis einer sachlich begründeten Risikozuweisung zugeschrieben, weil die Regelungen die individuelle Verantwortung des Schädigers nur als *einen* Aspekt der Schadenszurechnung betrachten.[1715] Grundsätzlich seien alle Schäden zu ersetzen, die drei Voraussetzungen erfüllen: *legally relevant damage, accountability, causation*. Anders als im deutschen Deliktsrecht würden die Regelungen von dem Grundsatz *casum sentit dominus* abweichen.[1716] Die *Basic rule* Art. VI. – 1:101 DCFR geht nicht mehr vom Schädiger, sondern vom Geschädigten aus: „A person who suffers […]".[1717]

1714 *Bar/Clive*, DCFR Full Edition, III. – 3:704, S. 934 f.

1715 *Schmidt-Kessel*, in: Remien, Schadensersatz im europäischen Privat- und Wirtschaftsrecht, S. 331 (334).

1716 *Ehlgen*, S. 17 f.; *casum sentit dominus* bedeutet wörtlich: Den Zufall spürt der Herr (Eigentümer); vgl. *Benke/Meissel/Luggauer*, S. 50; *Liebs*, S. 42, übersetzt: „Zufall spürt der Eigentümer".

1717 *Schmidt-Kessel*, in: Remien, Schadensersatz im europäischen Privat- und Wirtschaftsrecht, S. 331 (333).

Schlussbetrachtungen

Das Arzthaftungsrecht ist eine verhältnismäßig moderne Erscheinung. In Deutschland und Frankreich fanden in den letzten Jahren umfassende Gesetzesreformen statt. Sie normieren die seit Beginn des 20. Jahrhunderts durch Richterrecht gefundenen Grundsätze, welche anhand der allgemeinen Bestimmungen des Vertrags- und Deliktsrechts entwickelt worden sind. Aufgrund der unpassenden inhaltlichen Anforderungen an die Schadensentstehung und -verursachung im Allgemeinen und der fehlenden Spezialregelungen im besonderen Teil des Schuldrechts entwickelten die hier betrachteten drei Länder richterrechtlich eigene Voraussetzungen für die Arzthaftung. Insbesondere die französischrechtlichen *présomptions* sowie die Sicherungspflichten und die deutschrechtliche Beweislastumkehr gaben den Richtern Mittel an die Hand, um – vermeintlich ohne Abkehr von materiellrechtlichen Bestimmungen – Billigkeitsgesichtspunkte in die Haftungsgrundsätze einfließen zu lassen. Die Kritik an dieser mangelhaften Gewaltenteilung erübrigt sich, seitdem in Frankreich und Deutschland eigene gesetzliche Bestimmungen zur Arzthaftung existieren.

Da das englische *common law* auf dem Prinzip der Rechtschaffung durch Präjudizien basiert, ist es nicht ungewöhnlich, dass die Arzthaftungsgrundsätze durch Richterrecht entstanden sind. Dazu haben die englischen Gerichte den *tort of negligence* entsprechend angewendet und ausgeformt. Gesetzliche Regelungen zu den Haftungsvoraussetzungen fehlen im englischen Recht bislang. Die zivilprozessualen Regelungen, welche den Sachverständigenbeweis sowie die Finanzierung und Schlichtung von Arzthaftungsprozessen betreffen, sind in der Vergangenheit jedoch Gegenstand von umfassenden Reformbestrebungen gewesen.

Allgemein gilt, neue Pflichten und Haftungsstandards sollten darauf bedacht sein, nicht zu Verteidigungsstrategien zu führen, die das Prozessrisiko minimieren wollen. Sie müssen vielmehr die Suche nach effektiven Methoden zur Vermeidung der Risiken im Bereich der ärztlichen Behandlung fördern. In den Ländern befürchtet man teilweise eine „Überregulierung" der Arzthaftung, die eine ungewollte Defensivmedizin heraufbeschwören könnte. Das bedeutet in erster Linie zu viel Bürokratie, welche die Einrichtungen von ihrer eigentlichen Arbeit, der Versorgung und Gesundheitsförderung, abhalten könnte. Außerdem verbirgt sich dahinter die Befürchtung einer Über- oder Unterversorgung von Patienten aus Sorge vor Haftungsprozessen. Um einer Defensivmedizin vorzubeugen, sollten Ärzte besser über ihre Rechte und Pflichten informiert und geschult werden, um eine Haftungssituation realistisch einschätzen zu können.[1718] Auch Beschwerdestellen können sinnvoll sein, um Konfliktsituationen zu erkennen und einen Austausch über die Behandlungsumstände zu ermöglichen. Der Eindruck, dass Ärzte überproportional mit Schadensersatzforderungen konfrontiert sind, täuscht. In England und Deutschland liegt die Zahl der geschätzten Behandlungsfehler weit über der Zahl der geäußerten Behandlungsfehlervorwürfe. Deshalb müssen Maßnahmen der Evaluation, des Risikomanagements, der Qualitätssicherung und die Einrichtung von Fehlermeldesystemen an erster Stelle stehen. Gleichzeitig werden in England und Deutschland[1719] auch Maßnahmen zur Vergleichbarkeit von Gesundheitsdienstleistungen eingeführt. Das Haftungsrecht dient dem gerechten Schadensausgleich. Die langfristige Finanzierbarkeit von Behandlungsschäden beschäftigt alle drei Rechtsordnungen. Die Haftungsschulden treffen nicht allein die privaten Handlungssubjekte, sondern unmittelbar oder mittelbar den Staatshaushalt, weshalb neue Lösungsmodelle wie eine subventionierte Berufshaftpflichtversicherung, eine Deckelung der Schadenssumme oder ein Härtefallfonds länderübergreifend in Betracht gezogen werden müssen.

Abgesehen von den Fragen der Finanzierbarkeit stellt die Haftungssituation im Arzt-Patient-Verhältnis für die Gerichte bzw. den Gesetzgeber eine ganz eigene, hochkomplexe Materie dar, welche mit keinem anderen Rechtsgebiet vergleichbar ist. Die herkömmlichen Grundsätze der Vertrags- und Deliktshaftung passen nicht zu der Haftung des Arztes. Obwohl es sich um eine partnerschaftliche Beziehung handelt, treffen die Parteien des Behandlungsvertrags kaum eigene vertragliche Bestimmungen. Die Handlungspflichten richten sich vielmehr nach den beruflichen Anforderungen, d. h. den wissenschaftlichen Vorgaben der medizinischen Praxis und Forschung. Die Behandlungsseite besitzt einen immensen Wissensvorsprung. Das Ziel des Patienten beschränkt sich zumeist darauf, wieder gesund zu werden, die dazu notwendigen Mittel kennt er nicht. Aber auch die Bestimmungen zum außervertraglichen Schuldrecht, die auf einer (unfallbedingten) Interessenverletzung aufbauen, passen nicht zum Behandlungsrecht, weil der Arzt immer – i. d. R. auf Wunsch des Patienten – in dessen Körper und Gesundheit eingreift, die Körperverletzung

1718 Siehe auch *Brazier/Cave*, Rn. 8.21, Fn. 143: „Hence Ian Kennedy argued many years ago that what is required to defuse any ‚crisis' is better information about the law for doctors so that they will not feel constrained to practise ‚defensive medecine'".

1719 Siehe § 7 Abs. 1 der Satzung des nach § 137 a Abs. 1 SGB V neu gegründeten Instituts für Qualitätssicherung und Transparenz im Gesundheitswesen (abrufbar unter: http://www.iqtig.org/satzung).

also stets ein notwendiges Durchgangsstadium darstellt. Bei Auftreten eines Fehlers bleibt zumeist unklar, wie sich dieser auf die Gesamtsituation ausgewirkt hat. Außerdem passt hier besser der Begriff des Unfalls als des Fehlers, weil die Verhaltensanforderungen objektiviert sind.

Befriedigende Lösungsansätze fehlen bislang in allen drei Rechtsordnungen. Werden die Umstände nicht aufgeklärt, sondern bleiben, z. B. durch die Anwendung einer Beweislastumkehr unberücksichtigt, läuft man Gefahr, den Patienten nicht für den entstandenen Schaden zu entschädigen, sondern ihm die Möglichkeit zu nehmen, den Zusammenhang zwischen Behandlungsfehler und Schaden aufzuklären. Der Haftungsbereich des Arztes sollte nicht auf die Aufklärung des Geschehens ausgeweitet werden, sondern muss lediglich dafür sorgen, dass die Institution für Fehlverhalten einzustehen hat. Solange Sicherungspflichten für die Beteiligten, insbesondere die behandelnden Einrichtungen, erkennbar sind, besitzen sie ein hohes Potenzial für einen gerechten Interessenausgleich. In bestimmten Bereichen wie z. B. Transport und Lagerung können sie Risiken unabhängig von den besonderen Unwägbarkeiten medizinischer Krankheits- und Behandlungsprozesse beherrschen.

Sowohl auf nationaler als auch auf europäischer Ebene benötigt das Arzthaftungsrecht ein eigenes Berufshaftungssystem, das weiter gefasst ist als alle bisherigen Gesetzgebungsinitiativen.[1720] Insbesondere müssen interessengerechte Haftungsregelungen zwei Besonderheiten berücksichtigen, die den Beruf des Arztes von anderen freien Berufen unterscheiden. Erstens schränkt die notwendige staatliche Ressourcenverteilung die Freiheit ärztlichen Handelns stark ein.[1721] Zweitens greift der Arzt bestimmungsgemäß und i. d. R. auf Wunsch des Patienten in Körperfunktionen ein, um dessen Gesundheit zu fördern. Eine Haftungsnorm, welche das unfreiwillige Misslingen dieses Eingriffs adäquat erfasst, muss erst noch erfunden werden. Eine solche Haftungsform darf sich nicht an der Körperverletzung, sondern muss sich an der Verletzung des medizinischen Standards orientieren.[1722] Dabei sollte auch die Qualität des Eingriffs

---

1720 Vgl. die Diskussion bei *Katzenmeier*, S. 89 ff. m. w. N.; weiterführend *Walter*, S. 138 f.; siehe auch die Vorschläge für eine Kodifikation des medizinischen Behandlungsvertrags von *Deutsch/Geiger*, in: Bundesministerium der Justiz, Gutachten und Vorschläge zur Überarbeitung des Schuldrechts, Bd. 2, S. 1049 (1090 ff.).

1721 *Katzenmeier*, NJW 2013, 817 (822): „Vorweg sei klargestellt, dass sich ein Gesetz nicht als Maßnahme eignet, um der Verkürzung von Patientenrechten infolge einer Rationierung medizinischer Leistungen im Gesundheitssystem zu begegnen. Rationierung wird von der Politik stets geleugnet, faktisch findet sie im Behandlungsalltag von Kliniken und Arztpraxen aber längst statt."

1722 Vgl. *Walter*, S. 139.

berücksichtigt werden. Auf der Rechtsfolgenseite müssen Schadensbestimmung und Verursachung miteinander verbunden werden und es ist zu fragen, welche Verluste durch die Standardunterschreitung entstanden sind. Eine Schadensteilung scheint der beste Weg zu sein. Dabei spielt die Verursachungswahrscheinlichkeit zunächst keine Rolle. Vielmehr muss gefragt werden, in welcher Höhe der Behandlungsfehler für den eingetreten Schaden verantwortlich ist und welcher Schaden sowieso eingetreten wäre. Hatte der Patient durch die Behandlung eine Aussicht auf deutliche Besserung seines Gesundheitszustandes und ist die Besserung aufgrund des Fehlers ausgeblieben, so ist dem Patienten der Schaden zu ersetzen, der durch die mindere Qualität des Eingriffs entstanden ist. Die Schadenshöhe lässt sich nur auf Basis einer Prognose bestimmen. Dazu können Statistiken zum Behandlungsausgang bei fehlerfreier Behandlung herangezogen werden.

Bei allen Bemühungen darf nicht aus den Augen verloren werden, dass die Medizin neben der Wissenschaft auch eine Kunst ist.[1723] Bezieht man diesen Aspekt in die Betrachtung ein, erhält man ein juristisches System, das für die Auflösung des Haftungskonfliktes besser geeignet ist als die derzeitigen Lösungsmodelle.

1723 *Swain*, S. 46: „Medicine is an art as well as a science."

Literaturverzeichnis

Adloff, Daniel, Vorlagepflichten und Beweisvereitelung im deutschen und französischen Zivilprozess, Tübingen 2007.

Ahrens, Hans-Jürgen/von Bar, Christian v./Fischer, Gerfried/Spickhoff, Andreas/ Taupitz, Jochen (Hrsg.), Medizin und Haftung – Festschrift für Erwin Deutsch zum 80. Geburtstag, Heidelberg 2009.

Arbeitsgemeinschaft Rechtsanwälte im Medizinrecht e.V. (Hrsg.), Qualitätsmängel im Arzthaftungsprozess – Brauchen wir ein Patientenrechtegesetz?, Heidelberg 2012.

Arnade, Johannes, Kostendruck und Standard, Heidelberg 2010.

Atiyah, Patrick Selim, Res Ipsa Loquitur in England and Australia, MLR 1972, Vol. 35, 337–346.

Atiyah, Patrick Selim/Cane, Peter, Atiyah's Accidents, Compensation and the Law, 6. Aufl., London 1999.

Atiyah, Patrick Selim/Smith, Stephan A., Atiyah's Introduction to the Law of Contract, Oxford 2006.

Avram, Francoise, Choix entre CRCI et juge, Gazette du Palais, 2009, Nr. 107, 45–47.

Bacache, Mireille, La faute technique, Abschnitt 18-2, Stand: 31. Oktober 2010, in: LexisNexis (Hrsg.), Droit médical et hospitalier (Loseblattsammlung).

Bacache, Mireille, La responsabilité médicale: Principes généraux, Abschnitt 18, Stand: 31. Oktober 2010, in: LexisNexis (Hrsg.), Droit médical et hospitalier (Loseblattsammlung).

Bacache, Mireille, La responsabilité médicale et les établissements d'hospitalisation privée, Abschnitt 19-2, Stand: 21. Dezember 2012, in: LexisNexis (Hrsg.), Droit médical et hospitalier (Loseblattsammlung).

Bacache-Gibeili, Mireille, Les obligations – La responsabilité civile extracontractuelle, 3. Aufl., Paris 2016.

Badiane-Devers, Khady, La lésion d'un organe n'est pas forcément une faute, Droit Déontologie & Soin 13 (2013), 218–225.

Bailey, SH, Causation in negligence: what is material contribution?, Legal Studies 2010, Vol. 30, No. 2, 167–185.

Balke, Rüdiger/Reisert, Gesine/Quarch, Matthias, Regulierung von Verkehrsunfällen, Baden-Baden 2012.

Barendrecht, Maurits/Jansen, Chris/Loos, Marco/Pinna, Andrea/Cascão, Rui/van Gulijk, Stéphanie, Principles of European Law, Service Contracts (PEL SC), München 2007.

Basedow, Jürgen/Hopt, Klaus J./Zimmermann, Reinhard (Hrsg.), Handwörterbuch des Europäischen Privatrechts, Band I (A – Kar), Tübingen 2009.

Basedow, Jürgen/Hopt, Klaus J./Zimmermann, Reinhard (Hrsg.), Handwörterbuch des Europäischen Privatrechts, Band II (Kau – Z), Tübingen 2009.

Baumgärtel, Gottfried, Beweisrechtliche Studien. Beweiswürdigung – Abgrenzung zur Beweislast – Beweismaß, in: Rechtswissenschaftliche Fakultät der Universität zu Köln (Hrsg.), Festschrift der Rechtswissenschaftlichen Fakultät zur 600-Jahr-Feier der Universität zu Köln, Köln 1988, S. 165–181.

Baumgärtel, Gottfried (Begr.)/Laumen, Hans-Willi/Prütting, Hanns (Bearb.), Handbuch der Beweislast – Grundlagen, Köln 2009 (zitiert als: *Bearbeiter* in: Baumgärtel/Laumen/Prütting).

Beck'scher Online-Kommentar BGB, hrsg. v. Bamberger, Heinz Georg/-Roth, Herbert/Hau, Wolfgang/Poseck, Roman, 52. Aufl., München 2019 (zitiert: *Bearbeiter*, in: BeckOK BGB).

Beck'scher Online-Kommentar ZPO, hrsg. v. Vorwerk, Volkert/Wolf, Christian, 34. Aufl., München 2019 (zitiert als: *Bearbeiter*, in: BeckOK ZPO).

Beckhaus, Gerrit M., Die Bewältigung von Informationsdefiziten bei der Sachverhaltsaufklärung, Tübingen 2010.

Bellissent, Jean, Contribution à l'analyse de la dinstinction des obligations de moyens et des obligations de résultat, Paris 2001.

Bénabent, Alain, Droit des obligations, 13. Aufl., Paris 2012.

Bénabent, Alain, La chance et le droit, Paris 1973.

Benke, Nikolaus/Meissel, Fran-Stefan, Luggauer, Karl, Juristenlatein, 2. Aufl., Wien 2002.

Berg-Winters, Ina, Der Anscheinsbeweis im Arzthaftungsrecht, Frankfurt am Main 2005.

Bergmann, Karl-Otto/Pauge, Burkhard/Steinmeyer, Hainz-Dietrich, Gesamtes Medizinrecht, 3. Aufl., Baden-Baden 2018.

Bergoignan-Esper, Claudine, Responsabilité médicale – Règlement amiable en cas d'accidents médicaux, d'affections iatrogènes ou d'infections nosocomiales, Abschnitt 18-05, Stand: 7. Dezember 2012, in: LexisNexis (Hrsg.), Droit médical et hospitalier, Loseblattsammlung, Paris.

Bergoignan-Esper, Claudine/Sargos, Pierre, Les grands ârrets du droit de la santé, Paris 2010.

Berry, James, Commentary on Silverstone v. Mortensen [2012] EWHC 2706 (QB), Medical Law Reports 2013, 319–320.

Bloch, Cyril, Définition de la faute, in: Terré, François, Pour une réforme du droit de la responsabilité civile, Paris 2011.

Bodenburg, Reinhard, Der ärztliche Kunstfehler als Funktionsbegriff zivilrechtlicher Dogmatik, Göttingen 1982.

Bolsinger, Markus P., Dogmatik der Arzthaftung, Baden-Baden 1999.

Boré, Jacques, L'indemnisation pour les chances perdues: Une forme d'appreciation quantitative de la causalité d'un fait dommageable, JCP 1974, I-2620.

Borghetti, Jean-Sébastian, Service Contracts: The French Experience, in: Zimmermann, Reinhard (Hrsg.), Service Contracts, Tübingen 2010.

Brazier, Margaret, Medicine, Patients and the Law, 3. Aufl., London 2003.

Brazier, Margaret/Cave, Emma, Medicine, Patients and the Law, 5. Aufl., London 2011.

Brieskorn, Konstanze, Vertragshaftung und responsabilité contractuelle, Tübingen 2010.

Brinkmann, Moritz, Das Beweismaß im Zivilprozess aus rechtsvergleichender Sicht, Köln 2005.

Brockhaus Enzyklopädie Online, hrsg. v. d. F. A. Brockhaus/wissenmedia in der inmediaONE] GmbH, 2015.

Brüggemeier, Gert, Haftungsrecht – Struktur, Prinzipien, Schutzbereich, Berlin/Heidelberg 2006.

Brun, Philippe/Pierre, Philippe/Mazeaud, Denis, Lamy droit de la responsabilité, Rueil-Malmaison 2013 (BNF: Loseblattsammlung, Stand November 2013).

Bruns, Alexander, Haftungsbeschränkung und Mindesthaftung, Tübingen 2003.

Buffelan-Lanore, Yvaine/Larribau-Terneyre, Virginie, Droit civil – Les obligations, 13. Aufl., Paris 2012.

Bundesministerium der Justiz (Hrsg.), Gutachten und Vorschläge zur Überarbeitung des Schuldrechts, Band III, Köln 1983.

Bunge, Jürgen, Terminologisches Wörterbuch der Zivilprozessvergleichung, Berlin 2010 (zitiert als: *Bunge*, Wörterbuch der Zivilprozessvergleichung).

Bunge, Jürgen, Zivilprozess und Zwangsvollstreckung in England und Schottland, 2. Aufl., Berlin 2005 (zitiert als: *Bunge*, England und Schottland).

Butler, Petra, Medical Misadventure, in: Ahrens, Hans-Jürgen/von Bar, Christian/Fischer, Gerfried/Spickhoff, Andreas/Taupitz, Jochen (Hrsg.), Medizin und Haftung – Festschrift für Erwin Deutsch zum 80. Geburtstag, Heidelberg 2009, S. 69–83.

Catala, Pierre (Hrsg.), Avant-projet de réforme du droit des obligations et de la prescription, Paris 2006.

Chabas, François, Anmerkung zu Cass. Civ. 1er, 8 novembre 2000, JCP 2001, II-10493, S. 604–607.

Charlesworth, J./Percy, R. A./Walton, Christopher, Charlesworth & Percy on Negligence, 12. Aufl., London 2010.

Chase, Oscar G., Resolving the Case in the First Instance Court: The Trial and Analogous Processes, Chapter 5, in: Chase, Oscar G./Hershkoff, Helen (Hrsg.), Civil Litigation in Comparative Context, St. Paul 2007, S. 241–275.

Chase, Oscar G./Hershkoff, Helen (Hrsg.), Civil Litigation in Comparative Context, St. Paul 2007.

Ciper, Dirk Christoph, Neue Wege bei der Regulierung im Personenschadensrecht, Berliner Anwaltsblatt 2013, 388–391.

Clerk, J. F./Lindsell, W. H. B./Jones, Michael A., Clerk & Lindsell on Torts, 20. Aufl., London 2010 (zitiert als: *Bearbeiter,* in: Clerk & Lindsell on Torts).

Cohen, S. Kenneth, Expert Witnessing and Scientific Testimony – Surviving in the Courtroom, Boca Raton 2008.

Cracknell, Douglas George, English Legal System Textbook, 16. Aufl., London 1994.

Cranfield, Frances, Revalidation and Accreditation of Medical Expert Witnesses: the Next Step, Medico-Legal Journal, 2009, Vol. 77 Part 4, 133–139.

Dauner-Lieb, Barbara/Langen, Werner (Hrsg.), NomosKommentar BGB, Band 2/2, Schuldrecht, 2. Aufl., Baden-Baden 2012 (zitiert: *Bearbeiter,* in: Dauner-Lieb/Langen).

Delebecque, Philippe/Pansier, Frédéric-Jérôme, Droit des obligations, Responsabilité civile, Délit et quasi-délit, 5. Aufl., Paris 2011.

Deletre, Nicolas, L'évolution de la responsabilité médicale de 1835 à 2002, in: Laude/Pariente/Tabuteau, La Judiciarisation de la santé, Paris 2012.

Demogue, René, Traité des obligations en général, Partie 1 – Sources des Obligations, Tome V, Paris 1925.

Deutsch, Erwin/GeigerMichael, Medizinischer Behandlungsvertrag, in: Bundesminister der Justiz (Hrsg.), Gutachten und Vorschläge zur Überarbeitung des Schuldrechts, Band II, Köln 1981, S. 1049–1113.

Deutsch, Erwin/Klingmüller, Ernst/Kullmann, Hans Josef (Hrsg.), Festschrift für Erich Steffen zum 65. Geburtstag am 28. Mai 1995 – Der Schadensersatz und seine Deckung, Berlin 1995.

Deutsch, Erwin/Spickhoff, Andreas, Medizinrecht, 7. Aufl., Berlin 2014.

Dopheide, Oliver, Der grobe Behandlungsfehler – eine Beweislastverteilung nach Kollektiven?, VersR 2007, 1050–1054.

Dorsner-Dolivet, Annick, La responsabilité du médecin, Paris 2006.

Doucet, Michel/Fleck, Klaus E. W., Wörterbuch der Rechts- und Wirtschaftssprache, Teil II, Deutsch-Französisch, 7. Aufl., München 2012.

Doucet, Michel/Fleck, Klaus E. W., Wörterbuch der Rechts- und Wirtschaftssprache, Teil I, Französisch-Deutsch, 6. Aufl., Ort? 2009.

Dreifuss-Netter, Frédérique, Feue la responsabilité civile contractuelle du médecin?, RCA 2002, Chronique 17.

Duguet, Anne-Marie (Hrsg.), Évolution récente des actions en responsabilité médicale en France – Comparaison avec l'étranger, Bordeaux-Centre 2008.

Dumoulin, Laurence, L'expert dans la justice, Paris 2007.

Dunn, Virginia, Professional Negligence Litigation in Practice, Oxford/New York 2010.

Dute, Jos/Faure, Michael G./Koziol, Helmut (Hrsg.), No-Fault Compensation in the Health Care Sector, Wien *2004*.

Dwyer, Déirdre, The Civil Procedure Rules Ten Years On, New York 2009.

Egidy, Hans v., Vorlagepflichten und Geheimhaltungsinteressen im Verwaltungsprozess in Deutschland und Frankreich, Baden-Baden 2005.

Ehlgen, Christopher Bolko, Probabilistische Proportionalhaftung und Haftung für den Verlust von Chancen, Tübingen 2013.

Ehmann, Horst, Lehrbuch Deliktsrecht mit Gefährdungshaftung, München 2014.

European Group on Tort Law (Hrsg.), Principles of European Tort Law, Text and Commentary, Wien 2005.

Exall, Gordon(Hrsg.), Munkman on Damages for Personal Injuries and Death, 12. Aufl., London 2011.

Fabre-Magnan, Muriel, Droit des obligations, 1 – Contrat et engagement unilatéral, 3. Aufl., Paris 2012.

Fahrenhorst, Irene, Beweislast im Arzthaftungsprozeß – Zum Richtlinienvorschlag der EG-Kommission vom 9.10.1990, ZRP 1992, 60–63.

Fifoot, C. H. S., History and Sources of the Common Law, New York 1970.

Finn, Markus, Anmerkung zu BGH, Urt. v. 2. 7. 2013 – VI ZR 554/12 (OLG Naumburg), MedR 2014, 490–491.

Fleischer, Holger, Schadensersatz für verlorene Chancen im Vertrags- und Deliktsrecht, JZ 1999, 766–775.

Flour, Jacques/Aubert, Jean-Luc/Savaux, Éric, Droit civil – Les obligations – 2. Le fait juridique, 14. Aufl., Paris 2011 (zitiert als: *Flour/Aubert/Savaux*, 2. Le fait juridique).

Flour, Jacques/Aubert, Jean-Luc/Savaux, Éric, Droit civil – Les obligations – 3. Le rapport d'obligation, 6. Aufl., Paris 2009 (zitiert als: *Flour/Aubert/Sauvaux*, 3. Le rapport d'obligation).

Franzki, Dietmar, Die Beweisregeln im Arzthaftungsprozeß, Berlin 1982.

Franzki, Harald/Franzki, Dietmar, Waffengleichheit im Arzthaftungsprozeß, NJW 1975, 2225–2229.

Frietsch, Edwin, Der Entwurf einer Richtlinie über die Haftung bei Dienstleistungen im Vergleich mit der Produkthaftungsrichtlinie, in: Littbarski (Hrsg.), Entwurf einer Richtlinie über die Haftung bei Dienstleistungen, Köln 1992.

Fuchs, Bianca, Das Beweismaß im Arzthaftungsprozess, Frankfurt a. M., 2005.

Gaidzik, Peter W., Anhörung des Sachverständigen (mit grobem Fehler etc.) – aus juristischer Sicht, in: Arbeitsgemeinschaft der Rechtsanwälte im Medizinrecht e.V. (Hrsg.), Qualitätsmängel im Arzthaftungsprozess, S. 33–44.

Gallmeister, Ines, Anmerkung zu Cass. 1e Civ., 31 mars 2011, n° 09-17135, D. 2011, S. 1075.

Gandolfi, Giuseppe, Code Europeen des Contrats – Avant-projet, Livre premier, Milano 2004.

Garay, Alain, De l'obligation d'information sur les dommages médicaux et hospitaliers des articles L. 1142-4 et L. 1413-14 du Code de la santé publique, RGDM 2009, n° 30, S. 175–190.

Gebauer, Martin, Hypothetische Kausalität und Haftungsgrund, Tübingen 2007.

Geiß, Karlmann/Greiner, Hans-Peter, Arzthaftpflichtrecht, 7. Aufl., München 2014.

Gilead, Israel/Green, Michael D./Koch, Bernhard A. (Hrsg.), European Centre for Tort and Insurance Law, Proportional Liability: Analytical and Comparative Perspectives, Berlin 2013.

Goldberg, Richard, Medical Malpractice and Compensation in the UK, Chicago-Kent Law Review 2012, Nr. 87, S. 131–161.

Gottwald, Peter, Die Principles of Transnational Civil Procedure und das deutsche Zivilprozessrecht, in: Stürner, Rolf/Matsumoto, Hiroyuki/Lüke, Wolfgang/Deguchi, Masahisa (Hrsg.), Festschrift für Dieter Leipold zum 70. Geburtstag, Tübingen 2009, S. 33–46.

Gottwald, Peter, Grundprobleme der Beweislastverteilung, Jura 1980, 225–236.

Gottwald, Peter (Hrsg.), Litigation in England and Germany, Bielefeld 2010.

Gottwald, Peter, Schadenszurechnung und Schadensschätzung – Zum Ermessen des Richters im Schadensrecht und im Schadensersatzprozeß, München 1979.

Gout, Olivier, L'ONIAM – Un établissement à multiples facettes, Gazette du Palais 15./16. Juni 2012, S. 37–39.

Grare, Ophélie, Présentation générale du droit positif: les expertises en responsabilité médicale, Médecine & Droit 2013, 65–73.

Green, Sarah, Coherence of Medical Negligence Cases – A Game of Doctors and Purses, Med. L. Rev. 2006, 1–21.

Green, Sarah, Contributing to the risk of confusion? Causation in the Court of Appeal, L.Q.R. 2009, 44–2.

Großerichter, Helge, Hypothetischer Geschehensverlauf und Schadensfeststellung – Eine rechtsvergleichende Untersuchung vor dem Hintergrund der perte d'une chance, München 2001.

Groupe de Recherche Européen sur la Responsabilité Civile et l'Assurance (Hrsg.), Le droit français de la responsabilité civile confronté aux projets européens d'harmonisation, Paris 2012.

Guimezanes, Nicole (Hrsg.), Leçons du droit civil – Mélanges en l'honneur de Francois Chabas, Brüssel 2011.

Guinchard, Serge, Répertoire de procédure civile, Tome IV, Min – Pro, Paris, Loseblattsammlung, Stand: Oktober 2013 (zitiert: *Bearbeiter*, in: Guinchard, Répertoire de procédure civile).

Hager, Günter, Zum Begriff der Rechtswidrigkeit im Zivilrecht, in: Bickel, Dietrich/Hadding, Walther/Jahnke, Volker/Lüke, Gerhard (Hrsg.), Recht und Rechtserkenntnis, Festschrift für Ernst Wolf, München 1985, S. 133–142.

Hanau, Peter, Die Kausalität der Pflichtwidrigkeit, Göttingen 1971.

Harichaux, Michèle/Monroche, André, Droit de la santé, Dictionnaire commenté, Paris 2003.

Harpwood, Vivienne, Medicine, Malpractice and Misapprehensions, Abingdon 2007.

Hart, Dieter, Arzneimittelinformation zwischen Sicherheits- und Arzthaftungsrecht, MedR 2003, 603–609.

Hart, Dieter, Ärztliche Leitlinien – Definitionen, Funktionen, rechtliche Bewertungen – Gleichzeitig ein Beitrag zum medizinischen und rechtlichen Standardbegriff, MedR 1998, 8–16.

Hart, Dieter, Patientensicherheit, Fehlermanagement, Arzthaftungsrecht – zugleich ein Beitrag zur rechtlichen Bedeutung von Empfehlungen, MedR 2012, 1–15.

Hart, H. L. A./Honoré, Tony, Causation in the Law, 2. Aufl., Oxford 1985.

Hartkamp, Arthur S./Hesselink, Martijn/Hondius, Ewoud/Mak, Chantal/du Perron, Edgar (Hrsg.), Towards a European Civil Code, 4. Aufl., Alphen aan den Rijn 2011.

Hartkamp, Arthur S., Principles of Contract Law, in: Hartkamp u. a., Towards a European Civil Code, Aalphen aan den Rijn 2011, S. 239–259.

Hauer, Matti/Rudkowski, Lena/Gooren, Paul/Lahr, Melanie/Oestreich, Jana/Renner, Moritz/Schmidt, Sabine/Schreiber, Alexander (Hrsg.), Jahrbuch Junger Zivilrechtswissenschaftler, Macht im Zivilrecht, Stuttgart 2013.

Hedley, Steve, Tort, 7. Aufl., Oxford/New York 2011.

Heidelk, Stefanie, Gesundheitsverletzung und Gesundheitsschaden, Berlin 2005.

Hein, Jan v., Kausalität im Deliktsrecht – Eine rechtsvergleichende Skizze im Lichte der Principles of European Tort Law und des chinesischen Deliktshaftungsgesetzes, in: Mankowski/Wurmnest (Hrsg.), Festschrift für Ulrich Magnus, 2014, S. 21–36.

Heinemann, Klaus, Auf dem Wege zur europäischen Dienstleistungshaftung, ZIP 1991, 1193–1204.

Heldrich, Andreas/Uchida, Takeyoshi (Hrsg.), Festschrift für Hideo Nakamura zum 70. Geburtstag am 2. März 1996, Seibundo 1996.

Herring, Jonathan, Medical Law and Ethics, 7. Aufl., Oxford 2018.

Hinne, Dirk, Das Einsichtsrecht in Patientenakten, NJW 2005, 2270–2273.

Hirte, Heribert, Berufshaftung – ein Beitrag zur Entwicklung eines einheitlichen Haftungsmodells für Dienstleistungen, München 1996.

Hirte, Heribert, Berufshaftung, in: Basedow/Hopt/Zimmermann (Hrsg.), Handwörterbuch, S. 191–196.

Hocquet-Berg, Sophie, Responsabilité médicale et solidarité nationale: d'un rapport de subsidiarité. À une logique de subtitution, in: Guimezanes, Leçons du droit civil, S. 411–434.

Hocquet-Berg, Sophie/Py, Bruno, La responsabilité du médecin, Paris 2006.

Hondius, Ewoud (Hrsg.), The development of medical liability, Cambridge 2010.

Hoppe, Jörg-Dietrich, Recht und Medizin – Herausforderungen für den Berufsstand, MedR 2011, 216–221.

Horsey, Kirsty/Rackley, Erika, Tort Law, 2. Aufl., Oxford 2011.

Howarth, David, The General Condition of Unlawfulness, in: Hartkamp, Arthur/Hesselink, Martijn/Hondius, Ewoud/Mak, Chantal/du Perron, Edgar (Hrsg.), Towards a European Civil Code, 4. Aufl., Nijmegen 2011, S. 845–887.

Huber, Ulrich: Zivilrechtliche Fahrlässigkeit, in: Forsthoff, Ernst/Weber, Werner/Wieacker, Franz (Hrsg.), Festschrift für Ernst Rudolf Huber, Göttingen 1973, S. 253–289.

Huster, Stefan/Kaltenborn, Markus, Krankenhausrecht, München 2010 (zitiert als: *Bearbeiter*, in: Huster/Kaltenborn).

International Institute for the Unification of Private Law (Hrsg.), UNIDROIT Principles of International Commercial Contracts, Rome 2010.

Jackson, Emily, Medical Law – Text, Cases, and Materials, New York 2010.

Jaeger, Lothar, Patientenrechtegesetz, Kommentar zu §§ 630a bis 630h BGB, Karlsruhe 2013.

Jansen, Nils, Die Struktur des Haftungsrechts, Tübingen 2003.

Jauernig, Othmar/Stürner, Rolf, Kommentar zum Bürgerlichen Gesetzbuch, 15. Aufl., München 2014 (zitiert als: *Bearbeiter*, in: Jauernig BGB).

Jayme, Erik/Laufs, Adolf/Misera, Karlheinz/Reinhart, Gert/Serick, Rolf (Hrsg.), Festschrift für Hubert Niederländer zum siebzigsten Geburtstag, Heidelberg 1991.

Jones, Michael, Compensation in the English Health Care Sector, in: Dute, Jos/-Faure, Michael G./Koziol, Helmut, No-Fault Compensation in the Health Care Sector, Wien 2004, S. 121–185.

Jones, Michael, Medical Negligence, 4. Aufl., London 2008.

Jones, Michael, Torts, Oxford 2002.

Jourdain, Patrice, La distinction des responsabilités délictuelles et contractuelle en droit positif francais, in: Groupe de Recherche Européen sur la Responsabilité Civile et l'Assurance (Hrsg.), Le droit français de la responsabilité civile confronté aux projets européens d'harmonisation, Paris 2012, S. 67–87.

Jourdain, Patrice, Les principes de la responsabilité civile, 8. Aufl., Paris 2010.

Jourdain, Patrice, Responsabilité civile, RTDC 2009, 121–131.

Jourdain, Patrice, Responsabilité civile, RTDC 2011, 538–557.

Jourdain, Patrice, Responsabilité médicale: la blessure d'un organe voisin de celui opéré constitue une faute du chirurgien, Cass. Civ. 1re, 23. Mai 2000 (2 ârrets), RTDC 2000, 840–842.

Jourdain, Patrice/Laude, Anne/Penneau, Jean/Porchy-Simon, Stéphanie, Le nouveau droit des malades, Paris 2002.

Jung, Heike/Schreiber, Hans Wilhelm (Hrsg.), Arzt und Patient zwischen Therapie und Recht, Stuttgart 1981.

Kadner Graziano, Thomas, Dienstleistungsverträge im Recht der Schweiz, Österreichs und Deutschlands im Vergleich mit den Regelungen des Draft

Common Frame of Reference, in: Zimmermann (Hrsg.), Service Contracts,Tübingen 2010.

Kadner Graziano, Thomas, in: Winiger/Koziol/Koch/Zimmermann, Essential Cases on Natural Causation, 2007, S. 435–439.

Kalisch, Mauritius, Die Kunstfehler der Ärzte, Leipzig 1860.

Keren-Paz, Tsachi, Liability Regimes, Reputation Loss, and Defensive Medicine, Medical Law Review 2010, 363–388.

Kasche, Maria, Verlust von Heilungschancen, Frankfurt am Main 1999.

Katzenmeier, Christian, Arzthaftpflicht in der Krise – Entwicklungen, Perspektiven, Alternativen, MedR 2011, 201–216.

Katzenmeier, Christian, Arzthaftung, Tübingen 2002.

Katzenmeier, Christian, Beweismaßreduzierung und probabilistische Proportionalhaftung, ZZP 117 (2004), 187–216.

Katzenmeier, Christian, Der Behandlungsvertrag – Neuer Vertragstypus im BGB, NJW 2013, 817–896.

Katzenmeier, Christian, Haftung für HIV-kontaminierte Blutprodukte, NJW 2005, 3391–3393.

Katzenmeier, Christian, „Heilbehandlungskostenrisikoversicherung" – Ersetzung der Arzthaftung durch Versicherungsschutz? –, VersR 2007, 137–143.

Katzenmeier, Christian, Patientenrechte und Arzthaftung, in: Lorenz, Egon (Hrsg.), Karlsruher Forum 2013: Patientenrechte und Arzthaftung, Karlsruhe 2014.

Katzenmeier, Christian/Knetsch, Jonas, Ersatzleistungen bei angeborenen Schäden statt Haftung für neues Leben: Rechtsentwicklung in Frankreich – Anregungen für das deutsche Recht, in: Ahrens/von Bar u. a., Medizin und Haftung – Festschrift für Erwin Deutsch zum 80. Geburtstag, Berlin/Heidelberg 2009; S. 247–282.

Kay, Maurice (Hrsg.), Blackstone's Civil Practice 2013, 13. Aufl., Oxford 2012 (zitiert als: *Bearbeiter*, in: Kay, Blackstone's Civil Practice 2013).

Kern, Bernd-Rüdiger/Wadle, Elmar/Schroeder, Klaus-Peter/Katzenmeier, Christian (Hrsg.), Humaniora: Medizin – Recht – Geschichte, Festschrift für Adolf Laufs zum 70. Geburtstag, Berlin 2006.

Khan, Malcolm/Robson, Michelle/Swift, Kristina, Clinical Negligence, 2. Aufl., London 2002.

Khoury, Lara, Uncertain Causation in Medical Liability, Oxford/Portland 2006.

Killinger, Elmar, Die Besonderheiten der Arzthaftung im medizinischen Notfall, Heidelberg 2009.

Kleinewefers, Herbert/Wilts, Walter, Die Beweislast für die Ursächlichkeit ärztlicher Kunstfehler, VersR 1967, 617–625.

Knetsch, Jonas, Haftungsrecht und Entschädigungsfonds, Tübingen 2012.

Köbler, Gerhard, Vom Arzt im Recht zum Arztrecht, in: Kern, Bernd-Rüdiger/Wadle, Elmar/Schroeder, Klaus-Peter/Katzenmeier, Christian (Hrsg.), Humaniora: Medizin – Recht – Geschichte, Festschrift für Adolf Laufs zum 70. Geburtstag, Berlin 2006.

Köck, Wolfgang, Kausalität und Zurechnung im Haftungsrecht – Klassische und moderne Problemkonstellationen, in: Lübbe, Weyma (Hrsg.), Kausalität und Zurechnung – Über Verantwortung in komplexen kulturellen Prozessen, Berlin 1994.

Kornprobst, Louis, La responsabilité médicale, Paris 1947.

Kötz, Hein/Schäfer, Hans-Bernd, Judex oeconomicus, 12 höchstrichterliche Entscheidungen kommentiert aus ökonomischer Sicht, Tübingen 2003.

Koziol, Helmut, Schadenersatz im Europäischen Privatrecht, in: Remien, Oliver (Hrsg.), Schadenersatz im Europäischen Privat- und Wirtschaftsrecht, Tübingen 2012, S. 5–25.

Koziol, Helmut, Schadenersatzrecht und Law of Torts – Unterschiedliche Begriffe und unterschiedliche Denkweisen, in: Mankowski/Wurmnest, Festschrift für Ulrich Magnus, 2014, S. 61–75.

Koziol, Helmut/Steininger, Barbara C. (Hrsg.), European Tort Law Yearbook, European Tort Law 2010, Berlin 2011.

Kruse, Constantin/Geiger, Stefan: House of Lords 3 May 2006, Barker v Corus – Neue Impulse für das Europäische Deliktsrecht vom House of Lords, European Review of Private Law 2008, S. 339–351.

Kruse, Constantin, Alternative Kausalität im Deliktsrecht: eine historische und vergleichende Untersuchung, Münster 2006.

Kubella, Kathrin, Patientenrechtegesetz, Heidelberg 2011.

Ladeur, Karl-Heinz, Wissenserzeugung im und durch Recht – und das Problem der „evidenzbasierten Medizin", GesR 2011, 455–459.

Laing, Judith/McHale, Jean, Principles of Medical Law, 4. Aufl., Oxford 2017.

Lambert-Faivre, Yvonne/Porchy-Simon, Stéphanie, Droit du dommage corporel, 7. Aufl., Paris 2011.

Lando, Ole, Non-performance (Breach) of Contracts, in: Hartkamp u. a., Towards an European Civil Code, Alphen aan den Rijn 2011, 681–697.

Lando, Ole, Non-Performance (Breach) of Contracts, in: Hartkamp/Hesselink u.a. (Hrsg.), Towards a European Civil Code, 4. Aufl., Nijmegen 2011, S. 681–697.

Lando, Ole/Beale, Hugh (Hrsg.), Principles of European Contract Law, Parts I and II, The Hague 2000.

Lang, Johannes, Die Aufklärungspflicht der Parteien des Zivilprozesses vor dem Hintergrund der europäischen Rechtsvereinheitlichung, Berlin 1999.

Langrognet, Fabrice, L'errance diagnostique du juge administratif: l'anormalité au sens de l'article L. 1142-1 du Code de la santé publique, RFDA 2012, 319–332.

Larenz, Karl, Lehrbuch des Schuldrechts, Band 1, Allgemeiner Teil, 14. Aufl., München 1987.

Larroumet, Christian, Droit civil, Tome III: Les obligations, le contrat, 2e partie: Effets, 6. Aufl., Paris 2007.

Laude, Anne/Mathieu, Bertrand/Tabuteau, Didier, Droit de la santé, 3. Aufl., Paris 2012.

Laude, Anne/Mouralis, Jean-Louis/Pontier, Jean-Marie (Hrsg.), Lamy – Droit de la santé, Rueil-Malmaison, Loseblattsammlung, Stand: November 2013 (zitiert als: *Bearbeiter*, in: Laude/Mouralis/Pointier, Lamy – Droit de la santé).

Laude, Anne/Pariente, Jessica/Tabuteau, Didier, La judiciarisation de la santé, Paris 2012.

Laufs, Adolf/Katzenmeier, Christian/Lipp, Volker, Arztrecht, 6. Aufl., München 2009 (zitiert als: *Bearbeiter*, in: Laufs/Katzenmeier/Lipp).

Laufs, Adolf/Kern, Bernd-Rüdiger (Hrsg.), Handbuch des Arztrechts, 4. Aufl., München 2010 (zitiert als: *Bearbeiter*, in: Laufs/Kern, HdB ArztR).

Laumen, Hans-W., Die „Beweiserleichterung bis zur Beweislastumkehr" – Ein beweisrechtliches Phänomen, NJW 2002, 3739–3746.

Leipold, Dieter, Die gerichtliche Anordnung der Urkundenvorlage im reformierten deutschen Zivilprozess, in: Schilken, Eberhard/Kreft, Gerhart/ Wagner, Gerhard/Eckardt, Diederich (Hrsg.), Festschrift für Walter Gerhardt, Köln 2004, S. 563–586.

Lepa, Manfred, Beweiserleichterungen im Haftpflichtrecht, NZV 1992, 129–136.

Le Roy, Max/Le Roy, Jacques-Denis/Bibal, Frédéric, L'évaluation du préjudice corporel, 19. Aufl., Paris 2011.

Le Tourneau, Philippe (Hrsg.), Droit de la responsabilité et des contrats, Régime d'indemnisation, 10. Aufl., Paris 2014 (zitiert als: *Bearbeiter*, in: Le Tourneau).

Le Tourneau, Philippe: La responsabilité civile professionnelle, 2. Aufl., Paris 2005 (zitiert als: *Le Tourneau*, Responsabilité professionnelle).

LexisNexis (Hrsg.): Droit médical et hospitalier, Loseblattsammlung, Paris, Stand: September 2013.

Lieb, Manfred, Dienstvertrag, in: Bundesministerium der Justiz (Hrsg.), Gutachten und Vorschläge zur Überarbeitung des Schuldrechts, Band III, Köln 1983, S. 183–240.

Liebs, Detlef, Lateinische Rechtsregeln und Rechtssprichwörter, 7. Aufl., München 2007.

Lindemeier, Alexandra, Waffen- und Chancengleichheit im deutschen und englischen Zivilprozess, Hamburg 2004.

Littbarski, Sigurd (Hrsg.), Entwurf einer Richtlinie über die Haftung bei Dienstleistungen, Köln 1992 (zitiert als: *Bearbeiter*, in: Littbarski, Entwurf einer Richtlinie).

Lobinger, Thomas, Die Grenzen rechtsgeschäftlicher Leistungspflichten, Tübingen 2004.

Loos, Marco B. M., Service Contracts, in: Hartkamp u. a., Towards a European Civil Code, Aalphen aan den Rijn 2011, S. 757–785.

Looschelders, Dirk, Schuldrecht, Allgemeiner Teil, 17. Aufl., München 2019.

Lunney, Mark/Oliphant, Ken, Tort Law, 4. Aufl., Oxford/New York 2010.

Maassen, Bernhard M., Beweismaßprobleme im Schadensersatzprozeß, Berlin 1975.

Magnus, Dorothea, Beweislast und Kausalität bei ärztlichen Behandlungsfehlern: Die jüngste Rechtsprechung des BGH zur Haftung für HIV-kontaminierte Bluttransfusionen, ZZP 120 (2007), 347–365.

Magnus, Ulrich (Hrsg.), Unification of Tort Law: Damages, The Hague, 2001.

Magnus, Ulrich/Micklitz, Hans-W., Causal Uncertainty and Proportional Liability in Germany, in: Gilead/Green/Koch, Proportional Liability, S. 153–169.

Magnus, Ulrich/Micklitz, Hans-W., Liability for the Safety of Services, Baden-Baden 2006.

Mahé, C. B. P., Re-codification Attempts of French Tort Law: Traditional and Comparative Arguments in the Terré Tort Draft, in: Milo, J. M./Lokin, J. H. A./Smits, J.M. (Hrsg.), Tradition, Codification and Unification, Comparative-Historical Essays on Developments in Civil Law, Cambridge 2014.

Maitre, Grégory, L'incertitude sur la causalité scientifique est indifférente à l'appreciation de la causalité juridique, Anmerkung zu Cass. Civ. 1re, 28. Januar 2010, D. 2010, S. 947–951.

Malaurie, Philippe/Aynès, Laurent/Stoffel-Munck, Philippe, Les obligations, 9. Aufl., Issy-les-Moulineaux 2017.

Malterer, Michael, Lord Woolf's Access to Justice, Hamburg 2000.

Manaouil, Cécile, Expertises en responsabilité médicale: comparaison entre les dispositifs judiciaire et amiable, Médecine & Droit 2013, 74–82.

Mankowski, Peter/Wurmnest, Wolfgang (Hrsg.), Festschrift für Ulrich Magnus zum 70. Geburtstag, München 2014.

Markesinis, Basil/Deakin, Simon/Adams, Zoe, Markesinis and Deakin's Tort Law, 8. Aufl., Oxford 2019.

Marsden, Debbie/Aderogba, Lola, The impact of the NHS Redress Bill on clinical negligence litigation, Clinical Risk 2007, 96–98.

Mäsch, Gerald, Chance und Schaden, Tübingen, 2004.

Maugüé, Christine/Thiellay, Jean-Philippe, La responsabilité du service public hospitalier, Paris 2010.

Mazeaud, Denis/Brun, Philippe/Pierre, Phillipe (Hrsg.): Lamy – Droit de la responsabilité, Loseblattsammlung, Paris, Stand: September 2013 (zitiert als: *Bearbeiter*, in: Mazeaud/Brun/Pierre, Lamy – Droit de la responsabilité).

McBride, Nicholas J., Rights and the Basis of Tort Law, in: Nolan, Donal/Robertson, Andrew, Rights and Private Law, Oxford 2012, S. 331–365.

McBride, Nicholas J./Bagshaw Roderick, Tort Law, 4. Aufl., Harlow 2012.

Meadowcroft, John, Patients, Politics, and Power: Government Failure and the Politicization of U.K. Health Care, Journal of Medicine and Philosophy 2008, S. 427–444.

Medicus, Dieter, Zum Schutzzweck schadensabwehrender Pflichten oder Obliegenheiten, in: Jayme, Erik/Laufs, Adolf/Misera, Karlheinz/Reinhart, Gert/Serick, Rolf, Feschtschrift für Hubert Niederländer zum siebzigsten Geburtstag am 10. Februar 1991, Heidelberg 1991, S. 329–340.

Mémeteau, Gérard, Cours de droit médical, 3. Aufl., Bordeaux-Centre 2006.

Merry, Alan/McCall Smith, Alexander, Errors, Medicine and the Law, Cambridge 2001.

Millner, Maurice Alfred, Negligence in Modern Law, London 1967.

Milo, J. M./Lokin, J.H.A./Smits, J.M. (Hrsg.), Tradition, Codification and Unification, Comparative-Historical Essays on Developments in Civil Law, Cambridge 2014.

Möllers, Thomas M. J., Rechtsgüterschutz im Umwelt- und Haftungsrecht, Tübingen 1996.

Moquet-Anger, Marie-Laure, Droit hospitalier, 2. Aufl., Paris 2012.

Mor, Gisèle/Heurton, Blandine, Évaluation du préjudice corporel, Paris 2010.

Moreau, Jacques, Anmerkung zu CÉ, ass., 10 avril 1992, JCP 1992, II-21881, S. 230–231.

Moréteau, Olivier (Hrsg.), Principes du droit européen de la responsabilité civile, Textes et commentaires, Paris 2011.

Moréteau, Olivier, Causal Uncertainty and Proportional Liability in France, in: Gilead, Israel/Green, Michael D./Koch, Bernhard A. (Hrsg.), Proportional Liability: Analytical and Comparative Perspectives, Berlin 2013, S. 141–152.

Moréteau, Olivier, France, in: Oliphant, Ken/Steininger, Barbara C. (Hrsg.), European Tort Law Yearbook 2011, S. 175–199.

Moréteau, Olivier, The Draft Reforms of French Tort Law in the Light of European Harmonization, in: Mankowski, Peter/Wurmnest, Wolfgang (Hrsg.), Festschrift für Ulrich Magnus zum 70. Geburtstag, München 2014, S. 77–91.

Moréteau, Olivier/Lafay, Fabienne, Conditio sine qua non in General – France, in: Winiger/Koziol/Koch/Zimmermann (Hrsg.), Digest of European Tort Law, Vol. 1: Essential Cases on Natural Causation, Wien 2007, S. 25–28.

Mouralis, Jean-Louis, Le juge et l'expert, in: Leca, Antoine (Hrsg.), L'expertise médicale et l'indemnisation des préjudices corporels, Bordeaux-Centre 2009, S. 9–17.

Mückl, Patrick, Der Vertragsbruch des Dienstleisters, München 2010.

Müller, Gerda, Arzthaftung auf dem Prüfstand, in: Wandt/Reiff/Looschelders/Bayer, Versicherungsrecht, Haftungs- und Schadensrecht, Festschrift für Egon Lorenz zum 80. Geburtstag, 2014, S. 667–687.

Müller-Stoy, Walter, Schadensersatz für verlorene Chancen, Eine rechtsvergleichende Untersuchung, Inaugural-Dissertation zur Erlangung der juristischen Doktorwürde der rechtswissenschaftlichen Fakultät der Albert-Ludwigs-Universität zu Freiburg im Breisgau, Freiburg im Breisgau 1973.

Mullis, Alastair/Oliphant, Ken, Torts, 4. Aufl., Hampshire 2011.

Münchener Kommentar zum Bürgerlichen Gesetzbuch, hrsg. von Franz Jürgen Säcker und Roland Rixecker, Band 2, Schuldrecht, Allgemeiner Teil, §§ 241–432 BGB, 8. Aufl., München 2019 (zitiert als: *Bearbeiter*, in: MünchKomm BGB).

Münchener Kommentar zum Bürgerlichen Gesetzbuch, hrsg. von Franz Jürgen Säcker und Roland Rixecker, Band 6, Schuldrecht, Besonderer Teil IV, §§ 705–853 BGB, PartGG, ProdHaftG, 7. Aufl., München 2017 (zitiert als: *Bearbeiter*, in: MünchKomm BGB).

Münchener Kommentar zum Bürgerlichen Gesetzbuch, hrsg. von Franz Jürgen Säcker und Roland Rixecker, Band 12, Internationales Privatrecht, Europäisches Kollisionsrecht, EGBGB, 7. Aufl., München 2018 (zitiert als: *Bearbeiter*, in: MünchKomm BGB).

Münchener Kommentar zur Zivilprozessordnung, hrsg. von Thomas Rauscher und Wolfgang Krüger, Band 1 – §§ 1–354 ZPO, 4. Aufl., München 2013 (zitiert als: *Bearbeiter*, in: MünchKomm ZPO).

Murphy, John/Witting, Christian, Street on Torts, 13. Aufl., Oxford 2012.

Musielak, Hans-Joachim/Voit, Wolfgang (Hrsg.), Kommentar zur Zivilprozessordnung mit Gerichtsverfassungsgesetz, 12. Aufl., München 2015 (zitiert als: *Bearbeiter,* in: Musielak ZPO).

Neyret, Laurent, Le rôle respectif de la loi et du juge en droit français de la responsabilité civile, in: Groupe de Recherche Européen sur la Responsabilité Civile et l'Assurance (Hrsg.), Le droit français de la responsabilité civile confronté aux projets européens d'harmonisation, Paris 2012.

Nitschmann, Kathrin, Das Arzt-Patient-Verhältnis im „modernen" Gesundheitssystem, Baden-Baden 2007.

Nolan, Donal/Robertson, Andrew (Hrsg.), Rights and Private Law, Oxford 2012.

O'Hare, John/Brown, Kevin, Civil Litigation, 15. Aufl., London 2011.

Oliphant, Ken, Causal Uncertainty and Proportional Liability in England and Wales, in: Gilead/Green/Koch, Proportional Liability, S. 122–139.

Oliphant, Ken/Richard W. Wright (Hrsg.), Medical Malpractice and Compensation in Global Perspective, Berlin 2013.

Oliphant, Ken/Steininger, Barbara C. (Hrsg.), European Tort Law Yearbook, European Tort Law 2011, Berlin 2012.

Ormond-Walshe, Sarah, Superbug litigation, Clinical Risk 2008, 227–229.

Osterloh-Konrad, Christine, Der allgemeine vorbereitende Informationsanspruch, München 2007.

Osthaus, Wolf, Informationszugang für den internationalen Prozess zwischen lex fori und lex causae, Göttingen 2005.

Palandt, Otto, Bürgerliches Gesetzbuch, Kommentar, 73. Aufl., München 2014.

Pariente, Jessica, Conséquences de la judiciarisation et remèdes, in: Laude/Pariente/Tabuteau, Paris 2012, S. 241–250.

Pattinson, Shaun D., Medical Law and Ethics, 3. Aufl., London 2011.

Pattinson, Shaun D., Medical Law and Ethics, 5. Aufl., London 2017.

Pauge, Burkhard, Arzthaftungsrecht – Neue Entwicklungslinien der BGH-Rechtsprechung, 13. Aufl., Köln 2015.

Pauli, Andrea, Risikomanagement und CIRS als Gegenstand der Krankenhaushaftung, Baden-Baden 2013.

Peel, Edwin, Treitel – the Law of Contract, 14. Aufl., London 2015 (zitiert als: *Peel,* Treitel on Contract).

Pellet, Rémi (Hrsg.), Responsabilité, assurance et expertise médicales, Bilan d'application des lois Kouchner et About (2002–2008) – Propositions de réformes, Paris 2008.

Pellet, Rémi, Pour une nouvelle réforme de la responsabilité civile professionnelle des médecins libéraux et de l'expertise médicale, in: Pellet, Rémi (Hrsg.), Responsabilité, assurance et expertise médicales, Paris 2008.

Penneau, Jean, Anm. zu CA Paris, 21. November 1986, D. 1987, Sommaires commentés, S. 421.

Penneau, Jean, Anm. zu CA Versailles, 8. Dezember 1986, D. 1987, Jurisprudence, S. 584–585.

Penneau, Jean, Anm. zu Cass. Civ. 1re, 27. März 1973, D. 1973, Jurisprudence, S. 595–598.

Penneau, Jean, La responsabilité du médecin, Paris 2004.

Pentz, Vera v., Tendenzen der neueren höchstrichterlichen Rechtsprechung zur Arzthaftung, MedR 2011, 222–226.

Peres, Daniel, Haftung, Zurechnung und Beweisführung bei anfänglicher und nachträglicher Unmöglichkeit, Berlin 2012.

Philopoulos, Dimitri, La réparation des risques sanitaires au titre de la solidarité nationale mise à l'épreuve devant le juge, D. 2007, 1813–1816.

Pierre, Philippe, L'insaisissable critère de la faute de technique médicale, Gazette du Palais Nr. 167–168 vom 15./16. Juni 2012, Actes de Colloque: États généraux du dommage corporel, 14–20.

Porchy, Stéphanie, Anm. zu Cour. Cass. 1re, 27. Mai 1998, Az. 96-17197, D. 1999, Jurisprudence, 21–24.

Porchy-Simon, Stéphanie, Droit civil 2e année – Les obligations, 7. Aufl., Paris 2012.

Porchy-Simon, Stéphanie, Pladoyer pour une construction rationelle du droit du dommage corporel (à propos de l'article 56 de la proposition de loi modifiant la loi hôpital, patients, santé et territoires – HPST), D. 2011, 2742–2748.

Poumarède, Matthieu, Droit des obligations, 2. Aufl., Paris 2012.

Prütting, Hanns, Gegenwartsprobleme der Beweislast, München 1983.

Pschyrembel, Willibald (Begründer), Pschyrembel Klinisches Wörterbuch, 267. Aufl., Berlin 2017.

Puppe, Ingeborg, Die Lehre von der objektiven Zurechnung – dargestellt an Beispielsfällen aus der höchstrichterlichen Rechtsprechung, Jura 1997, 408–416.

Puxon, Margaret, Anmerkung zu *Delaney v Southmead Health Authority* [1995] 6 Med LR, S. 361.

Quick, Oliver, Outing Medical Errors: Question of Trust and Responsibility, Medical Law Review 2006, Vol. 14, Nr. 1, 22–43.

Radé, Christophe, Causalité juridique et causalité scientifique: de la distinction à la dialectique, Recueil Dalloz, 2012, 112–117.

Ranieri, Filippo, Dienstleistungsverträge: Rechtsgeschichte und die italienische Erfahrung, in: Zimmermann, Reinhard (Hrsg.), Service Contracts, Tübingen 2010.

Ranieri, Filippo, Europäisches Obligationenrecht, 3. Aufl., Wien 2009.

Raspe, Heiner, Der „allgemein anerkannte Stand der medizinischen Erkenntnisse" – das Konzept der Evidence-based Medicine, GesR 2011, 449–454.

Rawson, Edwina, The tip of the superbug iceberg, The AvMA Medical & Legal Journal 2008, Vol. 14, Nr. 2, 72–76.

Reece, Helen, Loss of Chances in the Law, MLR 1996, 188–206.

Remien, Oliver (Hrsg.), Schadensersatz im europäischen Privat- und Wirtschaftsrecht, Tübingen 2012.

Remy-Corlay, Pauline, De la réparation, in: Terré, François, Pour une réforme du droit de la responsabilité civile, Paris 2011, S. 191–222.

Riegger, Theresa, Die historische Entwicklung der Arzthaftung, (jur.) Diss. Regensburg 2007, urn:nbn:de:bvb:355-opus-8770.

Rogers, W. V. Horton, Arzthaftung in England, in: Koch, Bernhard A. (Hrsg.), Arzthaftung in Europa, Berlin 2012, S. 101–137.

Rosenberg, Leo, Die Beweislast auf der Grundlage des Bürgerlichen Gesetzbuchs und der Zivilprozessordnung, 4. Aufl., München 1956.

Rosenthal, Marilynn M., Dealing with medical malpractice – The Bristish and Swedish experience, London 1987.

Rouget-Maillart, Clotilde, L'évolution de la faute chirurgicale en France, in: Duguet, Anne-Marie (Hrsg.), Évolution récente des actions en responsabilité médicale en France – Comparaison avec l'étranger, Bordeaux-Centre 2008, S. 17–26.

Rougé-Maillart, C./Gaudin, A./Lermite, E./Arnaud, J.-P./Penneau, M., L'exactitude du geste chirurgical: évolution de la jurisprudence, Journal de Chirurgie 2008, 145, N° 5, S. 437–441.

Rouhette, Georges, Frankreich, in: Nagel/Bajons (Hrsg.), Beweis – Preuve – Evidence, Baden-Baden 2003, S. 167–195.

Sabek, Marc, Les responsabilités du chirurgien-dentiste, 2. Aufl., Bordeaux 2012.

Saenger, Ingo (Hrsg.), Zivilprozessordnung – Handkommentar, 6. Aufl., Baden-Baden 2015 (zitiert als: *Bearbeiter*, in: Saenger ZPO).

Sagaert, Vincent/Storme, Matthias/Terryn, Evelyne (Hrsg.), The Draft Common Frame of Reference: national and comparative perspectives, Cambridge 2012.

Sargos, Pierre, Deux arrêts «historiques» en matière de responsabilité médicale générale et de responsabilité particulière liée au manquement d'un médecin à son devoir d'information, Anmerkung zu Cass. Civ. 1re, 28. Januar 2010 & 3. Juni 2010, D. 2010, 1522–1526.

Sargos, Pierre, L'aléa thérapeutique devant le juge, JCP 2000, I-202, S. 189–193.

Savatier, René, Anmerkung zu Cass. Civ. 1re, 14. Dezember 1965 & CA Paris, 10. März 1966, JCP 1966, II-14753.

Savatier, René, Une faute peut-elle engendrer la responsabilité d'un dommage sans l'avoir causé?, D. 1970, Chronique, 123–126.

Savaux, Éric, Répertoire de droit civil, Tome IX, Po – Q, Loseblattsammlung Paris, Stand: März 2013.

Schelling, Philip/Warntjen, Maximilian, Die Pflicht des Arztes zur Offenbarung von Behandlungsfehlern, MedR 2012, 506–512.

Schiemann, Gottfried, Kausalitätsprobleme bei der Arzthaftung, in: Heldrich, Andreas/Prölls, Jürgen/Koller, Ingo: Festschrift für Claus-Wilhelm Canaris, Band I, München 2007, S. 1161–1174.

Schilken, Eberhard/Kreft, Gerhart/Wagner, Gerhard/Eckardt, Diederich (Hrsg.), Festschrift für Walter Gerhardt, Köln 2004.

Schlechtriem, Peter, Vertragliche und außervertragliche Haftung, in: Bundesminister der Justiz (Hrsg.), Gutachten und Vorschläge zur Überarbeitung des Schuldrechts, Band II, Köln 1981, S. 1591–1679.

Schlechtriem, Peter/Schmidt-Kessel, Martin, Schuldrecht, Allgemeiner Teil, 6. Aufl., Tübingen 2005.

Schlösser, Gernot, Die Arzthaftpflichtversicherung – Daten, Fakten, Zahlen, MedR 2011, 227–229.

Schlund, Gerhard, 31. Mai 1894 bis 31. Mai 1994 – Nicht nur eine Retrospektive, VersR 1994, 657–658.

Schmidt, Andreas, Der Beweis des Versicherungsfalls im deutschen, U.S.-amerikanischen und englischen Recht, Tübingen 2011.

Schmidt, Eike, Der ärztliche Behandlungsfehler im Spannungsfeld zwischen medizinischem Versagen und juristischer Problembearbeitung, MedR 2007, 693–702.

Schmidt-Kessel, Martin, Strukturfragen des Schadensersatzes im Draft Common Frame of Reference für ein Europäisches Privatrecht, in: Remien, Oliver (Hrsg.), Schadensersatz im europäischen Privat- und Wirtschaftsrecht, Tübingen 2012, S. 331–352.

Schneider, Angie, Beweislastumkehr als Instrument der Machtverteilung im Zivilprozess, in: Hauer, Matti/Rudkowski, Lena/Gooren, Paul/Lahr,

Melanie/Oestreich, Jana/Renner, Moritz/Schmidt, Sabine/Schreiber, Alexander (Hrsg.), Jahrbuch Junger Zivilrechtswissenschaftler, Stuttgart 2012, S. 91–125.

Schneider, Thomas, Abkehr vom Verschuldensprinzip?, Tübingen 2007.

Schramm, Stephan, Der Schutzbereich der Norm im Arzthaftungsrecht, Karlsruhe 1992.

Schreiber, Hans Wilhelm/Rodegra, Heinrich, Die Entwicklung der Medizin im Einflussbereich juristischer Kategorien, in: Jung, Heike/Schreiber, Hans Wilhelm (Hrsg.), Arzt und Patient zwischen Therapie und Recht, Stuttgart 1981, S. 27–53.

Schulze, Reiner, Bürgerliches Gesetzbuch, Handkommentar, Buch 2 – Recht der Schuldverhältnisse, 8. Aufl., Baden-Baden 2014 (zitiert als: *Bearbeiter*, in: HK-BGB).

Schulze, Reiner (Hrsg.), Compensation of Private Losses, München 2011.

Schulze, Reiner, Non-contractual liability arising out of damage caused to another in the DCFR, in: Sagaert, Vincent/Storme, Matthias/Terryn, Evelyne (Hrsg.), The Draft Common Frame of Reference: national and comparative perspectives, Cambridge 2012, S. 221–230.

Schur, Wolfgang, Leistung und Sorgfalt, Tübingen 2001.

Schwab, Martin, Schuldrecht: Vorrang der Nacherfüllung bei ärztlichem Behandlungsfehler, JuS 2013, 256–258.

Schwintowski, Hans-Peter, Plädoyer für mehr Pflicht-Haftpflicht-Versicherungen, VuR 2013, 52–56.

Scotti, Jean-Charles, La responsabilité juridique du cadre de santé, 2. Aufl., Rueil-Malmaison 2011.

Seibl, Maximilian, Anmerkung zu BGH, Urt. v. 20. 5. 2014 – VI ZR 187/12 (OLG München), MedR 2015, 114–115.

Seifert, Ralph B., Ärztlicher Behandlungsfehler und schicksalhafter Verlauf, Baden-Baden 2008.

Sick, Joachim, Beweisrecht im Arzthaftpflichtprozeß, Frankfurt am Main 1986.

Simmler, Philippe, De la preuve des obligations, in: *Terré, François* (Hrsg.), Pour une réforme du régime général des obligations, Paris 2013, S. 141–153.

Soffner, Kristina, Die Haftung des Rechtsanwalts für Rechtsfehler, Baden-Baden 2011.

Sonnenberger, Hans Jürgen/Classen, Claus Dieter (Hrsg.), Einführung in das französische Recht, 4. Aufl., Frankfurt am Main 2012 (zitiert als: *Bearbeiter*, in: Sonnenberger/Classen).

Spickhoff, Andreas, Folgenzurechnung im Schadensersatzrecht: Gründe und Grenzen, in: Lorenz, Egon (Hrsg.), Karlsruher Forum 2007, Karlsruhe 2008, S. 7–87.

Spickhoff, Andreas (Hrsg.), Medizinrecht, 2. Aufl., München 2014 (zitiert als: *Bearbeiter*, in: Spickhoff).

Spickhoff, Andreas, Patientenrechte und Patientenpflichten – Die medizinische Behandlung als kodifizierter Vertragstypus, VersR 2013, 267–282.

Spier, Jaap (Hrsg.), Unification of Tort Law: Causation, The Hague 2000.

Spier, Jaap/Haazen, Olav A., Comparative Conclusions on Causation, in: Spier, Jaap (Hrsg.), Unification of Tort Law: Causation, The Hague 2000, S. 127–154.

Spier, Jaap/Haazen, Olav A., The European Group on Tort Law, ZEuP 1999, 469–493.

Ständige Deputation des Deutschen Juristentages (Hrsg.), Verhandlungen des Sechsundsechzigsten Deutschen Juristentages, Band 1, Gutachten, Stuttgart 2006.

Stapleton, Jane, The Gist of Negligence – Part II: The Relationship Between „Damage" and Causation, LQR 1988, 389–409.

Stauch, Marc, ‚Material Contribution' as a Response to Causal Uncertainty: Time For a Rethink, Cambridge Law Journal, 2009, Vol. 68, 27–30.

Stauch, Marc, The Law of Medical Negligence in England and Germany, Oxford 2008 (zugleich Diss. Göttingen 2007).

Stauch, Marc/Wheat, Kay, Text, Cases and Materials on Medical Law and Ethics, 4. Aufl., Abingdon 2012.

Staudinger, Julius v./Schiemann, Gottfried, Kommentar zum Bürgerlichen Gesetzbuch mit Einführungsgesetz und Nebengesetzen, Buch 2, Recht der Schuldverhältnisse, §§ 249–254, Neubearbeitung 2005, Berlin 2005 (zitiert als: *Bearbeiter*, in: Staudinger BGB).

Staudinger, Julius v./Oechsler, Gottfried, Kommentar zum Bürgerlichen Gesetzbuch mit Einführungsgesetz und Nebengesetzen, Buch 2, Recht der Schuldverhältnisse, §§ 826–829, ProdHaftG, Neubearbeitung 2014, Berlin 2014 (zitiert als: *Bearbeiter*, in: Staudinger BGB).

Steel, Sandy/Ibbetson, David, More Grief on Uncertain Causation in Tort, (2011) The Cambridge Law Journal, Vol. 70, 451–468.

Steele, Jenny, Tort Law, 2. Aufl., Oxford 2010.

Steffen, Erich, Macht und Ohnmacht des Richters im Arzthaftungsrecht, Halle-Wittenberg 2011 (Online-Publikation abrufbar unter: Link?).

Stegers, Christoph-M./Hansis, Martin L./Alberts, Martin/Scheuch, Silke, Sachverständigenbeweis im Arzthaftungsrecht, 2. Aufl., Heidelberg 2008 (zitiert als: *Bearbeiter*, in: Stegers/Hansis/Alberts/Scheuch).

Sternberg-Lieben, Detlev/Reichmann, Philipp C., Zur Vorsatzstrafbarkeit eines Schönheitschirurgen nach gravierendem Fehlverhalten, MedR 2012, S. 97–101.

Stevens, Robert, Torts and Rights, Oxford 2009.

Stoffel-Munck, Philippe, Responsabilité civile, JCP 2008, I-125, 28–34.

Stoll, Hans, Begriff und Grenzen des Vermögensschadens, Karlsruhe 1973.

Stoll, Hans, Haftungsverlagerung durch beweisrechtliche Mittel, AcP 176 (1976), 145–196.

Stoll, Hans, Schadensersatz für verlorene Heilungschancen vor englischen Gerichten in rechtsvergleichender Sicht, in: Deutsch u. a., Festschrift für E. Steffen, Berlin 1995.

Stolz, Wilhelm, Die Reformmodelle zum Arzthaftpflichtrecht, VersR 1978, 797–801.

Stremitzer, Alexander, Haftung bei Unsicherheit des hypothetischen Kausalitätsverlaufs, AcP 208 (2008), 676–698.

Stürner, Rolf, Anm. zu BGH v. 11.06.1990 – II ZR 159/89, ZZP 104 (1991), 208–217.

Stürner, Rolf, Die Aufklärungspflicht der Parteien des Zivilprozesses, Tübingen 1976.

Sutschet, Holger, Garantiehaftung und Verschuldenshaftung im gegenseitigen Vertrag, Tübingen 2006.

Swain, Warren, The development of medical liability in England and Wales, in: Hondius, Ewoud (Hrsg.), The development of medical liability, Cambridge 2010, S. 27–53.

Tabuteau, Audrey (Hrsg.), Répertoire de droit civil, Encyclopédie juridique, Loseblattsammlung, Paris, Stand: September 2013.

Taddia, Marialuisa, Unkindest Cuts – Changes to civil litigation funding and costs are beginning to bite in the clinical negligence sector, The Law Society Gazette v. 2.12.2003, 14–18.

Taupitz, Jochen, Medizinische Informationstechnologie, leitliniengerechte Medizin und Haftung des Arztes, AcP 211 (2011), 352–394.

Taupitz, Jochen, Proportionalhaftung zur Lösung von Kausalitätsproblemen – insbesondere in der Arzthaftung?, in: Heldrich, Andreas/Prölss, Jürgen/Koller, Ingo (Hrsg.), Festschrift für Claus-Wilhelm Canaris zum 70. Geburtstag, Band 1, München 2007, S. 1231–1242.

Taylor, Simon, Clinical Negligence Reform: Lessons from France?, International and Comparative Law Quarterly, Vol. 52, Issue 3, July 2003, 737–747.

Taylor, Simon, The development of medical liability and accident compensation in France, in: Hondius, Ewoud (Hrsg.), The development of medical liability, Cambridge 2010, S. 70–107.

Terbille, Michael (Begründer)/Clausen, Tilman/Schroeder-Printzen, Jörn (Hrsg.), Münchener Anwaltshandbuch Medizinrecht, 2. Aufl., München 2013 (zitiert als: *Bearbeiter*, in: Terbille/Clausen/Schroeder-Printzen).

Terré, François (Hrsg.), Pour une réforme du droit de la responsabilité civile, Paris 2011.

Terré, François (Hrsg.), Pour une réforme du régime général des obligations, Paris 2013.

Terré, Francois/Simler, Philippe/Lequette Yves, Droit civil – Les obligations, 11. Aufl., Paris 2013.

Tettenborn, Andrew, Professional Liability, in: Clerk & Lindsell on Torts, 20. Aufl., London 2010, S. 611–751.

Thurn, Peter, Das Patientenrechtegesetz – Sicht der Rechtsprechung, MedR 2013, 153–157.

Thüß, Jasmin, Rechtsfragen des Critical Incident Reportings in der Medizin, Heidelberg 2012.

Tiwisina, Daniel, Sachverständigenbeweis im deutschen und englischen Zivilprozess, Göttingen 2005.

Todd, Stephen, Twenty years of professional negligence in New Zealand, 21 P.N. 2005, 21, 257–282.

Trilsch, Jürgen, Die Stellung des Sachverständigen gegenüber dem Gericht im deutschen und englischen Zivilprozessrecht, Aachen 1995.

Truli, Emmanuela, Probleme und Entwicklungen der Dienstleistungshaftung im griechischen, deutschen und Gemeinschaftsrecht, Berlin 2001.

Tunc, André, Obligation en général et responsabilité civile, RTDC 1963, 326–363.

Turton, Gemma, A Case for Clarity in Causation – Anm. zu *Bailey v Ministry of Defence and Another* [2008] EWCA Civ 883, Medical Law Review 2009, 140–147.

Unberath, Hannes, Der Dienstleistungsvertrag im Entwurf des Gemeinsamen Referenzrahmens, ZEuP 2008, 745–774.

Unberath, Hannes, Die Vertragsverletzung, Tübingen 2007.

Vincent, Charles/Neale, Graham/Woloshynowych, Maria, Adverse events in British hospitals: preliminary retrospective record review, British Medical Journal 2001, Vol. 322, 517–519.

Viney, Geneviève, Exposé des motifs, in: Catala, Pierre (Hrsg.), Avant-projet de réforme du droit des obligations et de la prescription, Paris 2006.

Viney, Geneviève/Jourdain, Patrice/Carval, Suzanne, Les conditions de la responsabilité, Traité de droit civil (hrsg. v. Jacques Ghestin), 4. Aufl., Paris 2013.

von Bar, Christian, Deliktsrecht, in: Bundesminister der Justiz (Hrsg.), Gutachten und Vorschläge zur Überarbeitung des Schuldrechts, Band II, Köln 1981, S. 1681–1778.

von Bar, Christian, Gemeineuropäisches Deliktsrecht, Band I, München 1996.

von Bar, Christian, Moderne Deliktsrechtspflege in den Zwängen einer wilhelminischen Kodifikation, in: Canaris, Claus-Wilhelm; Heldrich, Andreas, 50 Jahre Bundesgerichtshof, Band I, Bürgerliches Recht, München 2000, S. 595–612.

von Bar, Christian, Rechtsvergleichende Beobachtungen zum Ineinandergreifen von Vertrags- und Deliktsrecht in Europa, in: Schulze, Reiner (Hrsg.), Compensation of Private Losses, München 2011, S. 201–212.

von Bar, Christian, The Notion of Damage, in: Hartkamp u. a., Towards a European Civil Code, Aalphen aan den Rijn 2011, S. 387–399.

von Bar, Christian/Clive, Eric (Hrsg.), Principles, Definitions and Model Rules of European Private Law: Draft Common Frame of Reference (DCFR), Full Edition, Band 1: I.-1:101 bis III.-4:207, München 2009.

von Bar, Christian/Clive, Eric (Hrsg.), Principles, Definitions and Model Rules of European Private Law: Draft Common Frame of Reference (DCFR), Full Edition, Band 4: VI.-1:101 bis VII.-7:103, München 2009.

von Bar, Christian/Zimmermann, Reinhard, Grundregeln des Europäischen Vertragsrechts – Teile I und II, München 2002.

Wagner, Claudia, Einflüsse der Dienstleistungsfreiheit auf das nationale und internationale Arzthaftungsrecht, Berlin 2008 (zugleich Diss. Halle 2006).

Wagner, Gerhard, Grundstrukturen des Europäischen Deliktsrechts, in: Zimmermann, Reinhard, Grundstrukturen des Europäischen Deliktsrechts, Baden-Baden 2003, S. 189–340.

Wagner, Gerhard, Kodifikation des Arzthaftungsrechts? – Zum Entwurf eines Patientenrechtegesetzes, VersR 2012, 789–802.

Wagner, Gerhard, Neue Perspektiven im Schadensersatzrecht – Kommerzialisierung, Strafschadensersatz, Kollektivschaden, in: Ständige Deputation des Deutschen Juristentages, Band 1, Gutachten, Stuttgart 2006, A 1–A 135.

Wagner, Gerhard, Proportionalhaftung für ärztliche Behandlungsfehler de lege lata, in: Müller, Gerda/Osterloh, Eilert/Stein, Torsten (Hrsg.), Festschrift für Günter Hirsch zum 65. Geburtstag, München 2008, S. 453–467.

Walter, Alexander, Beweislastverteilung beim Vorwurf einer Infektion wegen Hygienemängeln, MedR 2013, 294–297.

Walter, Alexander, Spezialisierung und Sorgfaltsstandard im Arzt- und Anwaltshaftungsrecht, Bielefeld 2004.

Wandt, Manfred/Reiff, Peter/Looschelders, Dirk/Bayer, Walter (Hrsg.), Versicherungsrecht, Haftungs- und Schadensrecht, Festschrift für Egon Lorenz zum 80. Geburtstag, Karlsruhe 2014.

Ward, Richard/Akhtar, Amanda, Walker & Walker's English Legal System, 11. Aufl., Oxford 2011.

Watson, James, Commentary on Ingram v Williams, Medical Law Reports 2010, 269–270.

Weber, Helmut, Der Kausalitätsbeweis im Zivilprozess, Tübingen, 1997.

Weir, Tony, An Introduction to Tort Law, 2. Aufl., Oxford 2006.

Welsch, Sylvie, Responsabilité du médecin, 2. Aufl., Paris 2003.

Wendehorst, Christiane, Das Vertragsrecht der Dienstleistungen im deutschen und künftigen europäischen Recht, AcP 206 (2006), 205–299.

Wenzel, Frank (Hrsg.), Der Arzthaftungsprozess, Köln 2012 (zitiert als: *Bearbeiter*, in: Wenzel).

Weyers, Hans-Leo, Empfiehlt es sich, im Interesse der Patienten und Ärzte ergänzende Regelungen für das ärztliche Vertrags- (Standes-) und Haftungsrecht einzuführen?, Gutachten A für den 52. Deutschen Juristentag, in: Ständige Deputation des Deutschen Juristentages (Hrsg.), Verhandlungen des zweiundfünfzigsten Deutschen Juristentages, Band I (Gutachten), München 1978, A 1–A 124.

Wiese, Göth Tobias, Wahrscheinlichkeitshaftung – Anmerkungen zu einem alternativen Haftungskonzept, ZRP 1998, 27–31.

Williams, Kevin, Res Ipsa Loquitur Still Speaks, LQR 2009, Vol. 125, 567–570.

Winfield, Percy Henry/Jolowicz, John Anthony/Peel, Edwin/Goudkamp, James, Winfield & Jolowicz on Tort, 19. Aufl., London 2014 (zitiert als: Winfield & Jolowicz on Tort).

Winiger, Bénédict, Les intérêts protégés par la resposabilité civile. Les clauses générales dans les projets européens, in: Groupe de Recherche Européen sur la Responsabilité Civile et l'Assurance (Hrsg.), Le droit français de la responsabilité civile confronté aux projets européens d'harmonisation, Paris 2012, S. 135–147.

Winiger, Bénédict/Koziol, Helmut/Koch, Bernhard A./Zimmermann, Reinhard (Hrsg.), Digest of European Tort Law, Volume 1: Essential Cases on Natural Causation, Wien 2007 (zitiert als: *Bearbeiter*, in: Winiger u. a., Essential Cases on Natural Causation).

Winkhart-Martis, Rüdiger/Martis, Martina, Arzthaftungsrecht – Fallgruppenkommentar, 2. Aufl., Köln 2007.

Woolf, Lord Harry Kenneth, Access to Justice – Final Report to the Lord Chancellor on the civil justice system in England and Wales, London 1996.

Wright, James/Opperman, Guy, Disclosure: the hidden key to winning clinical negligence claims?, The AvMA Medical & Legal Journal 2010 (Clinical Risk), Vol. 16 Nr. 2, 63–66.

Wurmnest, Wolfgang, Grundzüge eines Europäischen Haftungsrechts, Tübingen 2003.

Zimmermann, Reinhard (Hrsg.), Grundstrukturen des Europäischen Deliktsrechts, Baden-Baden 2003.

Zimmermann, Reinhard (Hrsg.), Service Contracts, Tübingen 2010.

Zuckerman, Adrian, Court Case Management in England under the Civil Procedure Rules 1998, in: Gottwald, Peter (Hrsg.), Litigation in England and Germany, Bielefeld 2010, S. 1–14.

Zuckerman, Adrian, Initiating a Law Suit, Defining the Issues, Gathering the Evidence, Chapter 4, in: Chase, Oscar G./Hershkoff, Helen (Hrsg.), Civil Litigation in Comparative Context, St. Paul 2007, S. 164–240.

Zweigert, Konrad/Kötz, Hein, Einführung in die Rechtsvergleichung, 3. Aufl., Tübingen 1996.